DITIE CHELIANGDUAN JI SHANGGAI WUYE
KAIFA GUIHUA YU SHEJI
NINGBO TIANTONGZHUANG CHELIANGDUAN JI SHANGGAI WUYE KAIFA

地铁车辆段及上盖物业开发规划与设计
——宁波天童庄车辆段及上盖物业开发

张 雄 陈 斌 等 编著

人民交通出版社股份有限公司
北 京

内 容 提 要

本书为城市轨道交通建设创新技术研究与实践系列丛书之一。本书以宁波市轨道交通1号线一期天童庄车辆段为例,详细介绍了地铁车辆段及上盖物业开发、规划、设计和建设的全过程,总结了项目建设和物业开发过程中的经验和教训。

本书内容丰富、数据翔实、图文并茂,可供从事城市轨道交通建设与运营的同行及类似工程参考。

图书在版编目(CIP)数据

地铁车辆段及上盖物业开发规划与设计:宁波天童庄车辆段及上盖物业开发 / 张雄等编著. —北京:人民交通出版社股份有限公司,2021.12
　ISBN 978-7-114-16506-1

　Ⅰ.①地… Ⅱ.①张… Ⅲ.①城市铁路-车辆段-研究-宁波②物业管理-研究-宁波 Ⅳ.①U239.5 ②F299.275.53

中国版本图书馆CIP数据核字(2020)第067606号

书　　名:	地铁车辆段及上盖物业开发规划与设计——宁波天童庄车辆段及上盖物业开发
著 作 者:	张　雄　陈　斌　等
责任编辑:	李　娜
责任校对:	孙国靖　龙　雪
责任印制:	张　凯
出版发行:	人民交通出版社股份有限公司
地　　址:	(100011)北京市朝阳区安定门外外馆斜街3号
网　　址:	http://www.ccpcl.com.cn
销售电话:	(010)59757973
总 经 销:	人民交通出版社股份有限公司发行部
经　　销:	各地新华书店
印　　刷:	北京虎彩文化传播有限公司
开　　本:	787×1092　1/16
印　　张:	25
字　　数:	579千
版　　次:	2021年12月　第1版
印　　次:	2021年12月　第1次印刷
书　　号:	ISBN 978-7-114-16506-1
定　　价:	168.00元

(有印刷、装订质量问题的图书由本公司负责调换)

编委会

主编：张 雄 陈 斌

各章节编写人员和单位

章号	名称	编写人员或单位
1	综述	张雄、陈斌
2	天童庄车辆段设计过程及方案演变	李强、包晓红、王永辉、徐小平
3	天童庄车辆段总平面及竖向设计	李强、张雄、徐久勇
4	工艺设计	李强、王永辉、张雄、徐久勇
5	站场设计	张巍、张雄
6	路基及软基处理设计	王卫斌、张雄
7	建筑设计	肖国春、刘云希、张雄
8	结构设计	赵平、王剑川、岳红芬、包晓红
9	超限建筑抗震设计	陈波、陈斌
10	给排水设计	罗正洲、黄文昕、吴燕
11	通风空调系统设计	李明、林俊峰
12	动力照明设计	方鸿波、赵牛犇
13	消防设计	黄文昕、肖国春、罗正洲、李明、张雄、吴燕、四川法斯特消防安全性能评估有限公司、中国建筑科学研究院有限公司
14	环境影响评价及环保措施	谢伟平、陈斌、中铁第四勘察设计院集团有限公司、浙江仁欣环科院有限责任公司
15	上盖物业开发规划及业态研究	陈斌、姚任行、吴燕、浙江绿城房地产有限公司
16	上盖物业开发交通影响分析	陈斌、姚任行、宁波市规划设计研究院
17	上盖物业开发环境影响评价及环保措施	姚任行、吴燕、浙江仁欣环科院有限责任公司
18	上盖物业开发建筑设计	吴燕、浙江绿城房地产有限公司
19	车辆段工程施工及上盖物业开发过程	陈斌、赵旭洲、吴燕、包晓红

Preface 前言

地铁车辆段与综合基地（一般简称车辆段）是地铁列车检修、整备、停放和乘务基地，是地铁工务、建筑、供电、通信、信号、综合监控、自动售检票以及机电设备等系统的管理和维修基地，是地铁运营物资的仓储物流基地，以及地铁教育培训基地，根据需要还可设置地铁公安分局或派出所、控制中心、档案馆、文体活动中心等设施。

地铁车辆段作为地铁运营的综合保障基地，运营功能十分重要，可以说是地铁列车之"家"和地铁运营的"心脏"。由于功能复杂，规模大，占地广，接口多，与周边环境和城市景观的协调要求高等原因，其规划与设计非常复杂。

随着城市土地资源的日益紧张，地铁车辆段建设发展正在呈现出两种趋势：一是利用地铁车辆段上部空间进行物业综合开发越来越受到当地政府及地铁公司的青睐，开发带来的经济效益越来越高，特别是在高房价的城市，利益巨大；二是由于土地稀缺，车辆段选址困难，被迫采用地下、半地下布置的案例越来越普遍。这些变化带来了建筑、结构、消防、交通、环保等方面的诸多新问题，进一步加大了车辆段的规划、设计和建设难度。

车辆段上盖物业开发和地下、半地下布置形式对地铁作业环境带来了较大的负面影响，而地铁车辆段的线路及厂房布置又限制了盖上物业建筑布置的灵活性，直接影响业态、建筑高度、户型等地产开发的核心要素，车辆段列车运行及车间起重机等设备工作时产生的振动和噪声对物业开发的品质也有不利影响。这就要求地铁车辆段在规划设计时需要综合考虑地铁使用功能和物业开发的利益诉求，在目前国内经验不多，缺乏配套规范指导的情况下，对设计和建设管理提出了严峻挑战。

宁波市轨道交通1号线天童庄车辆段为宁波城市轨道交通线网性车辆大架修基地，功能齐全，除地铁车辆段、综合维修中心、物资总库、培训中心等功能外，还包含了地铁公安分局、职工文体活动中心、档案室等功能。

该工程于2008年开始初步设计，设计单位为中铁二院工程集团有限责任公司。设计之初并未考虑车辆段上盖物业开发，2010年结合二期工程线路调整，建设单位提出天童庄车辆段上盖物业开发的设想，设计单位按上盖物业开发要求，重新编制了初步设计修编文件，并通过了宁波市发展和改革委员会的审批。天童庄车辆段按照上盖物业开发方案开展施工图设计和建设。

2014年5月，宁波市轨道交通1号线一期工程通车试运营，目前已运营6年，天童庄车辆段的各项使用功能基本都得以实现。

2015年宁波市规划局正式出具了天童庄车辆段地块规划条件，2016年1月宁波市轨道交通集团公司下属子公司宁波兴宁置业公司摘得地块开发权，并于2016年8月通过增资扩股引入浙江绿城房地产有限集团公司共同开发，项目名称为"绿城·杨柳郡"。整个项目分为三次开工、三期四次销售，目前已全部售罄，取得了良好的经济效益。一、二期房屋于2019年底交付，三期房屋于2020年底交付。

该项目规划、设计、建设和物业开发阶段，在宁波市轨道交通集团公司的主持下，完成了大量的技术论证和方案研究工作，设计单位和相关研究单位对天童庄车辆段的总平面布置、结构超限设计、消防性能化设计、环境影响评价、振动舒适性评价、交通影响评价、结构耐火极限等进行了深入研究。上盖物业开发阶段，宁波兴宁置业公司和绿城集团也对物业开发业态、户型及建筑布置、道路交通、环境影响等开展了大量的研究工作。这些工作为项目的成功起到了非常关键的作用。

为了总结项目建设和物业开发中规划设计方面的经验，在2014年1号线一期工程通车后，中铁二院工程集团有限责任公司和宁波市轨道交通集团有限责任公司共同策划了本书的编写工作，历时近6年。

本书在编写中使用了项目有关的设计和研究成果，在此特别向中国华西工程设计建设有限公司深圳分公司、四川法斯特消防安全性能评估有限公司、中国建筑科学研究院有限公司、浙江仁欣环科院有限责任公司（原宁波市环境保护科学研究设计院）、中铁第四勘察设计院集团有限公司、武汉理工大学、宁波市规划设计研究院、宁波工程学院、浙江绿城房地产有限公司等致谢。

本书的出版也得到了中铁二院工程集团有限责任公司科技图书出版基金的支持，在此一并表示感谢。

由于本书的编写过程较长，且以项目设计和研究成果为依托，书中所依据的标准、规范为设计时期的有效标准、规范，与目前的现行标准、规范有不一致的情况，同时书中的部分内容的适用性有严格的地区和时间限制，请读者注意甄别。书中若有错误及疏漏之处，恳请读者及专家给予批评指正。

编　者

2020年9月

Contents 目录

第 1 章　综述 ········ 001
1.1　地铁车辆段的功能及特点 ········ 002
1.2　地铁车辆段上盖物业开发的起源和发展 ········ 004
1.3　国内地铁车辆段上盖物业开发的实践 ········ 017
1.4　我国内地地铁车辆段上盖物业开发主要存在问题 ········ 026
1.5　天童庄车辆段及上盖物业开发概况及特点 ········ 029

第 2 章　天童庄车辆段设计过程及方案演变 ········ 033
2.1　主要设计过程 ········ 034
2.2　宁波市轨道交通 1 号线线路、行车组织和车辆选型 ········ 034
2.3　天童庄车辆段的功能定位、选址和设计规模 ········ 037
2.4　总平面布置方案 ········ 040
2.5　修改初步设计（B 版） ········ 044
2.6　补充初步设计（C 版） ········ 047
2.7　技术经济指标及对照分析 ········ 049

第 3 章　天童庄车辆段总平面及竖向设计 ········ 052
3.1　总平面布置原则 ········ 053
3.2　出入段线 ········ 054
3.3　总平面及竖向设计 ········ 055
3.4　室外综合管线 ········ 064

第 4 章　工艺设计 ········ 066
4.1　概述 ········ 067
4.2　运用库 ········ 067
4.3　检修主厂房 ········ 069
4.4　调机及工程车库 ········ 072
4.5　洗车机 ········ 073
4.6　镟轮库 ········ 074
4.7　综合维修中心 ········ 075

4.8　物资总库 ……………………………………………………………078
　　4.9　培训中心 ……………………………………………………………079
　　4.10　其他功能设施 ………………………………………………………081
　　4.11　工艺设计优化及创新 ………………………………………………082
　　4.12　上盖物业对工艺设计的影响和应对 ………………………………083

第 5 章　站场设计 ……………………………………………………………086
　　5.1　概述 …………………………………………………………………087
　　5.2　设计原则及技术标准 …………………………………………………087
　　5.3　站场设计 ……………………………………………………………091
　　5.4　站场设计对上盖物业的适应和影响 …………………………………094
　　5.5　设计优化及创新 ……………………………………………………096

第 6 章　路基及软基处理设计 ………………………………………………097
　　6.1　概述 …………………………………………………………………098
　　6.2　软基加固范围及设计标准 ……………………………………………099
　　6.3　工程地质条件 …………………………………………………………099
　　6.4　地基加固处理方案 ……………………………………………………105
　　6.5　地基加固处理设计 ……………………………………………………109
　　6.6　施工过程及效果检验 …………………………………………………111
　　6.7　设计优化及创新 ……………………………………………………113

第 7 章　建筑设计 ……………………………………………………………115
　　7.1　设计原则及技术标准 …………………………………………………116
　　7.2　盖下建筑设计 …………………………………………………………117
　　7.3　盖上厂前区建筑设计 …………………………………………………122
　　7.4　盖上特殊建筑设计 ……………………………………………………131
　　7.5　建筑节能 ……………………………………………………………135
　　7.6　设计优化与创新 ………………………………………………………136

第 8 章　结构设计 ……………………………………………………………138
　　8.1　概述 …………………………………………………………………139
　　8.2　设计原则及技术标准 …………………………………………………139
　　8.3　结构平面布置 …………………………………………………………142
　　8.4　结构竖向布置 …………………………………………………………144
　　8.5　楼盖结构 ……………………………………………………………147
　　8.6　基础设计 ……………………………………………………………148
　　8.7　结构大样设计 …………………………………………………………156
　　8.8　桥梁结构 ……………………………………………………………158

第 9 章　超限建筑抗震设计 ············161
9.1　超限建筑抗震分析基本方法 ············162
9.2　天童庄车辆段超限建筑抗震分析方法 ············165
9.3　天童庄车辆段超限建筑抗震分析实例 ············176
9.4　天童庄车辆段超限结构抗震处理措施 ············201

第 10 章　给排水设计 ············204
10.1　概述 ············205
10.2　设计原则及技术标准 ············205
10.3　水源及供水方案 ············206
10.4　给水系统 ············208
10.5　排水系统 ············209

第 11 章　通风空调系统设计 ············212
11.1　概述 ············213
11.2　设计原则及技术标准 ············214
11.3　通风及防排烟系统设计 ············217
11.4　空调系统设计 ············226
11.5　通风空调系统的控制 ············228
11.6　设计创优与思考 ············229

第 12 章　动力照明设计 ············231
12.1　概述 ············232
12.2　供电系统 ············232
12.3　配电系统 ············235
12.4　防雷接地及安全系统 ············239
12.5　节能措施 ············241
12.6　设计优化及创新 ············242
12.7　安防系统 ············243

第 13 章　消防设计 ············248
13.1　概述 ············249
13.2　车辆段上盖物业开发后消防设计分析 ············250
13.3　天童庄车辆段消防性能化设计 ············252
13.4　防火分区及消防道路 ············259
13.5　建筑防火 ············263
13.6　水消防系统 ············273
13.7　通风及防排烟系统 ············276

第 14 章　环境影响评价及环保措施 278
14.1　概述 279
14.2　1 号线一期工程调整环境影响报告书相关内容 280
14.3　列车运行对上盖物业舒适度影响评价 285
14.4　车间起重机运行对上盖物业舒适度影响评价 293

第 15 章　上盖物业开发规划及业态研究 304
15.1　上盖物业开发总体规划 305
15.2　市场分析 310
15.3　客群定位 320
15.4　产品定位 326
15.5　产品建议 327

第 16 章　上盖物业开发交通影响分析 329
16.1　周边区域现状及规划 330
16.2　道路承载力测试分析 332
16.3　内部交通分析 334
16.4　分层交通流线分析 336
16.5　项目 G 地块交通分析及结论 340

第 17 章　上盖物业开发环境影响评价及环保措施 342
17.1　概述 343
17.2　物业开发振动环境影响预测与评价 347
17.3　物业开发声环境影响预测评价 352

第 18 章　上盖物业开发建筑设计 357
18.1　物业开发总体规划 358
18.2　上盖物业建筑设计及方案变化 369

第 19 章　车辆段工程施工及上盖物业开发过程 379
19.1　天童庄车辆段工程施工 380
19.2　天童庄车辆段上盖物业开发 383

参考文献 386

第1章
综　述

1.1　地铁车辆段的功能及特点
1.2　地铁车辆段上盖物业开发的起源和发展
1.3　国内地铁车辆段上盖物业开发的实践
1.4　我国内地地铁车辆段上盖物业开发主要存在问题
1.5　天童庄车辆段及上盖物业开发概况及特点

1.1 地铁车辆段的功能及特点

1.1.1 地铁车辆段分类及功能

地铁车辆段与综合基地(以下简称"车辆段")是地铁列车检修、整备、停放和乘务基地,是地铁工务、建筑、供电、通信信号等弱电系统和机电设备系统等的管理和维修基地,是地铁运营物资的物流仓储基地,以及地铁教育培训基地,根据需要还可设置公安分局或派出所、控制中心、档案馆、文体活动中心等设施。地铁车辆段作为地铁运营的综合保障基地,可以说是地铁系统的"心脏"。

在工程设计中,一般根据所承担的车辆检修和运用功能的等级不同,将地铁车辆段分为大架修段、定修段和停车场。综合维修中心、物资总库、培训中心等一般集中设置在车辆段,也可灵活配置在停车场。

地铁车辆段的分类和功能见表1-1。

地铁车辆段分类及功能　　　　　　　　　　表1-1

序号	分类	车辆检修等级	承担范围	设置原则
1	大修段	大修、架修	线网内的多条线路	根据线网资源共享研究确定
		定修	本线全部列车	根据段、场分布确定
		月检、周检	本线全部列车或配属列车	根据段、场分布确定
		列检、洗车、停车等	配属列车	根据段、场分布确定
2	架修段	架修	线网内的多条线路	根据线网资源共享研究确定
		其他修程	本线列车	根据段、场分布确定
3	定修段	定修及以下	本线列车或配属列车	定期集中设置,周月检按段、场分布确定
4	停车场	月检、周检	配属列车	根据段、场分布确定,可不设
		列检、洗车、停车等	配属列车	根据段、场分布确定

综合维修中心、物资总库、培训中心等设置原则见表1-2。

地铁综合基地组成及功能　　　　　　　　　　表1-2

序号	综合基地	分类	功能及承担范围	设置原则
1	综合维修中心	检修基地	线网内的多条线路的大修、中修	根据线网资源共享研究确定,可外委修理
		维修车间	本线的小修	一般设在车辆段
		维修工区	管辖区段或范围的检查、维护	根据段、场分布确定
2	物资总库	物流基地	线网内的多条线路	根据线网资源共享研究确定,集中设置
		车间备品库	易耗件短期储存	车辆段、停车场

续上表

序号	综合基地	分 类	功能及承担范围	设置原则
3	培训中心	培训基地	全线网或多条线的员工教育培训	一般一家运营公司集中设一处
		教育室	本线员工培训管理	设置在本线车辆段
4	其他设施	食堂、浴室、公寓	员工就餐、沐浴、司机及其他夜班职工休息	车辆段、停车场
		公安分局或派出所	地铁公安系统	公安分局服务线网,派出所服务本线
		控制中心	线网或本线列车运行控制	一般独立设置,也可设在车辆段内
		档案馆	地铁建设和运营档案管理、保存	根据需要设置,服务全线网
		活动中心	员工文体活动	根据需要设置

地铁车辆段为满足上述功能,还需要设置变(配)电所、给水所、污水处理站、压缩空气站、锅炉房(换热站)、垃圾转运站等配套设施。

1.1.2 地铁车辆段工程特点

1)功能复杂,规模大

地铁车辆段功能复杂,其性质包括了地铁车场、检修工厂、办公和生活等民建设施,一般车辆段总建筑面积为 50000～100000m²,停车场总建筑面积为 30000～60000m²,属于混合型的大型工业企业。

2)用地面积大,是地铁建设中最主要的用地项目

根据《城市快速轨道交通项目建设标准》(建标 104—2008)规定的 A、B 型车的用地标,大架修段为 1000m²/辆,定修段为 900m²/辆,停车场为 600m²/辆,按远期行车对数和大、小交路运营,估算配属列车数量及用地面积见表 1-3 和表 1-4。

配属车数量估算　　　　　　　表 1-3

线路长度 (km)	行车对数 (对/h)	小交路长度比例	小交路行车量比例	平均旅行速度 (km/h)	检备车比例	配属车数量 (列)
L	30	3:4	1:1	33	20%	$1.9L$

注:为简化分析,列车折返时间不单独计算,在平均旅行速度中考虑折返时间影响。

用地面积估算　　　　　　　表 1-4

配属车数量(列)	列车编组(辆)	配属大架修段比例	配属定修段比例	配属停车场比例	用地面积(m²)
$1.9L$	6	15%	50%	35%	$9234L$

注:L 为线路长度(km)。大架修段、定修段和停车场的配属车比例为经验数据,大架修段考虑 3 线资源共享条件。

以上分析用地面积估算数据为车辆段围墙内的用地面积,正线公里指标约为 0.92hm²/km,考虑到边坡等附属工程的用地,则地铁车辆段用地面积指标约为 1hm²/km。对于规划线网规模较大的特大型城市,地铁车辆段的总用地规模是惊人的。例如广州市,根据《广州市城市轨道交通 2020 年线网车辆段、综合基地设置研究》,2020 年广州市城市轨道交通线网总长度 815.2km,车辆基地所需要的总用地面积约 762hm²,约占全市土地面积的 0.1%。

3）位于地铁线路附近，部分车辆段交通条件优越

由于地铁车辆段需要从地铁车站接轨，为避免收发车空跑，出入段线不宜太长，一般应控制在 1km 左右，且不宜超过 2km。

为了照顾员工通勤以及物业开发，邻近车辆段设置车站的线路也越来越多，部分车辆段交通条件优越，如广州地铁 1 号线西朗车辆段、深圳地铁 1 号线前海车辆段、杭州地铁 1 号线七堡车辆段等。同时也存在部分车辆段因为选址困难，远离地铁车站，交通不便的情况，如广州地铁 4 号线新造车辆段、8 号线赤沙车辆段等。

1.2 地铁车辆段上盖物业开发的起源和发展

1.2.1 地铁车辆段上盖物业开发的起源

全球范围内地铁车辆段上盖物业开发起源难以考证。从可以查到的公开文献看，可以认为香港地铁观塘线九龙湾车辆段是最早进行车辆段上盖物业开发的项目。观塘线是香港兴建的第一条地铁线路，于 1975 年 11 月动工，1979 年 10 月观塘—石硖尾段通车，九龙湾车辆段同期建成使用，如图 1-1 所示。

九龙湾车辆段上盖开发德福花园（图 1-2）大约在 1982 年建筑完成及入住。政府初期买入部分单位作为消防员及警务员住宿用房。也因距离启德机场较近，各航空公司也有买入单位供员工住宿。而香港铁路有限公司（简称"港铁公司"）的总部也建于德福花园相邻的德福广场二期上盖。德福花园的物业开发利润由港铁公司占 50%，恒隆、合和各占 25%。

图 1-1　九龙湾车辆段停车库

图 1-2　九龙湾车辆段咽喉区及盖上德福花园

九龙湾车辆段总平面布置如图 1-3 所示。

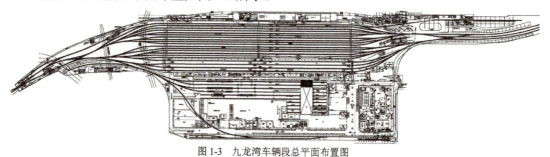

图 1-3　九龙湾车辆段总平面布置图

德福花园有 41 座住宅楼,4992 个住宅单位,户型为 44～62m²,住宅总建筑面积 278703m²,商业面积 52171m²,社区配套设施面积 909m²,停车位 723 个,见图 1-4。

九龙湾车辆段上盖物业(图 1-5)开发有以下特征,并成为香港车辆段上盖物业开发的基本模式:

(1)物业开发范围局限在运用库和检修库顶上盖,咽喉区和试车线露天布置。
(2)九龙湾车站紧邻车辆段中部,交通条件优越。
(3)上盖物业形态以住宅为主,并配套有较大的商业开发面积。
(4)受原启德机场限高控制,上盖物业建筑层数为 11～26 层。
(5)转换结构采用厚板转换,上盖建筑平面为点式塔楼。

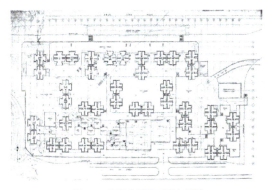 

图 1-4　德福花园总平面布置图　　　　图 1-5　九龙湾车辆段上盖物业

1.2.2　地铁车辆段上盖物业开发的发展

1)地铁车辆段上盖物业开发在香港地区的发展

与九龙湾车辆段同一时代,香港地铁荃湾线的荃湾车辆段、港岛线的柴湾车辆段,以及九广铁路河东楼车辆段、屯门轻轨的屯门车辆段等都进行了上盖物业综合开发。可以说地铁(铁路)车辆段上盖物业开发模式在香港一经出现,就得到了蓬勃发展,这跟香港建设用地紧缺、房地产业高速发展密切相关。

图 1-6、图 1-7 为荃湾车辆段和柴湾车辆及上盖物业开发的示意图和实景。

(1)绿杨新邨

建筑数量:17 幢;

住宅数量:4000 套;

户型面积:43～63m²;

商业面积:15548m²;

配套设施面积:13562m²;

停车位:651 个;

上盖物业建成时间:1983—1984 年。

a)

b) c)

图1-6 荃湾线车辆段上盖物业——绿杨新邨

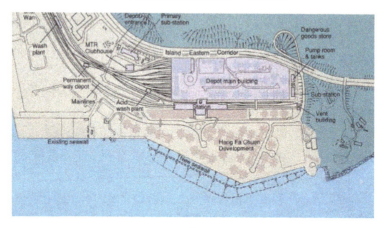

a)

b) c)

图1-7 港岛线车辆段上盖物业——杏花邨

(2)杏花邨

建筑数量:48幢;

住宅数量:6504套;

户型面积:52～114m²;

商业面积:26742m²;

配套设施面积:19563m²;

停车位:849个;

上盖物业建成时间:1986—1989年。

地铁车辆段上盖物业开发发展初期,九广铁路公司的河东楼车辆段和屯门轻轨车辆段上盖物业开发项目也是非常成功的案例。

在1980年以前,九广铁路是一个连接新界郊区和九龙城的交通系统,也是大陆货物输入香港的主要铁路通道,只有交通功能。随着新界人口的膨胀和香港地铁车辆段上盖物业开发的示范效应,九广铁路公司在20世纪80年代结合东铁线路的升级改造,开始着手河东楼车辆段的再开发。首期上盖开发项目银禧花园位于河东楼车辆段的停车区,面积约2.66hm²,由长江实业旗下的宜宾地产于1979年以3.83亿港元投得,并于1985—1986年分两期建成入住。

进入90年代后,结合河东楼车辆段检修车间的重建,上盖物业骏景园由新鸿基地产进行开发。奥雅纳公司负责骏景园物业开发设计,为了不影响既有检修设施的使用,工程于1989—1995年分三期进行,上盖物业楼盘于1991年6月开工,首期4座塔楼于1993年11月竣工,1997年4月全部入住。河东楼车辆段再开发前、建设中和建成后的情况如图1-8所示。

a)开发前

b)建设中

c)建成后

图1-8 河东楼车辆段再开发前、建设中和建成后的情况

屯门轻轨车辆段上盖物业(图1-9)由新鸿基地产开发,奥雅纳公司设计。车辆段上盖平台上首先为3层商业和车库,然后在其上修建了10幢44层的住宅楼。塔楼高114m,采用剪力墙结构,支承在平台层的3.4m高格构转换梁上,转换梁由停车线股道间的大型柱子支承。柱子最大尺寸为3.3m×1.2m,由最大直径2.8m的人工挖掘沉箱支承,沉箱的扩大头基础直径达5.6m。

图1-9 屯门轻轨车辆段上盖物业

进入20世纪90年代以后,香港地铁建设的新机场线由于小壕湾车辆段的选址距离市政较远,用地面积不大,基本不具备上盖物业开发条件。新机场线的物业开发主要集中在以九龙站和青衣站上盖为核心的区域。

进入21世纪后,香港地铁车辆段上盖物业开发进入了一个新的阶段,以将军澳线的将军澳车辆段上盖物业"日出康城"的开发为代表,如图1-10所示。

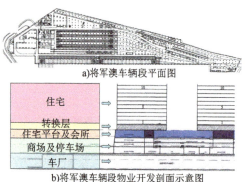

a)将军澳车辆段平面图

b)将军澳车辆段物业开发剖面示意图

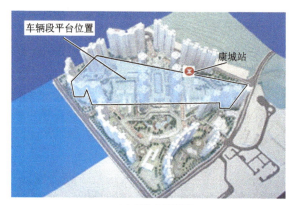

c)上盖物业规划图

图1-10 将军澳车辆段总图及上盖物业规划图

日出康城项目由长江集团开发,共分为三期。一期"首都"已完成,5幢建筑,住宅面积135240m²,住宅单位2096个,商场面积500m²,老人护理院3100m²。二期"邻都",10幢建筑,住宅面积309696m²,住宅单位4272个,其中ⅡA—1688个(已完工)、ⅡB—1416个(已完工)、ⅡC—1168个,一所幼儿园。三期4幢建筑尚在建设中,住宅面积128544m²,住宅单位1648个,一所幼儿园,如图1-11所示,项目规划指标见表1-5所示。

图1-11 日出康城规划平面图

日出康城规划指标 表1-5

地块面积(m²)	326800
住宅面积(m²)	1602800～1612800
商业面积(m²)	40000～50000
容积率	4.75
楼层数目	42～59
住宅套数	20000～21500
居住人口(人)	58000
开发年度	2004—2019

将军澳车辆段相比香港地铁之前的车辆段上盖物业开发,最大的变化在于开发范围大,覆盖了包括出入段线在内的全部范围及大量的周边地块,规划总用地面积达到34.8hm²(其中车辆段的用地面积仅为13.5hm²),开发规模达到160万m²。

2）地铁车辆段上盖物业开发在香港以外地区的发展

自从20世纪90年代地铁车辆段上盖物业开发在香港兴起后,由于其造价高,上盖物业开发的配套法规欠缺,以及建筑防火和结构抗震设计复杂等问题,在香港以外地区并不多见。日本东京地铁6号线志村车辆段、12号线光丘车辆段,神户海岸线御崎车辆段,新加坡地铁环线金泉车辆段、东北线盛岗车辆段,伦敦中央线怀特镇(White City)车辆段等是比较知名的带上盖车辆段。其中光丘、御崎、金泉、怀特镇车辆段均为地下车辆段,主要目的在于改善城市环境,不是以商业开发为目标。

如海岸线御崎车辆段,地下二层为车辆段,地下一层为停车场,地面为公园,其总平面布置示意图如图1-12所示。

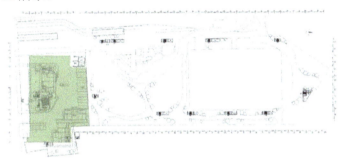

图1-12 御崎车辆段平面布置示意图

(图片来源:谷口汎邦.《城市再开发》,马俊,译.2003)

英国伦敦中央线怀特镇(White City)车辆段物业开发见图1-13,新加坡地铁环线金泉车辆段物业开发见图1-14。

a)综合开发平面示意图

b)

c)

图1-13 伦敦中央线怀特镇(White City)地下车辆段物业开发

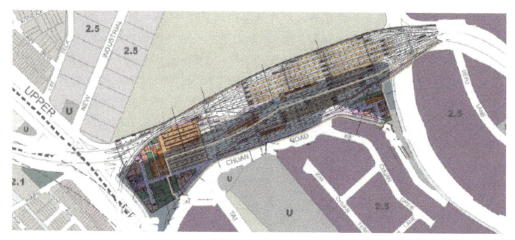

a）金泉车辆段地下部分总平面图

b）金泉车辆段地面物业

c）金泉车辆段车库室内（1）

d）金泉车辆段车库室内（2）

图 1-14　新加坡金泉车辆段物业开发

1.2.3　地铁车辆段上盖物业开发的主要模式

1）开发主体

香港地铁车辆段上盖物业开发主体为港铁公司，一般采用联合开发的模式。港铁公司首先结合地铁建设项目对车辆段上盖平台及周边白地进行发展规划，规划确定后，通过特区政府协议转让方式取得土地开发权属,一般情况下采用分期开发的方式分期转让。之后港铁公司通过公开邀标选择开发商,由中标开发商实施上盖物业的建设和营销,并按合同约定进行利润分成。转让地价由开发商支付,或由开发商与港铁公司共同支付。如将军澳一期开发项目(F 地盘)特区政府转让地价为 2319290000 港元,由香港铁路有限公司(简称"港铁公司")和长江实业集团有限公司(简称"长实集团")各支付 50%。

港铁公司也自行兴建和营销部分项目,特别是商业项目多数由港铁公司兴建和出租。

2) 规划形态

根据车辆段与周边地面的关系,地铁车辆段上盖物业开发的规划形态分为地面车辆段上盖物业、地下车辆段上盖物业和架空车辆段上盖物业三种类型。

(1) 地面车辆段上盖物业开发

地铁车辆段位于地面层,其场坪高程一般受项目防洪排涝设计标准控制,国内一般按 1/100 洪水(或内涝水)频率设计。在车辆段屋顶高程设置上盖物业夹层平台,夹层一般为停车库或设备层,在夹层顶设上盖物业结构转换平台,作为上盖物业建筑的基层。

根据规划和建筑方案的需要,也有不设夹层,将库顶平台直接作为物业开发结构转换层的,如后面将要介绍的深圳地铁 3 号线横岗双层车辆段的双层停车库顶即作为上盖物业结构转换层。

根据结构转换设计需要,部分项目也将库顶作为结构转换层,在转换层上设夹层车库和设备房,如宁波地铁 1 号线天童庄车辆段。

图 1-15 为中铁二院工程集团有限公司(简称"中铁二院")和北京市建筑设计研究院有限公司设计的北京地铁 8 号线平西府车辆段及上盖物业开发项目的建筑剖面示意图。考虑盖上环境和消防需要,检修主厂房上方未考虑上盖物业开发。

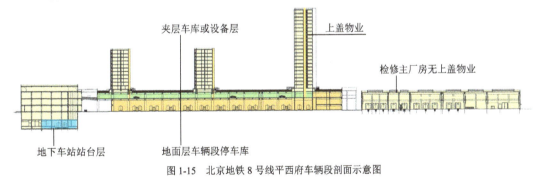

图 1-15 北京地铁 8 号线平西府车辆段剖面示意图

(2) 地下车辆段上盖物业开发

根据城市规划的需要,为改善上盖物业环境,提升上盖物业的品质,部分车辆段设计为地下,库顶与周边地面基本齐平,进行上盖物业开发或绿化。东京光丘车辆段、神户御崎车辆段、新加坡金泉车辆段、伦敦怀特镇车辆段均为典型的地下车辆段上盖物业开发实例。

深圳地铁 3 号线中心公园停车场及出入场线等全部覆盖于地下,其上部建为公园绿地,未进行上盖物业开发,如图 1-16 所示。

a) 地下停车场效果图

b) 上盖绿地

图 1-16　中心公园地下停车场效果图及上盖绿地

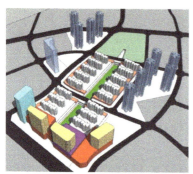

图 1-17　崔家店停车场上盖物业开发效果图

真正意义上的地下车辆段上盖物业开发以成都地铁 7 号线崔家店停车场（地下双层停车场）和川师车辆段（图 1-17、图 1-18），以及北京地铁 7 号线焦化厂停车场等项目为代表。

（3）高架车辆段上盖物业开发

高架地铁车辆段（停车场）并不多见，且一般规模较小，主要原因在于高架车辆段造价较高，由于建筑体量大对环境和景观影响较大，且下部空间利用价值较低。我国内地最早的高架停车场为武汉地铁 1 号线硚口停车场，其上部未进行上盖物业开发，下部空间也主要作为地铁功能使用。宁波地铁 2 号线东外环停车场也是不带上盖物业开发的高架停车场。

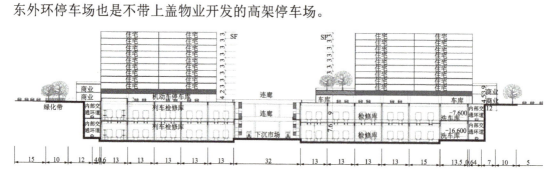

a) 横剖面图（尺寸单位：m，高程单位：m）

b) 纵剖面图

图 1-18　崔家店停车场剖面图

南京地铁1号线南延线大学城停车场是第一个真正意义上的高架车辆段上盖物业开发典型案例。

南京地铁1号线南延线大学城停车场占地约13hm², 整个车辆基地为盆地, 由于场地条件限制, 高架线路缺少拉坡条件, 因此车场采用高架形式, 出入段线设计高程与库内停车线设计高程基本相同(图1-19)。

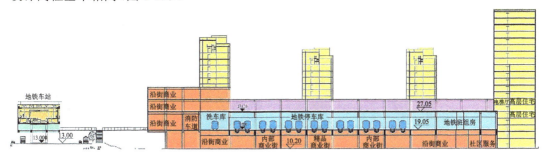

图1-19 大学城停车场及上盖物业规划剖面图(高程单位:m)

停车场远期配属车辆34列, 总用地面积13.7hm², 总建筑面积为$36.8×10^4m^2$。其中地铁停车场总建筑面积约$6×10^4m^2$, 综合商业约$8×10^4m^2$, 上盖住宅约$8×10^4m^2$, 落地住宅开发$16×10^4m^2$。高架地铁站厅与商业2层形成无缝衔接, 并通过商业步行系统与南侧住宅小区形成紧密联系。

停车场综合体建筑一期共三层, 一层、二层为商业开发; 一层层高为5.4m、二层层高为5.7m, 主要是以零售商业、超市、娱乐为主的综合性商业, 商业面积$8×10^4m^2$, 可租售面积约$4.6×10^4m^2$; 三层为停车场的主要核心功能, 布置停车库、列检库、月修库、工程车库, 层高8.4m; 三层以上为二期预留物业开发, 以单身公寓及小户型住宅为主, 通过抗震节点进行分离。

综合体采用民用建筑结构体系进行计算, 并用桥梁结构体系进行校核, 柱网采用12m×8.4m, 柱断面为1.1m×1.2m。整个停车场咽喉区约$1.4×10^4m^2$, 采用框架结构体系, 上部露天布置碎石道床, 下部主要布置物资库、混合变电所、办公楼等功能组成厂前区。

3)物业形态

(1)居住+商业

香港地铁车辆段上盖物业开发基本上都沿用了"居住+商业"的模式, 以居住为主, 辅以较大面积的商场和写字楼。这种模式以出售获取近期利润, 以商业出租和物业管理获取长期效益, 盈利前景较为明朗, 容易吸引开发商。车辆段上盖物业邻近地铁车站, 可最大限度地利用地铁交通便利的优越性。香港地铁车辆段上盖物业开发的成功案例都明显具有这一特征。

(2)单一居住

这种模式下, 地铁车辆段上盖物业基本上按居住房屋开发, 除底商和配套的少量会所外, 未规划大型商业综合体, 功能较为单一。北京地铁四惠车辆段即为典型的单一居住开发模式。

(3) 单一商业

这种模式是在车辆段上盖进行单一商业综合体开发,由于盈利周期长,前景难以预期,不容易吸引开发商,这种模式比较罕见。成都地铁1号线皂角树车辆段即按单一商业开发综合体设计(图1-20),但未能实施盖上的商业开发,目前已改为地铁公司的培训中心项目用地。

a) 规划平面图　　　　　　　　　　b) 效果图

图1-20　皂角树车辆段上盖物业规划平面图和效果图

(4) TBD 模式(Tourism Business District,旅游商务区)

上海吴中路停车场上盖物业采用 TBD 模式的提法是秦战、杨心丽在《城市轨道交通停车场上盖开发模式初探——上海市吴中路停车场上盖开发项目》(上海城市规划 2009-03)中提出的,沿用了 Getz 于1993年提出的 TBD 概念。

TBD 模式强调游客导向型吸引物和服务相对集中,通过 TBD 显著的视觉作用和经济效益提高区域的经济活力和城市魅力。TBD 形成的首要条件,是能够集聚周边居住人口和吸引游客的前往和使用。其业态主要以商业、办公、酒店、城市大型公建设施等服务性功能为主。

吴中路停车场为上海地铁10号线停车场,地面层轨道交通停车场承担10号线一期工程列车的停放、清洁、列检、检修等工作,设计规模为停车列检40列位、月检2列位、定临修3列位,总建筑面积约为 $7.2\times10^4m^2$。在距地面约8.3m处设置结构转换平台(面积约为 $7.5\times10^4m^2$),将站场轨行区全部覆盖,停车列检库下方建造地下商业空间,连接北侧毗邻的紫藤路车站,各建筑通过平台连接为一个整体,统一规划、整体设计、分步施工。开发总面积约51.6万 m^2(不含停车场建筑),收益率预测为9.77%(图1-21、图1-22)。

(5) 地铁附属功能模式

这种模式下,地铁车辆段上盖不做商业开发,只用于建设地铁运营和管理功能建筑。一般情况是在车辆段用地面积不足,只能把部分附属功能建筑设置在车辆段上盖;同时由于上盖面积小或交通和环境条件差,不具备商业开发价值。如上海地铁九亭车辆段就是典型例子,其利用停车库上盖设置综合楼和食堂,并相应进行绿化,车辆段其他区域不上盖(图1-23)。

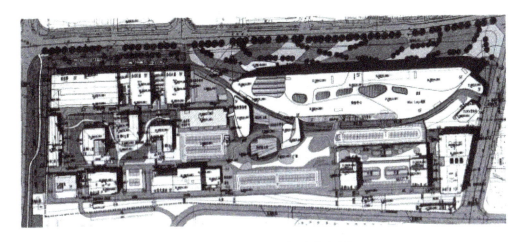

图 1-21　吴中路停车场综合开发总平面图

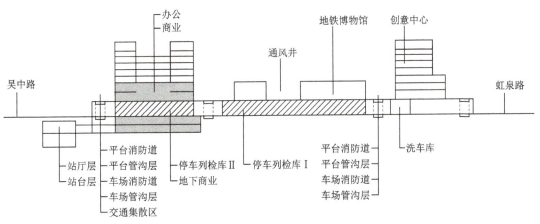

图 1-22　吴中路停车场剖面示意图（停车列检库—地铁车站）

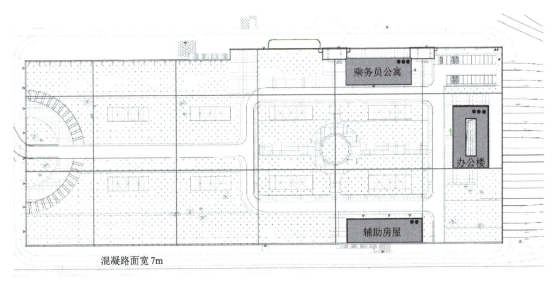

图 1-23　九亭车辆段运用库上盖布置图

(6) 上盖绿化

这种模式为了周边环境和景观需要,对车辆段全部或部分区域进行上盖绿化覆盖,从严格意义上讲,由于上盖平台基本上没有开发效益,将其列为上盖物业开发较为勉强。但由于上盖绿化后,对周边地块开发价值的提升作用明显,同时可作为整个区域的环境要素,纳入区域开发的范畴。

由于地铁车辆段位于城市中心区或环境敏感区的可能性较大,因此地铁车辆段上盖绿化还是比较多见的。如北京地铁10号线万柳车辆段,广州地铁3号线厦滘车辆段,深圳地铁2号线后海停车场等项目。其中万柳车辆段和厦滘车辆段为局部上盖绿化,后海停车场为全部上盖绿化。

万柳车辆段设在北京地铁10号线线路的西端,位于颐和园世界遗产保护区的缓冲区内,距离昆明湖最近处仅有1.2km,东临万泉河路,南靠巴沟村北路,西面与万柳高尔夫球场相邻,北部为海淀公园。车辆段用地为长条形,沿万泉河路南北纵向布置。用地南北长913m,东西宽178.5~258.5m,车辆段用地面积约为17.4hm^2,总建筑面积约68300m^2。

万柳车辆段绿化共分为厂区绿化、屋顶绿化和挡土墙外(厂区外)绿化三部分(图1-24)。厂区绿化由于使用功能的限制,以草地为主并配以行道树,局部重点区域进行园林式绿化;为减轻荷载,屋顶绿化为草地搭配低矮灌木;挡土墙外(厂区外)绿化采用高低错落的阔叶植物组成立体绿化。该工程实现了厂区地面绿化面积约4.5×10^{4}m^2,并且完成了5.3×10^{4}m^{2}厂区外的景观绿化;屋顶绿化面积更是达到了7.3×10^{4}m^2(图1-25)。

图1-24 万柳车辆段上盖绿化效果图

a) b)

图1-25 万柳车辆段停车库及库顶绿化照片

深圳地铁2号线后海停车场由于选址困难,利用了深港西部口岸通道与科苑南路之间的绿化带设置停车场,停车场用地范围狭长,长度约为1220m,宽度约为70m(图1-26)。根据规划部门要求,后海停车场占用绿化带后,需做上盖还绿(图1-27)。同时停车场上盖绿化后也有利于隔离西部口岸通道的噪声和废气。工程由中铁二院设计,并于

2011年建成运营,但上盖绿化工程尚未实施。

图1-26 后海停车场上盖绿化效果图

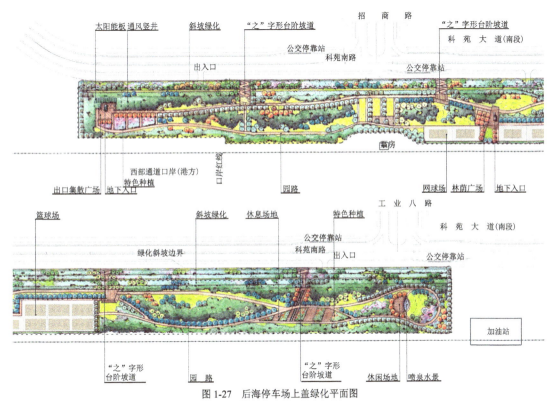

图1-27 后海停车场上盖绿化平面图

1.3 国内地铁车辆段上盖物业开发的实践

1.3.1 香港地铁车辆段上盖物业开发

在1.2节中已对香港地铁车辆段上盖物业开发做了简要介绍,本节主要是对香港地铁车辆段上盖物业开发进行梳理和总结。

目前港铁公司运营线路(包含原香港地铁公司线路和九广铁路公司线路)的车辆段分布及物业开发情况如图1-28所示。

图 1-28 香港地铁车辆段分布示意图

香港地铁车辆段及物业开发资料汇总见表1-6。

香港地铁车辆段及物业开发资料汇总　　　　表1-6

序号	线路名称	车辆段名称	物业开发				
			物业名称	住宅面积（m²）	商业面积（m²）	物业位置	落成年份
1	观塘线	九龙湾	德福花园	278703	52171	车辆段上盖	1982
2	荃湾线	荃湾	绿杨新邨	215000	15548	车辆段上盖	1983
3	港岛线	柴湾	杏花邨	424986	26742	车辆段上盖	1986
4	机场线	小壕湾	未开发				
5	将军澳线	将军澳	日出康城（首都）	136240	500	周边白地	2009
			（领都）	309696		周边白地	2013
			（三期）	128544		周边白地	开发中
			未完				
			合计	1602800～1612800	40000～50000		2004—2019
6	东铁线	何东楼	银禧花园			车辆段上盖	1986
			骏景园	271656	10000	车辆段上盖	1996
			御龙山	120900	20000	车辆段上盖	2009
7	西铁线	八乡	未开发				
8	马鞍山线	大围	大围中心	313955		车辆段上盖	2011
9	屯门轻轨	屯门	新屯门	200000	14000	车辆段上盖	1990

注：何东楼车辆段上盖银禧花园开发年代较早，不属于港铁物业。

从以上统计可以看出，港铁公司在除机场线小壕湾车辆段和东铁八乡车辆段外的其他7座车辆段均实施和规划实施了上盖物业综合开发，已完成的住宅总面积（不计银禧花园）约240×10⁴m²，商业面积约为13.9×10⁴m²。根据港铁规划，西铁八乡车辆段23.56hm²用地也将实施上盖物业开发。

1.3.2　内地最早引入上盖物业开发理念的地铁车辆段

广州地铁1号线西朗车辆段是我国内地最早引入车辆段上盖物业开发理念的项目，这与广州毗邻香港，广州地铁1号线建设积极学习借鉴香港经验有关。广州地铁1号线由中铁二院（当时名称为"铁道部第二勘测设计院"）设计总体总包，这也是国内首个地铁设计总体总包项目。

1994年在车辆段初步设计时，广州地铁公司萌生了在西朗车辆段（当时设计名称为"芳村车辆段"）上盖进行物业开发的想法，委托香港安诚工程顾问公司开展了物业开发方案的规划设计工作（图1-29）。

由于当时内地的房地产市场尚未起步，车辆段上盖物业开发的理念过于超前，在政策、投资和工期上都存在难以逾越的障碍，因此该方案未能与工程同步实施，但车辆段总平面布置按上盖物业开发柱网的要求进行了预留设计。

安诚公司所做的西朗车辆段上盖物业开发方案的简要介绍如下。

根据方案设计，西朗车辆段与两端的西朗站（图中原名"广钢站"）和坑口站进行一体化上盖物业综合开发，西朗站为地面车站，坑口站为高架车站。规划用地面积 42.67hm²。方案一：总建筑面积 131.54×10⁴m²，其中住宅面积 51.78×10⁴m²，单位数量 4712 个，商业面积 33.12×10⁴m²，附属设施 2.86×10⁴m²；方案二的规划开发指标与方案一基本相同。两方案容积率均为 3～3.9，检修主厂房不做上盖物业开发。

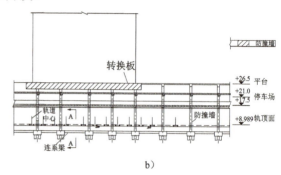
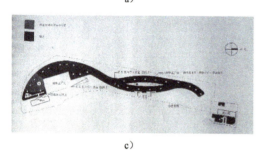
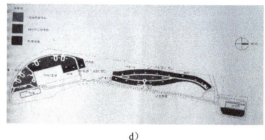

图 1-29　广州地铁 1 号线车辆段上盖物业方案设计图

香港安诚公司的规划方案具有明显的香港地铁车辆段上盖物业开发的特征，包括：
（1）地铁车站和车辆段上盖一体化开发；
（2）采用住宅和商业并重的混合开发模式；
（3）高容积率，但比香港地铁低；
（4）结构上采用厚板转换体系。

施工图按预留上盖物业开发设计，总平面布置线路间距考虑了上盖物业柱网布置要求，停车列检库线路间距按 4.8m 和 7.8m 布置。为了方便以后物业开发的实施条件，厂房结构采用了大跨度钢网架结构，最大单跨达到 50.4m，有效地减少了厂房柱子。钢网架结构也有利于将来的拆除和回收利用（图 1-30）。

图 1-30　西朗车辆段运用库

1.3.3 我国内地最早实施上盖物业开发的地铁车辆段

北京地铁1号线四惠车辆段是内地最早实施上盖物业综合开发的地铁车辆段。

四惠车辆段是地铁复八线工程的一部分,段址位于北京市朝阳区,地铁1号线四惠站至四惠东站之间。总用地面积34.04hm²(含地铁四惠站、四惠东站用地)。

1998年北京市政府决定借鉴香港地铁的开发模式,利用四惠车辆基地的屋顶大平台建设住宅及配套设施。大平台面积共29.4hm²,主体东西长1291m,南北宽226m。建设近$40×10^4m^2$的通惠家园小区(保障性住房)及$20×10^4m^2$的壹线国际小区(商品房)。

北京四惠车辆基地上盖开发主体共分为三层,首层为地铁车辆段层,主要包含停车列检库、架修库、月修库、喷漆库、吹扫库、不落轮镟库、易燃品库、变电站、信号楼、培训中心、办公楼、综合维修中心、材料总库等单体建筑,在车辆段最北侧一跨设试车线。

二层为管道设备层,主要包含设备用房及开敞汽车库。

三层为大平台,包括保障性住宅通惠家园及商品住宅壹线国际小区。总建筑面积$60.27×10^4m^2$。包括高层住宅、中高层住宅、多层住宅,以及18班中学、24班小学、托儿所、幼儿园、消防中队、小区门诊部、商业服务设施等配套公建,见图1-31。

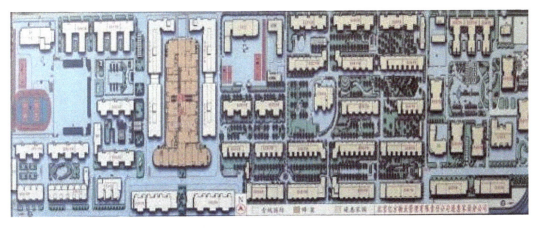

图1-31 三层(物业开发)平面图

1.3.4 我国内地目前上盖物业开发规模最大的地铁车辆段

深圳地铁1号线前海车辆段是目前我国内地实施上盖物业开发规模最大的地铁车辆段。该项目于2007年开工,2011年轨道交通功能投入使用,上盖平台同期建成,目前保障房建设和商业开发正在实施中。

深圳地铁1号线延长段为一期续建工程,2011年6月全线开通,投资约121亿元。1号线续建工程在南山月亮湾大道西侧前海湾设车辆段一处,总用地约56hm²,其中建设用地约50.3hm²,车辆段上盖用地约35hm²。建筑规模达$142.28×10^4m^2$,平均容积率2.8,居住约1.43万户(其中1.1万户为保障性住房,0.33万户为商品房),居住人口约4万人,配建一所36班九年一贯制学校和一所12班小学及3所幼儿园(图1-32~图1-34)。

图 1-32　前海车辆段 1 层平面图

图 1-33　前海车辆段上盖综合体功能分区图

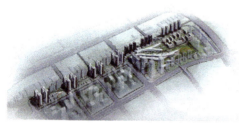

图 1-34　前海车辆段上盖物业开发鸟瞰图

值得一提的是深圳地铁前海车辆段上盖物业开发是我国内地第一个实行上盖土地公开招拍挂的开发项目。2008 年 4 月 30 日，深圳土地房产交易中心发布《深圳市土地使用权出让公告》(深土交告〔2008〕12 号)，确定于 5 月 26 日—6 月 6 日公开挂牌出让三宗地铁上盖物业项目用地的使用权。

出让宗地的基本情况见表 1-7。

出让宗地基本情况　　　　　表 1-7

宗地编号	土地位置	土地用途	土地面积（m^2）	建筑面积（m^2）	容积率	覆盖率	使用年期	履约保证金（万元）
T201-0071	南山区前海平南铁路西侧	商住用地	138592.94	544800	3.931	≤40%	70	
T201-0072	南山区前海平南铁路西侧	商住用地	216302.03	263050	1.216	≤40%	70	10000
T201-0073	南山区前海平南铁路西侧	政策性住房用地	134764.8	602150	4.468	≤40%	70	

随公告发布的宗地合同和规划概要对三宗土地上盖物业开发规划要求和指标进行了明确规定,数据整理后见表 1-8。

宗 地 规 划 指 标　　　　　表 1-8

宗地编号	T201-0071	T201-0072	T201-0073	合计
土地用途	居住、商业性办公用地	居住、商业、办公用地	保障性住房	
用地面积(m^2)	138592.94	216302.03	134764.8	489659.77
竖向界限	无	12.2m 及 17.2m 以上	12.2m 及 17.2m 以上	
建筑覆盖率	≤ 40%	≤ 40%	≤ 40%	
建筑容积率	3.931	1.216	4.468	
建筑高度(m)	≤ 200	≤ 120	≤ 120	
计入容积率总建筑面积(m^2)	544800	263050	602150	1410000
其中:住宅	223230	171900	564000	959130
办公	169350	54950	—	224300
商业	51000	30100	18000	99100
商务公寓	48670	—	—	48670
酒店	26250	—	—	26250
学校	20000	—	8000	28000
幼儿园	3600	3600	7200	14400
社区健康服务中心	500	500	1000	2000
居住小区级文化室	1500	1500	3000	6000
社区居委会	100	100	200	400
社区服务站	200	100	200	500
社区警务室	100	100	150	350
邮政所	100	—	—	100
垃圾收集站	50	50	100	200
再生资源回收点	50	50	100	200
公共厕所	80	80	160	320
环卫工人作息站	20	20	40	80

宗地位置如图 1-35 所示。

图 1-35 宗地位置示意图

但该三宗地块捆绑出让的公开招拍挂是有条件的,在招标公告中明确限定竞买申请人资质"具有地铁线路及附属设施建设经营范围,并拥有建设及经营1条以上(含1条)地铁线路的经验"。土地出让价格为17.4亿元人民币。

1.3.5　我国内地第一个上盖物业开发的双层地铁车辆段

深圳地铁3号线横岗双层车辆段是我国内地第一个双层地铁车辆段,并在车辆段上盖进行了综合物业开发。

深圳地铁3号线横岗双层车辆段的设计理念是中铁二院在与港铁公司的合作中提出来的,其目的是为了最大限度地节约车辆段用地,留出白地进行落地物业开发,提高车辆段综合物业开发的经济效益。由于深圳市土地资源十分匮乏,因此这种理念得到了深圳市政府及地铁3号线开发公司的支持,在经过多次经济技术论证和评审后,该项目得以实施,并于2010年建成使用。

横岗双层车辆段位于深圳市龙岗区横岗镇六约村,北侧紧临深惠路及地铁3号线六约站,东面紧临牛始埔路,西南面为鹏深甲线高压电网。

深圳地铁3号线初步设计时,横岗车辆段是按无上盖开发的平面车辆段设计的,其总平面效果如图1-36所示。

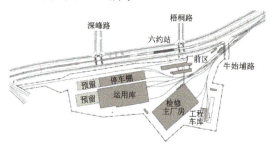

a)平面图　　　　　　　　　　　　　　b)鸟瞰图

图1-36　横岗单层无上盖车辆段方案平面图及鸟瞰图

横岗双层车辆段的总平面效果如图1-37所示。车辆段进行上盖物业开发,双层布置后节约下来的白地进行落地物业开发。

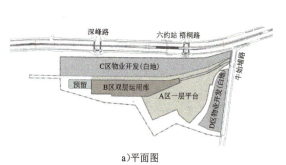

a)平面图　　　　　　　　　　　　　　b)鸟瞰图

图1-37　横岗双层车辆段平面图及鸟瞰图

横岗双层车辆段与平面车辆段的主要技术经济指标对比见表1-9。

横岗车辆段主要技术经济指标对照　　　　　　　　　　　　　　　表1-9

项　　目	双层方案	平面方案	增　减
土石方工程($\times 10^4 m^3$)	186.4	195.4	-9
铺轨长度(km)	16.9	18.4	-1.5
房屋建筑总面积($\times 10^4 m^2$)	22.9	11.7	+11.2
用地面积(hm^2)	18.6	28.5	-9.9
用地面积指标(m^2/辆)	392	601	-209

横岗双层车辆段上盖规划了大规模物业开发,其开发范围包括车辆段上盖以及双层布置后节约下来的2块白地。车辆段上盖开发及落地开发的分区面积和高程见表1-10。

横岗车辆段各区域面积及高程　　　　　　　　　　　　　　　　表1-10

地块编号	用地性质	面积(hm^2)	高程(m)
车辆段A区	检修库	6.02	+71.3
车辆段B区	双层运用库	3.57	+76.8
物业开发白地C区	物业	6.74	+59～+68
物业开发白地D区	物业	2.57	+70
地铁大厦	办公+物业	0.85	—
车辆段厂前区	办公	0.54	+70
其他区域	生产区+附属工程	7.99	+59
总用地	—	28.28	

A区上盖+D区为保障性住房,B区上盖+C区为商业开发,供物业开发的用地面积为18.9hm^2。上盖物业开发规划指标为:建设总用地面积226319m^2;容积率1.99;建筑密度24%,绿化率38%,总建筑面积450000m^2,其中保障性住房面积180000m^2,居住人口14231人。

根据深圳市规划和国土委2012年12月《关于深圳市地铁3号线横岗车辆段上盖项目详细规划(调整)的公示》,横岗双层车辆段上盖物业开发规划指标进行了调整,相关内容如下。

深圳市地铁3号线横岗车辆段为国内首个双层车辆段,其上盖项目属深圳市轨道网络二期工程五大上盖项目之一。该项目位于龙岗区横岗街道六约片区,北临龙岗大道(深惠路),东抵牛始埔路,项目规划总用地面积19.68hm^2,分为A、B、C、D四个地块,总建筑面积515000m^2。随着轨道网络三期工程建设的开展,深圳市地铁集团有限公司根据区域发展情况,申请在保持总建筑面积和A、D地块分项指标不变的基础上,对原详细规划中的B、C地块分项指标进行调整。现根据公平、公正、公开原则,现将有关事项公示如下:

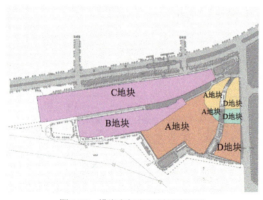

图 1-38 横岗车辆段规划调整附图

（1）B、C 地块原指标：住宅 167300m²、商业 52000m²、酒店 17500m²、商务公寓 82500m²、配套设施 2700m²。

（2）B、C 地块申请调整指标：住宅 225540m²、商业 52000m²、商务公寓 41000m²、配套设施 3460m²（增加物业管理用房 700m² 和移动通信基站 60m²）。

规划调整后，BC 区商业开发总建筑面积增加 65000m²，主要增加了居住和商务公寓的面积，取消了原规划的酒店项目（图 1-38）。

1.4 我国内地地铁车辆段上盖物业开发主要存在问题

1.4.1 政策层面

香港地铁车辆段上盖物业开发的成功主要得益于以下两大因素：
（1）政策支持，包括完善的法律法规和特殊的土地出让制度。
（2）港铁公司卓越的物业开发运作能力和丰富经验。

香港地铁的建设和运营完全由港铁公司按现代商业化的原则进行运作。大部分项目建设资金由政府通过级差地价的模式进行补偿。在该模式下，港铁公司在地铁建设项目启动的前期工作中，对沿线可开发用地的物业开发进行策划和规划，并进行公示，方案稳定后与政府签订土地出让框架协议。在物业开发实施前，政府再以私人协约批地方式与港铁签订土地出让协议，并确定转让地价，由港铁公司缴纳给特区政府。转让地价的核心在于该地价是由评估机构按评估期没有地铁条件下地块的市场价值确定的，地铁建设后带来的地价升值部分由港铁公司获得。

港铁公司取得土地后，通过招标选择开发商合作开发，或自行开发，通过商业运作来兑现级差地价利益。有关内容可参考林茂德《城市轨道交通与周边物业的一体化开发模式》（都市轨道交通，2012 年 9 月）。

对于白地开发还是上盖开发，香港特区政府在协约批地中并无分别，地价评估由于容积率等关系可能会有影响。

内地对于地铁车辆段上盖物业开发在土地的属性、出让方式等方面都没有出台配套的法律法规，目前国家层面的法规对于商业性开发的土地出让仍然规定必须采取招拍挂方式。

深圳率先在地铁上盖物业开发及土地出让进行了探索和创新，在前海车辆段、蛇口西车辆段和塘朗车辆段上盖物业土地出让中，以 2007 年颁布的《中华人民共和国物权法》为基础，创新性地实行了土地分层分宗出让的方式，并在实施中采取了对竞买人限定条件的方式，要求竞买申请人"具有地铁线路及附属设施建设经营范围，并拥有建设及经营 1 条以上（含 1 条）地铁线路的经验。"，变相限定给地铁公司。

在"定向招拍挂"之后,从 2012 年底开始,深圳市政府再次做出重大土地出让的创新和制度改革,即把土地作为一种资产,直接注入地铁企业,变招拍挂为直接协议出让。在第一批拟作价出资的 7 个地块中,深圳地铁已成功获得横岗车辆段、深湾站、前海枢纽等多个地块的开发权。

但在国家层面以及各省市的层面上,仍然没有一套相对统一和完善的地铁上盖物业开发的法律、法规体系,而各方利益博弈使得地铁上盖物业开发的实施更加复杂化。

1.4.2 公司实力和经验问题

港铁公司在地铁上盖物业开发上的成功离不开公司超强的房地产开发能力和丰富经验,而国内地铁公司的功能基本上集中在地铁建设和运营环节。虽然许多地铁公司都设有资源开发部或类似部门,负责地铁公司的多元化开发,包括地铁物业、车站商铺、广告和商业通信等,其中地铁物业开发也是一个重要部分。但总体上存在开发规模较小,多数项目是利用地铁项目的土地进行连带开发,如利用控制中心用地,加大容积率进行商业性物业开发,利用车站的地下空间进行商业开发,以及利用车辆段上盖进行商业开发等。内地多数地铁公司商业开发的效益主要来自车站商铺和广告,房地产在其中所占比例不大。

由于地铁公司缺乏运作大型房地产开发项目的能力和经验,再加上土地转让政策的限制,内地地方政府也就缺乏将地铁沿线土地交给地铁公司开发的动力和信心,而是宁可采取将土地公开招拍挂,收取出让金来投入地铁建设的模式,也就是间接土地投入地铁建设的模式。这种模式的缺点在于地铁建设产生的级差地价不明晰,开发效益也只有或多或少的一部分能够间接投入地铁建设和运营补亏,不利于地铁的可持续发展。

1.4.3 环境问题

地铁车辆段上盖物业开发不可避免地存在环境问题,该问题分为两个方面,并且存在相互矛盾。

第一方面是在地铁车辆段上盖进行物业开发,上盖物业将会受到列车运行和车辆检修作业时产生的振动和噪声影响。虽然这种影响是可以在一定程度上解决的,可接受的,但内地居民在观念上与香港居民还是有较大差异。据港铁人士介绍,在香港地铁上盖物业都是有钱人愿意购买的,物业价格也较高,完全不是内地这种市场心态。

究其原因,主要是内地地铁车辆段上盖物业缺乏高水平的策划、规划、设计、建设和管理,造成物业品质较低,如北京地铁四惠车辆段上盖的通惠家园、一线国际等项目。

第二方面就是因为地铁车辆段上盖造成盖下环境恶化,影响作业人员的劳动卫生条件。内地第一个地铁车辆段上盖物业开发项目,北京地铁 1 号线四惠车辆段建成后,盖下车辆段作业区域内的噪声和空气漂浮物影响非常明显,员工意见很大,直接导致了在很长一段时间内,业内都反对在车辆段进行上盖物业开发。

其实四惠车辆段上盖物业开发处于国内尚缺乏经验的阶段,存在两个明显失误:一是将四惠站和四惠东站之间的地面区间正线和试车线直接置于盖下,未采取任何隔离措施,导致列车高速运行产生的振动、噪声以及粉尘对盖上和盖下环境都造成了直接影响;二是对车辆段包括咽喉区在内的全范围进行上盖,大大恶化了盖下通风采光条件。这两点在香港地铁车辆段早期上盖物业开发项目中都是极力避免了的。

1.4.4 技术问题

车辆段上盖物业开发使车辆段由一个简单的交通类工业建筑群变成了复杂的城市综合体,其规划、设计和施工所涉及的工艺、建筑、结构、消防、通风、照明等专业都需要解决许多新问题,如减振降噪的环境问题,综合体内外交通问题,盖下车辆段和盖上物业的消防问题等。

由于内地缺少在工业建筑上盖进行大规模物业开发的经验,在建筑、结构、防火等设计规范中并未针对这种模式作出规定,使得车辆段上盖物业开发规划和设计最先碰到的就是缺少适用规范的问题。一些重大问题,如建筑防火和结构抗震超限等问题只能通过消防性能化设计和结构抗震超限研究等方法来解决,增加设计的复杂性和设计工期。

按照目前香港的建筑条例,高层建筑只需做风力设计而无须考虑抗震设计,这就使得香港地铁车辆段上盖物业开发能够普遍采用厚板转换结构并能符合规定,而在内地基本上都是采用转换梁转换或者核心筒直接落地的方案,增加了设计的复杂性,并对上盖物业的户型和朝向等设计形成了较大限制。目前香港地区建筑业对香港高层建筑是否应该考虑抗震设计出现了较大争议,有专业人士建议香港的超高层建筑和转换结构设计应考虑地震作用。

作为大规模城市综合体在技术上比较难解决的还有交通组织问题。由于大量居住人口和商业活动的增加,比单一车辆段只需解决物资运输和员工通勤交通相比,其交通量大大增加,而且由于盖上和盖下交通必须分开,使得交通组织设计较为复杂,成为规划和设计难题。再加上城市交通规划与地铁车辆段上盖物业开发的脱节,更加重了这一问题的严重性。

对盖下车辆段而言,如何解决通风采光和减振降噪,改善盖下作业环境也是非常复杂的技术问题。特别是如何协调处理好盖下通风采光需求和盖上环境需求之间的矛盾,是规划设计中的重大难题。

1.4.5 资金问题

车辆段上盖物业开发需要大量的资金投入,特别是由于需要在地铁建设的同时建造完成上盖平台,因此需要大量资金的早期投入。地铁车辆段上盖平台的建设成本(包括盖下车辆段增加的措施费)根据经验估算,在考虑只建一层平台(即库顶平台)的条件下,一般为4000～5000元/m^2,同期建设二层平台(即完成夹层建设)时,一般为7000～8000元/m^2,因此一个上盖平台面积为$20×10^4 m^2$的地铁车辆段,需要增加的投资约为8亿～10亿元(一层平台),或14亿～16亿元(二层平台),所需资金投入是比较大的。

内地的地铁公司一般都是政府直接管理的全国资企业,自有资金缺乏,且商业融资能力受限。再加上地铁公司普遍缺乏大型房地产项目的商业运作能力,而房地产开发商在项目前期由于土地招拍挂政策限制、责权利难以界定以及利润预期不明朗等因素,一般不可能介入上盖平台建设,也不可能提供建设资金。

内地目前的模式都是由政府在地铁工程建设时,一并提供建设资金建设车辆段的上盖平台,项目建成后通过土地分层分宗招拍挂出让的方式收回建设成本。部分上盖平台划拨为政府保障性住房建设用地。这种模式一方面需要当地政府有较为雄厚的财力资源和决策能力;另一方面平台建成后较为确定的盈利预期也是极为重要的。从目前内地地铁车辆段上盖物业开发来看,北京、上海、深圳、广州、杭州等地受益于当地的高房价,当地政府对地铁车辆段上盖物业开发的热情较高,支持力度也很大。而其他城市也随着房价的上涨,对车辆段上盖物业开发虽然也表现出越来越浓厚的兴趣,但在实际建设过程中,对是否投资车辆段上盖物业开发还是比较谨慎的,采取试探性小规模开发,并以解决职工单身宿舍和部分住宅为目的的项目较多。

1.5 天童庄车辆段及上盖物业开发概况及特点

1.5.1 天童庄车辆段工程概况

天童庄车辆段工程属于宁波市轨道交通 1 号线一期工程,段址位于鄞州区邱隘镇蔡家岸村,规划用地面积约 40hm²。段址原始地貌主要为农田和水塘,分布有少量农舍和简易厂房。

天童庄车辆段为宁波市轨道交通线网性大架修车辆段,设计有大架修 4 列位;定修 1 列位;周月检 3 列位和停车列检 32 列位。新建房屋总建筑面积 143499m²,铺轨长度 15.785km,围墙内用地面积 20hm²。

天童庄车辆段总平面采用并列式段型,运用库与检修主厂房为尽头式并列布置;出入段线由东环南路站接轨;洗车线为咽喉区八字线布置;试车线布置在车辆段南侧,长度为 1250m,如图 1-39 所示。轨道交通运营公司和公安分局也设在天童庄车辆段。

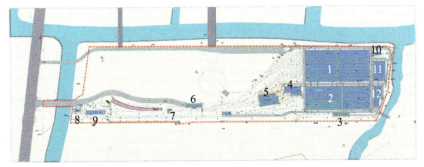

图 1-39 天童庄车辆段 1 层平面图(±0m 高程)

1- 运用库;2- 检修主厂房;3- 试车间;4- 材料棚;5- 调机/工程车库;6- 洗车机库;7- 轮对踏面检测棚;8- 杂品库;9- 油漆库;10- 污水处理站;11- 物资总库;12- 综合维修车间

为了尽量增加物业开发白地面积,车辆段办公、生活房屋、公安分局、文体中心等建筑物布置在上盖平台层。

天童庄车辆段工程主要技术经济指标见表 1-11。

天童庄车辆段工程主要技术经济指标　　　　　表 1-11

类　别	项　目	数　量	类　别	项　目	数　量
设计规模	大架修(列位)	4	土石方工程	挖方(m^3)	146280
	定修(列位)	1		填方(m^3)	660760
	周月检(列位)	3		清淤(m^3)	8770
	停车/列检(列位)	32/28		合计(m^3)	807040
建筑	新建房屋(m^2)	143499	轨道	铺轨长度(km)	15.785
	总建筑面积(m^2)	270817	用地	总用地面积(hm^2)	24.15
				围墙内面积(hm^2)	20

注：停车列位中包含列检列位。

1.5.2　天童庄车辆段上盖工程及上盖物业开发概况

天童庄车辆段上盖工程包括 +10m 高程的夹层车库和 +15m 高程的上盖平台。

10m 高程盖体平台面积为 19.6hm^2。夹层车库的范围包括上盖平台下除检修主厂房和单身公寓区域外的其他区域，总建筑面积 12.86×10^4m^2，布置停车位 2152 个，其中 600 辆为轨道交通生活办公使用，其余为后期物业开发使用。布置非机动车位 2000 辆。职工宿舍位于车辆段出入段线上方，建筑面积为 75000m^2，宿舍约为 1400 间，见图 1-40。

图 1-40　天童庄车辆段夹层车库(+10m 高程)平面图

上盖平台层包括 A、B、C、D 四个区域，A 区布置有车辆段综合楼、培训中心及乘务员公寓、食堂、综合维修中心、公安分局等建筑物，总建筑面积 50182m^2；B 区布置物业开发住宅，规划建筑面积 84588m^2；C 区布置文体中心，建筑面积 14073m^2；D 区位于 10m 高程，见图 1-41。

图 1-41　天童庄车辆段上盖平台层(+15m 高程)平面图

1.5.3 天童庄车辆段及上盖物业开发规划与设计特点

1)地铁运营功能完善,运营设施齐全

天童庄车辆段的地铁运营功能包含了地铁车辆全部修程的检修和运用维修功能、地铁各系统的综合维修功能、仓储物流功能、教育培训功能、运营管理和办公功能、生活服务功能、地铁公安功能、档案保管功能、文体活动功能以及单身公寓十大功能,是国内地铁开通运营时功能最齐全的地铁车辆段。

2)以地铁车站为中心,白地物业和上盖平台物业开发一体化规划

天童庄车辆段物业开发充分利用1号线二期工程线路方案调整的契机,将邱隘站直接布置在地块中心,二期工程正线线路下穿车辆段。该方案使得地块物业开发基本上都处于邱隘站500m核心区覆盖范围,大大提升了地块物业开发的价值。同时,规划设计将地铁车辆段厂前区搬到了上盖平台上,并通过总平面优化,留出了靠近邱隘站的白地约15hm^2,作为落地开发区域,提升了物业开发的规模和效益。

3)注重环保理念,改善盖下作业环境

天童庄车辆段及上盖物业规划设计非常注重环保理念,特别重视了上盖开发后盖下作业环境恶化的问题。在总平面布置上充分利用段址三面环水、一面邻近高压走廊的条件,变不利为有利,车辆段四周围墙上空按开敞设计,提供了良好的周界通风采光条件。同时将运用库和检修库之间的通道上空敞开,形成通风采光井,有效地解决了车辆段中部的通风、排烟和采光问题。

为了避免碎石道床区域在列车运行时产生扬尘,在咽喉区设计了中水喷洒系统,定期喷水降尘、固尘。

4)采用一层平台低位转换,优化了结构抗震性能

国内地铁车辆段上盖物业开发结构转换层一般在第二层平台布置转换梁,这样一方面可以保证夹层柱网与地面层柱网一致,柱网比较整齐,同时可以减轻对平台上物业开发方案的依赖。但这种方案由于转换梁布置高度较高(15m左右),对转换结构的抗震不利。

天童庄车辆段上盖物业结构转换层在第一层平台布置转换梁,有效降低了转换结构的布置高度,对结构抗震设计有利。

5)开展了结构抗震超限研究和审查,确保结构的安全性

为了确保天童庄车辆段的结构安全性,由武汉理工大学开展了结构超限研究,对多遇地震、设防地震和罕遇地震条件下的结构承载力和变形进行了研究,并通过了浙江省的抗震超限审查。该工程各单元结构抗震性能要求确定为:

(1)关键部位——转换框架(框支柱及框支梁)的抗震性能应基本达到规范规定的性能2。

(2)薄弱部位——平台结构和上盖结构底层应达到性能3。

(3)一般部位的上盖其他结构应达到性能4。

6)开展消防性能化设计,优化车辆段消防设计方案

目前国内对于地铁车辆段上盖物业开发这种城市综合体建筑尚没有针对性的建筑防火设计规范。对盖上盖下的火灾次数、盖下防火分区的划分、排烟分区及排烟量、安全疏散距

离、消防道路的布置、结构耐火极限等问题没有适用的规定，给上盖车辆段的消防设计造成了很大困难。

该工程委托四川法斯特消防安全性能评估有限公司和北京中建建筑科学研究院有限公司开展消防性能化设计等专项研究，确定相关消防设计标准，优化了设计方案。

7) 开展车辆段上盖物业振动舒适度研究，确保盖上振动环境要求

为了保证盖上物业的品质和轨道公司办公生活等的环境需求，天童庄车辆段率先在国内开展了上盖物业振动舒适度研究，首次将地铁车辆段的列车走行和车间内起重机走行同时作为振动源进行研究。这对于类似天童庄这样起重机作业频繁的大架修段尤其重要。

通过振动舒适度研究，天童庄车辆段在设计中采用了隔振承台等措施，有效地减轻了列车和起重机运行振动的传递，保证了盖上振动环境的要求。

8) 开展区域交通仿真模拟分析研究，确保区域满足交通需求

天童庄车辆段上盖物业开发规模大，夹层车库的配套车位数量高达2152个，因此对停车库出入口、区域内道路以及与市政道路的接口等通行能力提出了很高要求。为了保证通行能力，设计单位对天童庄车辆段的停车库及道路通行能力进行了软件仿真计算，并根据仿真结果，优化了道路系统和停车库内通道和停车位的设置，保证了区域交通需求。

第2章
天童庄车辆段设计过程及方案演变

2.1 主要设计过程
2.2 宁波市轨道交通 1 号线线路、行车组织和车辆选型
2.3 天童庄车辆段的功能定位、选址和设计规模
2.4 总平面布置方案
2.5 修改初步设计(B版)
2.6 补充初步设计(C版)
2.7 技术经济指标及对照分析

2.1 主要设计过程

天童庄车辆段设计方案从初步设计到最终竣工验收,由于受到外部条件的变化及上盖物业开发等因素影响,总体设计方案也经历了3次调整。

2008年10月—2009年1月开展天童庄车辆段初步设计,2009年2月,由宁波市发展和改革委员会组织完成了宁波市轨道交通1号线初步设计审查。

根据1号线一、二期工程贯通运营的初步设计审查意见,以及天童庄车辆段考虑进行上盖物业开发,因此初步设计方案需要做较大调整。2010年5月,设计单位开展天童庄车辆段补充初步设计(B版),并于2010年8月由宁波市发展和改革委员会组织完成了天童庄车辆段补充初步设计(B版)审查。

初步设计(B版)设计时上盖物业开发方案不稳定,随着上盖物业开发方案的研究推进,确定车辆段上盖物业开发采用夹层盖体结构转换平台,夹层兼做汽车停车库,且1号线二期工程五乡西站位置调整,由原来设在后塘河北岸的宁穿路改为紧邻天童庄车辆段布置。由于上盖开发方案调整较大,车辆段工程投资增加较多,因此于2011年8月进行了天童庄车辆段补充初步设计(C版),2011年9月16日,宁波市发展和改革委员会组织完成了天童庄车辆段补充初步设计(C版)审查。

施工图按补充初步设计(C版)方案开展。

2.2 宁波市轨道交通1号线线路、行车组织和车辆选型

2.2.1 线路

宁波市轨道交通1号线为宁波市轨道交通线网规划中的东西向主干线,西连高桥镇,东连北仑中心区,贯穿海曙老城区、三江口、江东CBD以及规划的东部新城中心,线路全长46.518km,主要解决城市东西向客流并满足商业发展轴的客流需求。根据轨道交通建设规划,宁波市轨道交通1号线分两期实施,其中一期工程为高桥西站—东外环路站,二期工程为东外环路站—北仑闽江路站。

宁波市轨道交通1号线一期工程(高桥西—东外环路站)线路全长约21.197km,其中地下线15.147km,高架线5.823km,过渡段0.227km。设车站20座,其中:地下站15座,高架站5座。在线路东端设天童庄车辆段,在线路西段设石路头停车场(后更名为江南停车场),在东环南路站附近设控制中心,在望春站、樱花公园站设主变电站2座。

二期工程线路全长约25.439km,其中地下线长约2.123km,过渡段0.25km,高架线长约21.636km,育王岭隧道长度1.43km。设车站9座,其中地下站1座,高架站8座;在线路东

端北仑朱塘村设停车场 1 座,在大硬站附近设主变电站 1 座。

设计年度为:初期 2017 年,近期 2024 年,远期 2039 年。

宁波市轨道交通 1 号线工程线路平面示意如图 2-1 所示。

宁波市轨道交通 1 号线为线网规划中的东西向主干线,西连高桥镇、东连北仑中心区,贯穿海曙老城区、三江口、规划东部新城。

轨道交通 1 号线线路全长 46.741km,其中:地下线 17.304km,穿山隧道 1.43km,高架线 27.343km,过渡段 0.664km。设车站 29 座,其中 16 座地下站、13 座高架站。设车场 3 座,即:石头路停车场,天童庄综合基地、朱塘村停车场。

图 2-1　宁波市轨道交通 1 号线工程线路示意图

2.2.2　行车交路

宁波市轨道交通 1 号线初、近、远期列车开行交路如图 2-2 所示。

图 2-2　初、近、远期列车开行交路图

2.2.3　车辆选型及主要技术条件

1)车辆型式和列车编组

车辆采用 B_2 型车。

列车编组:初、近、远期均采用 4M2T(4 动 2 拖)6 辆编组。

编组型式:+Tc-Mp-M=M-Mp-Tc+

Tc——带司机室的拖车;

M——动车;

Mp——带受电弓的动车；

+——自动车钩；

=——半自动车钩；

-——半永久牵引杆。

2）轨距

轨距为 1435mm。

3）供电方式

采用 DC1500V 接触网授流。

4）载客量

不同载荷状态下列车载客量见表 2-1。

列车载客量 表 2-1

载荷类型	车辆类型		
	单车（人）		列车（人）
	T_C 车	M、Mp 车	6 辆编组
定员（AW_2）	230	250	1460
超员（AW_3）	327	352	2062

注：定员载客（AW_2）立席按 6 人 /m^2 计算，超员载客（AW_3）立席按 9 人 /m^2 计算。

5）车辆质量

动车：≤ 34.8t；

拖车：≤ 31t；

列车空重：≤ 201.2t；

轴重（AW3）：≤ 14t。

6）车辆主要尺寸

车辆长度（车钩连接面之间长度）：20354/19520mm；

车体长度：19000mm；

列车总长度：118788m；

车辆宽度：≤ 2900mm；

车辆高度（车顶距轨面）：3800mm；

车辆地板面高度：1100mm；

车钩高度：660mm+10mm；

转向架中心距：12600mm；

转向架固定轴距：2300mm；

轮径（新轮）：840mm。

7）运行参数

最高运行速度：80km/h；

构造速度：90km/h；

车辆起动加速度（0～40km/h）：≥ 1.0m/s^2；

平均加速度（0～80km/h）：≥ 0.6m/s^2；

常用制动减速度（80～0km/h）：≥ 1.0m/s²；
紧急制动减速度（80～0km/h）：≥ 1.2m/s²。

2.3 天童庄车辆段的功能定位、选址和设计规模

2.3.1 功能定位

1）车辆段

根据《宁波市城市快速轨道交通线网规划》中确定的线网车辆段、停车场布局，宁波市轨道交通1号线天童庄车辆段为车辆大、架修基地，承担地铁1、2、3号线车辆的大、架修任务，并负责宁波市轨道交通1号线部分车辆的运用、停放、定修、临修、双周检/三月检任务。

2）综合维修中心功能定位

轨道交通1号线天童庄综合维修中心按较完善的功能进行配置，承担本线房建、工务等土建设施及机电、供电、通信信号等机电系统的维护、检修任务，在满足1号线运营需要的前提下，还具有线网性维修基地的功能。

3）物资总库

天童庄车辆段设置物资总库，负责地铁1号线物资存储，并为线网构建物流中心预留条件。

4）培训中心

宁波市轨道交通1号线作为宁波市轨道交通线网建设的第1条线路，在天童庄车辆段设置培训中心，负责轨道交通线网的员工培训工作。

5）公安分局

宁波市轨道交通1号线作为宁波市第一条开通的城市轨道交通线路，天童庄车辆段内设置了地铁公安分局。

2.3.2 车辆段及停车场布局

宁波市轨道交通1号线沿线设天童庄车辆段、石路头停车场、朱塘村停车场。

2.3.3 选址

1）段址概况

规划的天童庄车辆段选址位于宁波市东外环路外邱隘镇与五乡镇交界的蔡家岸地区。段址北面以后塘河为界，南面以500kV输电线路为界，东面以沿山干河为界，西面以东外环路为界，规划地块狭长，东西长约1300m，南北宽仅约330m。占据了蔡家岸村及其东西两面的土地，用地面积约40hm²。占地范围内除村落外，其余为农田和水塘，水系较发达。地块北面270m是宁穿路，东面是通邱隘站货场的规划道路。天童庄车辆段段址示意图如图2-3所示。

图 2-3　天童庄车辆段段址示意图

图 2-4 后塘河原始状况

2）段址控制因素

天童庄车辆段段址主要有以下控制因素。

（1）后塘河

车辆段段址北侧为东西流向的后塘河，河底高程约 -1.37m。该段现状宽度约 38m，规划河道面宽 60m，控制宽度 90m，如图 2-4 所示。天童庄车辆段总图布置需考虑河道规划等因素。

（2）架空 500kV 输电线路

在车辆段段址的南侧及东侧有一条 500kV 的架空输电线路，根据相关电力规范规定，500kV 输电线路导线边线向外侧水平延伸 20m 并垂直于地面所形成的区域为电力设施保护范围，保护区范围内任何单位或个人不得兴建构筑物，由于 500kV 是超高压输电线路，属于国家电力网的主干线，拆迁对下游用户影响极大，需报送国家有关部门审批同意，协调极为困难，工期难以保证。因此，车辆段总平面布置方案应避免高压输电线路的拆迁。图 2-5 为架空 500kV 输电线位置示意图。

a）高压电线地面照片

b）车辆段段址航拍图片

图 2-5 既有高压输电线路位置示意图

（3）国铁北环线及规划道路

既有国铁北仑支线位于段址南面（图 2-6），距离段址 500m 左右，规划的国铁邱隘货场与段址地块紧邻，车辆段具有与国铁接轨的条件。根据宁波铁路枢纽总图规划，规划铁路北环线在车辆段南侧和东侧通过，车辆段东侧距离北环线不足 300m 距离。

（4）规划沿山干河泄洪道

段址东面规划有沿山干河泄洪道。后塘河与沿山干河交接处为规划泄洪道，图 2-7 为规划沿山干河及泄洪道示意图。

图 2-6 国铁北仑支线

3）段址地质概况

（1）工程地质概况

天童庄车辆段处于宁波滨海平原软土区东侧，地表分布有硬壳层和人工填土；场地 20～40m 范围主要为海相淤泥质软土，其中埋深 15～20m 范围以下局部存在 0.5～3m 厚冲海相粉、砂土；场地中部主要为海相流～软塑状亚黏土、可～硬塑状粉质黏土(④₁层硬土层)；场地下部则以性质较好、厚度较大的砂层、砂砾石层和可～硬塑状粉质黏土层为主。

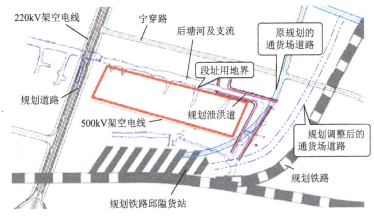

图 2-7 规划铁路北环线、沿山干河与泄洪道示意图

(2) 水文地质概况

天童庄车辆段段址主要涉及河流为后塘河、渡架桥河、鄞东后塘支河。后塘河自东吴经五乡碶、福明桥入至大河头，经大石碶排入甬江，为沟通鄞东南平原北排通道的最大也是最北的一条横向联系河道，起着非常重要的调节甬江右岸碶闸河道的水位。后塘河全长23.9km，河底高程约-1.37m，该段现状宽约38m，规划河面宽60m，控制面宽90m。渡架桥河与后塘河连接，南北向，位于天童庄车辆段西侧，现状河面宽为38m左右，规划河面宽为40m，该河道无通航要求，规划河底高程为-1.37m，常水位1.37m。鄞东后塘支河位于天童庄车辆段西侧，南北向，现状河面宽为32.7m左右，规划河面宽为35m，该河道无通航要求，规划河底高程为-1.37m，常水位1.37m。

与工程相关的地下水主要为场地浅部地下水，其属孔隙潜水，含水层介质为淤泥质土和粉质黏土。潜水位埋深一般0.2～2.3m。地下水对混凝土结构及混凝土结构中的钢筋一般无腐蚀性，对钢结构具弱腐蚀性。

2.3.4 设计规模

宁波市轨道交通1号线车辆段、停车场设计规模见表2-2。

宁波市轨道交通1号线车辆段、停车场设计规模　　　　　　表2-2

项　目	天童庄车辆段	石路头停车场	朱塘村停车场
大架修(列位)	4	—	—
定修(列位)	1	—	—
临修(列位)	1	—	—
双周/三月检(列位)	3	3	—
停车列检(列位)	32	16	12/22

注：分子为近期规模，分母为远期规模。

2.4 总平面布置方案

2.4.1 出入段线方案

1）宁波市轨道交通 1 号线一期、二期工程贯通运营出入段线方案

宁波市轨道交通 1 号线一、二期贯通运营方案，天童庄车辆段出入段线配线如图 2-8 所示。

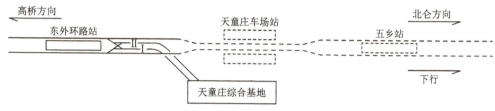

图 2-8　1 号线一、二期工程贯通运营出入段线配线图

说明：图中天童庄车场站后正式命名为邱隘站，以下同。

天童庄车辆段接轨站为宁波市轨道交通 1 号线一期工程终点站东外环路站，车辆段采用 2 条出入段线，在东外环路站站后以交叉渡线将两条出入段线与正线连通。该方案东外环路站采用岛式站台布置形式，Ⅰ道为入段线兼作小交路折返线，Ⅱ道出段使用。

出入段线主要特点是出入线作业顺畅；车辆段采用尽端式布置，总图布局工艺顺畅；节省投资。

2）宁波市轨道交通 1 号线一期、二期工程独立运营出入段线方案

考虑到宁波市轨道交通 1 号线一、二期工程存在独立运营的可能性，此时天童庄车辆段将分别承担一、二期工程列车运营任务，初步设计阶段对一、二期工程独立运营时天童庄车辆基地出入段线设置进行了深入的研究，并做了两个出入段线方案。

（1）一、二期工程独立运营出入段线方案一（2+0+2 方案）

一、二期工程独立运营天童庄车辆段出入段线方案一如图 2-9 所示。

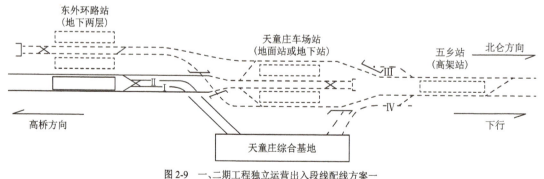

图 2-9　一、二期工程独立运营出入段线配线方案一

一期工程和二期工程的车辆段出入段线分开设置，一期工程出入段线在东外环路站接轨，同贯通运营出入段线方案。

二期工程出入段线在五乡站接轨。二期上行线从五乡站站前接入段线Ⅲ道，后下穿两

正线接入车辆段;二期下行线外侧平交接出段线Ⅳ道,利用五乡站西侧的Ⅲ道入段和Ⅳ道出段作业。

在一、二期工程独立运营情况下,一期工程列车利用天童庄车场站站后折返,天童庄车场站为双岛四线,一期工程正线位于天童庄车场站的站台内侧,二期工程正线位于天童庄车场站的外侧。一、二期工程通过天童庄车场站西侧的联络线贯通。二期工程利用预留的东外环路站站后折返。

(2) 一、二期工程独立运营出入段线方案二(2+2+0 方案)

一、二期工程独立运营天童庄车辆段出入段线方案二如图 2-10 所示。

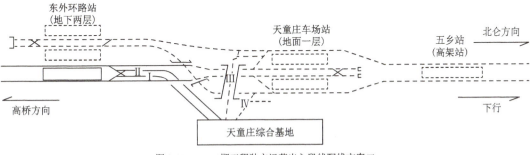

图 2-10　一、二期工程独立运营出入段线配线方案二

一期工程出入段线在东外环路站接轨,同贯通运营出入段线方案。

二期工程出入段线在天童庄车场站及运用库外咽喉区接轨。上行方向远期正线内侧引出入段线Ⅲ道,后上跨三条地下二期正线接入车辆段,利用Ⅲ道入段和Ⅳ道出段作业;下行方向正线外侧接出段线Ⅳ道。

当一、二期工程独立运营时,一期工程列车利用天童庄出入段线站后折返,二期工程利用预留的东外环路站站后折返。

出入段线方案二优点是二期工程出入段线在天童庄车场站接轨,列车在天童庄车场站清客后回段,同台换乘方便,乘客服务水平高,出入段作业顺畅,出入段线较短、工程量小。缺点是车辆段内一期工程运用库和二期工程运用库分开设置,车辆段总图布置分散。

3) 初步设计出入段线方案

在 1 号线一、二期工程独立运营时,两种方案均可满足要求,并均可同时兼顾全线贯通运营与独立运营共存的行车交路。

由于两种出入段线方案的一期工程部分与贯通运营方案相同,对一期工程出入段线设计无影响,故独立运营两个出入段线方案均为推荐方案,天童庄车辆段总平面设计时预留运用库应同时适应这两种出入段线方案。

2.4.2　总平面布置方案

初步设计阶段根据专家审查意见和规划、水利等相关部门意见,结合该工程实施的特点,特别是要适应一、二期工程贯通或各自独立运营的要求,对车辆段总平面布置进行了多次优化。

初步设计天童庄车辆段总平面布置推荐方案如图 2-11 所示。

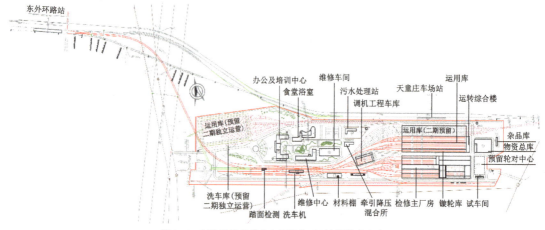

图 2-11　初步设计天童庄车辆段总平面布置推荐方案

1）初步设计总平面布置

车辆基地西出入段线（一期工程）采用在东外环路站东侧接轨，出入段线与正线之间用交叉渡线相连接，入段线兼做折返线。

运用库和检修主厂房并列布置在车辆段东侧。运用库设在北面，为尽端式，由一期工程运用库、二期工程运用库两部分组成。

检修主厂房设在南面，为尽端式车库，由大架修库、定临修库、移车台、车体检修间、吹扫库、油漆库、辅助检修车间组成。周月检库也组合在检修主厂房内。检修主厂房按远期规模一次建成，库后预留轮对加工中心用地。

调机及工程车库设置在检修主厂房前端，检修主厂房咽喉南端设材料装卸线，工程车可顺向出入段，作业方便。物资总库布置在运用库后面的空地上。

在车辆段西侧空地处布置厂前区，以车辆段综合楼群为主体进行布置，将车辆段办公楼、综合维修中心、培训中心、食堂、公寓均组合在综合楼 A、B、C 等楼内，以节省占地。在厂前区还设置了污水处理场、运动场等设施，并独立设置公安派出所。

车辆段东侧受到规划道路、沿山干河河道、500kV 高压输电线的限制，不具备设置贯通式洗车线的条件，故该段洗车线采用八字形布置方式，设置在咽喉区南侧。

试车线布置在车辆段南侧，距离 500kV 高压输电线约 24m，满足高压线周边安全距离要求。试车线长 1250m，可满足最高运行速度 80km/h 的试车要求。

车辆段内有环行运输道路和消防道路，出入口设两处，主出入口设在车辆段的西侧，综合楼群附近，与车辆段西侧规划的东外环路相连。辅助出入口设在车辆段东南面，与东侧规划通货场道路相连。

国铁联络线从北仑支线规划邱隘站西侧引入，接入车辆段试车线。

2）二期工程的应对措施

该方案可先建设一期工程运用库，根据一、二期工程贯通、独立等运营情况择机建设二期工程运用库。

（1）一、二期工程贯通运营方案

宁波轨道交通 1 号线一、二期工程贯通运营时，全线均为 6 辆编组列车，根据行车计算，一期工程东外环路站接轨的两条出入段线能力可满足运营要求,天童庄车辆基地不需要再增加出入段线。

一期工程运用库按尽端式车库布置,库内设10股道,可停放20列车。二期工程运用库可根据一、二期工程运营情况灵活组合,当一、二期工程贯通运营时,建设二期工程运用库,库内设8股道,每股道停放6辆编组列车2列,可停放16列6辆编组列车。运用库总停车规模为36列。

（2）一、二期工程独立运营方案

当一、二期工程独立运营时,一期工程为6辆编组列车,车辆段出入段线仍从东外环路站接轨;二期工程为4辆编组列车,出入段线可从天童庄车场站或五乡站接轨。

①当出入段线从天童庄车场站接轨时,在车辆段东侧并列布置一期工程运用库及检修主厂房,一期工程运用库为尽端式车库,库内设10股道停车列检线,每股道可停放2列6辆编组列车2列,共停放20列6辆编组列车,可满足一期工程独立运营的要求。在车辆段西侧单独设二期工程4辆编组列车停车列检库,停车列检库设12股道,每股道停放2列4辆编组列车,共停放24列4辆编组列车,可满足二期工程独立运营的要求。

②当出入段线从五乡站接轨时,一期工程运用库按尽端式车库布置,库内设10股道,可停放20列车。二期工程运用库按贯通式车库考虑,库内停车列检部分设8股道,每股道可停放4辆编组列车3列,共可停放4辆编组列车24列。

3）初步设计总平面布置方案主要特点

天童庄车辆段初步设计总平面布置的主要运用库与检修主厂房为顺向并列式布置,功能分区明显,工艺流程顺畅,占地紧凑合理。在一期工程总平面布置稳定的前提下,可灵活适应二期工程贯通运营及独立运营多种运营方式、车站型式、出入段线型式,可作为一期工程总平面布置方案先行实施。

2.4.3 主要技术经济指标

初步设计主要技术经济指标见表2-3。

天童庄车辆段初步设计主要技术经济指标　　　　表2-3

项　目		推荐方案（近/远期）	项　目		推荐方案（近/远期）
设计规模	大架修列位	4/4	土石方	挖方(m^3)	120600
	定修列位	1/1		填方(m^3)	699336
	临修列位	1/1		清淤(m^3)	26950
	月检(列位)	3/3		合计(m^3)	846886
	停车(列位)	20/36	围墙内用地面积(hm^2)	一期工程	24.16
铺轨长度	60kg/m 轨道(km)	2.205		二期工程	10.02
	50kg/m 轨道(km)	15.189		合计	34.18
	合计(km)		房屋建筑面积(m^2)		113251
道岔数量	7号单开道岔	47	拆迁房屋面积(m^2)		25345
	9号单开道岔	6			
	7号交叉渡线	1			
	9号交叉渡线	1			

2.5 修改初步设计（B版）

2.5.1 方案变化情况

1）一期和二期工程贯通运营

由于不再考虑一期、二期工程独立运营条件，已不存在预留出入段线向东接天童庄车场站或五乡站的必要性，以及预留西端运用库的必要性，因此在B版设计中出入段线方案简化为2线从东环南路站接轨，取消了预留的运用库Ⅱ及配套的出入线和咽喉区，取消运用库Ⅰ预留的东端的出入段线和咽喉区。

2）上盖物业开发

天童庄车辆段确定进行上盖物业开发，为满足物业开发条件，对总平面布置和柱网进行调整，增加转换结构，以及通风设施等。

为了提高物业开发综合效益，将车辆段综合楼等厂前区建筑调整到盖上布置，留出白地作为落地物业开发。

为满足上盖物业开发条件下盖下防火设计要求，将油漆库由检修主厂房组合中独立出来，设在车辆段西端，上盖范围之外。

2.5.2 总平面布置

1）出入段线方案

天童庄车辆段出入段线在东环南路站（原初步设计东外环路站）接轨，站后采用交叉渡线将两条出入段线与正线连通，出入段线下穿下行正线后接入天童庄车辆基地。出入段线长约1270m，最小曲线半径300m，出入段线最大坡度为35‰，如图2-12所示。

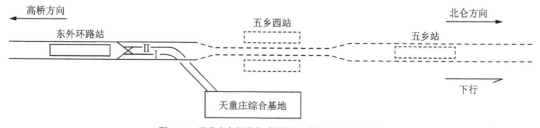

图2-12　天童庄车辆段初步设计（B版）出入段线方案

2）总平面布置方案

修改初步设计（B版）按车辆段进行上盖物业开发设计，并充分考虑与车辆段西侧地块及后塘河北侧地块的落地开发相结合，与1号线二期工程五乡西站相协调。根据土地开发价值最优化原则，车辆段用地（含盖上）尽量利用远离后塘河的土地，腾出后塘河附近地块进行落地物业开发。

车辆段与综合基地以运用库及检修主厂房为主体进行总平面布置（图2-13）。运用库和检修主厂房并列布置在车辆段东侧。

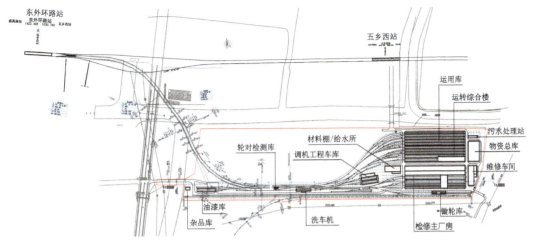

图 2-13 天童庄车辆段初步设计(B 版)总平面布置方案(地面层)

运用库柱网跨度相对较小,便于进行上盖物业开发,将运用库设在车辆基地用地北侧,靠近后塘河设置,远离 500kV 高压电缆走廊,减少对物业开发的影响,提高物业开发品质。考虑上盖物业开发需要,运用库按远期规模一次建成。停车列检列位为 32 列位,双周检/三月检列位为 3 列位。

检修主厂房柱网跨度较大,不利于进行物业开发,故考虑将车辆段办公楼、培训中心、食堂、公寓、公安分局、文体中心均集中设置在检修主厂房上盖平台上,以节省占地。

根据建筑防火设计需要,将油漆库、杂品库等调整到车辆段西端,布置在上盖平台范围以外。

3)上盖物业开发方案

天童庄车辆段修改初步设计(B 版)物业开发平面图如图 2-14 所示。

图 2-14 天童庄车辆段修改初步设计(B 版)物业开发平面图

天童庄车辆段修改初步设计(B 版)综合物业开发范围为宁波轨道交通 1 号天童庄车辆段运用库、检修库、物资总库、试车线等建筑上部,周围零星地块及后塘河以北,宁穿路以南的地块。以天童庄车辆段、五乡西车站为交通枢纽,结合城市公交系统,对整个地块综合开发利用。整个设计构思是以人为本、改善环境,为天童庄车辆段及附近区域创造一个舒适的商业、生态居住及交通空间,带动周边的城市发展,提高土地利用价值。

根据地块的自然形态,物业开发分为东北、东南、南部三个落地住宅组团,以及运用库上部空间作上盖物业开发组团。在综合地块北侧设有1号线五乡西车站,极大地方便了后塘河以北的规划小区居民出行,提升了小区商业价值。同时在地铁站进行落地物业开发,既方便了小区居民的生活,又带动了周边地区的商业发展。车辆段上盖部分住宅定位于中、低端产品,面积在 70～150m² 之间,以 90m² 以下的为主。主要满足亟须解决住房的"上班一族",落地物业开发部分将结合周边市场需求情况及城市总体规划确定开发业态。

天童庄车辆段设3个出入口,分别在车辆段的东、西、北侧。其中北面的出入口车辆基地与物业开发共用。车辆段基地盖上部分通过东、西两个方向的坡道,经车辆段道路与外界相连,交通流线顺畅,车辆段作业通道与物业开发通道互不干扰。

2.5.3 主要评审意见及执行情况

2010 年 8 月 30 日,宁波市发展和改革委员会在宁波组织召开了《宁波市轨道交通1号线一期工程高桥站至石路头停车场一站两区间及天童庄车辆段、石路头停车场调整初步设计》审查会。其中主要审查意见及执行情况如下:

(1)根据国家"提倡节约土地、大力发展联合空间开发,实施节约型社会"的政策以及宁波市总体规划要求,天童庄车辆段、石路头停车场进行综合物业开发是必要的,也是可行的,可带动周边的城市发展,提高土地利用价值。另外,开发项目的建设应与车辆段工程同步,以免后期建设对车辆段的运营造成影响。

执行情况:施工图阶段天童庄车辆段上盖物业开发夹层车库、盖体工程均与车辆段工程同步施工,并预留上盖住宅电梯井及楼梯位置,今后上盖物业施工对盖下车辆段运营作业影响很小。

(2)鉴于1号线二期工程已完成工可报告,其中二期线路将下穿天童庄车辆综合基地,并在车辆段内设站;为了减少后期施工的影响及安全风险,建议1号线二期工程与车辆段相关的部分同步实施、同步建成,这还能提高车辆段的运营效率和综合开发的品质。

执行情况:根据宁波地铁1号线二期工程设计文件,1号线二期工程邱隘站紧邻天童庄车辆段设置,且邱隘站至五乡站区间下穿天童庄车辆段出入段线,施工图阶段与二期工程设计单位紧密配合,下穿车辆段部分区间与车辆段工程同步实施。

(3)上盖有高层住宅和综合楼,车辆段是执行《建筑设计防火规范》(GB 50016—2006)(以下可简称《建规》),还是《高层民用建筑设计防火规范》(GB 50045—1995)(以下可简称《高规》),此问题须与消防部门充分沟通并达成一致。

执行情况:根据消防性能化结论,盖下车辆段执行《建规》,盖上建筑执行《建规》的民用建筑部分和《高规》。

(4)超大规模的上盖物业只有两条坡道上盖顶,建议做流量分析满足消防及交通要求。

执行情况:施工图阶段对盖上夹层车库交通流量进行了分析,并根据《宁波市建设工程停车配建指标》(修订),夹层车库停车数量已超过 500 辆,设置3条道路与盖下相通。

(5)由于结构复杂,对盖下库区(转换层)及盖上一层(转换层上一层)提高抗震要求是合理的。应明确是"抗震措施"还是"抗震构造措施"。建议按提高1度采取抗震措施。

执行情况：施工图设计按提高抗震措施考虑，在规范要求的区域提高1度采取抗震措施。

（6）由于试车线列车速度较快且使用频繁，加之采用了地基处理、地面硬化以及基础拉梁等措施，所以咽喉区试车线上盖公寓物业开发应对振动和噪声的影响做论证。

执行情况：列车线路下道床与建筑物基础或基础拉梁等分离，形成各自独立的结构体，并且轨道专业采取了专门的处理措施，且在施工图阶段进行了上盖舒适性分析研究。

（7）上部结构形式从总体上来说，采用钢筋混凝土框架结构是可行的。有上部物业开发的底层框架采用型钢混凝土结构，对提高结构抗震能力，增加延性是有效的。结构基础改用钻孔灌注桩是恰当的。

执行情况：执行审查意见，结构基础采用钻孔灌注桩。

（8）结构存在多塔、转换、错（夹）层、平面不规则、竖向刚度突变、竖向刚度比不满足要求等诸多复杂因素，为超限高层结构，应报超限审查。

执行情况：施工图编制结构超限报告，并已经过专家审查。

2.6 补充初步设计（C版）

2.6.1 补充初步设计（C版）的原因

1）二期工程线路调整

二期工程线路在五乡段进行了调整，线路从一期工程末端站东环南路站后向南偏转，下穿车辆段咽喉区，再转向东沿铁路北仑支线南侧敷设。

由于二期线路下穿咽喉区上盖开发范围，上盖结构柱网布置需要调整，并与二期工程施工进行协调。

2）上盖物业开发方案深化后引起的变化

由于初步设计（B版）的设计时间非常仓促，所依据的上盖物业开发方案不完善，特别是夹层车库的范围仅局限在运用库上盖范围，配套车位不足。

在初步设计（B版）评审后，为了优化上盖物业开发方案，建设单位组织了天童庄车辆段上盖物业开发及城市综合体设计的方案征集，并对中选方案进行了深化研究。物业开发方案较初步设计（B版）上盖物业开发方案有了较大变化。

2.6.2 总平面布置

天童庄车辆段补充初步设计（C版）出入段线及盖下工艺总平面布置与修改初步设计（B版）相同，主要区别在于盖上平面布置方案进行了调整。此次设计在10m夹层设置汽车库，通过3座引道桥与地面连通。15m高程上盖平台分为A、B、C、D共4个分区，其中A区设置车辆基地综合楼、培训中心及公寓、食堂公寓、综合维修中心、公安分局；B区预留设置车辆基地住宅用房；C区设置文体中心；D区预留设置单身宿舍区。

天童庄车辆段补充初步设计（C版）地面层总平面布置方案如图2-15所示。上盖平台（15m）层总平面布置如图2-16所示。

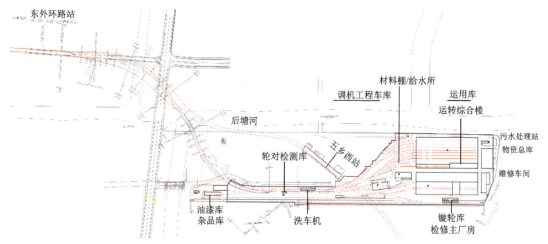

图 2-15　天童庄车辆段初步设计（C 版）地面（0m）层总平面布置

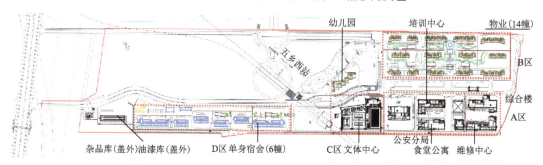

图 2-16　天童庄车辆段初步设计（C 版）上盖平台（15m）层总平面布置

2.6.3　评审意见及执行情况

1）总体评价

（1）补充初步设计符合《地铁设计规范》（GB 50157—2003）、《城市轨道交通工程项目建设标准》（建标 104—2008）及其他相关规范，设计文件齐全、内容完整，文件编制深度符合国家相关规定，经修改、完善后可作为下阶段设计工作的依据。

执行情况：根据补充初步设计审查意见进行施工图设计。

（2）车辆基地、停车场的设计规模适当、功能定位准确、总平面布置合理、工艺顺畅，并充分考虑了上盖开发的要求。

执行情况：属肯定意见，天童庄车辆段设计已充分考虑上盖开发的要求。

（3）上盖开发能提高土地的利用效率，有利于轨道交通的可持续发展，该项目预留上盖开发条件是合理的。

执行情况：属肯定意见，天童庄车辆段进行上盖物业开发，有利于土地的集约利用，提高了土地的利用效率。

（4）车辆基地、停车场采用了带夹层形式的盖体结构转换平台方案是合理的、必要的，有利于减振降噪，并提高了结构抗震能力，改善了上部环境条件，夹层兼做停车库，可以解决配套停车问题。

执行情况：属肯定意见，天童庄车辆段采用带夹层车库的结构转换形式，夹层车库兼做汽车库，既提高了结构抗震能力，又解决了上盖物业停车问题。

2）具体意见

（1）天童庄车辆基地咽喉区西段（D区）上盖部分是否做夹层转换层应进一步综合分析。

执行情况：根据专家审查意见对车辆段上盖D区是否做夹层转换层进行了补充研究，鉴于该区域较狭长，不利于汽车停车位的布置，故取消D区夹层转换层。

（2）基础选型采用大直径端承摩擦型钻孔灌注桩是合适的。鉴于地质勘察报告书揭示地面下为厚度较大的软弱土层，建议加强基础水平方向整体性。

执行情况：根据专家审查意见加强基础水平方向整体性。

（3）细化上盖柱网布置，落实其对检修工艺布局及设备影响。

执行情况：施工图阶段对上盖柱网布置细化，咽喉区柱网适当加宽，以方便司机瞭望；核实盖下车辆段检修工艺及设备布置均与柱网匹配。

（4）整体建筑设计应进一步优化盖下自然采光、通风条件。

执行情况：对盖下车辆段通风、采光进行了专题研究，在运用库和检修主厂房之间增设采光天井，在检修主厂房移车台上方增设采光带，有效改善了盖下通风、采光条件。

（5）建议下阶段细化上盖增加后的综合管线布置方案、做好预留，以利工程实施。

执行情况：室外综合管线已充分考虑盖上部分管线，盖上雨水、污水均汇入车辆段管线统一考虑。

2.7 技术经济指标及对照分析

2.7.1 天童庄车辆段初步设计技术经济指标

1）初步设计技术经济指标比较

在初步设计阶段，天童庄车辆段共进行了初步设计（A版）、修改初步设计（B版）、补充初步设计（C版）三次初步设计工作，这三次初步设计主要技术经济对照见表2-4。

天童庄车辆段初步设计技术经济指标对照 表2-4

项 目		设计阶段：设计规模及主要工程数量		
		初步设计（A版）	修改初步设计（B版）	补充初步设计（C版）
设计规模	大架修（列位）	4	4	4
	定修（列位）	1	1	1
	临修（列位）	1	1	1
	双周三月检（列位）	3	3	3
	停车列检（列位）	36	32	32
铺轨长度	60kg/m轨道（km）	2.205	2.577	2.577
	50kg/m轨道（km）	15.189	12.727	13.208
	合计（km）	17.394	15.304	15.785

续上表

项　目		设计阶段：设计规模及主要工程数量		
		初步设计 （A版）	修改初步设计 （B版）	补充初步设计 （C版）
道岔数量	7号单开道岔(组)	47	44	41
	9号单开道岔(组)	6	1	3
	7号交叉渡线(组)	1	1	2
	9号交叉渡线(组)	1		
	合计(组)	单开道岔53组,交叉渡线2组	单开道岔45组,交叉渡线1组	单开道岔44组,交叉渡线2组
土石方	挖方(m^3)	120600	134200	146280
	填方(m^3)	699336	655100	660760
	清淤(m^3)	26950	8770	8770
	合计(m^3)	846886	798070	807040
围墙内占地面积(hm^2)		24.16	20	20
房屋建筑面积(m^2)		113251	139132	143499
拆迁房屋面积(m^2)		25345	32981	32981

2）初步设计技术经济指标对比分析

（1）修改初步设计（B版）及补充初步设计（C版）天童庄车辆段停车列检列位比初步设计（A版）减少4列位，主要原因是由于上盖开发后柱网加密，导致运用库及检修主厂房宽度增加，而车辆段总宽度受到北侧后塘河和南侧高压线的限制不能加宽，故将天童庄车辆段停车列检列位减少4列位，缺口由1号线二期工程朱塘村停车场补齐。

（2）由于车辆段厂前区综合楼建筑均移到盖上设置，节约了车辆段用地，修改初步设计（B版）和补充初步设计（C版）与初步设计（A版）比较，车辆段用地面积减少了4.16hm^2，土石方工程相应减少约4.6万m^3。

（3）由于上盖柱网引起运用库及检修主厂房宽度增加，盖下生产房屋面积相应增加，且增加了公安分局和文体中心等辅助房屋，导致修改初步设计（B版）比初步设计（A版）房屋面积增加约25000m^2；补充初步设计（C版）由于文体中心功能增加，房屋总建筑面积比初步设计（B版）增加约4300m^2。

2.7.2 上盖物业开发方案的技术经济指标

1）上盖物业开发方案技术经济指标比较

天童庄车辆段修改初步设计（B版）、补充初步设计（C版）均进行了上盖物业开发方案设计，这两次初步设计上盖物业开发方案主要技术经济指标对照见表2-5。

初步设计上盖物业开发方案技术经济指标对照　　表2-5

项　目		修改初步设计(B版)	补充初步设计(C版)
上盖物业建筑面积	住宅建筑面积(m^2)	67012	149654
	单身宿舍(酒店式公寓)(m^2)	97026	77270
	附属公共建筑(m^2)		10200
	合计(m^2)	164038	237124

续上表

项　目	修改初步设计（B 版）	补充初步设计（C 版）
上盖住宅户数（套）	950	1464
夹层车库建筑面积（m²）	28797	128688
夹层车库车位数（辆）	720	2621

2）初步设计上盖物业开发方案技术经济指标简要分析

（1）天童庄车辆段上盖住宅定位于中、低端产品，住宅户型在 70～130m² 之间，大小户型搭配，满足市场的不同需求，以 90m² 以下为主，主要满足亟须解决住房的"上班一族"。

修改初步设计（B 版）盖上设 11 栋小高层，补充初步设计（C 版）对盖上住宅总平面布置进行了优化调整，共设 14 栋小高层，住宅面积比修改初步设计（B 版）增加 82624m²，住宅户数增加 514 套。

（2）修改初步设计（B 版）天童庄车辆段盖上仅在运用库部分设夹层车库，夹层车库停放车位较少，补充初步设计（C 版）车辆段盖上除检修主厂房上盖外其余部分均设夹层车库，夹层车库面积比修改初步设计（B 版）增加了 99891m²，停车位增加了 1901 辆，充分满足上盖物业及盖下车辆段的停车要求。

第3章
天童庄车辆段总平面及竖向设计

3.1 总平面布置原则

3.2 出入段线

3.3 总平面及竖向设计

3.4 室外综合管线

3.1 总平面布置原则

3.1.1 地铁车辆段总平面布置一般原则

(1)总平面布置应在总体规划的基础上,根据地铁车辆段与综合基地的性质、规模、生产流程、交通运输、环境保护,以及防火、安全、卫生、施工及检修等要求,结合场地自然条件,经技术经济比较后择优确定。

(2)总平面布置应满足车辆段与综合基地的功能和综合物业开发的要求,统筹规划。功能分区明确、联络方便、交通顺畅、流程合理、布局紧凑、用地节省、服务设施完善、环境适宜、整齐美观、经济适用。

(3)总平面布置应以运用库、检修主厂房等生产性建筑为主体,统筹考虑生活、办公等其他建筑以及各项设备、设施的工艺流程和功能要求。按照确保安全、有利于生产、方便管理的基本原则布置,力求工艺顺畅、流线便捷、作业方便。

(4)车辆段与综合基地的站场股道、房屋建筑、设备与设施的布置,应根据生产性质、作业要求,结合地形、地貌、地质、水文、气象条件及上盖物业开发条件,充分考虑消防、卫生、通风、采光、绿化、环境保护、城市规划等方面的要求。

(5)车辆段与综合基地内房屋建筑布局力求使基地内的人、车合理分流,防止干扰,并有利于消防、停车和人员疏散,建(构)筑物间距满足消防设计要求。

(6)车辆基地出入段线的布置,应满足列车出入段能力的需要,避免切割地块,并尽量缩短列车出入段时的空行距离。段内股道布置应满足工艺流程的要求,力求布置顺畅,避免车辆在段内迂回运行或互相干扰,尽量缩短列车在段内的空行距离。

(7)应综合考虑盖下工程与盖上物业开发工程的合理衔接,在保证盖下车辆基地、停车场功能完善的前提下,为盖上物业开发工程预留接口。

(8)车辆段场坪高程在满足防洪要求的前提下,应尽量减小土石方工程,并尽量做到挖填平衡。

(9)车辆基地、停车场的布置宜将停车运用部分与办公生活区、非带电的检修区分开布置,保证行车和人流互不干扰。

(10)车辆段上盖物业开发应在满足车辆段与综合基地生产工艺要求的前提下,实现土地的综合利用,创造舒适的生产、生活、办公环境,及交通便利、便捷的物业开发区。同时为了保证生产独立性及住户居住安全性,物业开发与车辆段生产区,两部分空间一般应通过钢筋混凝土结构板完全分隔开。

(11)车辆段上盖物业开发时,土建工程可结合上盖物业开发方案,按远期规模一次建成,机电设备可按近期需要设计。

3.1.2 天童庄车辆段上盖物业开发对总平面布置的要求

（1）由于车辆段上盖物业主要设在运用库和检修主厂房盖上，盖下车辆段运用库和检修主厂房应尽量采用并列式布置方式，以便于上盖物业的连片开发。

（2）火灾危险性等级为甲类的生产房屋，如油漆库、危险品存储间等车间应设在盖外，以满足消防要求；新车装卸场地由于需要汽车起重机起吊作业，盖下空间难以满足要求，也应设于车辆段盖外。

（3）由于车辆段上盖柱网的限制，运用库宽度宜采用两线布置，跨度宜为12.6m；检修主厂房也宜尽量减小跨度，根据工艺作业需要，检修主库跨度宜设置为18～21m。

（4）盖下咽喉区股道布置应考虑柱网布置的要求，保证满足限界要求，并尽量做到司机视野开阔，增加行车作业安全。

（5）由于试车作业产生较大的振动及噪声，试车线应尽量设在上盖边缘，且远离上盖住宅区的一侧，以尽量减少对上盖物业的影响。

（6）带上盖车辆段总平面布置应考虑预留盖上物业通道的位置，尽量做到盖上、盖下通道相对独立，互不干扰。

3.2 出入段线

3.2.1 出入段线平面布置

天童庄车辆段施工图设计出入段线在东环南路站（初步设计东外环路站）接轨，配线形式与初步设计一致，出入段线平面方案如图3-1所示。

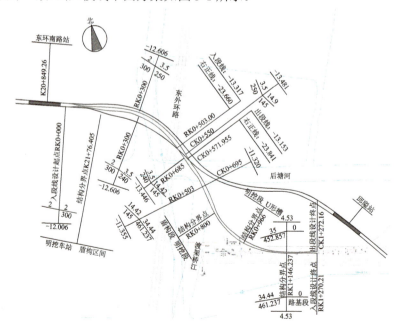

图3-1 出入段线平面方案示意图

东环南路站东端设 2 条出入段线,采用交叉渡线将两条出入段线与正线连通,其中 I 线为 1 号线天童庄车辆段入段线,Ⅱ线为 1 号线天童庄车辆段出段线。出段线长 1272.16m,入段线长 1270.21m,最小曲线半径 300m。

3.2.2 出入段线纵断面

天童庄车辆段施工图出入段线纵断面设计方案如图 3-2 所示。

天童庄车辆段出入段线接轨站东环南路站为地下二层站,出入段线从东环南路站接至车辆段除需与东环南路站至五乡西站区间右线立交外,还要下穿龙钟大河、后塘河及渡驾桥江。

东环南路站至五乡西站区间右线在下,1 号线天童庄车辆段出入段线在上,车辆段出入段线以 2‰ 和 3.5‰ 的坡度向下下穿龙钟大河、区间右线及规划东外环路后以 11.35‰ 和 35‰ 的坡度上坡下穿后塘河、渡驾桥江后爬出地面接入车辆段。天童庄车辆段出入段线与区间右线立交处两线底板高差约为 2.44m。该方案优点在于出入线作业顺畅,施工安全性高,投资省。

3.3 总平面及竖向设计

3.3.1 工艺总平面布置

天童庄车辆段轨道交通功能主要布置在地面层和 15m 高程上盖平台层,中间夹层布置有员工使用的车库。

1)地面层工艺总平面布置

天童庄车辆段地面层工艺总平面布置如图 3-3 所示。

天童庄车辆段地面层以运用库、检修主厂房为主体进行总平面布置,运用库和检修主厂房并列布置在车辆段东侧。

考虑到运用库跨度相对较小,便于进行上盖物业开发,将运用库设在车辆段用地北侧,靠近后塘河设置,远离车辆段南侧 500kV 高压电缆走廊,减少对物业开发的影响,提高物业开发品质。运用库为一线两列位尽端式布置,由停车列检库、双周 / 三月检库及运转综合楼等组成。由于此次设计考虑上盖物业开发,运用库按远期规模一次建成,停车列检库每 2 股道设 1 柱跨,柱跨宽度为 12.4m,双周检 / 三月检库 3 股道一跨,跨度为 15m。停车列检为 32 列位,双周检 / 三月检为 3 列位。

检修主厂房跨度较大,其中大架修库跨度达到了 18m,不利于进行上盖物业开发,故考虑将检修主厂房设在车辆段用地南侧,上盖部分仅设置车辆段办公、食堂、公寓、培训中心等必要的配套用房。检修主厂房为尽端式布置,由大 / 架修库、定 / 临修库、静调库、吹扫库、移车台、车体检修间、辅助检修车间组成。检修主厂房按远期规模一次建成。考虑到检修主厂房层高较高,此次设计检修主厂房顶部不设夹层车库,直接接到 15m 高程盖上,并在库内移车台上方设置通风采光井。

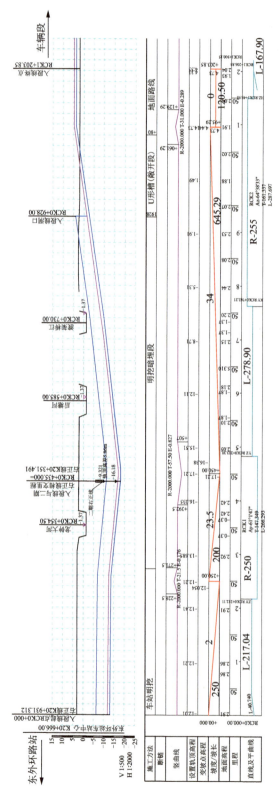

图 3-2 天童庄车辆段施工图纵断面示意图

第3章 天童庄车辆段总平面及竖向设计

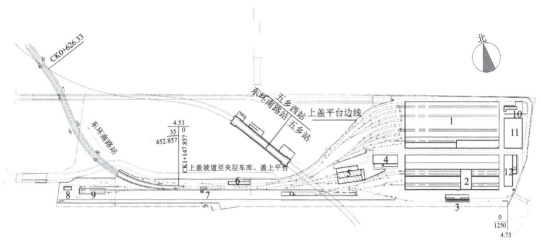

图 3-3 天童庄车辆段工艺总平面布置图

1-运用库;2-检修主厂房;3-镟轮库;4-材料棚;5-调机工程车库;6-洗车机库;7-轮对踏面检测棚;8-杂品库;9-油漆库;10-污水处理站;11-物资总库;12-综合维修车间

车辆段东侧由于受到规划道路、沿山干河河道、500kV 高压输电线的限制,咽喉区无法东移,造成东外环路站后出入段线下穿后塘河爬出地面后,距库前咽喉区仅 170m,不具备设置贯通式洗车线的条件,故此段洗车线采用八字形布置方式,设置在咽喉区南侧。

试车线布置在车辆基地用地南侧,受到南侧 500kV 高压输电线的限制,试车线避开南侧 500kV 高压输电线约 24m,满足高压线周边安全距离要求,试车线长 1250m,可满足试车要求。

调机/工程车库设置在检修主厂房咽喉道岔区与运用库咽喉道岔区之间,在调机/工程车库北侧设材料装卸线,工程车可顺向出入段,作业方便。牵引混合所紧贴在调机工程车库北侧设置。

物资总库、污水处理站布置在运用库后面的空地上。

综合维修车间设置在检修主厂房库后的空地上,压缩空气站和蓄电池间与综合维修车间合并设置。

材料棚设置在检修主厂房西侧检修线群咽喉道岔区与运用库咽喉道岔区之间的空地上,给水所与材料棚合并设置。

由于油漆库和危险品储存间均属甲类建筑,故考虑将油漆库和危险品储存间均设在车辆段东侧的盖外空地上;考虑新车装卸的便利性,将新车装卸线也设在盖外空地上面。

初步设计阶段天童庄车辆段设铁路联络线,连接规划的国铁宁波铁路枢纽北环线邱隘站,用于车辆及物资的铁路运输。在施工图设计阶段,由于与铁路部门协调困难,且南车公司在 1 号线二期工程宝幢站附近设了车辆组装及维保基地,并设有与地铁 1 号线二期工程联络线,故取消了天童庄车辆段的铁路联络线。

2)天童庄车辆段 15m 高程层工艺总平面布置

天童庄车辆段 15m 高程层布置有综合楼、综合维修楼、培训中心、食堂浴室、公安分局和文体中心等轨道交通功能用房,形成天童庄车辆段的厂前区,如图 3-4 所示。

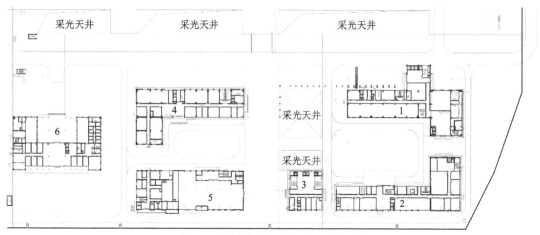

图 3-4 天童庄车辆段厂前区总平面布置图

1- 综合楼；2- 综合维修中心；3- 垂直交通核；4- 培训中心；5- 食堂浴室；6- 地铁公安分局

3）工艺总平面布置方案的主要特点

天童庄车辆段施工图总平面布置方案在保证盖下车辆段功能的前提下，充分考虑了盖上物业开发的需要，将跨度较小、利于上盖住宅开发的运用库靠近北侧后塘河及 1 号线二期工程五乡西站，提高了物业开发的品质。将车辆段厂前区全部设于盖上，节省了宝贵的土地资源，车辆段总图布置更为紧凑合理。

4）天童庄车辆段施工图主要技术经济指标

天童庄车辆段施工图主要技术指标与初步设计 C 版基本一致，略。

3.3.2 总图竖向设计

1）竖向设计原则

竖向设计也称竖向规划，是规划场地设计中一个重要的有机组成部分，它与规划设计、总平面布置密切联系而不可分割。当地域范围大、地形起伏较大的场地，功能分区、路网及其设施位置的总体布局，除须满足规划设计要求的平面布局关系外，还受到竖向高程关系的影响。

竖向设计应遵循以下主要原则：

（1）竖向设计应当尽量做到减少土石方工程量，节约工程费用。最好做到土石方就地平衡，避免土方二次转运，减少土方用工量。

（2）选择场地竖向布置方式，合理确定高程，尽量减少土石方量并满足生产和交通运输要求。

（3）确定建筑物、构筑物、露天堆场的地坪高程，以及铁路、道路、排水高程，内外能互相衔接。

（4）计算土石方工程量和确定土方平整方案，选定弃土或取土的场地，对竖向设计方案进行经济技术比较。

（5）合理确定场内由于挖填方而必须建造的工程构筑物（如护坡、挡土墙等）及排水构筑物（如散水坡、排水沟等）。

（6）收集场地所在地区的气象及水文资料，以及既有和规划的市政排水设施资料，合理确定场地排水及排洪方案。

（7）根据原始地形及建筑使用要求，将场地地形进行竖直方向的调整，充分利用和合理改造自然地形，合理选择设计高程，必要时应采用阶梯式布置，以减少土石方工程。

2）竖向功能分区

天童庄车辆段与综合基地是带上盖开发的车辆段，结合车辆段生产用房工艺布置，对咽喉区、检修区、出入段线区、试车线进行整体上盖物业开发，从而综合利用土地。车辆段竖向分盖下轨道交通生产区及辅助办公区、盖上物业开发区（包括夹层车库、轨道交通生活办公区、远期物业开发区）两个功能分区，综合物业开发包含轨道交通、市政公共交通、住宅、办公、体育等多样性建筑。

3）竖向高程关系

（1）地面层场坪设计高程根据天童庄车辆段防洪排涝要求确定，设计标准为 1/100 频率洪水位。根据水文资料，天童庄车辆段区域后塘河 1/100 频率洪水位为 3.8m，考虑安全高度 0.5m，场坪设计高程为 4.3m，再考虑轨道结构高度后，天童庄车辆段线路轨顶高程为 5.0m。天童庄车辆段设计以线路轨顶面高程作为相对高程的基准 ±0.00m。

地面层布置车辆段生产区，主要有出入段线、试车线、咽喉区、检修主厂房、运用库、物资总库、污水处理站、洗车机库、调机/工程车库、综合维修车间、生产及消防道路等设施及用房。

（2）夹层车库根据地面层轨道交通功能建筑使用高度要求，并综合考虑通风管道等敷设需要，确定夹层车库地面相对高程为 +10.00m。

（3）上盖平台按功能分为 4 个区域，其中 A 区盖下为使用高度较高的检修主厂房，B、C 区设置有夹层车库，其相对高程为 15m；D 区盖下为车辆段出入段线、试车线和咽喉区，其平台相对高程为 10m。

天童庄车辆段竖向布置如图 3-5 所示。

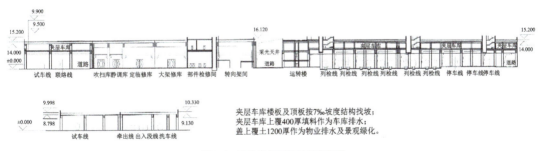

图 3-5 天童庄车辆段竖向布置图

3.3.3 道路布置

1）道路设计原则

（1）车辆段道路设置应满足消防救援要求，盖下道路成环状布置，车辆段内主要建筑四周均设不小于 4m 宽的消防环道，主要生产区道路宽为 7m。消防车道路净高不小于 4m，转弯半径 12m。盖下设置 3 条坡道从 0.00m 高程通向 15.00m 高程盖上。

（2）车辆段道路根据生产工艺需求布置，路面荷载及道路设计速度均符合工业建筑厂区需求。

（3）根据运营管理需求，主要生产库房形成环路，方便运营生产管理。

（4）提供快速、便捷公共交通接驳系统。

2）出入口及交通接驳

（1）研究车辆段周边道路情况，地块周边现状路网形成"四横三纵"的骨架路网格局。东西向的道路由北往南依次为通途路、园区路、五乡中路、南外环路、同三高速；南北向的道路由西往东依次为东外环路、美迪斯路和绕城高速如图3-6所示。

（2）车辆段设A、B、C、D、E等5个对外出入口，其中A、B出入口近期开通，与东外环路及宁穿路相连，C、D、E为远期预留；设置3条坡道从0m高程到10m高程。

3）内部道路

（1）0.00m高程道路主要为车辆段生产、消防使

图3-6 区域道路及规划示意图

用，道路宽度为7.0m，局部消防道路为4.0m，道路分别沿场地的南、北两侧进入车辆段生产区，形成环状道路，根据生产运输需求布置道路，如图3-7所示。

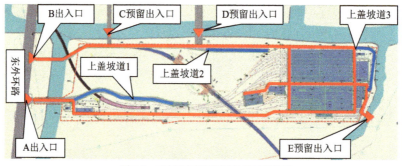

图3-7 天童庄车辆段道路及接口示意图

（2）10.00m高程道路为夹层汽车库道路，按地下车库标准设计，不考虑消防车进入。消防车通过坡道至15.00m高程物业平台，汽车库道路按7.00m宽设置。出入段线上方为宿舍，建筑周边设置4.00m宽消防车道与坡道桥相连，如图3-8所示。

图3-8 天童庄车辆段10.00m高程道路示意图

(3) 15.00m 高程道路为消防救援道路，平时不允许车辆通行，物业开发及车辆段生活办公停车位均设置在 10.00m 高程夹层汽车库，从而实现人、车分流的设计理念。15.00m 高程平台作为盖上建筑室外地坪设计，围绕盖上单体建筑布置消防车道及消防登高场地，其盖体活荷载满足消防车行驶及消防施救的要求（35kN/m²）；消防道路宽分别为 7m、4m，转弯半径为 9～12m，设有 3 条坡道与地面联系，如图 3-9 所示。

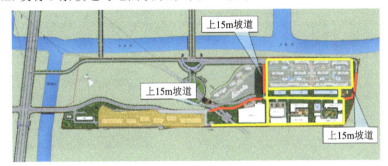

图 3-9　天童庄车辆段 15.00m 高程道路示意图

3.3.4　人行交通

（1）生产、生活、办公（内部流线）：盖下车辆段设 3 个垂直交通核与夹层车库、盖上物业相连（共 8 部电梯，3 部楼梯），如图 3-10 所示。

图 3-10　垂直交通布置示意图

（2）天童庄车辆段区域内设轨道交通 1 号线邱隘站作为交通枢纽，盖上物业开发与地面车站之间设垂直交通联系（2 部自动扶梯，1 部楼梯），分别与 10m、15m 高程相连，盖上人员可通过垂直交通进入邱隘站乘坐轨道交通 1 号线，如图 3-11 所示。

（3）同时落地物业开发区引入城市公共交通（如出租、自行车、公共汽车等）与邱隘站进行接驳，形成大型公共交通枢纽。

3.3.5　场地排水

天童庄车辆段是城市轨道交通 1 号线列车的运用维护和集中停放基地，若发生洪涝灾害将直接影响 1 号线运营，并可能造成巨大的经济损失，因此对站场排水功能有较高的要求。同时由于车辆段占地面积较大，排水设计也较为复杂。

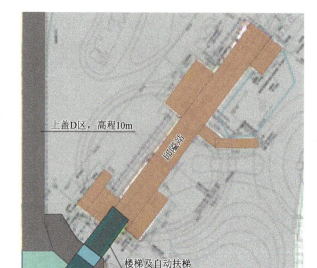

图 3-11 邱隘站与车辆段盖体连接示意图

天童庄车辆段进行上盖物业开发后,地表水的排水形态较普通地铁车辆段有较大变化,由平面排水变为立体排水,设计也更加复杂。本节排水总平面设计仅为雨水排水系统,生产、生活污水排水系统详见给排水专章。

1)排水总平面设计原则

(1)室外排水采用雨污分流制,生产废水、生活污水、雨水管网分开设置各成独立系统。由于该地区没有市政雨水排水设施,雨水按直接排入周边天然水系考虑。

(2)场地和盖体雨水采用重力流排水方案,文体中心网架屋面雨水采用虹吸雨水系统。

(3)盖下雨水系统沿盖外和基地北侧盖边道路设置雨水管道和雨水口,沿盖体东侧路边布置盖板排水沟,雨水汇集后就近重力排入附近河道;北侧入段道路采用雨水口和雨水管收集排放,并为落地物业区预留两个雨水排出口,预留雨水排出口管道规格为 $\phi 1200mm$ 钢筋混凝土排水管,坡度 $i=0.005$。

(4)上盖平台排水系统采用雨水口和盖板排水地沟相结合的排水方式分区收集排放。以运用库和检修主厂房之间的通风采光带为分界线,分别沿盖体结构找坡方向向南北两侧盖体边沿汇流,汇集至新建雨水跌水井后,进入地面层排水系统,最终排入附近河道。其中B、C、D区物业区排水系统由物业开发时深化设计。

2)地面层排水总平面布置

天童庄车辆段上盖物业开发后,由于上盖平台的范围覆盖了整个咽喉区,因此站场排水槽的数量相对于普通地铁车辆段大大减小,除横穿股道的排水槽外,基本上沿盖体边缘布置,如图 3-12 所示。

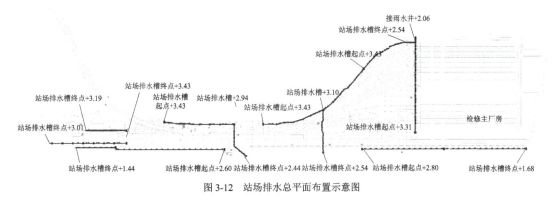

图 3-12 站场排水总平面布置示意图

3）上盖平台排水总平面布置

（1）盖上排水系统由生活污废水系统、雨水系统两部分组成。采用雨、污分流有组织排水方式，各系统管网、管沟单独设置，各成独立系统。

生活污废水采用管网收集；雨水采用雨水口和排水沟收集排放。B、C2、D 区（物业区）的雨水收集除注明外均采用砖砌排水明沟，过车处采用重型钢筋混凝土盖板；A 区、C1 区（南侧地块）雨水除注明外均采用混凝土排水暗沟和雨水口收集，适当距离设置检查井，检查井间距按不大于 30m 设置。

穿道路排水沟和贴盖边设置的排水沟均为混凝土排水沟，盖板无覆土，盖板处均设置渗水孔，渗水孔做法参照国标图集《地沟及盖板》。

（2）盖上雨污水按分区收集，沿 15m 结构顶板找坡方向分别汇集至南北两侧盖边新建雨污水跌水井后进入地面层排水系统。

（3）设计预留 B、C、D 区雨污水排水接口条件，设置于盖边的雨污水跌水井一次建成。车辆段范围外的 B、C、D 区地块前期填土 700mm（不含防水、滤水层厚度），物业区盖体雨水系统根据伸缩缝设置情况按过重车砖砌排水明沟设计。待物业实施时将排水沟加高并加设盖板。各区沿盖边设置的排水沟均采用混凝土排水沟（盖板为钢筋混凝土可渗水盖板）。

（4）明露井盖统一采用复合材料井盖，过车处均采用高强度重型井盖。盖板、井盖、排水篦子必须满足相关技术要求。

（5）盖上雨水经篦子雨水口、排水沟收集后，由新建排水沟汇集至雨水跌水井进入地面层雨水系统，就近排入附近河道。

（6）东西向雨水沟坡度 $i=0.002\sim0.003$，雨水口间距不大于 15m；南北向排水沟坡度与结构顶板同坡，雨水口间距不大于 20m。设于沟侧的雨水口采用 DN300 HDPE 排水管与雨水沟相接，坡度 $i=0.01$。

（7）各建筑物散水沟雨水就近接入新建排水地沟。设置于道路边的钢筋混凝土盖板混凝土排水沟（地沟）盖板顶覆土厚度均按 100mm 考虑。建筑散水沟跨缝处断开，分段就近接入雨水沟。

（8）凡排水管、排水沟穿伸缩缝处须加防水套管，采用不锈钢金属波纹软管做过渡连接。宽度 $B=0.4m/B=0.6m/B=0.8m$ 的排水沟跨缝处分别采用规格为 DN400/DN600/DN800 的波纹管及柔性防水套管。生活污水管在穿缝处均统一预埋 DN300 波纹管及配套防水套管，伸缩缝及穿伸缩缝套管预埋处做严格的防水处理。

（9）当进出户管道穿伸缩缝时，缝位置设置柔性防水套管及1.5m长防护钢套管，防护钢套管比进出户管大二档，柔性防水套管比防护钢套管大一档。

高程15m平台雨水排水总平面布置如图3-13所示。

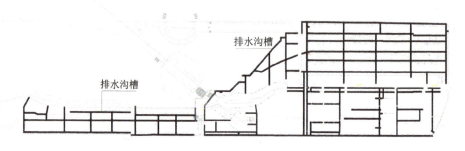

图3-13　15m平台雨水排水总平面布置图

3.4　室外综合管线

3.4.1　设计原则

1）车辆段管线种类及敷设方式

（1）给水管、消防水管：采用直埋敷设。

（2）重力排水管道（含生产废水、生活污水管）：采用直埋敷设。

（3）压力排水管道（含生产废水）：采用直埋敷设，管径为ϕ110mm。

（4）中低压电缆：采用电缆隧道、电缆沟、封闭电缆沟或埋管敷设。

（5）弱电电缆（含通信电缆、信号电缆及其他弱电系统电缆）：采用埋地敷设。

（6）压缩空气管：管径为ϕ89，采用架空敷设，坡度为3‰。

（7）站场排水沟：沟宽0.4～0.6m，坡度为2‰、5‰，沟深为0.3～1.99m。

2）管线布置原则

（1）管线布置应与车辆段总平面布置图、竖向设计和绿化布置统一进行。

（2）管线带的布置应与道路或建筑红线平行。

（3）管线布置时，应减少管线与铁路、道路及其他干管的交叉。当管线与铁路或道路交叉时应为正交，在困难情况下，其交角不宜小于45°。

（4）管线布置时应全面规划，近期集中，近远期结合。近期管线穿越远期用地时，不得影响远期用地的使用。

（5）管线布置时，干管应布置在用户较多的一侧或将管线分类布置在道路两侧。管线综合布置宜按下列顺序，自建筑红线向道路方向布置：电信电缆、电力电缆、生产及生活给水管道、生产及生活污水管道、消防水管道、雨水排水管道。

(6)地下管线、管沟,不得布置在建筑物、构筑物的基础压力影响范围内和平行敷设在铁路下面,各地下管线尽量平行敷设在道路下面;直埋式的地下管线不应平行重叠敷设。

(7)地下管线(或管沟)穿越铁路时,管顶至铁路轨底的垂直净距不应小于1.2m;穿越道路时,管顶至道路路面结构层底的垂直净距不应小于0.5m。当不能满足前面要求时,应加防护套管(或管沟)。

(8)结合上盖物业平台开发的特点,部分压力管线考虑架空敷设,同时应避免管线(沟)与立柱承台或地梁冲突,管线与上盖物业柱网或承台冲突时,各专业管线避让。

3)管线避让原则

(1)给水管道、电力电缆、弱电电缆(通信信号等)等避让生产废水管、生活污水管、站场排水沟、电缆隧道及电缆沟等。

(2)所有管道(信号电缆管除外)与电缆沟、站场排水沟交叉时,一般均考虑管道下穿电缆沟和站场排水沟;特殊情况(站场排水沟较深时)可考虑穿越站场排水沟。

(3)信号电缆管(支管)与站场排水沟交叉时,考虑在站场排水沟盖板下穿钢管防护穿越站场排水沟。

(4)供电电缆沟与人行道交叉时,充分利用供电电缆沟的盖板作为人行道;电力电缆应在热力管道下面、其他管道上面。

(5)管径小的管道避让管径大的管道;给水管道与排水管道交叉时,给水管道应尽可能向上避让排水管道。污水管不得敷设在给水管上,如发生给水管敷设于排水管线下时对给水管应采取加设套管措施的形式,并且套管两端应超出管线相交处2m以上,同时应尽可能避免管接头设置在交汇处。

(6)沿盖下支柱敷设的管线出现交叉、高程发生冲突时,按压力管让自流管、管径小的让管径大的、易弯曲的让不易弯曲的、工程量小的让工程量大的原则避让处理;管线遇到横梁等结构时,管线局部绕避;立管遇到横管时,立管局部绕避。

(7)屋面雨水管一般布置于建筑横梁范围内,当与其他管线交叉时,其他管线绕避。

3.4.2　总平面布置及交叉节点

根据管线布置及避让原则,综合管线总平面布置图根据天童庄车辆段与综合基地工艺总平面布置图、站场总平面布置图、站场道路及排水总平面布置图、路基横断面图、建筑总平面布置图、建筑单体平面以及各专业室外管线布置图进行设计。

综合管线的总平面设计完成后,需对管线密集、交叉点较多的节点进行详细的节点设计。节点设计的主要内容包括管线交叉点的竖向关系,管线的垂直净距,管线的截面及管线的高程等。

第4章
工 艺 设 计

4.1　概述
4.2　运用库
4.3　检修主厂房
4.4　调机及工程车库
4.5　洗车机
4.6　镟轮库
4.7　综合维修中心
4.8　物资总库
4.9　培训中心
4.10　其他功能设施
4.11　工艺设计优化及创新
4.12　上盖物业对工艺设计的影响和应对

4.1 概述

地铁车辆段具有机械工厂和铁路站场的双重性质，合理的工艺设计是实现车辆段功能的根本条件，因此工艺设计是车辆段设计的核心和各专业的龙头。工艺设计的主要内容包括车辆及系统设备的修制、修程研究；车辆段、停车场的布局和功能定位研究；任务范围和设计规模确定；选址；出入段（场）线及总平面布置设计；车间工艺设计；压缩空气等动力管线及综合管线设计；设备配置及选型；以及设备概算等内容。

天童庄车辆段工艺设计的部分内容已在第 2 章"天童庄车辆段设计经过及方案演变"和第 3 章"天童庄车辆段总平面及竖向设计"中介绍，本章主要对车间设计、主要设备配置及选型，以及上盖开发对工艺设计的影响等作重点介绍。

4.2 运用库

4.2.1 作业范围及工艺流程

运用库主要进行车辆停车列检作业和双周检/三月检作业。

1）停车列检作业

停车列检作业包括列车进出库的技术交接、检查和测试工作；车辆司乘人员出退勤技术交接工作；车辆的功能检查、技术检查和一般性临时故障的处理；车辆的内部清扫及定期消毒工作。

停车列检作业工艺流程：入库→清扫（消毒）→列检→停放→出库。

2）双周检/三月检作业

双周检/三月检作业主要对车辆进行全面技术检查和必要的检测，对受电弓、司机室电器、车载通信信号设备、转向架、控制系统、制动系统、辅助电源系统、牵引系统、空压机、蓄电池、客室设施、空调等进行全面检查、清洁，更换易损件，以及列车调试（试车）等作业。并根据需要进行蓄电池电解液补充作业。三月检的作业范围和检修深度比双周检大，检查时间也大于双周检。

双周检/三月检作业流程：入库→双周检/三月检→静调（→试车）→出库。

4.2.2 工艺平面布置

天童庄车辆段运用库为尽端式车库，由停车列检库、双周/三月检库和辅助生产房屋组成，长 264m，宽 125.9m，运用库厂房组合和剖面图如图 4-1 和图 4-2 所示。

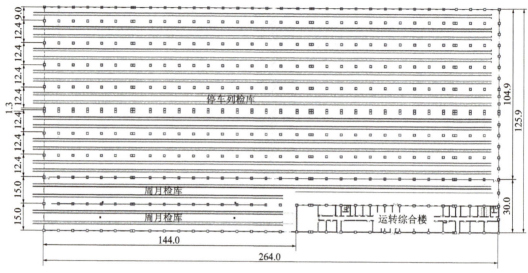

图 4-1 运用库厂房组合图（尺寸单位：m）

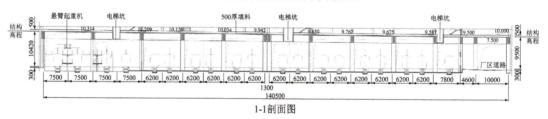

1-1剖面图

图 4-2 运用库剖面图（尺寸单位：m）

停车/列检库长264m、宽95.9m，由7个12.4m的两线跨（线间距为4.6m，股道中心线到墙或柱子中心线距离为3.9m）、1个7.8m的单线跨和1个9m单线跨组成。每股道可停放2列车，停车能力为32列，每股道前端均设1列位检查坑，列检列位股道采用柱式检查坑，股道两侧均设低地面。

双周/三月检库由3条线组成，2条线位于1个15m的跨中，另一条和停车列检线位于1个15m的跨中。其中线间距为6.0m，股道中心线到墙或柱子中心线距离为4.5m。双周/三月检库主库长144m、宽21m，双周/三月检库内每股道设置长123m、宽1.2m、深1.5m的检查坑，库内股道两侧设低地面及双层作业平台，见图4-3。

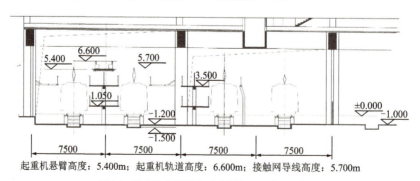

起重机悬臂高度：5.400m；起重机轨道高度：6.600m；接触网导线高度：5.700m

图 4-3 周月检库剖面图（尺寸单位：mm，高程单位：m）

运转综合楼设有三层辅助生产房屋。一层设有通信设备室、信号设备室、清扫工班清扫工具室、列检班组用房等辅助房屋;二层设 DCC、司机待班室、大/架修、定/临修班组用房等辅助房屋;三层设运用、检修车间办公用房。

4.2.3 主要设备配置

停车列检库主要设备见表 4-1。

运用库主要设备数量　　　　　　　　　　　　　　　　　表 4-1

序号	名称	型号及规格	数量	单位	单位功率 kW	单位功率 kV·A	备注
1	固定式上车梯		64	个			
2	悬挂伸缩臂起重机	载重 1t	2	台	3		
3	车间电源柜	DC1500V,400A	4	台	1		
4	移动式 SIV 测试装置		1	套	3		
5	移动式主逆变器测试装置		1	套	3		

4.3 检修主厂房

4.3.1 作业范围及工艺流程

检修主厂房主要进行车辆大、架修作业和定、临修作业。

1)大架修作业范围及工艺流程

大修作业根据车辆大修规程对车辆进行全面检查、修理工作。主要包括拆卸车辆各系统部件和大部件,对车辆各系统及部件进行检修后组装,对车体进行整修作业。最后对车辆进行静、动态调试。

架修作业根据车辆架修规程对车辆进行全面检查、修理工作。主要包括拆卸及组装受电弓、空调单元、转向架、牵引及制动系统、车门以及车内设施等。对车辆各系统进行全面的测试,检修或更换易损部件。最后对车辆进行静调和动调试车。

车辆大架修主要工艺流程:列车送吹扫库→列车底部吹扫除尘→列车送大修/架修库→部件分解下车→清洗、分解、测试→检修、更换→组装→单元车、整列车静调→列车上试车线动调→交验→出库。

2)定临修作业范围及工艺流程

定修作业对车辆进行全面技术检查,主要包括检查牵引及制动系统、转向架及走行部分、车门及其控制系统、受电弓、空调装置等。对需检修的部件进行拆卸更换,对蓄电池进行补液、充电或更换,对齿轮箱、轴箱进行检查、补油、测试。最后对车辆进行静调和动调试车。

临修作业对车辆的临时故障进行检修,根据故障情况更换需检修的转向架及其他大部件。

定临修作业主要工艺流程:列车送吹扫库→列车底部吹扫除尘→列车送定修、临修库→系统测试→故障部件检修、更换→蓄电池充电或更换→齿轮箱、轴箱补油→列车全面测试→单元车、整列车静调→列车上试车线动调→交验→出库。

4.3.2 工艺平面布置

检修主厂房由大架修库、定临修库、静调库、吹扫库、车体间、移车台,以及转向架及轮对轴承间、空调机组检修间、受电弓检修间、电机电器检修间、空压机检修间、门窗检修间、车钩缓冲器检修间、金工间、制动检修间等组成。检修主厂房组合图和剖面图如图4-4和图4-5所示。

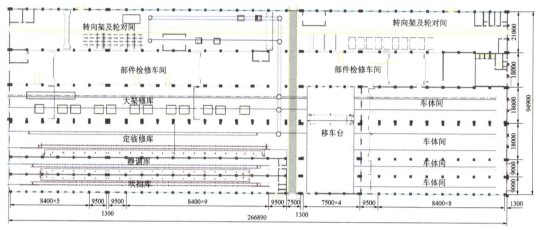

图4-4 天童庄车辆段检修主厂房组合图(尺寸单位:mm)

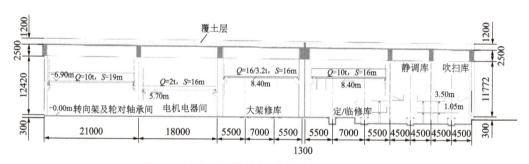

图4-5 天童庄车辆段检修主厂房剖面图(尺寸单位:mm)

大架修库长156m、宽18m,库内设2条大修/架修线,均按6辆编组列车1列位考虑。库内设16/3.2t吊钩桥式起重机2台,以满足吊运转向架和其他部件的需要,设6辆编组整体式地下架车机1组(远期预留1组3辆半列位整体式地下架车机),承担车辆的架落车作业。

定临修库长156m、宽18m,库内设定修线1列位,临修线1列位,设10t、5t吊钩桥式起重机各1台。临修线设普通检查坑,为了方便临修架车,设1组移动式架车机(架3辆车)。定修线设宽检查坑,靠墙侧设双层作业平台。临修线尾端连接移车台,主要是考虑本线富余长度可作为工艺转向架的存放位置使用。

静调库和吹扫库均长156m、宽9m,库线设宽检查坑,并在单侧设双层作业平台。

车体间由两个18m的两线联跨和2个9m的单线跨组成,车间长均为78m,宽分别为18m、18m、9m、9m,车间均按6辆编组列车半列位考虑,共计3列位。车体间每跨均设3t吊钩桥式起重机1台。在车体间与大架修库之间设25m长移车台,供车体转线作业。移车台连接大(架)修库、定(临)修库及车体间。

空调检修间、受电弓间、电机电器检修间、钩缓间、空压机间、金工间、门窗间、制动间等辅助检修车间设在18m辅助边跨内,辅助边跨设5t电动单梁起重机1台,2t电动单梁起重机3台。

转向架及轮对轴承间设于大(架)修库的北侧,长264m,宽21m。检修工艺按流水作业进行布置,按检修工艺流程布置有构架、轮对、轴箱、轴承等检修区及存轮区。转向架及轮对轴承间设有10t吊钩桥式起重机1台,另设5t、2t电动单梁起重机各1台。车间内配备转向架清洗机、轮对探伤机、车轮车床、轮对跑合试验装置、轮对轴箱分解机、轴承清洗机、轮对轴箱组装机等设备。

4.3.3 主要设备配置

检修主厂房主要设备配置见表4-2。

检修主厂房主要设备配置 表4-2

序号	名称	型号及规格	数量	单位	单位功率(kW)	备注
1	吊钩桥式起重机	QD型 G_n=16/3.2t, S=16m, A5级	2	台	50	
2	吊钩桥式起重机	QD型 G_n=10t, S=16m, A5级	1	台	37	
3	吊钩桥式起重机	QD型 G_n=5t, S=16m, A5级	1	台	30	
4	整体固定式机车机组	架1列(6辆车)	1	套	120	
5	移动式架车机组	螺旋式,每组架1辆车	3	组	20	
6	车间电源柜	DC1500V, 400A	4	台	1	
7	移车台		1	台	50	
8	空调机组综合试验台		1	台	90	
9	受电弓测试装置		1	台	3	
10	牵引电机空转试验台		1	台	40	
11	辅助电机试验台		1	台	30	
12	司机控制器试验台		1	台	1	
13	电器综合试验台		1	台	5	
14	高速断路器试验台		1	台	2	
15	车钩连挂试验台		1	台	10	
16	空压机试验台		1	台	15	
17	车门模拟试验台		1	台	2	
18	制动系统综合试验台		1	台	5	
19	转向架升降工作台		4	台	7.5	
20	轴承轴箱分解组装机		2	台	6	
21	轮对除锈清洗机		1	台	35	
22	轮对荧光磁粉探伤机		1	台	40	
23	轮对超声波探伤机		1	台	6	
24	数控车轮车床	C8011B	1	台	65	
25	单柱立式车床	最大加工直径1000mm	1	台	32	

4.4 调机及工程车库

4.4.1 作业范围及工艺流程

调机是检修车辆调车作业及事故救援的必备设备,调机库作业范围为调机运用、存放、检查、故障处理;工程车库除停放、整备及日常维护工程车外,还设有救援办公室,以方便快速指挥、开展救援工作。

调机及工程车库主要工艺流程:车辆入库→检查→停车→出库。

4.4.2 工艺平面布置

调机及工程车库与车辆段牵引降压混合所合并布置,位于检修主厂房咽喉区与运用库咽喉区之间,库长72m、宽30m,由2个15m的两线跨组成。库内设4股道,库内4股道均设宽1.2m、深1.5m的检查坑,其中一股道检查坑长57m,其余3股道检查坑长24m。坑内设安全电压照明及电力插座。库内设有2t电动单梁起重机等设备。

调机库东侧设辅助生产车间边跨,边跨长30m、宽6m,内设值班室、备品库、蓄电池充电间、钳工间、整备间等,用于调机的日常保养、维修。并设乘务待班室、救援办公室、救援器材间等。调机及工程车库工艺平面布置如图4-6所示。

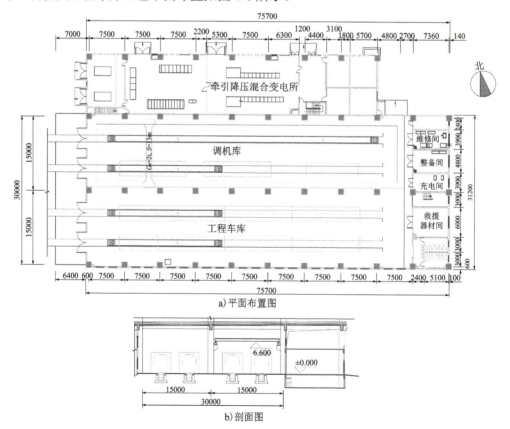

图4-6 调机及工程车库工艺平面布置及剖面图(尺寸单位:mm,高程单位:m)

4.4.3 主要设备配置

调机及工程车库主要设备配置见表 4-3。

调机及工程车库主要设备数量　　　　　　　表 4-3

序号	名　　称	型号及规格	数量	单位	单位功率（kW）	备注
1	电动单梁起重机	LD 型 G_n=2t，S=13m，A5 级	1	台	6.4	
2	电力蓄电池机车		2	辆		
3	磨轨车	30 磨头	1	辆		
4	轨道车	JY400DT	2	辆		
5	平板车	30t	4	辆		
6	平板车	5t	3	辆		

4.5 洗车机

4.5.1 作业范围及工艺流程

洗车机库作业范围是应定期进行外皮洗刷，保持列车外部清洁。

洗车作业流程：列车进库→预湿→喷洗涤液→前端部洗刷→侧壁洗刷→后端部洗刷→预清洗→最终清洗→吹干→出库。

4.5.2 工艺平面布置

洗车机库及控制室设于入段线南侧，咽喉区前。车辆洗刷库长 60m、宽 9m，并设有长 18m、宽 4.5m 的边跨，内设控制室、值班室及辅助设备用房。洗车机库库内设有接触网，设有分段隔离开关。洗车机库工艺平面布置如图 4-7 所示。

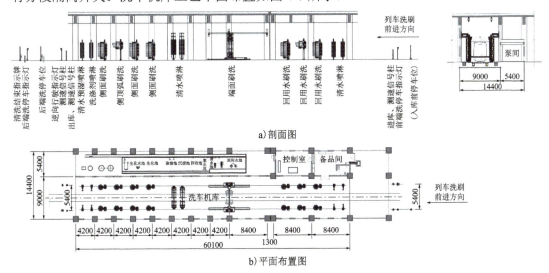

图 4-7　洗车机库工艺平面布置及剖面图（尺寸单位：mm）

4.5.3 主要设备配置

洗车机库主要设备配置见表 4-4。

表 4-4 洗车机库主要设备数量

名称	数量	单位	单位功率(kW)
车辆外皮洗刷机	1	台	70

4.6 镟轮库

4.6.1 作业范围及工艺流程

镟轮库承担车辆镟轮作业,为了提高列车行车质量,减少车轮产生不良振动和噪声,尤其是运用列车在没有到达检修周期时,个别车辆因出现车轮轮缘偏磨、踏面擦伤等而引起车轮产生的不良现象,能在列车不解体的情况下通过不落轮镟作业得到及时处理。

镟轮作业工艺流程:公铁两用车牵引车辆入库→车辆轮对与镟床对位→镟修→公铁两用车推送车辆出库。

4.6.2 工艺平面布置

镟轮库位于车辆段南侧,与试车间合设为 1 栋独立建筑,库长 66m,宽 12m,库内设 1 股镟轮线,配置不落轮镟床 1 台,2t 电动单梁起重机 1 台。镟轮库设备平面布置如图 4-8 所示。

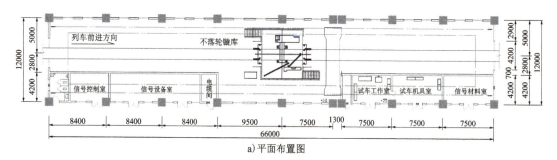

a) 平面布置图

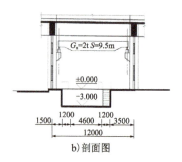

b) 剖面图

图 4-8 镟轮库设备平面布置及剖面图(尺寸单位:mm,高程单位:m)

4.6.3 主要设备配置

镟轮库主要设备数量表见表4-5。

镟轮库主要设备数量　　　　　　　　表4-5

序号	名　　称	型号及规格	数量	单位	功率(kW)	备注
1	不落轮镟床		1	套	120	
2	公铁两用车		1	辆		
3	电动单梁起重机	LD型 G_n=2t，S=10m，A5级	1	台		

4.7 综合维修中心

4.7.1 作业范围及工艺流程

维修中心是地铁系统的重要组成部分，对轨道交通1号线各系统，包括供电、通信、信号、防灾报警、自动售检票、环控、屏蔽门、给排水、电梯及自动扶梯等机电设备和房屋建筑、轨道、隧道、桥涵、车站等建筑设施进行维护、保养和检修等。

维修中心主要工作范围如下：

（1）承担1号线轨道、桥梁、路基、隧道等建筑设施的巡检和维修保养工作。

（2）承担1号线车站建筑、站内装饰及室内附属设施、导向标识、出入口设施、道路等的检查和维修工作。

（3）承担1号线所有地面线路防护设施等地面建筑的维修保养工作。

（4）承担1号线变电所、接触网、供电线路及设备的巡检和维修保养工作。

（5）承担1号线通信、信号系统的线路和设备、行车调度设备、车站广播设备等的巡检和维修保养工作。

（6）承担1号线各种机电系统及设备，包括通风空调系统、给排水系统、电梯及自动扶梯、小型运输车辆以及车站其他设备等的巡检和维修保养工作。

（7）承担1号线各自动化系统，主要包括自动售检票系统（AFC）、防灾报警系统（FAS）、车站设备监控系统（BAS）、屏蔽门系统，以及通用办公自动化系统的巡检和维修保养工作。

维修中心检修作业流程以现场维修、检查为主，在段内检修为辅。

4.7.2 工艺平面布置

维修中心由工建车间、供电车间、机电车间、通号车间、自动化车间、备品备件库、工程车队等组成。天童庄车辆段带有上盖物业开发，维修中心也分成两部分布置。

由于综合维修中心部分房屋配置的设备有基础，部分房屋内备品备件或被修理设备的质量或尺寸较大，该部分房屋必须设在一层平面。因此，维修中心综合车间设在盖下检修主厂房后端，主要包括机电车间的机加工间、钳工间、熔焊间、电机检修试验间，供电车间的变压器检修试验间、工建车间的转辙机维修间、管道维修间,以及综合维修中心备品备件库等。

维修中心综合车间厂房组合如图4-9所示。

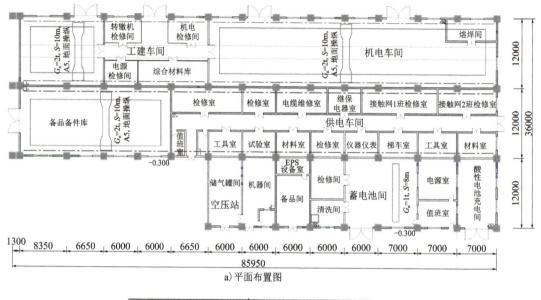

图4-9 维修中心综合车间平面布置及剖面图(尺寸单位:mm,高程单位:m)

由于天童庄车辆段厂前区均设在盖上,所以维修中心其他生产车间及办公房屋均设在维修车间上盖区综合维修中心内,盖上维修中心为独立建筑,设于盖上厂前区东侧。综合维修中心生产车间及工区设置情况见表4-6,平面布置参见第7章"建筑设计"。

盖上综合维修中心生产车间及工区设置 表4-6

部门名称	房屋面积(m^2)	近期定员(人)	备注
一、工建车间	146.68	185	
1. 轨道巡检工班	40.95		
2. 房屋巡检工班	35.99		
3. 材料室	69.74		
二、机电车间	401.34	122	
1. 屏蔽门工班	40.95		
2. 水泵工班	35.99		
3. 风机工班	33.82		
4. 消防工班	37.47		
5. 电梯工班	38.49		

续上表

部门名称	房屋面积(m²)	近期定员(人)	备注
6. 电子电器间	72.44		
7. 仪器仪表间	72.44		
8. 材料室	69.74		
三、供电车间	184.94	154	
1. 接触网工班	23.16		
2. 变电工班	23.16		
3. 供电值班室	138.62		
四、通号车间	1234	122	
1. 通信工区	439.64		
2. 无线工区	172.64		
3. 信号工区	318.18		
4. 光电缆工区	36.25		
5. 机电修配工区	267.34		
五、自动化车间	1041.69	35	
1. FAS 工班	362.16		
2. BAS 工班	245.25		
3. 门禁工班	202.26		
4. 综合监控工班	232.02		

4.7.3 主要设备配置

维修中心主要设备配置见表4-7。

维修中心主要设备配置　　　　表4-7

序号	名称	型号及规格	数量	单位	单位功率（kW）	备注
1	液压捣固机		4	台		
2	钢轨探伤小车		3	辆		
3	轨道接头打磨机		2	台		
4	空气压缩机(带风镐)		1	台		
5	史丹利动力站	HPR	2	套		
6	史丹利轨枕捣固机	TT-45 型	4	台		
7	史丹利锯轨机	RS25 型	2	台		
8	史丹利磨光机	HG80 型	2	台		
9	史丹利液压镐	BR-47 型	4	台		
10	史丹利钻轨机	RD-12	4	台		
11	道岔打磨机		2	台		
12	枕间夯实机	KM-Ⅱ型	2	台		

续上表

序号	名称	型号及规格	数量	单位	单位功率（kW）	备注
13	液压螺母劈开器	18-24	2	台		
14	多功能拉运轨机	SYG-3 型	4	台		
15	电动单梁起重机	G_n=2t，S=10m，LD 型 A5 级	1	台	6.4	
16	电机试验台	TFC-IIIG 型	1	台	30	
17	移动式耐压试验台	TNC-1Y 型，0～3kV	1	台		
18	普通车床	CD6140A 型，$\varPhi$400×1500	1	台	7.84	
19	马鞍车床	CD6240A 型，$\varPhi$400×1500	1	台	7.84	
20	万能升降台铣床	X6132A 型，320×1320	1	台	9.13	
21	牛头刨床	B665 型，650mm	1	台	3	
22	立式钻床	Z5125A 型，$\varPhi$25mm	1	台	2.2	
23	液压弯管机	WA27Y-60 型，$\varPhi$25～50mm	1	台	5.5	
24	摇臂钻床	Z3050×16（I）型，$\varPhi$50mm	1	台	4	
25	单柱校正压装液压机	YH41-40C 型，400kN	1	台	5.5	
26	卧轴矩台平面磨床	M7120D 型，200×630mm	1	台	4.48	
27	车载式液压升降台	SJZ0.5-11	1	台		

4.8 物资总库

4.8.1 作业范围及工艺流程

物资总库负责1号线全线范围内所需的各种材料、配件、生产工具、仪器、仪表、生产家具等的等物资的采购、储存、发放及管理等工作。在工程建设期间作为建设物资及机电设备的临时仓储场地，同时预留建设线网性物流配送中心的条件。

物资总库主要工艺流程：材料入库→登记→存储→用户申请使用材料→登记→材料出库。

4.8.2 工艺平面布置

物资总库设在车辆段盖下检修主厂房东侧，紧邻检修主厂房。

物资总库由立体仓储区、大部件存放区、电子电器存放库、仪器仪表存放库、劳保用品存放库以及办公用房等组成。

立体仓储区长73.5m、宽36m。在立体仓储区西侧设大部件存放区，长73.5m、宽12m；在立体仓储区南侧端设有电子电器存放库、仪器仪表存放库、劳保用品存放库，总长48m、宽12m。在存放库三层设物资总库办公房屋。物资总库工艺总平面布置如图4-10所示。

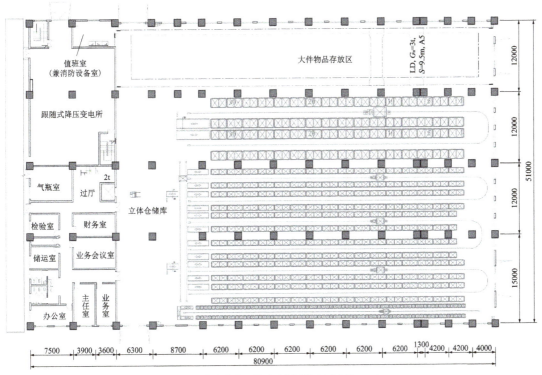

图 4-10 物资总库工艺平面布置图（尺寸单位：mm）

4.8.3 主要设备配置

物资总库配备 2t 起重机 1 台、自动化立体仓储设备 1 套、计算机管理系统 1 套以及各种运输、搬运车辆。物资总库主要设备数量见表 4-8。

物资总库主要设备数量　　　　　　　　　　　　　　　表 4-8

序号	名称	型号及规格	数量	单位	单位功率（kW）	备注
1	立体仓储设备		1	套		
2	电动单梁起重机	G_n=3t, S=10m, LD 型 A5 级	2	台		

4.9 培训中心

4.9.1 功能定位及设计规模

培训中心是对城市轨道交通员工进行技术教育的重要基地。轨道交通系统是一个多专业的综合性交通系统，它不仅技术复杂，而且发展很快，在轨道交通线路开通前，应对新员工进行培训。此外，还必须对所有职工进行定期的技术培训，不断提高全员的技术业务水平，以保证地铁系统正常运营。宁波轨道交通 1 号线作为宁波市首条开通的轨道交通线路，在天童庄车辆段设培训中心，培训中心按作为宁波轨道交通线网性的职工教育培训基地考虑。

培训中心的功能应是完善的,既能满足1号线的运营需要,同时也是线网性的轨道交通员工教育培训基地。

培训中心根据地铁系统各专业技术特点和培训目标,以短期培训和系统专业教育相结合为主,按同时培训700名学员的规模考虑,培训中心除管理人员外,各专业课教员按外聘考虑,或由轨道交通系统技术人员临时兼任。配备司机模拟驾驶培训系统。

4.9.2 工艺平面布置

培训中心设在检修主厂房上盖培训中心及学员宿舍楼内,房屋共设7层,其中1～4层为培训中心用房,培训中心总建筑面积约7512m²。培训中心设阶梯教室、大小教室、各专业培训教室等房屋约30间,可满足约700名学员学习。培训中心配备计算机工作站、多媒体、PTT教学计算机等电教、实习专用设备等。

由于列车模拟驾驶培训装置要求房屋层高较高,故列车模拟教室单独设在盖下。司机模拟培训室设备平面布置如图4-11所示。

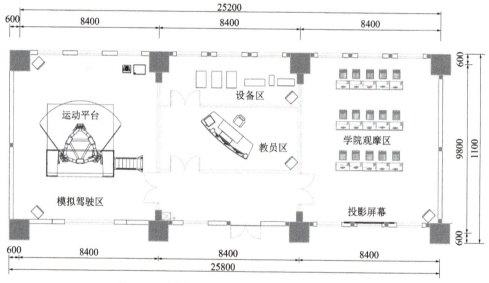

图4-11　司机模拟培训室工艺平面布置图(尺寸单位:mm)

为满足员工培训和练功实际操作需要,在盖下咽喉区南侧设置实训场地和实训线,配置培训用轨道、道岔、信号机、接触网等设备设施。室外实训轨道布置如图4-12所示。

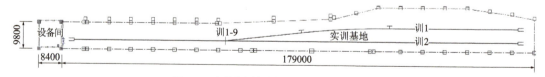

图4-12　室外实训轨道布置图(尺寸单位:mm)

4.9.3 主要设备配置

培训中心主要设备配置见表4-9。

培训中心主要设备配置　　　　　　　　　　　　　表 4-9

名　　称	型号及规格	数量	单位	单位功率(kW)	备注
司机模拟驾驶装置		1	套		

4.10 其他功能设施

4.10.1 综合办公楼

综合办公楼位于车辆段盖上厂前区东北角，房屋总长 82.04m，总宽 60.45m，建筑面积 13914.18m²，为盖上七层的框架结构建筑。

综合办公楼的一层和二层设置地铁公司档案室，存储地铁公司档案资料。三～七层为运营公司办公用房，其中三层为安全部、人力资源部、财务部、行车调度部用房；四层为企划部、技术部、资源开发部用房；五层为车辆部、客运部用房；六层为维修工程部、物资部用房；七层为运营公司机关、综合部、大型多功能厅用房。为适应运营组织机构的不确定性，各部门用房均预留了以后新线运营的条件。

综合办公楼内各部门组织机构及定员见表 4-10。

运营公司组织机构及定员　　　　　　　　　　　　表 4-10

序　号	组 织 机 构	初期定员(人)
1	公司领导	6
2	综合部	27
3	人力资源部	16
4	财务部	9
5	企划部	14
6	技术部	15
7	资源开发部	20
8	安全部	18
9	行车调度部	18
10	客运部	26
11	车辆部	46
12	维修工程部	29
13	物资部	21

注：综合办公楼已预留远期新线后增加定员。

4.10.2 食堂

食堂位于盖上厂前区西南角，房屋长 76.78m、宽 26.7m，建筑面积 4352.39m²，为盖上二层的框架结构建筑。

食堂主要满足车辆段内各部门员工用餐需求，规模按照远期定员 2200 人，最大就餐人数 1700 人进行设计。食堂 1 层及 2 层均布置有餐厅和厨房，第 2 层南侧布置 7 间小包房。平面功能布置分区合理，流线简洁明确不交叉，为职工提供优良的就餐环境。

4.10.3 公安分局

根据地铁公司要求,在天童庄车辆段设置地铁公安分局,负责宁波市轨道交通系统治安管理。地铁公安分局设于车辆段盖上厂前区西侧,长62.4m,宽36m,总建筑面积7153.28m^2,为5层框架式建筑。

4.11 工艺设计优化及创新

4.11.1 总平面布置优化

(1)天童庄车辆段进行上盖物业开发,总平面布置将车辆段厂前区综合楼、食堂、维修中心、培训中心、公安分局、文体中心等设在盖上,有效利用了土地资源。

(2)地铁1号线二期线路及邱隘站下穿车辆段咽喉区,总平面布置充分利用了邱隘站带来的交通便利条件,形成集车辆段、上盖物业开发、地铁车站为一体的大型城市综合体。

(3)车辆段总平面布置在保证功能的前提下,充分考虑上盖物业开发的需要。运用库跨度较小,布置在车辆段北侧,面向后塘河,紧邻地铁1号线二期工程邱隘站,在运用库上方预留住宅开发,保证了上盖住宅的品质;检修主厂房跨度较大、层高较高,考虑布置在车辆段南侧靠近500kV高压线一侧,在检修主厂房上面布置厂前区,并通过交通核实现盖下与盖上人员的便利通行。

(4)对上盖车辆段盖下环境进行了深入的研究,在保证盖下车辆段工艺流程顺畅的前提下,充分保证盖下人员的作业环境,在运用库和检修主厂房之间消防通道上方设宽18m的通风采光井,使得阳光和空气能够进入到盖下生产区,从而大幅改善了盖下人员密集作业区的工作环境。

(5)天童庄车辆段采用了夹层形式的盖体结构转换平台,利用该夹层兼作停车库,解决了运营管理及维修专业等盖下、盖上人员生产、生活用车的停放问题。并在盖上与盖下设置交通核,有效解决了车辆段盖下生产车间与盖上办公楼之间的通行问题。

(6)车辆段工艺布置充分考虑了上盖车辆段的消防特点,对于甲类房屋危险品储存间、油漆库等均考虑设在盖外;对于无法在盖下进行作业的设施,如新车装卸时需要汽车式起重机作业,盖下作业高度不够,也考虑将其设在盖外,以利新车装卸作业的进行。

4.11.2 车间工艺设计及设备配置优化和创新

(1)检修主厂房组合设计充分适应了带上盖地铁车辆段的特点,大架修库和定临修库均采用2线18m库布置,转向架及轮轴间采用21m跨布置,在保证盖体结构安全的前提下,充分考虑盖下工艺作业对检修库房跨度的需求。为保证盖下作业空间,检修主厂房上部未做夹层车库,库房空间满足盖下作业要求。并在移车台上部设采光通风井,有效改善了盖下作业环境。

(2)针对带上盖地铁车辆段的特点,对检修车间的配置进行了深入研究,维修中心机电车间和供电车间检修车间,培训中心模拟教室设在盖下,而将人员密集的维修中心办公房屋及班组房和培训中心教室均设于 15m 盖上厂前区，既充分利用盖下空间进行检修作业，又保证了作业人员良好的作业环境。

（3）为适应车辆段盖下作业的需要，天童庄车辆段选用新型蓄电池机车，大大减少了以往内燃调机车产生的油烟。

（4）车辆段出入段线配置轮对受电弓检测设备，可对车辆轮对及受电弓状况进行在线监测，提高了车辆运行的可靠性。

4.12 上盖物业对工艺设计的影响和应对

4.12.1 建筑防火要求提高，影响有火灾危险性的作业

地铁车辆段属于工业建筑，上盖物业则属于民用建筑，由于《建筑防火设计规范》（GB 50016—2006）对带上盖物业开发的车辆段这种综合体缺少针对性的规定，因此消防审批部门对建筑防火往往从严掌握。

在天童庄车辆段设计消防审查意见中，明确要求盖下不得设置甲乙类厂（库）房。这使得大（架）修喷漆库和酸性蓄电池充电间无法设置在盖下。施工图将喷漆库设在车辆段西侧盖外，作业工艺非常不顺。后由于中国南车集团公司（现"中国中车股份有限公司"）在宁波设厂存在车体喷漆社会化外包条件，喷漆库目前尚未实施。

由于列车采用了碱性蓄电池，蓄电池充电间的火灾危险性降低，得以设在盖下检修主厂房组合中，满足了作业工艺需要。

4.12.2 柱网密、跨度小，影响车间作业工艺

为满足上盖物业结构转换要求，地铁车辆段运用库和检修主厂房跨度一般不超过 2 线库，对厂房组合设计带来了较大限制。特别是检修主厂房作业量大，对跨度要求高，如大（架）修库采用 2 线库，一般按 18m 设计，间距分配为 5.5m—7m—5.5m，可以满足架落车作业需要，但无法平行布置工艺台车和转向架存放线，对作业工艺有一定的不利影响。转向架轮对车间一般布置在大（架）修库的边跨内，如果按 18m 跨度设计，则转向架环形流水线作业空间较小，影响作业效率。

天童庄车辆段设计规模为大（架）修 4 列位，大（架）修库按 2 列位架落车和 2.5 列位车体间设计，考虑大（架）修合库作业的利用率折减，设计大（架）修规模核定为 4 列位是合理的。大（架）修库和定（临）修库均为 2 线 18m 跨，考虑到转向架检修作业需要，转向架间边跨跨度设计为 21m，给盖上建筑布置和结构转换设计带来了一定困难。

4.12.3 上盖平台覆盖范围广，影响内燃调机和工程车排烟

地铁车辆段一般采用内燃调机和工程车用于段内调车和正线及车辆段的工务、供电作业，作业过程中，以及工程车辆检修试验时，内燃机车柴油机都会有废气排放。

车辆段上盖物业开发后，一方面盖上无法设置自然排风口，另一方面大部分车辆段的上

盖范围均覆盖了咽喉区,使自然排风条件更加恶化。

天童庄车辆段设计采取了以下措施保护盖下和盖上环境。

(1)段内内燃调机改为电力蓄电池工程车,既用于段内调车,也用于部分正线工务作业。

(2)对无法使用电力蓄电池动力的工程车辆,如钢轨打磨车等,通过提高废气排放标准来改善对环境的影响。天童庄车辆段的柴油机废气排放标准全部要求达到欧Ⅲ。

(3)盖下设置机械排风系统,需要时开启,将废气排放至盖外。

4.12.4 盖下空间狭窄影响车辆装卸车

地铁车辆从制造(或组装)厂到地铁车辆段的运输一般通过铁路运输到铁路货运站或港口,如果地铁与国铁(或港口)有专用线连接,则可以通过专用线用调车机车直接送到地铁车辆段,如果没有则需要利用大型平板车完成最后这一段距离的运输,并在车辆段内卸车。当地铁车辆外委大修时,如果要通过道路运输检修车至大修厂,则需要在段内进行装车作业。

目前地铁车辆在段内的装卸基本上都采用汽车式起重机作业,因此对作业空间有较高要求,平台盖下空间受柱网和净空高度限制,不能满足作业需要,因此一般需要设在盖外。

天童庄车辆段车辆装卸场地设在北侧盖外,靠近大门入口处,作业方便。

4.12.5 咽喉区密集柱网对行车的影响

上盖物业对地铁车辆段行车的影响主要体现在司机瞭望条件恶化,信号楼不具备直接瞭望条件。一般采取设置复示信号机和视频监控头来解决这个问题。柱网行车瞭望条件的影响分析如图4-13所示。

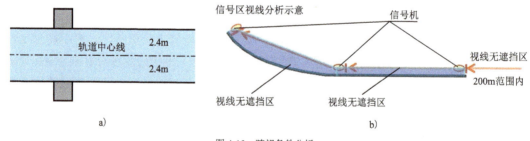

图4-13 瞭望条件分析

天童庄车辆段根据柱网布置,在咽喉区设置了复示信号机和视频监控系统。

4.12.6 上盖物业对作业环境的影响和对策

1)大气环境

地铁车辆段进行上盖物业开发后,形成了一个巨大的半封闭空间。列车、工程车、汽车运行或作业时产生的扬尘和废气对盖下大气环境的影响非常严重。

上盖开发的车辆段在盖下都设有复杂的机械排风系统,但由于噪声和运营成本等方面的因素,一般都不会经常开启。天童庄车辆段主要通过以下措施来解决盖下大气环境质量恶化问题。

（1）在运用库和检修主厂房之间留出自然通风采光带，且四周围蔽高度较低，留出了较大自然通风空间。

（2）试车线和出入段线等列车运行速度较高的线路布置在车辆段上盖边沿部分，有利于列车运行时的扬尘消散。

（3）天童庄车辆段由于位于深厚软土地基上，咽喉区采用碎石道床，为了降低列车运行时的扬尘，在咽喉区设置了喷洒系统，利用车辆段中水回用系统的水源，进行喷洒降尘。

2）通风和采光

上盖物业对车辆段作业在通风和采光方面还存在以下影响。

（1）库内没有条件设置采光天窗，只能采用人工照明。

（2）库内自然通风条件恶化，机械通风使用成本高，噪声大。

上盖物业开发的地铁车辆段一般通过优化平面布置，采用人工照明、机械通风等措施来改善作业区域的通风和采光条件。近年来也有工程在试验使用日光光导管等技术将自然光导入盖下。

天童庄车辆段主要通过总平面布置方案的优化提高车间自然通风和采光条件。除上面提到的措施外，还利用移车台跨度大，无法设结构转换平台的条件，布置了面积约 1700m^2 的通风采光井。

第5章
站 场 设 计

5.1 概述
5.2 设计原则及技术标准
5.3 站场设计
5.4 站场设计对上盖物业的适应和影响
5.5 设计优化及创新

5.1 概述

天童庄车辆段站场设计初期主要关注了边界条件和场坪高程的确定,在满足规范要求的前提下,做到尽量节约用地,减小工程量。设计中注意了站场布置与普通轨道交通车辆段的区别,例如线间距需配合上盖柱跨;站场排水通道的重点也与无上盖的车辆段不同;盖下道路布置需配合上盖柱网;盖下功能区应与盖上功能区规划相互呼应,给上盖物业布置创造较好条件。

天童庄车辆段地面层的站场道路和排水由站场专业设计,盖上部分由建筑和给排水专业设计。

5.2 设计原则及技术标准

5.2.1 站场线路平纵面技术标准

(1)车场线最小曲线半径一般情况为150m,困难情况为110m;场内线路宜按平坡设计,困难条件下库外线可设在坡度不大于1.5‰的坡道上。

(2)车场线两相邻曲线间的夹直线长度不小于3m。

(3)车场线道岔基本轨端部至曲线端部的距离(不含轨距递减段)不宜小于3m。

(4)库内线路间最小间距应根据车库跨度确定,最小尺寸应符合《地铁设计规范》(GB 50157—2003)中的相关规定;库外设置交叉渡线两平行线的线间距对于7号道岔宜采用4.5m或5.0m。

(5)车辆段各进库线路,库前应设一段平直线路,其长度应大于平交道宽度。

5.2.2 出入段线平面与纵断面技术标准

(1)出入段线最小平面曲线半径不小于200m,困难条件不小于150m。

(2)出入段线圆曲线的最小长度不宜小于20m,困难情况下不得小于一个车辆的全轴距;两相邻曲线间的夹直线长度不宜小于20m,困难情况下不得小于一个车辆的全轴距。

(3)出入段线纵断面最大坡度不宜大于40‰;线路纵向坡段长度不宜小于远期列车计算长度。两相邻坡段的坡度代数差等于或大于2‰时,设竖曲线连接,半径为2000m。

(4)碎石道床地段竖曲线缓和曲线不得重合。

5.2.3 轨道技术标准

1)钢轨

车辆段内除出入段线、试车线采用与正线标准相同的60kg/m钢轨外,其他线路均采用50kg/m钢轨。钢轨标准轨长度为25m。60kg/m钢轨与50kg/m钢轨之间采用60~50kg/m异型轨连接。半径等于或小于200m的曲线地段的轨距应根据《地铁设计规范》(GB 50157—2003)第6.2.6条加宽。考虑减少振动噪声,试车线采用60kg/m无缝轨道以降低试车线噪声对上盖物业的影响。

2) 扣件

根据车辆段内采用道床、轨枕的不同,采用与之匹配的扣件。出入段线地面线、试车线及车场线碎石道床部分采用弹条Ⅰ型扣件;库内检查坑及整体道床地段采用50kg/m钢轨CZ-1型扣件。

3) 轨枕

出入段线地面段(不含U形槽段)试车线碎石道床及车场线碎石道床部分采用新Ⅱ型预应力混凝土枕。

4) 道床

出入段线地面段(不含U形槽段)试车线采用双层碎石道床,厚度0.25/0.20m;库外线路采用单层碎石道床,厚度0.25m,道床顶宽2.9m,道床边坡1:1.5。铺设无缝线路地段的有碴道床尺寸按相关标准执行。碎石道床材料应符合《铁路碎石道砟》(TB/T 2140—2008)的规定。

出入段线隧道、地下段及U形槽段、试车线检查坑地段、库内线路及工艺要求的部分线路采用整体道床。整体道床与碎石道床间设置道床弹性过渡段。

5) 道岔

道岔轨型应与相邻线路轨型保持一致。段内线路除试车线采用60kg/m 9号道岔外,其余采用50kg/m 7号道岔。

5.2.4 段内道路及排水技术标准

1) 道路

参照《铁路站场道路和排水设计规范》(TB 10066—2000),道路交叉口内边缘最小转弯半径为9m;其余道路平面最小圆曲线半径不小于30m,困难条件下不小于11m;平面转弯处不设超高和加宽。

主干道纵坡不大于6%,困难条件下不大于8%。

通段公路:按不低于Ⅲ级汽车道路标准进行修建,可参照市政道路标准设计。为满足消防车等大型车辆通过的要求,通段道路净空不小于5m。设计荷载:公路—Ⅰ级。

段内道路:按Ⅲ级汽车道路标准进行修建。道路净空不小于5m。设计荷载:公路—Ⅱ级。

段内主干道路面宽度为7.0m;次要干道路面宽度为4.0m。

路面采用沥青混凝土路面,并设置标志标线。

平交道设计采用橡胶道口并设置道口闸机。

2) 盖下排水

站场排水系统的设计,应使各种排水设备紧密结合,使汇水面至出水口的径路最短,并尽量顺直,综合考虑避让上盖柱网及其基础。尽量采用重力自流方式排水。对于高程太低无法通过自流直接排水的管沟等可集中设泵机械排水。特别注意需与盖上物业排水紧密结合,合并计算汇水量,在盖下周边位置设置主排水沟,承接盖下和盖上物业汇水。

纵向排水设备的纵坡,不应小于 2‰,横向排水设备的纵坡,不应小于 5‰,排水设备的横断面尺寸按 1/50 洪水频率的流量设计,设计降雨的重现期 T 应采用 50 年。排水沟槽根据需要加设钢格盖板。

5.2.5 站场边界范围的确定原则

通常车辆段用地为已规划地块、位于轨道交通线路两端,需测量现场可见的高压走廊(位置、塔高)、油气管道并收集相关资料、向区、市规划局(院)收集地块(含出入段线)周边规划河道、规划道路图纸、资料,根据相关安全距离规范确定车辆段最终边界范围。

1)高压走廊与车辆段的距离

由于上盖物业建筑高度较高,可达 15～100m,因此上跨车辆段的高压线需协调相关单位迁改,不存在车辆段与高压走廊的垂直距离;平行于车辆段地块的高压走廊则是重要的边界控制条件,以车辆段最外侧轨道路基边缘与高压走廊塔杆为接近条件,最小水平距离参考表 5-1。

架空送电线路与铁路、电车道水平距离　　表 5-1

接近物	接近条件		对应线路电压等级(kV)			
			110	220	330	500
铁路	杆(塔)外缘至路基边缘		交叉取 30m,平行取最高杆(塔)高加 3m			
电车道	杆(塔)外缘至路基边缘	开阔地区	交叉取 8m,平行取最高杆(塔)高			
		受限地区	5m	5m	6m	8m

注:详见《110kV～500kV 架空输电线路施工及验收规范》(GB 50233—2005)表 A.0.5。

通常上盖柱网及建筑物外廓线均大于车辆段外侧轨道外廓线,目前无规范规定各等级架空送电线路与建筑的水平接近距离或倒杆距离。与建筑的电磁兼容距离考虑参考导线对地面的最小距离见表 5-2。

架空送电线路与居民区垂直距离　　表 5-2

接近物	接近条件	对应线路电压等级(kV)			
		110	220	330	500
居民区	导线对地面最小距离	7m	7.5m	8.5m	14m

注:详见《110kV～500kV 架空送电线路施工及验收规范》(GB 50233—2005)表 A.0.1。

2)油气管道与车辆段的接近限界

车辆段和停车场一般位于城市郊区,常遇到原油或天然气主输送管线(或规划管线走廊),可参照《石油天然气工程设计防火规范》(GB 50183—2004)中管道与构筑物安全距离规定见表 5-3。

管径小于等于 DN200 天然气凝液集输管道与建(构)筑物水平距离　　表 5-3

接近物	接近条件	接近距离
居民区	地下敷设,非穿越	不小于 30m
重要建(构)筑物		不小于 30m
高速公路和一、二级公路		管道中线距公路用地界不小于 10m
三级及以下公路		管道中线距公路用地界不小于 5m
铁路		管道中线距铁路用地界不小于 10m

注:详见《石油天然气工程设计防火规范》(GB 50183—2004)第 7.2 条。

3）规划河道、规划道路与车辆段的距离

车辆段地块周边的河道道路不仅影响车辆段的边界控制条件,而且影响出入段线的定位和纵坡条件,因此落实地块周边河道、道路及其规划情况十分重要。

兴建轨道交通的城市通常经济发达,市政基础设施建设日新月异,道路规划通常含新建道路和改建扩宽道路甚至互通立交;除落实其用地宽度确定基地边界条件外还需落实道路高程,为出入段线设计提供依据。

河道规划因通常包含河道绿化带,因此均宽于即有河道,通常有单侧加宽或双侧加宽,需收集其资料来确定基地边界,必要时可通过与当地规划和水务管理部门协商修改规划。出入段线设计也需考虑规划河道宽度和河道的最高水位或河底高程。

5.2.6 场坪高程的确定原则

1）影响场坪设计高程的主要因素

设计考虑天童庄车辆段与综合基地路基高程时的依据主要来自以下方面:

(1)所在地块既有场地高程。

(2)地块周围河流 1/100 频率洪水位。

(3)周边公路主干道路肩高程。

(4)周边铁路路肩高程。

2）要因分析

(1)车辆段占据了蔡家岸村及东西两面的土地,用地面积约 38hm²。占地范围内除村落外,其余为农田和水塘,水系较发达。93% 的用地为农田和水塘,据测量,既有农田高程为 1.85～2.15m。

(2)根据宁波市水利水电规划设计研究院提供的《宁波市轨道交通 1 号线一期工程防洪影响评估报告》,紧邻场地北侧的后塘河百年一遇潮水位为 3.25m。

(3)根据《地铁设计规范》(GB 50157—2003)车辆段与综合基地章节规定:"沿海或江河附近的车辆段与综合基地的线路路肩设计高程不应小于 1/100 潮水位、波浪爬高值和安全高之和"。条文解释中"波浪爬高值"包括:河道卡口或建筑物造成的壅水、河湾水面超高,加波浪侵袭高或斜水流局部冲高,加河床淤积影响高度,并说明安全高通常采用 0.5m。

(4)车辆段南侧 500m 处有国铁北仑支线经过,其轨顶面高程为 4.1～4.5m,而附近北环线设计高程最低 5.03m。车辆段轨道高程应参考国铁轨顶高程设计。

3）分析路基填方,车辆段排水方案试算

通过多次与建设单位、总体设计单位、咨询单位及防洪评估单位评估及讨论,宁波轨道交通 1 号线天童庄车辆段最后采用百年一遇潮水位 + 安全高 0.5m。

根据设计场坪高程测算路基填方约为 $65×10^4 m^3$。

经试算,主雨水排水沟(含纵、横向)出口高程均高于附近河道常水位 0.3～1.8m,该高程下车辆段具有良好的自然排水条件,不需要设抽水泵房。

5.3 站场设计

5.3.1 出入段线方案

出入段线一般采用半径小于正线,且一般都是双线进入,入段处一般是 U 形槽或者双线桥,出入段线两侧线路与 U 形槽或双线桥之间需考虑桩网结构宽度。

若出入段线以隧道 +U 形槽入段,纵剖面上对上盖影响较小,若出入段线以桥梁方式接入车辆段,则还需上盖考虑桥高 + 接触网杆高与上盖的限界。

该工程前期可行性研究及初步设计,由于东环南路站以东为 1 号线二期工程,采用高架线或地下线方案未稳定,因此出入段地下隧道段采用明挖方案,埋深较浅。初步设计完成后,二期线路方案确定采用地下线敷设,因此出入段线隧道埋深可以加大,经研究讨论,大部分明挖段改为盾构施工。由于明挖施工线路最小半径可采用 200m,改为盾构施工后线路最小半径为 300m,使得出入段线向车辆段内推进 100m。

天童庄车辆段的出入段线在东环南路站接轨。站后采用交叉渡线将两条出入段线与正线连通,出入段线平面沿途避让楼房,宁川路桥台和东外环桥台基础。出入段线纵剖面连续下穿 1 号线下行正线、龙钟大河、东外环路后塘河、渡架桥江控制抗浮深度后紧坡爬升下穿通段道路后爬出地面,接入天童庄车辆段;出入段线长 1.147km,最小曲线半径 300m,最大坡度为 35‰,相应坡长为 452.86m,如图 5-1 所示。

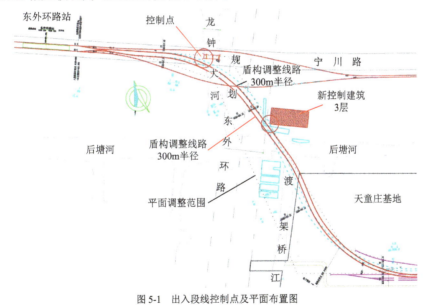

图 5-1 出入段线控制点及平面布置图

5.3.2 站场线路

天童庄车辆段线路布置如图 5-2 所示。

天童庄车辆段线路功能及布置说明详见本篇"1.3 总平面及竖向设计"。线路工程数量见表 5-4。

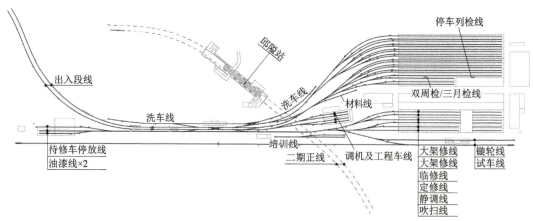

图 5-2 天童庄车辆段线路平面布置图

线 路 工 程 数 量

表 5-4

序号	工程名称				单位	数量	备注
1	铺钢轨及轨枕	60kg/m	混凝土枕	1680 根/km	km	1.65	含试车线
			整体道床			2.191	含出入段线
		50kg/m	混凝土枕	1680 根/km		5.285	
				1440 根/km		3.283	
			检查坑			3.478	
			整体道床				
			混凝土宽枕				
		合计				15.785	
		其中含异型轨	12.5m	50~60kg/m	对	3	
			6.25m	50~60kg/m			
2	铺道岔及岔枕	60kg/m	9号	单开	组	4	
			9号	交叉渡线		1	
		50kg/m	9号	单开			
				交叉渡线			
			7号	单开		41	
				交叉渡线		2	
		合计		单开		45	
				交叉渡线		3	
3	道砟		面砟		m³	13098	
			底砟			1479	
			合计			14577	
4	线路附属工程	平交道	路面宽 12m		m	240	采用橡胶道口
			路面宽 7m			56	采用橡胶道口
		车挡	滑动式车挡		座	2	
			库内车挡			34	
			库外车挡			4	

5.3.3 站场断面及土石方工程

天童庄车辆段站场横断面如图 5-3 所示。由于车辆段包含咽喉区在内整体上盖,盖下部分由于不需要考虑场地雨水排水,因此站场横断面不考虑横向排水坡。土石方工程数量见表 5-5。

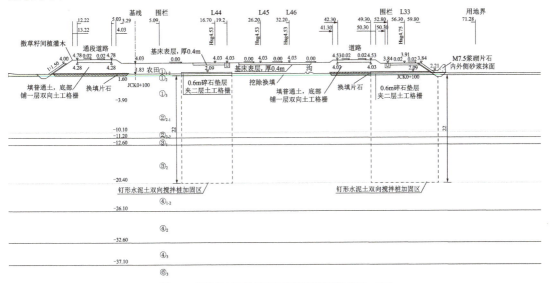

图 5-3 天童庄车辆段代表性路基横断面图(JCK0+100)

土石方工程数量   表 5-5

序 号	工程名称		单 位	数 量	备 注
1	土石方	A、B 组填料	m³	41514	
		普通土		594364	
		抛填片石		33372	
		合计		669250	
2	护坡	砂砾石垫层	m³	1986	
		M7.5 浆砌片石		8341	
3	征地拆迁	新征用地	hm²	38.3464	
		拆迁房屋	m²	24421	

5.3.4 站场道路

主、次通段公路从西侧东外环路引入,通段公路引入距离较短,可以充分利用市政道路节省投资。根据规划,车辆段北侧道路将与跨后塘河的市政道路接驳,完善区域道路交通。

道路交叉口内边缘最小转弯半径为 9m;其余道路平面最小圆曲线半径不小于 12m;平面转弯处不设超高和加宽。尽头式道路的端部应设有回车场或回车道,回车场最小平面尺寸,可根据汽车最小转弯半径和道路路面宽度确定。

主干道纵坡不大于 8%,桥头引道纵坡不宜大于 5%;经常通行自行车的段内道路纵坡,宜小于 2.5%,最大不应大于 3.5%。

通段公路和基地内道路均按站场道路Ⅲ级汽车道路标准和"公路—Ⅱ级"汽车荷载进

行设计。为满足消防车等大型车辆通过的要求,通段公路和基地内道路其净空都不小于5m。

主干道路面宽度为9.0m和7.0m;次要道路面宽度为4.0m。路面采用沥青混凝土路面。平交道设计采用橡胶铺面板道口。

5.3.5 站场排水

站场排水系统的设计,应使各种排水设备紧密结合,使汇水面至出水口的径路最短,并尽量顺直。尽量采用重力自流方式排水,对于高程太低无法通过自流直接排水的管沟等可集中设泵机械排水。站场纵向排水设备的纵坡不应小于0.002,横向排水设备的纵坡不应小于0.005,排水设备的断面尺寸按1/50洪水频率的流量设计。

纵向排水槽的底部宽度不小于0.4m,深度不宜大于1.2m,当深度大于1.2m时,其底部宽度应加宽至0.5～0.6m,且最大深度不宜大于1.5m。纵向排水槽起点深度不应小于0.3m,条件困难也不应小于0.2m。

横向排水槽底部宽度为0.4m、0.5m、0.6m时,相应的最大深度为1.2m、1.5m、2.0m,其起点深度不应小于0.5m。

站场排水工程数量见表5-6。

站场排水工程数量　　　　表5-6

工程名称			单位	数量	备注
排水工程	砟底式纵向排水槽	$b=0.4$　$h=0.6$	m	1193	采用图号:贰站（01）8011
		$b=0.6$　$h=0.6$			
	砟底式横向排水槽	$b=0.5$　$h=0.8$		495	
		$b=0.6$　$h=0.8$			
	公路排水槽	$b=0.6$　$h=0.8$		20	
		$b=0.8$　$h=0.8$			
	排水沟	$b=1.0$　$h=0.6$		1912	主排水沟
	排水涵	$b=1.5$　$h=1.0$			

5.4 站场设计对上盖物业的适应和影响

上盖的设计和建造对车辆段站场设计有直接的影响,且贯穿整个站场设计过程。

5.4.1 上盖物业对站场线路设计的影响

线群布置应考虑上盖物业开发条件:

天童庄车辆段以列车运用和检修作为主要任务,其盖下主要厂房为运用库和检修主厂房,若按普通无上盖车辆段设计,则以咽喉区轨道线束长度控制其位置,可将其错开布置,以缩短咽喉区长度。该工程考虑方便上盖建筑的规划布置,将运用库和检修主厂房对齐并列布置,使60%的上盖区域具有整块方正齐整的柱网区,为盖上物业规划设计提供了更好的条件。

站场咽喉区由于线路曲线较多、道岔较密集,柱网布置较为困难,有条件时,线路和道岔布置可根据建筑柱网的需要适当进行调整,留出柱位。

出入段线区域相比其他区域较狭窄,但配合试车线、洗车线、牵出线等站线布置规整,也可方便上盖柱网布置成较规整的区域。

原则上结构柱网需利用线路间的空地布置,并不得侵入限界。站场设计初始阶段就应由站场、限界、结构专业共同确定柱子截面标准尺寸、线路限界宽度和布跨宽度。转换结构的柱网跨度在 12.4(3.9+4.6+3.9)m 至 18.0(5.5+7.0+5.5)m 内较为经济。因此运用库和检修主厂房线路多按 2 线 1 跨布置,咽喉区股道线束也多以 2 线为 1 线束,对应库房布跨宽度,减低柱网布跨难度。

5.4.2 上盖物业开发对站场排水设计的影响

天童庄车辆段上盖的设计建造,将站场排水明显分为盖下和盖外两个部分(盖上物业排水由给排水专业考虑)。

1)盖下站场排水

车辆段整个站场均位于盖下,因此,盖下站场排水明显不同于普通站场,若按普通站场排水考虑,需设计施工路基面排水横坡,并且每 2~4 股道间设线间排水槽,站场咽喉道岔区需增加数条排水槽,且线间位置较窄,纵向排水槽极易与咽喉区柱网位置重合,布置非常困难。同时,计算盖下站场汇水仅有消防洒水、清洗用水及上盖沉降缝漏水,汇水量极少,因此盖下站场排水仅在盖板沉降缝附近设置数条横向排水槽即可。

2)盖外站场排水

盖外区域主要为上盖周边露天路堤边坡部分,宽 3~5m,高 2~3m,均用浆砌片石封闭,本身汇水量极少,主要承接盖上物业雨水汇水。盖上物业雨水收集后,汇往数个排水出口,顺最外侧柱网通过管道排往盖外路堤边坡,需站场和给排水合并计算汇水量,最终确定路堤边坡坡脚上主雨水排水沟截面尺寸,在路堤边坡坡脚设置主排水沟,沟宽 0.8~1.2m。

5.4.3 上盖车辆段对场区道路的影响

天童庄车辆段除了普通车辆段的场区道路和通段道路外,还有通盖上物业的通道。

通段道路除考虑车辆段车流外还需考虑盖上物业车流量,标准适当提高,并预留市政管网通道。

场区道路按《铁路站场道路和排水设计规范》(TB 10066—2000)规定选用,不超过以下标准:主干道宽度 7.0m,次要道路宽度 4.0m。道路弯道段及交叉口由于内圆的原因,宽于道路其他部分,易与结构柱网冲突,应调整道路弯道或交叉口位于柱网较大空隙处,以便于上盖结构布跨。盖下道路由于柱网密集,视线不佳,弯道和交叉口处应布设反光镜及减速带,道路标志标线清晰明确。

通上盖道路需考虑与盖下道路隔离,盖上盖下出入口门禁区分或位置分开。通上盖道路通常以公路桥的方式连接,坡度一般不大于 6%,需注意桥墩基础与结构柱网基础的位置,桥梁外廓尺寸与上盖外廓尺寸之间的间距,特别是桥梁与上盖接口附近位置。

5.5 设计优化及创新

5.5.1 站场设计前期较好规划用地

前期根据宁波市规划局预留控制地块位置与接轨车站的相对位置，接轨站与场坪相对高程，考虑出入段线的位置与车辆段相对位置，才能进行站场布置，由于该工程具有上盖区域，厂前区大部分位于车辆段盖上，大大节约用地规模。

5.5.2 站场设计过程中与上盖结构、给排水专业密切配合

站场设计过程中，需要与其他专业紧密配合，调整符合上盖特点的站场布置。除前期与工艺、建筑等专业配合外，设计过程中还需与道路、结构、桥梁、给排水、综合管线专业紧密配合，解决设计过程中的各项问题。

5.5.3 解决出入段线紧坡问题

出入段线规范规定限坡35‰，该车辆段出入段线由于采用盾构施工，抗浮埋深较深，下穿3条河道和3条道路，末端使用紧坡爬出地面。施工过程中，由于出入段线均位于河网稻田软基地段，盾构误差主要表现在高程下沉，由于设计使用紧坡，未能预留施工误差，因此，需盾构纠偏。如若出入段线平纵条件较好，不必用到紧坡则可为施工预留误差，降低施工难度。

第6章
路基及软基处理设计

6.1 概述
6.2 软基加固范围及设计标准
6.3 工程地质条件
6.4 地基加固处理方案
6.5 地基加固处理设计
6.6 施工过程及效果检验
6.7 设计优化及创新

6.1 概述

天童庄车辆段路基设计主要内容为软土地基加固处理,其他还包括部分路基挡墙等边坡防护工程。

宁波软土具有以下典型特征:典型的软土厚度大于25m,颜色为灰色或深灰色,软塑~流塑状态。天然含水率高(34%～58%),土体几乎完全饱和(饱和度均大于94%),$\omega>\omega_L$,$I_L>1$,呈流塑状态,快剪强度指标φ(内摩擦角)=1.1°～5.9°,c(黏聚力)=3.0～7.6kPa;固结快剪强度指标φ=14.7°～25.4°,c=3.0～8.0kPa;塑性指数I_p高达26.4,液限36.1%～45.2%,平均值为41.0%,液限指数1.02～1.94;压缩系数均值为0.76,压缩模量均值为2.87MPa,属于高压缩性软土;抗剪强度低,黏聚力c和内摩擦角φ离散性较大;渗透系数在10^{-8}cm/s数量级内;水平向固结系数2.48×10^{-4}～5.78×10^{-4}cm²/s;竖向固结2.32×10^{-4}～3.8×10^{-4}cm²/s;无侧限抗压强度为11.3～28.0kPa;灵敏度为1.3～5.0。垂直方向渗透系数均值为2.12×10^{-7}cm/s,水平向渗透系数均值为3.94×10^{-7}cm/s,水平向渗透系数大于垂直方向渗透系数。

与其他地区软土相比,宁波软土与国内外软土具有异同性。相同点是软土普遍具有天然含水率高、压缩性大、强度低、渗透性差等特点,不同之处在于宁波软土的抗剪强度指标变化范围大,这一点与温州软土具有相似性。另外,宁波软土工程地质性质往往劣于北部的天津、上海软土,而优于南部的温州、湛江、广州软土。

宁波软土具有典型的海绵结构和层理结构,这主要是由于宁波的地理位置(东海之滨,杭州湾南岸,甬江、姚江和奉化江三江交汇口)和软土地质成因(自第四纪中期开始,在多次海陆变迁历史中,堆积的一套由陆相到海陆交互相的松散沉积物,成因有海积、冲海积、滨海沼泽相沉积)所决定的。土层分布在垂向上分选性明显。从灵敏度方面看,宁波软土为3～5,中等灵敏度,属灵敏性土。据研究,宁波软土严重受扰动后强度可降低70%～80%,因此,施工过程中应尽量避免扰动。另外,宁波软土的应力、应变状态,还具有随时间而变化的性质,即流变性,经长期变形破坏的土体,其抗剪强度仅为一般抗剪强度的40%～50%。

宁波轨道交通1号线一期工程天童庄车辆段碎石道床,要求工后沉降≤200mm。根据勘探资料,拟建场地中上部主要以海相淤泥质软土或软土为主,厚度20～40m,局部夹厚度1.5～5.0m的冲海相粉、砂土;场地中部主要以海相软塑状粉质黏土为主,厚度2～25m;场地下部则以性质较好、厚度较大的硬塑状粉质黏土层和砂层、砂砾层为主。为满足道床沉降要求,软土地基采用钉形水泥土搅拌桩加固。设计要求复合地基承载力:$f_{ak}\geq120$kPa。经计算,钉形搅拌桩采用扩大段直径1000mm,长5m,下部一般段直径500mm,长17m,加固深度22m,桩间距1.8m,正三角形布置。

钉形双向搅拌桩由于桩身强度大幅度提高及桩身结构合理,与常规水泥土搅拌桩相比复合效果更佳。由于桩间距较普通水泥搅拌桩有较大的增加,总桩数大大减少,有利于缩短工期。从天童庄地基加固地基加固的工程实例看,其综合经济效益比常规水泥土搅拌桩节省投资约 25%,施工工期缩短,彰显了良好的经济效益和社会效益。

6.2 软基加固范围及设计标准

根据详勘地质资料揭示,天童庄车辆段天然地基土承载力仅为 65 ~ 115kPa。按单向压缩分层总和法计算,填土高度为 2.5m 时,地面以下 30m 土层天然地基总沉降量达到 51.5cm,满足不了上部轨道结构对地基稳定和变形的要求,因此,需对车辆基地地基进行加固处理。

6.2.1 车辆段软基加固处理范围

1)库内外碎石道床

包括库外咽喉区、试车线、镟轮线、待修车线、洗车线、牵出线、实训线路等,预留停车线一并处理。

2)库内外整体道床(及过渡段)

包括检修主厂房内所有线路、运用库内列检线及月检线、试车线检查坑、镟轮库内线路、调机工程车库线、材料装卸线、洗车棚内线路、轮对检测库内线路等,预留列检线一并处理。

3)房屋及大型设备基础

包括所有房屋、架车机、转向架静载试验台、移车台、物资库货架等大型设备基础范围内预加固。

4)硬化地坪

包括所有道路、室外硬化地坪、室内地坪(含股道间、设备间地坪等)。

6.2.2 设计标准

1)列车及轨道荷载标准

列车荷载采用地铁 B 型车最大轴重 140kN,轨道及列车荷载换算土柱高度及分布宽度按《铁路路基设计规范》(TB 10001—2005)和《地铁设计规范》(GB 50157—2003)Ⅱ级铁路轻型轨道执行。

2)沉降控制标准

碎石道床工后沉降≤ 200mm;整体道床工后沉降控制标准:均匀沉降≤ 30mm,不均匀沉降≤ 20mm/20m;整体道床与碎石道床衔接处设置过渡段,长 10 ~ 20m,工后沉降≤ 150mm。

6.3 工程地质条件

6.3.1 段址地貌

根据场地微地貌特征,场地可划分为鱼塘河涌区(图中蓝色区)、居住区(图中黄色区)、工厂区(图中灰色区域)、水田及菜地区(图中绿色区),如图 6-1 所示。

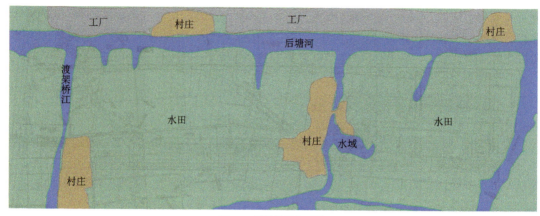

图 6-1 段址地貌分区图

6.3.2 地层岩性及地基土的物理力学性质

1) 天童庄车辆段代表性地质钻孔断面

天童庄车辆段代表性地质钻孔断面如图 6-2 所示。

地层结构和物理力学性质如下：

①$_{1-4}$ 层耕土，结构松散，一般厚度 0.5~0.6m，不宜作为一般建（构）筑物的天然地基持力层。

①$_2$ 层黄灰色黏土，俗称"硬壳层"，可塑，中压缩性，一般厚度 0.4~2.7m，层顶埋深为 0.5~2.9m，层顶高程为 2.12~-0.41m，可作为一般低层建（构）筑物的天然地基持力层。

①$_3$ 层灰色淤泥质粉质黏土，呈流塑状，高压缩性，高灵敏度，一般厚度 1.5~9.6m，层顶埋深为 1.2~6.2m，层顶高程为 1.42~-9.61m，是场地主要软弱土层之一。

②$_{2-1}$ 层灰色淤泥，呈流塑状，高压缩性，高灵敏度，一般厚度 2.0~13.3m，层位起伏较大，层顶埋深为 1.2~8.5m，层顶高程为 0.92~-5.50m。

②$_{2-2}$ 层灰色淤泥质黏土，呈流塑状，高压缩性，高灵敏度，一般厚度 1.0~12.5m，层位起伏较大，层顶埋深为 1.4~15.3m，层顶高程为 -0.81~-12.49m。

①$_3$ 层、②$_{2-1}$ 层、②$_{2-2}$ 层是本场地第一软弱层。

③$_1$ 层灰色粉砂，稍密~中密，中压缩性，一般厚度为 0.6~8.4m，层位起伏较大，层顶埋深为 11.0~20.2m，层顶高程为 -7.72~-16.92m。

③$_2$ 层灰色粉质黏土夹粉砂，呈软塑状，中压缩性，一般厚度为 0.8~10.0m，层位起伏较大，层顶埋深为 6.5~23.5m，层顶高程为 -9.75~-20.22m。

④$_1$ 层灰色粉质黏土，呈流塑~软塑状，高压缩性，局部为淤泥质土，灵敏度高，一般厚度为 2.2~15.0m，层位起伏较大，层顶埋深为 12.0~27.3m，层顶高程为 -9.97~-23.72m。

④$_2$ 层灰色黏土，呈软塑状，高压缩性，灵敏度高，一般厚度为 0.9~16.7m，层位起伏较大，层顶埋深为 16.0~37.5m，层顶高程为 -13.15~-35.07m。

⑤$_1$ 层暗绿、草黄色黏土，呈硬可塑状，中压缩性，一般厚度为 1.4~16.3m，层位起伏较大，层顶埋深为 1.0~37.9m，层顶高程为 -14.21~-35.00m。

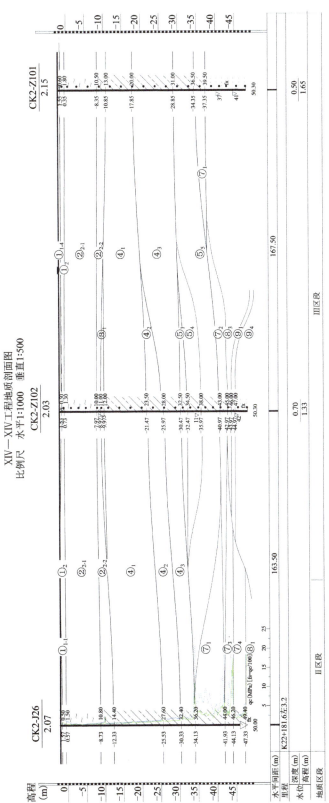

图 6-2 代表性地质钻孔断面

⑤₂层黄色粉质黏土，呈可塑状，中压缩性，一般厚度为 1.0～12.9m，层位起伏较大，层顶埋深为 18.8～41.2m，层顶高程为 -16.82～-40.19m。

⑤₃层灰黄色砂质粉土，以中密状态为主，中压缩性，一般厚度为 1.0～17.0m，层位起伏较大，层顶埋深为 6.5～39.0m，层顶高程为 -19.39～-36.25m。

⑤₄层灰色黏土，呈软塑状，中压缩性，一般厚度为 3.5～13.5m，层位起伏较大，层顶埋深为 27.5～34.5m，层顶高程为 -25.48～-32.47m。

⑤₅层灰黄色粉质黏土，以可塑为主，中压缩性，一般厚度为 1.5～10.2m，层位起伏较大，层顶埋深为 14.5～40.1m，层顶高程为 -21.21～-36.92m。

⑤层可为可塑状或硬塑状黏性土和中密的粉土为主，俗称黄色硬土层，是本场地良好的桩端持力层。

2）地基土层主要物理力学性质指标

地基土层主要物理力学性质指标见表 6-1。

地基土层主要物理力学性质指标　　　　　　　　　　　　　　表 6-1

层号	名称	平均层厚(m)	含水率 w(%)	重度 γ(kN/m³)	孔隙比 e_0	液限 w_L(%)	塑限 w_P(%)	剪切试验 q C(kPa)	φ(°)	剪切试验 C(kPa)	φ(°)	天然压缩试验 a_{1-2}(MPa⁻¹)	E_s(MPa)	承载力 f_{ak}(kPa)
①2	黏土	1.04	32.4	18.0	0.941	42.0	23.4	29	8.7	21	12.9	0.43	4.4	85
①3	淤泥质黏土	4.08	43.7	17.4	1.206	37.4	21.6	15	10.6	12	15.2	0.78	2.8	65
②2-1	淤泥	8.52	52.7	17.3	1.490	44.7	24.7	13	8.5	11	10.6	1.12	2.2	50
②2-2	淤泥质黏土	3.71	45.4	17.6	1.376	37.9	21.2	17	10.2	13	11.4	0.88	2.5	65
③2	粉质黏土夹粉砂	7.25	30.0	17.9	0.860	28.2	17.4	20	18.4	19	19.5	0.40	4.73	85
④1	粉质黏土	7.51	32.2	18.4	0.939	30.8	18.2	21	13.4	17	16.7	0.44	4.44	80
④2	黏土	2.78	41.3	18.6	1.200	42.6	23.0	17	7.5	16	12.2	0.60	3.59	80
④3	粉质黏土	4.94	33.9	18.5	0.993	34.2	19.7	20	11.5	19	16.2	0.52	3.91	80
⑤1	黏土	7.60	28.8		0.769	38.7	22.3			46	14.1	0.26	7.13	190
⑤2	粉质黏土	6.48	18.9		0.819	35.0	20.1			45	14.8	0.25	7.23	190
⑤3	砂质粉土	3.05	18.5	19.5	0.888	29.0	22.2	8	26.1	7	29.5	0.22	8.40	105

典型地层 e-p 曲线如图 6-3 所示。

3）初勘及详勘报告的建议内容

场地地基土类型为软弱场地土，场地类别为Ⅳ类，抗震设防烈度为 6 度，设计基本地震加速度为 $0.05g$，所属的设计地震分组为一组，处于抗震不利地段。

如图 6-4 所示，地面下 20.0m 深度范围内分布有③₁层粉砂，判定为不液化土层。场地中软土层主要分布在地表面至 20m 深度范围内，需要处理的土层主要为①₃、②₂₋₁和②₂₋₂层灰色淤泥及灰色淤泥质黏土层，软土承载力低于 65kPa，压缩模量低于为 2.8MPa。地基表层为软弱土层，其静力触探比贯入阻力 P_s 值小于 1MPa，加固后地基承载力应满足其上部荷载的要求。

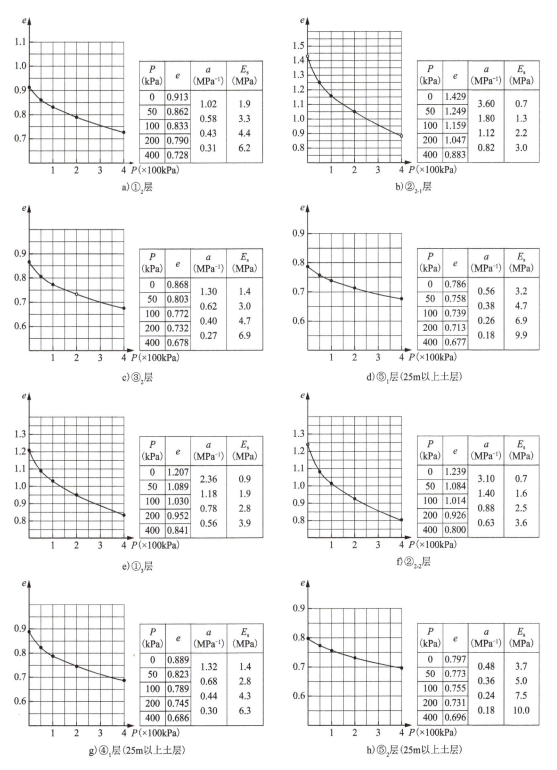

图 6-3 典型地层 e-p 曲线图

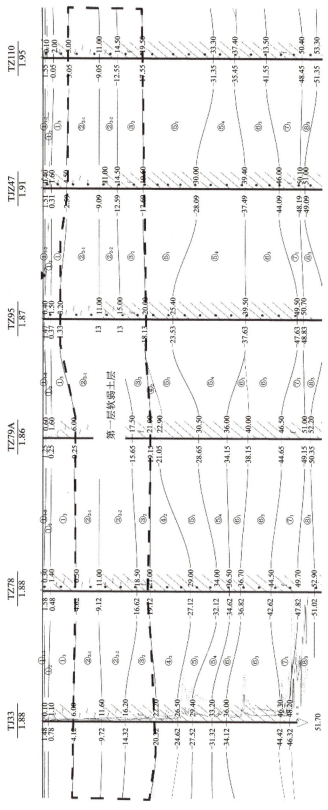

图 6-4 天童庄车辆段代表断面地质剖面图

该工程可能采用天然地基持力层的建（构）筑物为天童庄车辆段内的地面线路和附属辅助用房。

地面线路可选用①$_2$层黄灰色黏土作为天然地基持力层，应进行沉降验算，如不能满足沉降验算需采取相应的地基处理措施，如采用碎石桩、砂桩以及沉降控制复合桩等。

司机公寓、车辆段办公楼、食堂与培训中心、物资总库、信号楼、综合维修楼、综合维修车间、综合备品库、变配电站及其他辅助用房均为多层建筑物，可选用①$_2$层黄灰色黏土作为天然地基持力层，如不能满足沉降验算时需采取相应的地基处理措施，如采用碎石桩、砂桩或采用沉降控制复合桩基等，也可采用桩基础。

停车列检库由于跨度较大，对沉降要求较高，①$_2$层黄灰色黏土能满足地基持力层承载力要求，但需注意到其下卧为深厚层具高压缩性的软弱土层，如不能满足沉降验算，建议采用桩基础。

在方案会审、论证中，充分考虑到车辆段内车速较小，动荷载略弱，相对来说产生的附加应力不大，结合地层中 20～40m 土层力学性质稍好的地质情况，拟对 20m 以内土层承载力进行改善，具体加固深度根据计算确定。

6.4 地基加固处理方案

6.4.1 软基处理区划分

根据上部规划和使用功能，结合场地地层条件，将整个场区划分为 4 个软基处理分区，如图 6-5 所示。

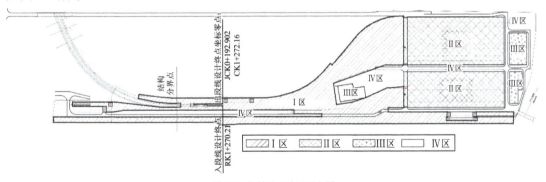

图 6-5 软基处理分区示意图

各分区布置和使用功能见表 6-2。

按地面使用功能划分软基处理分区　　　　表 6-2

分区	既有地貌	上部规划使用功能	地基沉降要求	可选方案
Ⅰ	农田、菜地、鱼塘河涌区	库内外碎石道床：含库外咽喉区、试车线、镟轮线、待修车线、洗车线、牵出线、实训线路等	工后沉降要求不大于 200mm	水泥搅拌桩、CFG 桩、真空预压、高压旋喷桩等
Ⅱ	农田、菜地	库内外整体道床（及过渡段）：含检修主厂房内所有线路、运用库内列检线及月检线、试车线检查坑、镟轮库内线路、调机工程车库线、材料装卸线、洗车棚内线路、轮对检测库内线路等	工后沉降要求不大于 20mm	PTC 桩网结构、PHC 桩板整体结构、PHC 局部桩板结构

续上表

分区	既有地貌	上部规划使用功能	地基沉降要求	可选方案
Ⅲ	农田、菜地	房屋及大型设备基础;含检修主厂房、运用库、物资总库、维修车间、材料棚、调机工程库、办公及生活用房、单层砖混房屋	物资总库地面荷载为100kPa,要求货架基础不均匀沉降小于1/1000	PTC桩网结构、PHC桩板整体结构、PHC局部桩板结构
Ⅳ	道路、硬化场地	包括所有道路、室外硬化地坪、室内地坪(含股道间、设备间地坪等),以及部分库外碎石道床区	工后沉降要求不大于200mm(碎石道床)	换填片石、土工格栅

6.4.2 软基处理方案的选择

软基加固常用的处治措施有砂桩、碎石桩、水泥搅拌桩、CFG桩、真空预压、堆载预压、高压旋喷桩、预应力混凝土管桩和EPS轻质路基等,各种处理方式的取舍主要取决于路线所处地区、处治路段的地质水文情况、当地的成功经验以及处理方案的经济性等。

确定方案后,结合各阶段地质勘察成果,对计算采用的岩土参数及时复算校正,如变化较大,应及时进行修改、校核;根据实际地质情况进行调整,对所采用的方案进行优化,最终确定技术上可行、经济上合理,同时也考虑到工期、工艺的配合与衔接的最优方案。

经调查,天童庄车辆段西侧东外环路施工设计路基加固采用水泥搅拌桩处理,桩长采用14m,间距1.3m,正三角形布置。天童庄车辆段附近宁波铁路枢纽北环线初步设计邱隘车站软基处理采用水泥搅拌桩加固,桩长17m,间距1.4m,正三角形布置。

该地区采用水泥搅拌桩加固软基较多,加固深度8～10m,处理效果比较理想;加固深度10～12m时,处理效果一般;当加固深度大于12m时,则要求多向搅拌来保证施工质量,必要时掺砂形成水泥砂桩,处理后也可以达到预期效果。

1)库内外碎石道床区

《地铁设计规范》(GB 50157—2003)及《铁路路基规范》(GB 10001—2005)碎石道床要求工后沉降不小于300mm,因天童庄上盖物业完成后,咽喉区和停车区均在库内,上盖物业桩基间距较小,路基沉降引起的检修作业很不方便,为减少因路基沉降引起的检修次数,确定工后沉降不小于200mm。可采用的加固处理的措施一般有真空加载排水固结+路堤自重预压法、水泥搅拌桩、旋喷桩、CFG桩等,根据目前工程造价,并考虑各桩型附属工程如桩帽等,对主要可选进行技术经济比较见表6-3。

碎石道床区加固方案比较　　　　表6-3

项　　目	真空预压法	水泥深层搅拌桩	高压旋喷桩	CFG桩
处理效果	用于碎石道床区大面积形状近呈方形的深厚软土地基,可满足稳定性及沉降要求	用于碎石道床区深层软基加固(桩长一般不超过20m),可满足稳定性及沉降要求	用于碎石道床区深层软基加固(桩长可超过20m),满足稳定性及沉降要求	用于碎石道床区深层软基加固(桩长一般不超过20m),可满足稳定性及沉降要求
机具设备要求	需要成套真空设备及连续不间断电源	要求机具简单	要求机具较简单	要求机具较简单
施工工期	预压时间需要3～6个月	施工进度较快	施工进度较快	施工进度较快
施工工艺难度	施工工艺较复杂 需做试验段	工艺成熟,施工难度小	工艺成熟,施工难度小	工艺成熟,施工难度较小
综合单价(元/m²)	350	498	1230	800

经综合比较,包括运用库内停车线、库外咽喉区、试车线、镟轮线、待修车线、洗车线、牵出线、实训线路等库内外碎石道床,采用水泥深层搅拌桩复合地基加固措施,对软基进行加固处理较为经济、合理。

2)库内外整体道床与碎石道床过渡段

出入段线U形槽与地面线过渡段路基,以及段内整体道床和碎石道床过渡段路基地段,对应上部结构由刚性基础向半刚性复合地基平顺过渡,可采用的加固处理的措施一般有水泥搅拌桩(改进工艺的桩型)、旋喷桩、CFG桩、成孔灌注混凝土桩等,根据工程造价,并考虑各桩型附属工程如桩帽等,在路堤填土高度为3~8m的情况下,按加固面积为100m²计算见表6-4。

预应力管桩与类似桩型加固地基经济比较　　　　表6-4

加固软土深度(m)	预应力管桩(桩间距2.5m)			多向水泥搅拌桩(桩间距1.2m)		旋喷桩(桩间距1.2m)		CFG桩(桩间距1.6m)			成孔灌注桩(桩间距2.5m)		
	设计桩长(m)	钢筋混凝土桩帽(m^3)	合计造价(元)	设计桩长(m)	与管桩造价比	设计桩长(m)	与管桩造价比	设计桩长(m)	混凝土桩帽(m^3)	与管桩造价比	设计桩长(m)	钢筋混凝土桩帽(m^3)	与管桩造价比
15	20	15.6	66429	15.5	1.17	15.5	2.09	16	13.3	0.85	20	15.6	2.58
16	21	15.6	68843	16.5	1.20	16.5	2.14	17	13.3	0.87	21	15.6	2.60
17	22	15.6	71257	17.5	1.23	17.5	2.20	18	13.3	0.89	22	15.6	2.62
18	23	15.6	73671	18.5	1.26	18.5	2.25	19	13.3	0.90	23	15.6	2.64
19	24	15.6	76085	19.5	1.29	19.5	2.29	20	13.3	0.92	24	15.6	2.66
20	25	15.6	78499	20.5	1.31	20.5	2.34	21	13.3	0.93	25	15.6	2.67
21	26	15.6	80914	不宜采用		21.5	2.38	22	13.3	0.94	26	15.6	2.69
22	27	15.6	83328			22.5	2.42	23	13.3	0.96	27	15.6	2.70
23	28	15.6	85742			23.5	2.45	24	13.3	0.97	28	15.6	2.71
24	29	15.6	88156			24.5	2.49	25	13.3	0.98	29	15.6	2.73
25	30	15.6	90570			25.5	2.52	26	13.3	0.99	30	15.6	2.74
26	31	15.6	92984			26.5	2.55	27	13.3	1.00	31	15.6	2.75
27	32	15.6	95398			27.5	2.58	28	13.3	1.01	32	15.6	2.76
28	33	15.6	97812			28.5	2.61	29	13.3	1.02	33	15.6	2.77
29	34	15.6	100227			29.5	2.63	30	13.3	1.02	34	15.6	2.78
30	35	15.6	102641			30.5	2.66	31	13.3	1.03	35	15.6	2.79

综上所知,旋喷桩、成孔灌注混凝土桩造价均远高于预应力管桩,毫无经济优势可言;多向搅拌水泥搅拌桩造价也略高于预应力管桩;CFG桩在持力层为硬塑状粉质黏土或全风化土层条件下,加固深度超过26m时造价高于预应力管桩,当持力层承载力较高时,CFG桩在经济上基本没有优势。采用预应力管桩加固地基经济优势比较明显。故考虑采用预应力管桩+桩帽+双向土工格栅处理,处理深度35m。

3)各分区软基加固方案确定

根据上部规划和使用功能,同时也考虑到工期、工艺的配合与衔接,结合场地地层条件,经技术、经济比较,天童庄车辆段内碎石道床区及部分道路采用水泥土搅拌桩加固;库内外整体道床区,采用PHC桩板结构处理;过渡段采用PHC桩网结构加固;场区道路和室外硬化场坪区根据地质条件及地表情况分别采用冲击碾压、换填片石或水泥土搅拌桩加固。

6.4.3 方案优化

水泥土搅拌桩法作为一种常用的软弱地基处理方法,具有施工简单、快速、振动小等优点,能有效地提高软土地基的稳定性,减少和控制沉降量。在具备较多优越性的同时,在应用过程中也暴露出以下弊端:

(1) 水泥土搅拌桩桩体掺入量达不到设计要求。

(2) 水泥土难以搅拌均匀,上部强度较高,而下部强度较低,水泥土芯样存在成块的土团和水泥浆凝固体,成桩质量难以保证。

(3) 桩土共同作用难以协调,需要在桩顶设置垫层或土工织物加筋层。

(4) 桩间距较小,既破坏了土体的天然结构,又导致造价较高。

由东南大学岩土工程研究所发明的变径水泥土搅拌桩较好地解决了水泥土搅拌桩在实际工程应用中所出现的问题。根据处理的需要,可以对其桩身任意部位进行变径。对比一般水泥搅拌桩,钉形水泥土双向搅拌桩具有以下优点:

(1) 钉形搅拌桩采用双向搅拌工艺和自动伸缩叶片,施工连续、一次成桩,成桩整体性好,施工工效高,可操作性强。

(2) 钉形搅拌桩在水平向和竖直向的搅拌均匀性较常规搅拌桩有根本性改善,特别是能有效保证下部桩体的搅拌均匀性和成桩质量。

(3) 钉形搅拌桩桩身强度有显著提高,特别是深部桩身强度与上部基本一致,因而单桩承载力有大幅度提高,与同桩径的常规搅拌桩相比,单桩承载力成倍提高。

(4) 钉形搅拌桩复合地基由于扩大头的钉形锚固作用,保证了桩体和地基土的协调变形,复合地基承载力较常规搅拌桩复合地基明显提高,有效地减少了地基沉降和水平位移,提高了地基稳定性。

(5) 钉形搅拌桩充分利用了地基应力传递规律,通过改变置换率来适应附加应力的传递,钉形搅拌桩在复合地基上部承担了更大比例的荷载,减少了桩间土体荷载承担比例,有利于减少复合地基沉降,提高了复合地基的加固效果。

(6) 钉形搅拌桩克服了传统水泥搅拌桩的不足,并可显著地节省工程造价,节省幅度与桩长、桩径、扩大头高度、桩间距等有关。钉形搅拌桩特别适用于厚度在 20m 左右软土地基的加固处理,不仅具有良好的加固效果,且经济效益显著。

钉形水泥土双向搅拌桩是指在水泥土搅拌桩成桩过程中,由动力系统分别带动安装在同心钻杆上的内、外两组搅拌叶片同时正、反向旋转搅拌,通过搅拌叶片的伸缩使桩身上部截面扩大而形成的类似钉子形状的水泥土搅拌桩。

双向搅拌工艺采用同心双轴钻杆,在内钻杆上设置正向旋转叶片并设置喷浆口,在外钻杆上安装反向旋转叶片(图 6-6),通过外杆上叶片反向旋转过程中的压浆作用和正

a)   b)

图 6-6 钉形桩施工机械

反向旋转叶片同时双向搅拌水泥土的作用,阻断水泥浆上冒途径,把水泥浆控制在两组叶片之间,保证水泥浆在桩体中均匀分布和搅拌均匀,确保成桩质量的施工方法。

在某一深度范围内,有特别软弱的土层、滑动面的范围较大,为更经济合理地利用钉形桩而增大桩身的强度,其扩大头高度可据特殊土层厚度适度加长;扩大头的位置也可根据土层条件随意变化。

方案优化后,天童庄车辆段水泥土搅拌桩全部采用钉形混凝土双向搅拌桩,减少了搅拌桩的数量,压缩了工期,节省了投资,加固效果如图6-7所示。

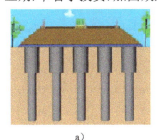
a)

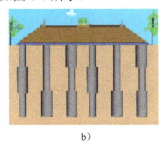
b)

图6-7　钉形桩加固效果图

6.5 地基加固处理设计

6.5.1 钉形水泥土双向搅拌桩复合地基设计

1)复合地基设计荷载

荷载按土质路基等效换算,宽度3.3m,换算土柱高为2.23m。填土高度按3.0m,重度 $\gamma=20kN/m^3$,设计要求复合地基承载力:$f_{ak} \geq 101.9kPa$。考虑动荷载,取 $f_{ak}=120kPa$。

2)钉形水泥土双向搅拌桩设计参数

钉形搅拌桩设计采用扩大段直径1000mm,长5m,下部一般段直径500mm,长17~22m,总加固深度22~25m,桩间距1.8m,正三角形布置。

掺灰量不小于被加固土体质量的15%,采用P.O42.5级普通硅酸盐水泥,水灰比为0.5~0.6。

3)上覆垫层设计

钉形水泥土双向搅拌桩经质量检验合格后,桩顶设置厚0.6m碎石垫层夹二层双向50kN/m土工格栅。碎石垫层最大粒径不得大于30mm,含泥量不得大于5%,且不含草根、垃圾等杂质,碎石垫层碾压满足地基系数 $K_{30} \geq 120MPa/m$,孔隙率小于31%的要求。土工格栅为聚丙烯双向土工格栅,幅宽不小于5.0m,网孔直径80~120mm,纵、横向屈服抗拉强度 $\geq 50kN/m$,对应纵、横向伸长率≤10%。铺设土工格栅时,必须拉直拉平,幅与幅之间要对齐对好。为了保证复合地基结构质量,土工格栅必须耐碎石挤压,不得在填筑碾压垫层时出现折断。

4)加固效果检算

加固后,复合地基承载力 $\sigma_{sp}=159.82kPa > f_{ak}=120kPa$,满足上部列车及轨道荷载要求;稳定计算,$F_s=1.4329$,满足规范要求的时速小于120km/s时,$F_s \geq 1.20$ 的要求;工后沉降

S_τ=123mm＜200mm，满足上部结构对地基工后沉降的要求。

5) 钉形水泥土搅拌桩平面布置、填土剖面图

钉形水泥土搅拌桩平面布置、填土剖面图如图6-8所示。

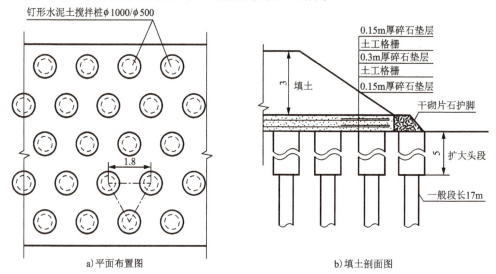

图6-8　钉形水泥土搅拌桩布置平面及剖面图(尺寸单位：m)

6) 工程数量

库外碎石道床区（含库外咽喉区、试车线、镟轮线、待修车线、洗车线、牵出线、实训线路等）、道路经河道区，采用钉形水泥土双向搅拌桩加固。加固面积约70000m²，钉形桩ϕ1000mm扩大桩头段总长125100m，ϕ500mm下部桩总长475600m。

6.5.2　PHC桩网结构设计

整体道床和碎石道床过渡段采用PHC桩网结构加固。桩网结构由PHC桩和桩帽及上部加筋垫层共同组成。

1) 技术要求

（1）PHC桩采用C60预应力混凝土管桩，桩径0.5m，正方形布置，桩间距2.5m，桩长为30～48m。

（2）PHC桩采用静压法施工。

（3）桩顶设置C35钢筋混凝土正方形桩帽，边长为1.6m，厚度0.35m。桩帽须在PHC桩经检验合格后方能施工。

（4）桩帽混凝土强度达到设计值85%以上后，顶上填筑厚0.6m碎石垫层夹二层双向80kN/m土工格栅。

PHC桩网结构平面布置、剖面图如图6-9、图6-10所示。

2) PHC桩质量检测

（1）桩身完整性检测

管桩的桩身完整性检测应采用低应变动测法，其检测要求按有关规程执行，抽检数量不应少于总桩数的20%，且不得少于3根。

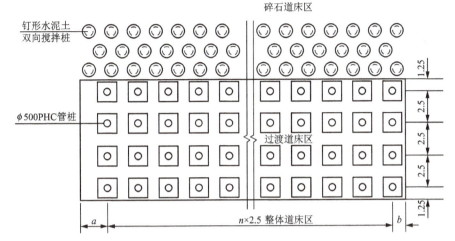

图 6-9　过渡段 PHC 桩网结构平面布置图(尺寸单位:m)

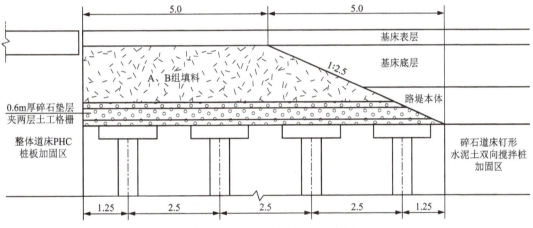

图 6-10　过渡段 PHC 桩网结构剖面图(尺寸单位:m)

(2)单桩竖向承载力

应采用静载荷试验及高应变动测法检测单桩竖向承载力进行检测。在同一条件下检测桩数不得少于总桩数的 2%,且不得少于 2 根。单桩竖向承载力不低于 750kN。

3)工程数量

整体道床和碎石道床过渡段采用 PHC 桩网结构加固。加固面积 3145m², PHC 桩总长 17472m。

6.6　施工过程及效果检验

6.6.1　施工工艺及参数

钉形水泥土双向搅拌桩采用参数如下:下沉速度 0.7m/min;提升速度 0.9m/min;内钻杆转速 ≥ 45r/min;外钻杆转速 ≥ 45r/min;下沉时喷浆压力 0.40MPa。双向搅拌桩机械叶片宽度100mm,叶片厚度30mm,叶片倾角10°。

水泥采用P.O42.5级普通硅酸盐水泥,掺灰量为被加固湿土质量的18%,水泥浆水灰比为0.55,水泥浆比重1.78。施工步骤如图6-11所示,图中编号为施工步骤顺序号。具体施工步骤如下:

①桩机定位→②喷浆下沉→③施工下部桩体→④提升搅拌→⑤伸展叶片→⑥扩大头二次喷浆复搅→⑦完成单桩施工→⑧移出设备。

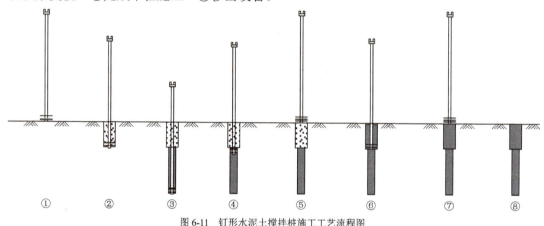

图6-11 钉形水泥土搅拌桩施工工艺流程图

6.6.2 质量检验要求

(1)钉形水泥土双向搅拌桩成桩7d后采用浅部开挖观察桩体成型情况和搅拌均匀程度,并可检验桩身直径,做好记录,检查频率为1‰,且不少于3根。

(2)钉形水泥土双向搅拌桩成桩28d后应进行标准贯入试验和取芯进行室内无侧限抗压强度测试。为保证试块尺寸,钻孔直径不小于108mm。检验桩数应随机抽取总桩数的2‰,且不少于3根。对钉形水泥土双向搅拌桩扩大头部分宜在小直径桩外取芯,下部桩宜在圆心外0.125m处取芯,通过芯样对桩长、扩大头长度、强度、均匀性等综合评价。

(3)钉形水泥土双向搅拌桩要求单桩承载力不小于220kN,复合地基承载力不小于150kPa。

(4)载荷试验必须在桩身强度满足荷载试验条件,并宜在成桩28d后进行。检验数量为总桩数的2‰,且每个单项工程不少于3点。

6.6.3 取芯试验及载荷试验

图6-12 28d龄期取芯检验

水泥土28d龄期无侧限抗压强度的室内试验结果:水泥掺入比分别为15%、18%和20%时,对应水泥土无侧限抗压强度1.1MPa、1.6MPa和1.7MPa。

28d龄期取搅拌桩芯样进行无侧限抗压强度试验(图6-12)。其中1号桩:0.0～6.0m抗压强度大于1.79MPa,6.3m以下芯样强度低,无法取样进行强度验证;3号桩6.4m以下芯样强度低,无法取样进行强度验证。A1H05桩12.6m以下芯样强度低,无法取样进行强度验证。A2G06桩11.2m以下芯样强度低,无法取样进行强度验证。A2C06桩8.4m以下芯样呈碎块,无法取样进行强度验证。

90d龄期再次取芯检测,检测结果如下:

(1)J2-L28桩:18.3m以下芯样强度低,抗压强度0.2MPa,芯样破碎,夹少量泥块、淤泥质土;1.8～6.0m抗压强度大于1.18MPa;9.0～12.2m抗压强度0.49MPa;17.8～18.0m抗压强度0.24MPa。

(2)HII-S22桩:20.2m以下芯样强度低,芯样夹少量淤泥质黏土;1.8m～6.0m抗压强度大于1.04MPa;9.0～15.2m抗压强度大于0.53MPa;20.0～20.2m抗压强度0.52MPa。

(3)HII-T11桩:18.4m以下芯样强度低,芯样夹少量淤泥质黏土;1.9～6.0m抗压强度大于1.27MPa;8.9～13.2m抗压强度大于0.66MPa;17.2～17.4m抗压强度0.42MPa。

对比28d龄期取芯检测,桩身后期强度增长较快,上部桩体强度平均增长1.2～1.8倍,下部桩体强度平均增长1.6～5倍,预计随龄期增长强度还会增加,然后趋于稳定。

根据现场钻芯取样过程及芯样无侧限抗压强度试验结果可知,钉形水泥土搅拌桩的桩身强度在扩大段以下,随着桩体深度的变化而减小,难以保持在一个较为稳定的数值,且呈阶梯性逐渐衰减,离散性较大。

经过28d龄期后进行了基桩静力荷载试验。根据载荷试验的要求,采用慢速维持荷载法进行试验。载荷板为2.8m²的方形板。

1号桩加载至设计允许承载力的2倍时,桩土均未出现明显破坏,P-S曲线可近似视为直线,取最大加载量240kPa为复合地基承载力极限值,其复合地基承载力特征值符合设计要求。2号桩加载至200kPa时,沉降陡然增加,P-S曲线出现明显拐点,S-$\log t$曲线下弯,故取前一级荷载170kPa为复合地基承载力极限值。桩号3号、4号基本为缓变型,单桩沉降较大,其承载力为110kN。

通过单桩复合地基承载力试验结果表明,钉形桩扩大头承担了主要的荷载,扩大头以下承载力较低。造成扩大段以下桩体强度低,单桩复合地基承载力较低的原因,可能与搅拌机械功率小,喷浆搅拌不均匀有关。随着深度的增加,土压力以及孔隙水压力的明显升高,在搅拌桩机功率较小时,喷浆搅拌均存在较大难度。为此需要采取提高搅拌桩机功率、增加一般段搅拌次数等施工措施来提高桩体质量。

6.7 设计优化及创新

通过对宁波轨道交通1号线一期工程天童庄车辆段与综合基地的钉形水泥土双向搅拌桩处理软基的单桩复合地基载荷试验、钻芯取样观察以及无侧限抗压强度试验分析,总结了以下优化建议:

(1)该项目采用钉形水泥土搅拌桩加固碎石道床软土地基是合理、有效的。由于钉形水泥土双向搅拌桩复合地基较常规水泥土搅拌桩的桩间距有较大的增加,处理相同面积软土地基的总桩数大大减少,大大缩短了工期,彰显了良好的经济效益和社会效益。从天童庄车辆段地基加固的工程实例看,其综合经济效益比常规水泥土搅拌桩节省投资约25%。

（2）由于软土地基土层的复杂性及非均匀性，地质勘探取样或多或少对土体的扰动和试验条件的限制，对沉降计算时荷载数值的可靠程度和各种理论计算方法的假设条件，造成了计算最终沉降不可能在数值上与实际最终沉降一致。因此，计算的沉降结果必须经实际的测定来加以验证和修改，依据实测的沉降量来推求以后沉降量和最终沉降量，以及验证设计参数的正确性。

（3）钉形水泥土桩钻芯取样进行无侧限抗压强度试验表明，桩身强度是沿深度变化的，随着深度的增大，由于设备功率不足、固结压力增大等因素，导致搅拌不均匀，存在桩身强度降低的现象。地基处理设计中需要考虑可能存在由于桩体强度沿桩身逐渐降低导致的单桩承载力不足。

（4）对比28d龄期和90d龄期取芯检测，桩身后期强度增长较快，上部桩体强度平均增长1.2～1.8倍，下部桩体强度平均增长1.6～5倍，随龄期增长强度还会增加，然后趋于稳定。

（5）钉形水泥土桩单桩复合地基承载力与钉形桩上部扩大段的长度、强度关系最为密切，扩大段下部桩体长度对单桩复合地基承载力的贡献较小。故可通过提高搅拌桩机功率、增加一般段搅拌次数等施工措施来提高桩体质量。

（6）该项目结合上盖物业，地基加固与物业基础协调统一，复合地基与桩基础综合考虑布置，尽可能地避免基础冲突，同时又保证了上部个功能结构的整体构造要求，对其他类似工程具有一定的参考意义。

第7章
建 筑 设 计

7.1 设计原则及技术标准　　7.4 盖上特殊建筑设计
7.2 盖下建筑设计　　　　　7.5 建筑节能
7.3 盖上厂前区建筑设计　　7.6 设计优化与创新

7.1 设计原则及技术标准

7.1.1 总体设计原则和技术标准

（1）天童庄车辆段的房屋建筑设计符合城市规划的要求，并与周围环境相协调。设计符合国家现行有关标准和规范的规定。

（2）房屋建筑在满足使用功能的前提下尽量合建，以节约用地、方便使用、扩大绿化。建筑造型应做到错落有致、格调简洁明快、整体协调。室内按功能使用要求确定装修标准。

（3）各生产办公用房平面布置根据建筑的使用性质、功能和工艺要求，合理布局。

（4）按盖体有上盖物业进行设计，主要体现在屋盖形式和柱网布置上。柱网布置在满足工艺的基础上兼顾上盖物业。

（5）生产、办公用房按各系统和工艺专业提供的房屋面积及要求设计。

（6）根据《建筑设计防火规范》(GB 50016—2006)，结合工艺专业提供的生产类别确定天童庄车辆段内厂房和库房等各类建筑的耐火等级和防火间距等要求。

（7）建筑层高结合建筑使用功能、工艺要求和技术经济条件综合确定，并符合建筑设计规范的要求，同时考虑为各个专业综合管线布置预留空间。

（8）室内外装修工程根据不同使用要求，采用防火、防污染、防潮、防水和控制有害气体和射线的装修材料和辅料。

（9）在满足功能及工艺要求的前提下，基地内的建筑造型力求简洁、大方、美观，充分体现工业建筑的特点。在简洁中求得变化，在变化中求统一。

（10）建筑使用年限50年，抗震设防烈度为6度。

7.1.2 外立面设计原则和理念

1）盖下厂房（库房）

（1）厂房及盖体的立面设计应结合当地的自然气候条件、建筑材料和结构形式，做到经济适用，体现工业建筑的时代特色。

（2）厂房及盖体用色应创造优美的工作环境，激发劳动热情，减少生产事故，保障职工身心健康。

（3）厂房与盖体外立面设计应与周边环境相协调，简洁大方。

（4）厂房及盖体的外立面设计以简洁、明快为主，注重实用。外墙通过盖体柱、成组的开窗、大面的砖墙按不同的尺度、比例、空间组合，形成整体性强、灵活规律的外立面效果。

（5）厂房及盖体充分考虑宁波当地的气候特点，结合框架结构的结构形式，外立面上通过大面积开窗、镂空、取消外墙等方法，使立面造型虚实相间、简洁规律，并争取更多的自然采光通风。

（6）外立面用材主要以涂料为主，墙裙、柱体、女儿墙的部分采用浅蓝色涂料，墙体采用乳白色涂料。整个用色简洁明快，整体大方，体现工业建筑的特点。

2）盖上厂前区建筑

（1）厂前区建筑应体现时代性。立足于时代又要超越时尚，把握时代的根基——经典与传统。首先，要立足于时代，既要从时尚中寻求灵感，又要超越时尚把握住内在的本质。设计中对经典永恒价值有选择的借鉴；再者要对传统内在精神有目的的传承。

（2）厂前区建筑应体现地域性。体现地域特色和文化，使职工在精神上有归属感。建筑立面装饰应该在尊重地方自然资源与人文资源的基础上进行设计，体现地域特色、文化，使人们在情感上得到一种认同和归属。

（3）厂前区建筑的设计应综合体现工艺、经济、技术、文化、气候等特征。

（4）厂前区建筑主要由综合办公楼、综合维修中心、食堂、培训中心四栋建筑组成。建筑平面分布四角形成围合的建筑空间，并通过退台、高矮建筑组合排列，形成螺旋上升的建筑群天际线，四栋建筑在体量上融为一体，立面造型上又互有区别。

7.1.3 内部装饰

1）盖下厂房（库房）

（1）厂房内部装修应根据工艺生产要求进行设计，充分利用现有技术设施，因地制宜。

（2）厂房内部装修应结合建筑结构预留孔洞、机电安装、综合管线等综合设计。

（3）运用库、检修主厂房、车间材料室、备品库等工艺生产作业房间地面采用喷绘彩砂地面，有特殊需求的弱电房间采用架空防静电地板。库内卫生间、洗浴间采用防滑瓷砖，办公、待班性质的房间地面采用地砖地面。

（4）厂房的内墙面均用水泥砂浆抹灰后，刮腻子，刷白色涂料。有特殊需求的酸碱性蓄电池间墙面，采用防酸碱腐蚀墙面。库内卫生间及浴室贴瓷砖到顶。

（5）厂房的顶棚面均用水泥砂浆抹灰后，刮腻子，刷白色涂料。弱电设备房间、办公区域、走道等采用轻钢龙骨纸面石膏板吊顶。库内卫生间及浴室等潮湿房间采用铝龙骨、铝合金扣板吊顶。

2）盖上厂前区建筑

（1）厂前区办公生活建筑的内装修应坚持耐用、经济、美观的原则。要以满足使用要求为主，因地制宜、就地取材，原则上不用进口的装修材料。

（2）装修设计及材料应满足国家相关规范和规定，满足有关装修规范及技术标准。

（3）装修工程应与综合管线、机电安装、孔洞封堵等综合考虑设计，做到安全合理、不返工。

7.2 盖下建筑设计

7.2.1 检修主厂房

检修主厂房位于车辆段与综合基地盖下东南侧，总建筑面积24982.73m²，建筑东西长

266.89m、南北宽 95.5m。为一层框架结构,建筑高度 14.9m,火灾危险性等级为丁类,耐火等级为一级。

检修主厂房主要由吹扫库、静调库、定(临)修库、大(架)修库、检修库、车体间、移车台、垂直交通核等几部分功能组成,平面布局以满足工艺生产为主,兼顾上盖物业的柱网布置,如图 7-1、图 7-2 所示。

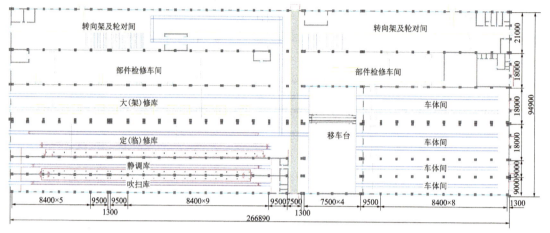

图 7-1 检修主厂房平面图(尺寸单位:mm)

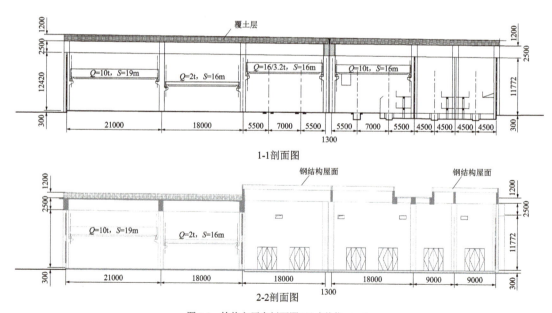

图 7-2 检修主厂房剖面图(尺寸单位:mm)

7.2.2 运用库

运用库位于车辆段与综合基地盖下东北侧,总建筑面积 36657.5m²,建筑东西长 265.2m、南北宽 126.6m。为一层(局部三层)框架结构,主体建筑高度 10m,运转办公楼局部高度为 15m,火灾危险性等级为戊类,耐火等级为一级。

运用库主要由双周/三月检库、停车列检库、运转办公楼三部分组成，其中运转综合楼为三层，首层主要布置弱电、DCC等设备房间，二、三层布置各班组值班休息房间，如图7-3、图7-4所示。月检库和列检库的平面布局以满足工艺生产为主，兼顾上盖物业的柱网布置。

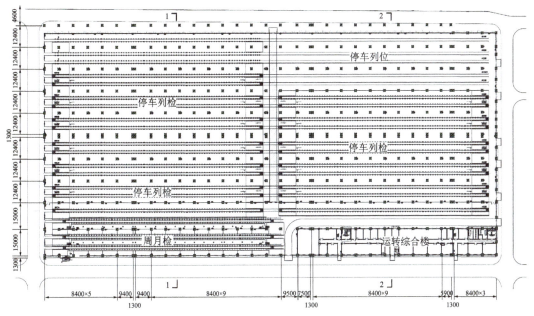

图7-3 运用库平面图（尺寸单位：mm）

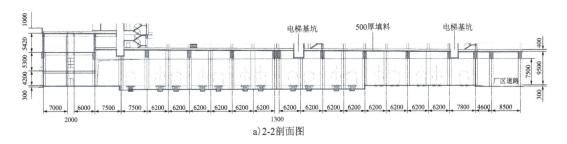

a) 2-2剖面图

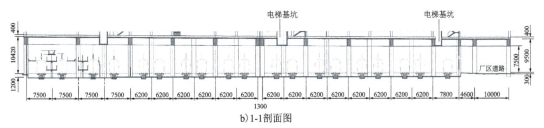

b) 1-1剖面图

图7-4 运用库剖面图（尺寸单位：mm）

7.2.3 维修车间

维修车间位于车辆段与综合基地盖下东侧，建筑面积2692.4m²，建筑长88.5m，宽37.2m。为一层框架结构，主体建筑高度10m，火灾危险性等级为丁类，耐火等级为一级。

维修车间主要由供电车间、机电车间、工建车间、蓄电池间、压缩空气站、备品备件库等部分组成,平面布局满足工艺生产需求,兼顾上盖物业的柱网布置,如图 7-5、图 7-6 所示。

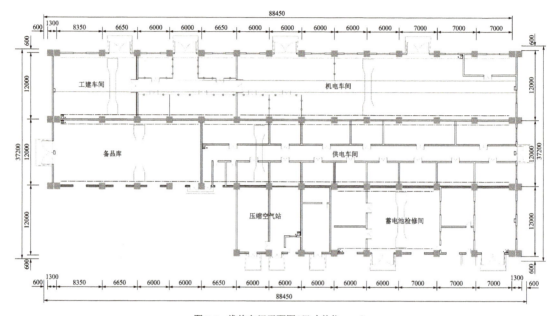

图 7-5　维修车间平面图(尺寸单位:mm)

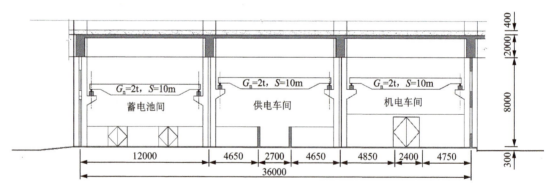

图 7-6　维修车间剖面图(尺寸单位:mm)

7.2.4　物资总库

物资总库位于车辆段与综合基地盖下东侧,建筑面积 5309.5m²,建筑长 80.9m、宽 51m。为一层(局部二层)框架结构,主体建筑高度 10m,火灾危险性等级为丙类,耐火等级为一级。

物资总库主要由立体仓储区、变电所、辅助办公室、空调库房等部分组成,平面布局满足工艺生产需求,兼顾上盖物业的柱网布置,如图 7-7、图 7-8 所示。

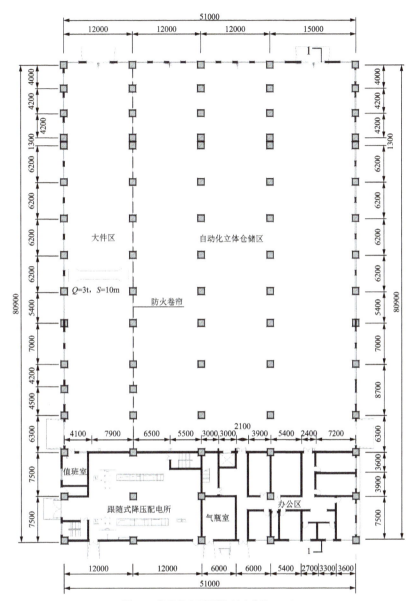

图 7-7 物资总库平面图（尺寸单位：mm）

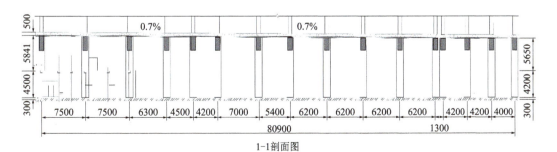

1-1 剖面图

图 7-8 物资总库剖面图（尺寸单位：mm）

7.3 盖上厂前区建筑设计

7.3.1 综合办公楼

1）平面

综合办公楼位于车辆段与综合基地盖上东南侧的办公区东北角，平面呈"L"形布置，与综合维修中心、食堂、培训中心形成围合的院落式空间，建筑总长82.04m，总宽60.45m，建筑面积13914.18m²，为盖上七层的框架结构建筑，建筑总高度26.1m（不含盖体及轻质屋顶），耐火等级为一级，建筑使用年限50年，抗震设防烈度为6度。

综合办公楼的首层及二层主要布置档案室、2号交通核，三~七层布置为运营分公司办公用房及多功能厅，如图7-9所示。设计中，一二层入口大厅两层连通，美观大气；办公房屋基本沿内走道两侧布置，三~七层南侧每层设置两处活动休闲空间，空间富于变化，优化室内环境，提升办公品质。

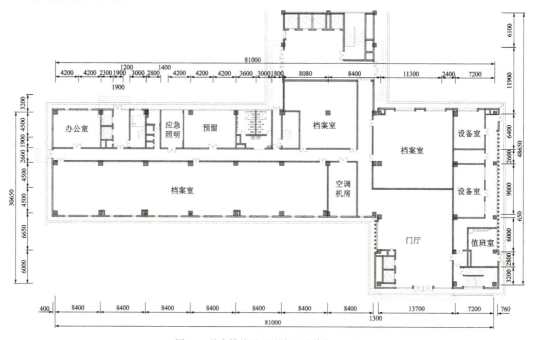

图7-9 综合楼首层平面图（尺寸单位：mm）

2）外立面

(1)建筑外立面设计运用现代建筑风格，整个形体通过虚实对比，互相穿插，错落有致的点窗、规律排列的构架和竖向线条、成片的幕墙、横向的线条有机的结合呼应，体现建筑的时代特性。

(2)建筑用深红色外墙砖为主要立面用色，配以玻璃幕墙的深蓝色为辅助色，再以砖红色涂料为点缀色，整个用色简洁明快，建筑整体中体现细节，细节的变化又与整体的用色相辅相成，如图7-10、图7-11所示。

图7-10　综合楼北侧透视图　　　　　　图7-11　综合楼南侧透视图

3）内部装饰

综合办公楼要容纳庞大的综合管理团队，专业、系统和类别涉及较多，是综合型的办公空间。因此室内设计的整体风格定义为简约的现代风格，通过简洁明快的设计元素，体现高效办公的主旨。主色调以白色为主，配以暖色及灰色，在兼具温馨放松感的同时又不失办公空间的气质和特点，如图7-12、图7-13所示。

图7-12　综合楼入口大厅装修效果图　　　　　　图7-13　综合楼综合办公室装修效果

综合办公楼装修重点区域为交通厅、走廊、会议室、公共活动空间等区域，装修材料选用见表7-1。

综合楼装修材料　　　　　　　　　　　　　　　表7-1

楼　层	主要房间	使用部位	材料名称	备　注
一	大堂、电梯厅、男女卫生间	天花	防水石膏板、铝合金平板、乳胶漆	大堂、电梯厅墙面、柱面、地面均为花岗岩
		地面	花岗岩、防滑砖	
		墙面	花岗岩、防滑砖	
二	电梯厅、男女卫生间、办公室	天花	防水石膏板、铝合金平板、乳胶漆	次要房间如配电间、空调天棚为砂浆抹面、墙面为乳胶漆
		地面	防滑砖	
		墙面	乳胶漆、防滑砖	
三	电梯厅、男女卫生间、办公室、部长、副部长办公室	天花	防水石膏板、铝合金平板、乳胶漆	次要房间如配电间、空调天棚为砂浆抹面、墙面为乳胶漆
		地面	防滑砖	
		墙面	乳胶漆、防滑砖	
四～七	电梯厅、男女卫生间、办公室、会议室	天花	防水石膏板、铝合金平板、乳胶漆	有水房间吊顶为铝合金平板、会议室地面为地毯
		地面	地毯、防滑砖	
		墙面	乳胶漆、防滑砖	

7.3.2 综合维修中心

1)平面

综合维修中心位于车辆段与综合基地盖上东南侧的办公区东南角,平面呈"L"形布置,与综合办公楼、食堂、培训中心形成围合的院落式空间,建筑总长122.04m、总宽37.61m,建筑面积12125.3m²,为盖上六层的框架结构建筑,建筑总高度24m(不含盖体及轻质屋顶),耐火等级为二级,建筑使用年限50年,抗震设防烈度为6度。

综合维修中心一层主要布置1号垂直交通核和AFC电子维修房间,二层主要布置供电专业功能房间,三层为通信专业房间,四层布置综合监控的功能房间,五、六层主要为机电设备的功能房间。平面布局基本沿内走道两侧布置功能房间,屋顶采用退台的设计手法,使得办公人员有较多的屋顶活动场地,同时也丰富了天际线的变化。

图7-14为综合楼维修中心一层平面图。

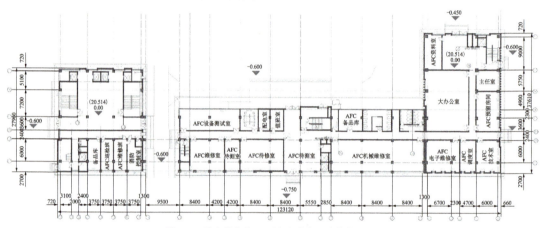

图7-14 综合维修中心一层平面图(尺寸单位:mm)

2)外立面

综合维修中心在立面设计上与综合办公楼保持一致,成片的实墙与玻璃幕墙形成虚实对比,实墙上成组的开窗和幕墙上的装饰块、线条相互穿插,体型结合建筑功能,利用加法和减法,塑造出虚实、进退、凹凸的建筑立面效果。建筑用色与综合办公楼保持一致,深红色外墙砖作为主色调,玻璃幕墙的深蓝色为辅助色,砖红色涂料白色涂料作为点缀色,如图7-15、图7-16所示。

图7-15 综合维修中心北侧透视图

图7-16 综合维修中心南侧透视图

3）内部装饰

综合维修中心的功能主要为车辆段各维修班组的维修、办公、待班休息的功能建筑,性质偏向生产,内部装修整体空间感觉以洁净、素雅为主,如图7-17、图7-18所示。

图7-17 综合维修中心大厅装修效果　　　　图7-18 综合维修中心综合培训室装修效果

综合维修中心的重点装修区域为交通核与公共活动空间,内部装修用材见表7-2。

综合维修中心装修材料　　　　表7-2

楼层	主要房间	使用部位	材料名称	备注
一	大堂、电梯厅、交通核、男女卫生间	天花	防水石膏板、铝合金平板、乳胶漆	次要房间如配电间、空调天棚为砂浆抹面、墙面为乳胶漆;有水房间吊顶为铝合金平板
		地面	抛光砖、地砖、防滑砖	
		墙面	墙面砖、防滑砖	
二	电梯厅、男女卫生间、办公室、男女更衣室、会议室、值班室、机房	天花	防水石膏板、铝合金平板、乳胶漆	次要房间如配电间、空调天棚为砂浆抹面、墙面为乳胶漆;有水房间吊顶为铝合金平板吊顶
		地面	抛光砖、防滑砖	
		墙面	乳胶漆、防滑砖	
三	电梯厅、男女卫生间、车载设备检修室、通信检修所、无线检修所	天花	防水石膏板、铝合金平板、乳胶漆	次要房间如配电间、空调天棚为砂浆抹面、墙面为乳胶漆;有水房间吊顶为铝合金平板吊顶,其中车载设备检修室、通信检修所、无线检修所地面为防静电地板
		地面	防静电地板、抛光砖、防滑砖	
		墙面	乳胶漆、防滑砖	
四~六	电梯厅、男女卫生间、FAS维修室、检测室、BAS维修室、检测室	天花	防水石膏板、铝合金平板、乳胶漆	有水房间吊顶为铝合金平板,会议室地面为地毯
		地面	抛光砖、防滑砖	
		墙面	乳胶漆、防滑砖	

7.3.3 食堂

1）平面

食堂位于车辆段与综合基地盖上东南侧的办公区西南角,平面呈长条形布置,与综合办公楼、综合维修中心、培训中心形成围合的院落式空间,建筑总长76.78m、总宽26.7m,建筑面积4352.39m²,为盖上二层的框架结构建筑,建筑总高度10.05m(不含盖体及轻质屋顶),耐火等级为二级。

食堂主要满足车辆段与综合基地员工用餐需求,规模按照远期定员2200人,最大就餐人数1700人进行设计,人均建筑面积2.6m²。食堂首层及二层均布置有餐厅和厨房,二层南侧布置7间小包房。平面功能布置分区合理,流线简洁明确不交叉,为职工提供优良的就餐环境,如图7-19所示。

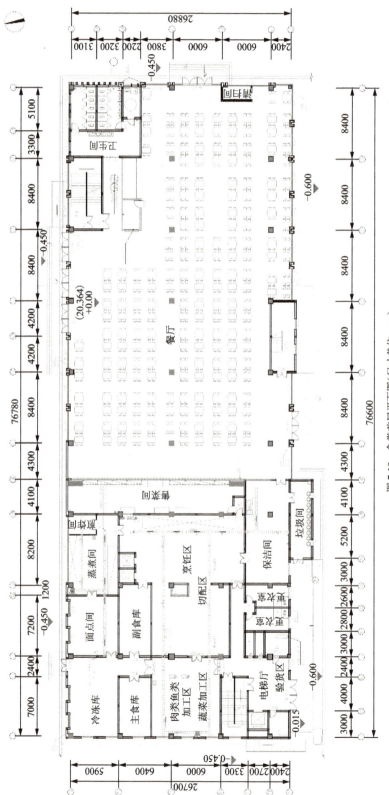

图 7-19 食堂首层平面图（尺寸单位：mm）

2）外立面

食堂是四栋建筑中螺旋上升空间的起点，二层的建筑使得建筑高度比较矮，长边很长，通过成组的条窗的分割，建筑的长方向被弱化，形成规律的立面效果。如图7-20、图7-21所示。

图7-20　食堂南侧透视图

图7-21　食堂北侧透视图

3）内部装饰

食堂空间的特点是人流量大而密集，同时又有饭菜等油腻食物，容易在空间界面产生污渍，且不易清洗。因此在空间设计的定位上，以清新明快的设计风格为主，简洁的线条和洁净光滑的饰面处理显得尤为重要。

空间色调以白色为主，搭配灰色，同时又点缀暖色木饰面，让整个空间素雅、洁净的同时又不失温馨的感觉，如图7-22、图7-23所示。

图7-22　食堂就餐区装修效果

图7-23　食堂小包间装修效果

食堂的装修重点区域为就餐区和包间，装修用材见表7-3。

食堂装修材料　　　　　　　表7-3

楼层	主要房间	使用部位	材料名称	备　注
一	餐厅、电梯厅、男女卫生间、厨房	天花	防水石膏板、铝合金平板、乳胶漆	次要房间如配电间、空调天棚为砂浆抹面、墙面为乳胶漆，有水房间吊顶为铝合金平板
		地面	抛光砖、防滑砖	
		墙面	乳胶漆、墙面砖、防滑砖	
二	餐厅、电梯厅、男女卫生间、厨房、大小餐厅包间	天花	防水石膏板、铝合金平板、乳胶漆	次要房间如配电间、空调天棚为砂浆抹面、墙面为乳胶漆；有水房间吊顶为铝合金平板吊顶
		地面	抛光砖、防滑砖	
		墙面	乳胶漆、防滑砖	

7.3.4 培训中心

1）平面

培训中心位于车辆段与综合基地盖上东南侧的办公区西北角，平面呈"L"形布置，与综合办公楼、综合维修中心、食堂形成围合的院落式空间，建筑总长78.16m、总宽38.86m，建筑面积12638m²，为盖上七层的框架结构建筑，建筑总高度27.6m（不含盖体及轻质屋顶），耐火等级为一级。

培训中心主要由员工培训中心、乘务员公寓两部分组成，一~四层布置为员工培训功能房间，五~七层为乘务员公寓。平面布局基本沿内走道两侧布置功能房间，在人员活动比较密集区域设置休息活动空间，为学员提供舒适优美的学习环境，如图7-24所示。

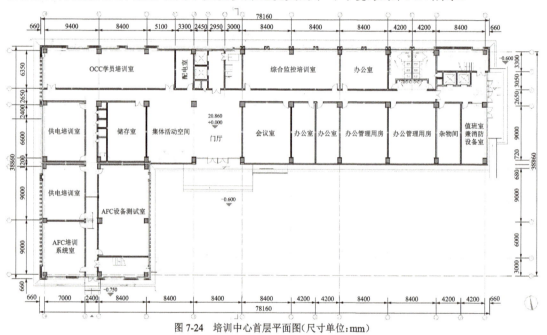

图7-24 培训中心首层平面图（尺寸单位：mm）

2）外立面

培训中心的外立面设计风格是综合办公楼和综合维修中心的延续，同样的处理手法和组合，同样的用色和点缀手法使得几栋建筑在造型和立面效果上统一，形成一个有机的整体建筑群，如图7-25、图7-26所示。

图7-25 培训中心北侧透视图

图7-26 培训中心南侧透视图

3）内部装饰

培训中心及学员宿舍功能相对单一，培训中心主要由培训教室和乘务员公寓两个功能用房组成，乘务员公寓主要为早晚班司机以及其他工作人员提供夜间休息场所。内部空间的设计主要体现实用、简洁的设计理念，如图7-27、图7-28所示。

图7-27 培训中心公寓内部装修效果图　　　　图7-28 培训中心阶梯教室装修效果图

培训中心装修重点区域为交通厅、阶梯教室等区域，单身宿舍装修重点为公寓房间，装修材料选用见表7-4。

培训中心装修材料　　　　　　表7-4

楼层	主要房间	使用部位	材料名称	备 注
一	大堂、电梯厅、男女卫生间、办公室、会议室	天花	防水石膏板、铝合金平板、乳胶漆	配电间、空调天棚为砂浆抹面、墙面为乳胶漆；有水房间吊顶为铝合金平板
		地面	抛光砖、地砖、防滑砖	
		墙面	墙面砖、防滑砖	
二	电梯厅、男女卫生间、办公室、培训室、机房、信号电源室、信号设备室	天花	防水石膏板、铝合金平板、乳胶漆	配电间、空调天棚为砂浆抹面、墙面为乳胶漆；有水房间吊顶为铝合金平板吊顶、信号室地面为防静电地板
		地面	防静电地板、抛光砖、防滑砖	
		墙面	乳胶漆、防滑砖	
三	电梯厅、男女卫生间、大小教室、多媒体教室、公共活动间	天花	防水石膏板、铝合金平板、乳胶漆	次要房间如配电间、空调天棚为砂浆抹面、墙面为乳胶漆；有水房间吊顶为铝合金平板吊顶
		地面	抛光砖、防滑砖	
		墙面	乳胶漆、防滑砖	
四	电梯厅、男女卫生间、阶梯教室、大小教室、机房、备品室、文印室	天花	防水石膏板、铝合金平板、乳胶漆	有水房间吊顶为铝合金平板
		地面	抛光砖、防滑砖	
		墙面	乳胶漆、防滑砖	
五～七	电梯厅、男女卫生间、公共活动区、乘务员公寓	天花	防水石膏板、铝合金平板、乳胶漆	有水房间吊顶为铝合金平板
		地面	地毯、抛光砖、防滑砖	
		墙面	乳胶漆、防滑砖	

7.3.5 单身宿舍

1）背景及规模

为满足宁波轨道公司单身职工的住宿及招揽优秀人才需求，在车辆段与综合基地盖体上西侧规划6栋职工单身宿舍，其中东侧的1、2、3号宿舍楼先期建设，4、5、6号楼预留二期建设。

宿舍1、2、3号楼及设备房总建筑面积为37629.11m²。共提供693间宿舍，提供床位数

2110床。

2）平面布置方案

宿舍1、2、3号楼均为11层，由下至上规律逐层递减，形成退台韵律关系。平面布局合理，有较好的采光通风，舒展通透，采光良好。宿舍房间方整适用，尺寸合理。

1号宿舍楼建筑面积为18614.52m²，总长94.34m，总宽20.8m，为11层框架结构建筑，建筑总高度40.3m（不含盖体），耐火等级为二级。1号宿舍楼共357间宿舍，床位数为1088床。

2号宿舍楼建筑面积9064.32m²，总长42.4m，总宽21.5m，为11层框架结构建筑，建筑总高度40.3m（不含盖体），耐火等级为二级。2号宿舍楼共168间宿舍，床位数为511床。

3号宿舍楼建筑面积8902.43m²，总长42.4m，总宽21.5m，为11层框架结构建筑，建筑总高度40.3m（不含盖体），耐火等级为二级。3号宿舍楼共168间宿舍，床位数为511床。

设备房建筑面积为1047.84m²，主要为变电所和通风机房等，设备房为一层，设于连接桥下。每栋宿舍楼内还设置有公共洗衣房、小卖部、活动室、公共阳台、开水间等，如图7-29所示。

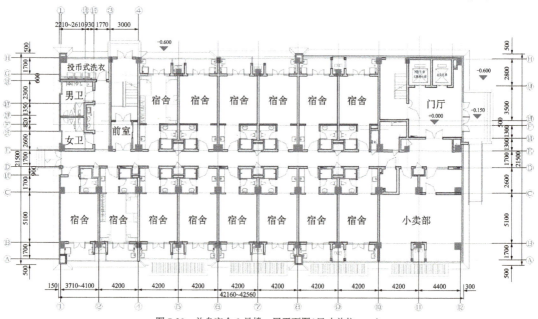

图7-29 单身宿舍2号楼一层平面图（尺寸单位：mm）

3）外立面

单身宿舍的立面造型属于现代风格，简约、大气，立面承续设计一贯的理念，强调彩带般柔和的横向线条，有规律的退台，形体变化既丰富又统一。各个单体在统一的造型基础上，通过集中修饰元素的有机穿插，不同材质的虚实对比，强调了立面的光影效果，赋予建筑强烈的时代特征，如图7-30所示。

宿舍的外立面用材主要选用石材、涂料、外墙砖、玻璃，用白色石材围成的梯形

图7-30 单身宿舍鸟瞰图

造型中,砖红色竖向外墙与横向的涂料阳台板、玻璃栏板形成穿插对比,有规律的退台和镂空,使建筑富于虚实变化,并在变化中取得统一。

7.4 盖上特殊建筑设计

7.4.1 文体中心

1)平面

文体中心位于上盖平台中部南侧,总建筑面积 14073.2m²,建筑外轮廓呈梯形,为盖上三层的框架结构建筑,建筑总高度 13.75m(不含盖体及轻钢屋顶),建筑耐火等级为二级,建筑使用年限 50 年,抗震设防烈度为 6 度。

文体中心一层主要由标准游泳池及配套房间、门厅、两块网球场及配套房间、篮球场及其配套房间、三块羽毛球场及配套房间组成,首层的建筑面积约 8603m²,各功能之间相对独立,通过较宽的走道和连廊把几块功能组合在一起,如图 7-31 所示。

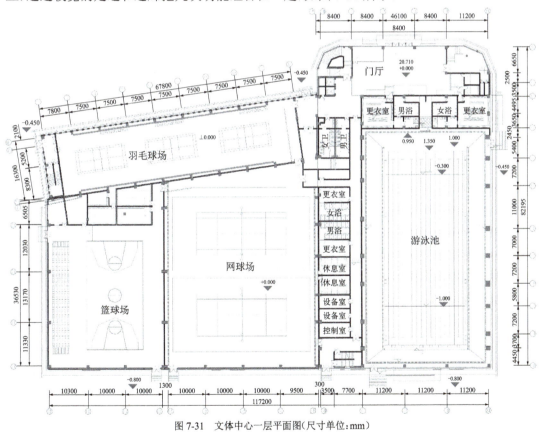

图 7-31 文体中心一层平面图(尺寸单位:mm)

文体中心局部二层为乒乓球室,建筑面积约 1987m²;三层为健身房,可容纳人数 720 人,建筑面积 3482m²。房间布局基本为大开间的形式,在房间外设置较大的人员集散平台,满足使用要求,提高使用的舒适性。

2)外立面

宁波地处江南,自古就是鱼米之乡,物产丰富,人杰地灵。文体中心的外立面设计采用仿生的表现手法,网架屋盖仿生市民所喜爱的泥螺造型,层层叠加,取义富足、累积、沉淀、向上之意,与竖线的玻璃幕墙构成一个有强烈的时代感、造型独特、寓意丰富的地标建筑,如图7-32、图7-33所示。

图7-32 文体中心鸟瞰

图7-33 文体中心实景

3)内部装饰

文体中心的内部装修力求在满足使用功能的前提下做到经济美观、简洁明快,设计以耐磨材料为主,色彩活跃,设计元素多样,通过弧线及曲线的运用法,体现空间特质,如图7-34、图7-35所示。

图7-34 文体中心网球馆装修效果

图7-35 文体中心游泳馆装修效果

文体中心的主要装修区域为篮球馆、网球馆、游泳馆、健身房和入口大厅,内部装修材料选用见表7-5。

文体中心装修材料 表7-5

楼层	主要房间	使用部位	材料名称	备注
一	大堂、电梯厅、男女卫生间、羽毛球场、网球场、篮球场、游泳池	天花	防水石膏板、铝合金平板、乳胶漆	大堂和电梯厅墙面地面为花岗岩、次要房间如配电间、空调天棚为砂浆抹面、墙面为乳胶漆、有水房间吊顶为铝合金平板
		地面	花岗岩、地胶板、防滑砖、马赛克砖	
		墙面	花岗岩、墙面砖、防滑砖(石材拉毛)	
二	电梯厅、男女卫生间、乒乓球室、棋牌室	天花	防水石膏板、铝合金平板、乳胶漆	次要房间如配电间、空调天棚为砂浆抹面、墙面为乳胶漆;有水房间吊顶为铝合金平板吊顶
		地面	地胶板、防滑砖	
		墙面	乳胶漆、防滑砖	
三	电梯厅、男女卫生间、器材室、健身房、楼梯间	天花	防水石膏板、铝合金平板、乳胶漆	次要房间如配电间、空调天棚为砂浆抹面、墙面为乳胶漆;有水房间吊顶为铝合金平板吊顶,健身房地面为复合地板
		地面	复合地板、抛光砖、防滑砖	
		墙面	乳胶漆、防滑砖	

7.4.2 公安分局

1）功能

天童庄车辆段内的轨道公安分局为宁波市轨道交通线网的公安分局，主要职责为：维护全市轨道交通区域公共安全；侦查和查处全市轨道交通区域刑事、治安案件；维护全市轨道交通区域治安秩序，参与轨道交通系统社会治安综合治理；处置全市轨道交通区域重特大治安灾害事故和突发事件；对轨道交通系统实施防火管理和监督；指导、协调管辖派出所反扒窃整治工作等。

2）平面布局

公安分局位于上盖平台中部南侧，总建筑面积7153.3m²，建筑外轮廓呈长方形，建筑长度为62.4m，宽36m，为盖上五层的框架结构建筑，建筑总高度18.6m（不含盖体及轻钢屋顶），建筑耐火等级为二级。

公安分局一层由羁押审讯、体能训练、食堂、办证接待、大厅几部分组成，平面呈"凹"形布置，几块功能通过中部大厅连接，如图7-36。二、三层主要布置办公房屋，四、五层为指挥中心大厅和领导办公室。功能房间沿走道两侧布置。

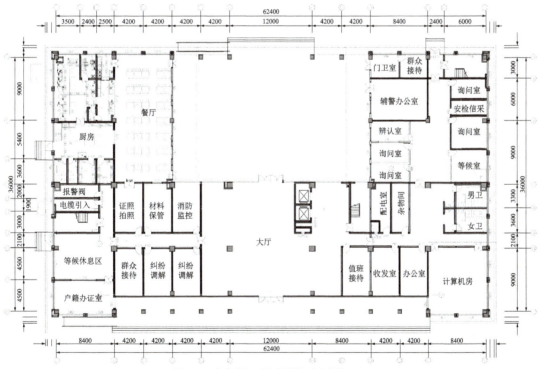

图7-36 公安分局一层平面图（尺寸单位：mm）

3）外立面设计

公安分局的外立面采用对称、分组、对比的手法，主入口处三层通高的入口大厅和左右对称的两块形体塑造出大气、稳重、庄严的感觉。四~五层处的玻璃体与竖向的玻璃幕墙相呼应，使得建筑庄重又不失活泼。外立面的用材与厂前区办公建筑保持一致，深红色外墙砖与深蓝色玻璃幕墙、白色的涂料装饰带搭配，整个建筑群统一协调，如图7-37、图7-38所示。

图 7-37 公安分局南侧透视

图 7-38 公安分局北侧透视

4）内部装饰

公安分局的内部装修设计主要根据公安系统标准进行设计，特殊房间如枪支弹药库、羁押室、指挥中心大厅等按照行业标准设计，会议室、餐厅、办公室等按照经济适用、简洁明快的设计风格进行设计，如图 7-39、图 7-40 所示。

图 7-39 公安分局入口大厅装修效果

图 7-40 公安分局电梯厅装修效果

公安分局内部装修材料选用见表 7-6。

公安局装修材料　　　　　　　　　　表 7-6

楼层	主要房间	使用部位	材料名称	备注
一	大堂、电梯厅、男女卫生间、餐厅、厨房、羁押室、候问室、证据资料室	天花	防水石膏板、铝合金平板、乳胶漆	次要房间如配电间、空调天棚为砂浆抹面、墙面为乳胶漆；有水房间吊顶为铝合金平板
		地面	抛光砖、地砖、防滑砖	
		墙面	墙面砖、防滑砖	
二	电梯厅、男女卫生间、办公室、值班室、公共活动区、计算机房	天花	防水石膏板、铝合金平板、乳胶漆	次要房间如配电间、空调天棚为砂浆抹面、墙面为乳胶漆；有水房间吊顶为铝合金平板吊顶
		地面	抛光砖、防滑砖	
		墙面	乳胶漆、防滑砖	
三	电梯厅、男女卫生间、党委办公室、党委会议室、计算机房	天花	防水石膏板、铝合金平板、乳胶漆	次要房间如配电间、空调天棚为砂浆抹面、墙面为乳胶漆；有水房间吊顶为铝合金平板吊顶、会议室地面为地毯
		地面	地毯、抛光砖、防滑砖	
		墙面	乳胶漆、防滑砖	
四	电梯厅、男女卫生间、指挥中心、局长、副局长办公室、指挥长办公室	天花	防水石膏板、铝合金平板、乳胶漆	有水房间吊顶为铝合金平板
		地面	抛光砖、防滑砖	
		墙面	乳胶漆、防滑砖	
五	电梯厅、男女卫生间、办公室、指挥台、局长、副局长室	天花	防水石膏板、铝合金平板、乳胶漆	有水房间吊顶为铝合金平板
		地面	抛光砖、防滑砖	
		墙面	乳胶漆、防滑砖	

7.5 建筑节能

7.5.1 设计依据

（1）《建筑幕墙》(GB/T 21086—2007)；
（2）《建筑照明设计标准》(GB 50034—2004)；
（3）《建筑门窗玻璃幕墙热工计算规程》(JGJ/T 151—2008)；
（4）《民用建筑热工设计规范》(GB 50176—1993)；
（5）《公共建筑节能设计标准》(GB 50189—2005)；
（6）《建筑外门窗气密、水密、抗风压性能分级检测方法》(GB/T 7106—2008)；
（7）《夏热冬冷地区居住建筑节能设计标准》(JGJ 134—2010)；
（8）国家、浙江省、宁波市其他现行有关节能标准、规范和建筑节能法律、法规。

7.5.2 建筑布局及构造节能措施

1）建筑布局

办公建筑、住宿建筑、厂房等的建筑布局尽量采用采光良好的南北朝向，争取更多自然光线；建筑形体尽量采用简单规整的形体，减小体形系数；外立面设计兼顾夏季遮阳，避免日晒；在满足日照要求的前提下，选择适合的建筑间距。

2）自然通风

盖上厂前区建筑的布局有良好的自然通风条件，建筑布置以采用点式布局为主，主立面和开口迎向夏季主导风向，避开冬季主导风向，使整个建筑群的自然通风顺畅，无"风影区"。建筑走道两侧房间和公共活动空间开窗尽量形成穿堂风，有利于夏季降温。盖下厂房区域，盖边全部开敞，有利于自然通风，厂房内部、厂房之间屋顶开的通风采光孔有利于空气自然流通，节能减排。

3）采光天井

由于天童庄车辆段进行大规模的上盖开发，盖下的自然采光条件很差，设计在运用库与检修主厂房之间的通道上空、移车台上空等区域开设大面积的采光带，使盖下办公生产人员集中的区域争取更多自然采光和通风，改善盖下办公生产环境，节能环保。

4）种植屋面

天童庄车辆段盖体上部除去布置建筑物及道路的区域外，都设计为盖上绿化，平均覆土深度为1.2m。大面积的屋顶绿化提高了整个基地的绿地率和绿化率。建筑设计充分结合绿化，以降低建筑群热岛效应、光污染等负面影响，改善微气候，创造良好的室内外环境。

7.5.3 建筑外围护结构节能措施

1）气候分区

宁波地处长江三角洲，属于夏热冬冷地区，夏季高温潮湿，冬季阴冷潮湿，雨量充足。在建筑节能设计中，冬季采暖和夏季降温都应兼顾。

2）外围护结构热工性能及节能措施

厂前区办公建筑及单身宿舍屋顶均采用保温屋面，保温材料选用泡沫玻璃，外围护结构用材选用 P 型烧结多孔砖加岩棉板外保温，外门窗采用节能外门及 6mm 厚低透光 Low-E+12 厚空气 +6mm 厚透明玻璃 - 隔热金属多腔密封窗框，经过节能计算，所有外围护结构的传热系数、热惰性指标、热阻等热工性能系数均满足国家及宁波地区的节能标准。

3）建筑外遮阳设计

在外立面设计时，兼顾建筑的外遮阳，通过构件、阳台、百叶等措施，主要处理建筑的南向和东西向的窗户遮阳，有利于节能。在设计中尽量减少西向开窗，避免日晒。

7.5.4　暖通节能措施

（1）办公及设备用房采用变频多联空调系统，可根据不同负荷条件变频调节，降低能耗。
（2）空调风管采用复合材料，保温性能较好，有效减少冷量损失。
（3）冷媒管采用 25mm 厚橡塑保温棉包覆保温。
（4）餐厅等使用功能较独立的场所新风系统采用全热交换机，减少了冷媒使用量，节约能耗。
（5）盖下高大空间经消防性能化设计，排烟量按 2 次 /h 计算，PF/PY 风机采用单速风机编组启动，大大减少了用电负荷。

7.5.5　电气节能措施

（1）电气节能设计应满足国家相关法律法规条文规定及行业标准等。
（2）照明节能在电气设计中作为重点，在灯具选择、安装、智能控制方面应满足照明节能设计要求。天童庄车辆段与综合基地内照明灯具选用高效节能灯具，在层高较高的厂房内选用金属卤化物灯或者高压钠灯。照明控制系统根据需要调控不同类型的光源灯，满足现场操作控制的各种控制界面，节约运行成本。
（3）电气设备节能中选用低损耗变压器。
（4）合理选择电缆电线，保证电能质量同时减少铜的用量。

7.6　设计优化与创新

天童庄车辆段是集地铁车辆停放维修、轨道公司员工办公、培训、住宿、停车等多功能为一体的大型建筑综合体，规划总建筑面积约 46 万 m^2（含单身宿舍和住宅），一期实施的建筑面积约 30 万 m^2。整个综合体分三层功能界面，一层为地铁停放维修的生产性房屋，二层为盖上建筑群服务的大型汽车停车库，三层为办公、培训、公寓、公共建筑等办公生活建筑群体。如何处理三个界面之间的关系成为本项目设计的重点和难点。

在建筑设计中，按使用功能不同将建筑分设在三个功能界面，通过垂直交通核将三个界面有机联系，使各个功能相对独立又相互联系。建筑功能布局合理，在满足地铁工艺的前提下提供舒适的工作和居住环境。

天童庄车辆段的交通设计通过立体交通、集中停车实现人车分离的现代交通模式。与地铁车站、公交站的接驳丰富了出行选择,践行绿色出行的理念。

在综合体盖体顶部设置大面积的通风采光天井,盖体边缘采用开敞式设计,改善了盖下的工作生产环境,争取到更多的自然采光和通风,并丰富了盖体的空间关系,绿色节能。

盖上建筑群根据使用功能分区设计,厂前区办公建筑立面设计风格统一,建筑天际线围合旋转;单身宿舍外立面设计整体灵动,活泼现代;文体中心造型独特,寓意丰富。整个建筑群通过不同的立面设计风格,使建筑具有很高的识别度,一目了然。

第8章
结 构 设 计

8.1 概述
8.2 设计原则及技术标准
8.3 结构平面布置
8.4 结构竖向布置

8.5 楼盖结构
8.6 基础设计
8.7 结构大样设计
8.8 桥梁结构

8.1 概述

上盖物业开发的地铁车辆段设计需在考虑承担地铁车辆运用、停放及检修等任务的同时,兼顾上部空间物业开发及其配套附属设施的设计和施工要求。由于上下空间建筑功能迥异,所要求的尺寸差异较大,结构布置既需避开行车线路及限界见缝插针,也需满足物业体量的要求,结构体系较为复杂。车辆段结构设计涉及专业众多,设计周期长,施工工艺复杂,通过总结天童庄车辆段从初步设计到施工设计及施工配合中遇到的问题,对上盖物业开发的地铁车辆段结构设计特点和规律性进行总结和研究。

8.2 设计原则及技术标准

8.2.1 结构设计原则

(1)结构设计中应综合考虑建筑功能、工程及水文地质、荷载特性、环境因素、施工工艺、建设周期等因素,做到既安全可靠,又经济合理。

(2)结构设计应满足线路、限界、建筑、轨道、车辆、信号、工艺、机电设备、人防等专业的要求。

(3)应充分理解上盖物业开发带来的特殊要求。

(4)应考虑上盖物业开发分期实施的要求,预留施工条件。

(5)结构设计应考虑结构变形和基础沉降的影响。

(6)结构设计分别按施工阶段和使用阶段承载力极限状态和正常使用极限状态的要求,进行承载力、稳定、变形、裂缝宽度等方面的验算。

(7)结构设计应保证具有足够的耐久性。

(8)结构设计应与各专业密切配合,充分考虑各专业的预留孔洞、预埋件的要求。

8.2.2 主要技术标准

(1)建筑结构安全等级:二级。

(2)建筑结构设计使用年限:50年。

(3)地基基础设计等级:甲级;桩基设计等级:甲级;桩基混凝土环境类别:I-B类。

(4)建筑抗震设防类别:牵引降压混合变电所、幼儿园为乙类,其余房间为丙类。

(5)建筑结构抗震等级:框支结构框架为二级,其余框架结构为三级。

(6)防火等级:综合办公楼为二类高层建筑,建筑耐火等级为二级;培训中心为一类高层建筑,建筑耐火等级为一级,运用库的耐火等级为二级。

（7）自然条件：

①基本风压，按 50 年一遇；地面粗糙度：B 类；W_0=0.5kN/m²。

②基本雪压，按 50 年一遇；S_0=0.3kN/m²。

③抗震设防的有关参数：抗震设防烈度 6 度，设计基本地震加速度值为 0.05g；设计地震分组为第一组；建筑场地类别为Ⅳ类；设计特征周期 0.65s；结构阻尼比为 0.05。

8.2.3 设计荷载取值

1）屋面及楼面均布活荷载标准活荷载

汽车库：4.0kN/m²；

汽车通道：4.0kN/m²；

种植屋面（14.0m 高程）：5.0kN/m²；

非机动车库：3.0kN/m²；

消防车通道（单向板）：25.0kN/m²（考虑 1.2m 的覆土扩散折减）；

消防车通道（双向板）：15.0kN/m²（考虑 1.2m 的覆土扩散折减）；

住宅、办公、会议室：2.0kN/m²；

阳台：2.5kN/m²；

楼梯、走道、电梯厅：3.5kN/m²；

卫生间：2.0kN/m²；

设备间、风机房、电梯机房：7.0kN/m²；

变配电间、水箱间：10.0kN/m²；

上人屋面：2.0kN/m²；

不上人屋面：0.5kN/m²。

2）设备荷载

设备荷载以实际为准。

各种轻质隔墙荷载根据实际采用情况按荷载规范取用。

对重型设备需依据设备的实际重量、动力影响等确定其大小与范围，进行结构计算。对于需要吊装的设备，在结构计算时还应考虑设备吊点所设置的位置及吊点的荷载值。

3）轨道及列车荷载

车辆段列车荷载和轨道静载（包括钢轨、轨枕及道床）按车辆轴重 8 ～ 14t 设计，轨道和列车荷载换算土柱高度及分布宽度按车辆轴重 14t 设计，轨道和列车荷载换算土柱高度及分布宽度参照铁路行业标准《铁路路基设计规范》（TB 10001—2005）Ⅱ级铁路轻型轨道标准（库内为整体道床）执行。

4）恒荷载（包括装修荷载或隔墙直接落在板上，不包含楼板自重）

（1）楼、屋面恒荷载

一般楼面：1.5kN/m²（14.0m 以上所有物业开发的房间都至少考虑 1.5kN/m² 的地坪装饰荷载及板面下的粉刷荷载）；

屋面或露台（按建筑材料找坡）：3.0kN/m²；

卫生间恒载：8.0kN/m²（公共卫生间）；6.0kN/m²（主卧卫生间）；

汽车库：7.5kN/m²（按 350mm 厚焦渣混凝土 +60mm 厚 C15 混凝土垫层 +40mm 厚地面层，隔墙按实际情况考虑）；

种植屋面（考虑室外 1.2m 覆土）：22.0kN/m²；

种植屋面（考虑室外 1.5m 覆土）：28.0kN/m²；

楼梯间（按板厚为 0 计算）：8.0kN/m²；

阳台栏杆荷载：3.0kN/m（如为栏板时，应按其材料及高度厚度按实际取用）。

（2）墙体荷载

①外墙采用 240mm 厚混凝土空心砖：设计容重为 11.8kN/m³，$0.24 \times 11.8 + 2 \times 0.025 \times 20 = 3.9$kN/m²（已考虑粉刷层荷载）。

②内墙采用 200mm 厚蒸压加气混凝土砌块：设计容重为 6.5kN/m³，$0.20 \times 6.5 + 2 \times 0.02 \times 20 = 2.1$kN/m²（已考虑粉刷层荷载）。

5）风荷载

基本风压按 50 年一遇，地面粗糙度：B 类；W_o=0.5kN/m²。

6）雪荷载

基本雪压按 50 年一遇；S_o=0.3kN/m²。

8.2.4 主要建筑材料材质和强度等级

1）混凝土

（1）混凝土耐久性分类

有覆土的平台顶板、其他和土壤直接接触的构件、水池、集水坑，处于Ⅰ-C 类环境（干湿交替环境）；其余部分处于Ⅰ-A 类环境。

（2）构件混凝土强度等级

基础垫层：C15。

桩、承台、基础梁：C35。

14.0m 高程平台以下框架柱、框支柱：C45；梁、板：C40。

14.0m 高程平台以上框架柱沿高度往上由 C40～C30 递减；按四层一调，柱截面不变；梁、板：C30。

楼梯、构造柱、过梁、圈梁：C30。

2）钢材

HPB235 级热轧光圆钢筋，f_y=210kN/mm²，用于楼板、梁柱箍筋及次要构件，如过梁、圈梁等。

HRB400 级热轧带肋钢筋，f_y=360kN/mm²，用于主要受力构件，如柱、梁纵筋，盖下梁柱箍筋等。

预埋钢板型钢均采用 Q235-BF 普通碳素钢。

3）焊缝及焊条

焊缝：熔透焊（对接焊缝、剖口焊）焊接质量不低于二级；非熔透焊（角焊缝）焊接质量不低于三级。

焊条：HPB235 级钢筋，Q235 钢焊接：E43 系列；HRB400 级钢筋：E55 系列。

4）填充墙

室内地面以上外墙采用 M10 混凝土空心砖，M5.0 混合砂浆砌筑。

室内地面以上内墙采用 A3.5 级粉煤灰加气混凝土砌块，采用专用砂浆及抹面。

与土壤直接接触的墙体采用 M10 水泥实心砖，M7.5 水泥砂浆。

8.3 结构平面布置

天童庄车辆段盖体结构采用框架结构体系，框架结构在布置时不同于普通工业或民用建筑，在既满足承受竖向荷载，风荷载和地震作用的同时，还需要满足检修工艺、线路平面、轨道限界等要求，并且还需结合试算的柱底轴力与基础平面布置，转换构件受力的合理性等各方面因素综合考虑。

8.3.1 结构区块的划分

天童庄车辆段为地铁车辆段上盖物业综合开发项目，车辆段盖体顶板上为多、高层建筑及景观绿地。车辆段顶板大平台连成整体，作为上部物业的多组团的大底盘。根据规范要求以抗震缝兼伸缩缝划分为若干个独立的结构区块，如图 8-1 所示。

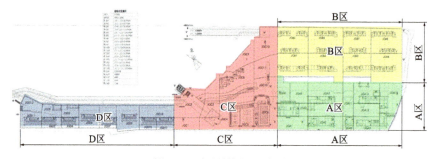

图 8-1　天童庄结构分区示意图

按照功能划分车辆段顶板为 A、B、C、D 共 4 个大区块；按照盖上建筑布置，车辆段盖体划分为 47 个独立结构区块，形成带转换大底盘多塔的结构形式。

结构平面布置必须考虑有利于抵抗水平和竖向荷载，受力明确，传力直接，力争均匀对称，以减少扭转的影响。在地震作用下，平面要力求简单规则。天童庄车辆段结构区块以抗震缝兼伸缩缝进行划分，每个结构区块在考虑车辆段盖体各层建筑布置的同时，还需做到平面形状尽可能的简单、对称、规则，以减轻震害。每个结构区块长宽比不宜过大，以避免两端相距太远，振动不同步，由于复杂的振动形态而使结构受到损害。平面长度尺寸在考虑到设置一道后浇带的情况下控制在 70～80m 以内。

8.3.2 柱网布置

1）平行股道方向柱网布置

沿股道方向柱网尺寸受车辆段工艺影响较小，主要受建筑功能、结构单柱柱底内力及桩位布置的影响。该工程将沿股道方向柱网尺寸定为 8.4m，首先是考虑配合盖上办公楼及物业的开间尺寸,使尽可能多的柱可以直接落地,减少转换的数量,并尽量使每个结构分区的传力体系简单明确,可提高结构的安全性和可靠程度。其次,天童庄为盖下两层建筑方案,除车辆段层外还布置有车库层。8.4m柱距可保证在扣除车库层柱宽后,可满足3个停车位的净宽要求,从而大大提高汽车库空间的利用率。此外,该工程采用钻孔灌注桩,大部分桩径为0.9m,8.4m柱距可满足柱下布置6桩承台后,相邻柱下桩间距仍可满足$3d$(3倍桩径)的规范要求。

2)垂直于股道方向柱网布置

跨轨道方向结构布置设计分为,库区和咽喉区两个区域。

(1)库区柱网布置

天童庄车辆段有检修主厂房、镟轮库、维修车间、运用库、物资总库、污水处理站、调机/工程车库、牵引混合变电所、材料棚、模拟教室、洗车机棚等。根据检修工艺要求、《地铁设计规范》(GB 50157—2003)规定(表8-1)、车辆型号、线路平面、信号及限界要求,并结合柱底轴力大小与基础布置的具体情况,同时还需要考虑转换梁受力的合理性,确定跨股道方向的柱网尺寸。以运用库为例,根据其他城市上盖车辆段的经验,一跨二线停车列检线的跨度可以综合以上各方面的因素,既安全可靠又经济合理的。

车辆段各车库有关部位最小尺寸　　　　　　　　　　表 8-1

项目	停车库	列检库	月检库	定/临修库	架(厂)修库	油漆库	调机库
车体之间通道宽度(无柱)(m)	1.6	2.0	3.0	4.0	4.5	2.5	2.0
车体与柱边通道宽度(m)	1.3	1.8	2.2	3.0	3.2	2.2	1.5

注:以上尺寸为设计时采用的《地铁设计规范》(GB 50157—2003)的规定,现行的(GB 50157—2013)规范对接触网供电模式下的列车、列检库尺寸要求有所调整。

根据前期结构设计反复试算的结果,盖上布置物业的区域,底层柱截面进深尺寸可以控制在1.2m。由于该工程车辆采用B型车,车体宽度为2.8m,可确定二线停车列检库的跨度为:$2.8×2+1.8×2+2×1+h=(11.2+h)$m($h$为柱跨轨道方向截面尺寸)。

根据试算的结果确定二线停车列检库跨度为12.4m,二线月检库跨度为15.0m,二线架修库跨度为18.0m,二线定(临)修库跨度为18.0m,二线调机库跨度为15.0m。

(2)咽喉区柱网布置

出入段咽喉区结构布置设计则更具难度。由于咽喉区多为曲线线路,柱网需随线路限界变化布置,且天童庄车辆段总平面布置时在咽喉区曲线线路之间还穿插布置工程车库、材料棚、给水所及牵引变电所等盖下建筑,因此,在咽喉区非常难布置出整齐的柱网。

咽喉区柱网布置根据结构分区,首先应保证咽喉区盖下建筑单体的柱网整齐划一,在此基础上以确定的8.4m的开间尺寸布置竖向轴线,可保证一个方向的柱网为规则的,以方便柱网的定位。而跨轨道方向则根据线路限界进行布置,保证地铁限界的要求,同时还需考虑道岔处信号转辙机布置要求,针对岔尖部位的一定范围内,道岔转辙机局部加宽限界,结构柱网既不能侵入此限界,也不能影响行车瞭望要求。即柱网布置完成后根据试算的情况局部进行调整,对跨多股线路而跨度过大的位置同站场专业密切沟通,在满足限界要求下调整线路布置,以取得安全、合理、经济的柱网布置方案。

8.3.3 咽喉区方柱与圆柱的比较

天童庄车辆段咽喉区由于有上盖物业（文体中心），且盖下布置有工程车库，设计之初同其他分区一样，均采用了方形框架柱的设计，不同于其他车辆段在咽喉区采用圆柱的做法。这导致在咽喉区线路曲线段，方柱的布置角度极难和线路方向契合，一是影响盖下视觉感官，给人一种布置凌乱的感觉；二就是在施工期间，大量的梁柱节点无法正交，导致不同于正常正交节点的一柱四梁，而会出现一柱五梁，甚至六梁的情况；在梁柱节点钢筋绑扎的时候带来不小的麻烦，并且在受力较大的梁端，很难保证规范要求的钢筋间距，因而按照《混凝土结构设计规范》(GB 50010—2010)，在梁配筋密集区域采用并筋的配筋形式有效地解决了施工困难问题。因此，在结构布置阶段，在考虑建筑布局的同时，也应综合考虑实际施工的实施难度，在均衡各方面利弊的影响的情况下，选择合适的结构布置及柱形。

8.4 结构竖向布置

8.4.1 结构类型

1）结构转换的原因

历次地震震害表明，结构刚度沿竖向突变都会产生变形在某些楼层的过分集中，出现严重的震害，所以结构设计中应力求自上而下刚度逐渐、均匀减小，体形均匀不突变。

但是天童庄车辆段为上盖物业型车辆段，其各层建筑竖向空间的功能迥异，上盖开发的物业大多为小开间轴线布置的办公楼或住宅，而车辆段下部是柱网较大的厂房。在结构设计中，由于上盖物业与下层厂房的柱网不能对齐，上部楼层的竖向构件不能直接连续贯通落地，需要在改变的位置布置水平转换构件即转换层来完成对上、下不同柱网，不同开间的结构转换，并合理解决竖向结构的突变性转化。

2）结构转换类型

高层建筑的转换结构一般可分为以下几种结构形式：梁式转换、桁架式转换、墙式转换、厚板式转换、拱式转换、合并柱转换、箱形转换等；在多种转换方式中，现在国内几个上盖物业的车辆段普遍选择梁式转换的结构形式。其主要原因是受一层车辆段车辆检修的作业要求限制，剪力墙无法落地布置，也无核心筒的布置空间，底层基本采用框架结构。在此前提下，上部物业采用框架结构成为最简洁的结构体系，盖上盖下结构体系一致，传力简单，可以做到自上而下刚度逐渐、均匀减小，体形均匀不突变，并且便于计算分析。

近年来高层建筑迅速发展，建筑物越建越高，越建越大。为给人们提供良好的生活和工作条件，高层建筑正向着形式多样、功能多样的方向发展。而车辆段的上盖物业建筑形式也会朝着这个方向发展，因此，根据建筑形态采用形式多样、方法多样以及结构受力更合理的转换层，对结构设计是个很大的挑战。

例如考虑到上部物业多为办公楼或是住宅，采用框架结构物业底层的柱子尺寸往往较大，对建筑的布置和空间的利用极易产生较大的影响。结构设计中，考虑盖上采用剪力墙结构，而盖下根据库内的布置尽量采用部分框支剪力墙结构，既可以提高平面空间的利用率，更好地满足建筑功能的要求,也可以摆脱纯框架结构抗侧能力相对较差的弊端,在结构高度上有所突破。

或者从建筑布置入手,在不影响盖下车辆段使用功能的位置,为结构剪力墙或核心筒留出空间,从而可以采用剪力墙结构、框架—核心筒等更多丰富的结构体系。虽然会"浪费"一些盖下的使用空间,但是却可以实现盖上高层或是超高层物业,可以为盖上建筑实现更丰富的功能要求。

3)天童庄车辆段结构转换类型选择

天童庄车辆段由于用地宽度限制,没有条件布置核心筒,同时根据整个地块开发的容积率限制,盖上建筑采用多层或小高层,梁式转换可以满足结构设计需要,加之设计和施工工期非常紧张,因此为简化结构设计,采用梁式转换方案。

8.4.2 转换高度的选择

国内各个城市已经建成的上盖物业车辆段,多采用梁式转换的结构形式,但转换层的高度选择则不尽相同(图8-2~图8-4)。杭州七堡车辆段在盖体二层进行结构转换,而天童庄车辆段在结构设计之初,综合建筑空间布置,结构计算情况等各方面因素,选择在盖体一层进行结构转换。

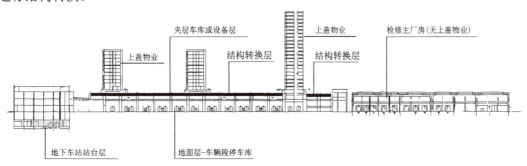

图 8-2　北京平西府车辆段结构转换层示意图

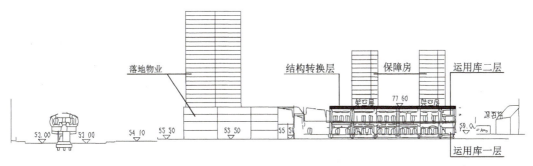

图 8-3　深圳横岗双层车辆段结构转换层示意图

图 8-4　宁波天童庄车辆段结构转换层示意图

由于盖下车辆段使用空间的净空要求,一层的层高普遍较高,远远超出普通民用建筑的层高设置,因此更需要考虑规范要求的抗震概念:避免进行高位转换。选择在盖体一层进行结构转换,其转换高度相对较低。若在盖体二层转换,竖向刚度及承载力的突变控制更为困难,对结构抗震非常不利,结构超限情况也会更加严重。

在盖体一层进行结构转换,仅盖体一层有跨度大的转换梁。而在盖体二层转换,由于一层跨度较大且梁高仍然较高,二层梁跨度与一层相同且为转换梁,梁高也较高,而且由于二层梁跨度依然很大,则二层柱的受荷面积依然较大,因此二层柱截面尺寸依然较大。这样的话,不光竖向空间两层均有较大的梁高,为保证净高要求,层高也相应加高;而平面空间二层柱截面较大影响汽车库的开间净尺寸,从而使得停车空间的利用率也较低。为提高平面空间利用而不得不加大基本开间尺寸,而此调整则会带来一系列的影响,如底层柱受荷面积增大,柱截面随之调整,而传递到基础承台的荷载也随之增加,从而影响到基础承台下桩基的数量或桩长。这一系列变化,在梁、柱、基础等每个部位均有加大的调整,从而直接引起土建工程造价的增加。

如此看来,盖体一层作为转换层有利于结构设计及减少造价,虽然对盖体二层建筑平面设计会造成不便,如影响到汽车库内车位的布置。但是,对于盖体面积较大的车辆段,建筑专业充分利用空间进行布置,仍可满足盖上物业对盖体二层汽车库的停车位设计要求。

8.4.3 超限设计

上盖物业车辆段结构抗震计算过程中极易出现扭转不规则、刚度突变、构件间断、承载力突变、塔楼偏置等不规则项,属超限高层建筑工程。高层建筑的抗震设计应当重视概念设计,建筑结构的整体性,承载力和刚度在平面及沿高度均匀分布,避免突变和应力集中。分析结构破坏的机制和过程,预估和控制各类结构及构件塑性铰区,加强结构关键部位和薄弱环节。应设计成为具有高延性的耗能结构,并设有多道设防。考虑非结构性部件对主体结构抗震产生的有利的和不利的影响,协调布置并保证与主体结构连接构造的可靠性。

天童庄车辆段针对超限情况进行以下的计算分析:

(1)分别采用 Midas Building、PKPM-SATWE 程序,对整体计算结果及构件设计的内力情况做细致的对比分析,衡量结构整体计算的合理性及关键构件计算的准确性。

(2)抗震设计加速度反应谱与安评反应谱比较,考虑最不利情况进行水平地震计算参数的选取。

(3)采用小震弹性时程分析、中震、大震弹塑性时程以及 PUSHOVER 计算作为加速度反应谱的补充计算,地震效应采用加速度反应谱与时程分析平均值进行设计。

(4)针对超限情况,设定比较严格的抗震性能目标,采用 PKPM-SATWE 进行中震及大震作用下的分析,保证关键构件及耗能构件满足中震及大震下的性能目标要求。

(5)大震弹塑性时程计算时,七条波的结果较为接近,且七条波的动力弹塑性结果与静力弹塑性在模态工况加载时的结果非常接近。

在计算分析的基础上,还采取了以下结构抗震加强措施:

(1)一般框架抗震等级设定为三级;转换框架(即框支梁、框支柱)抗震等级设定为二级(重要构件提高一级)。

（2）上盖结构底部框支柱构造适当提高，增大纵向配筋，箍筋全场加密，并加大箍筋直径。

（3）在平台结构和上盖结构底层形成结构薄弱部位，通过对梁柱节点加大箍筋加密区范围，并减小箍筋间距等措施来增强结构薄弱部位构件的延性。

（4）提高平台层板的抗震能力，加强结构楼板整体性，增大板的配筋率，楼板配筋采用双层双向贯通布置。保证楼板在中震作用下楼板压应力小于该混凝土受压强度标准值，楼板受拉时确保钢筋不屈服。

8.5 楼盖结构

8.5.1 楼板结构设计

天童庄车辆段盖体为二层框架结构，局部（D区）为一层。为满足交通的需求及消防的要求，车辆可沿设置的3个上盖坡道直接到达二层盖体楼板高程。由于盖体面积较大，在盖体楼板设计时仍需综合考虑车辆（包括消防车辆）通行，盖上道路及绿化布置，盖体消防性能化设计要求，施工期间材料堆放及施工车辆通行等各方面荷载工况。

天童庄车辆段盖体经计算分析，在有绿化覆土的区域（14.0m 高程、D区 9.0m 高程）活载取值为：种植屋面 5.0kN/m²，消防车通道（单向板）25.0kN/m²、消防车通道（双向板）15.0kN/m²（室外考虑 1.2m 的覆土扩散折减）；夹层车库（非消防车通道）活载取值为：汽车库 4.0kN/m²、汽车通道 4.0kN/m²、非机动车库 3.0kN/m²。

根据荷载情况，有绿化覆土的区域（14.0m 高程、D区 9.0m 高程）板厚选择为250mm，夹层车库（9.0m 高程）板厚选择为200mm。同时有绿化覆土的区域（14.0m 高程、D区 9.0m 高程）也同为盖体与盖上物业的分界面，较大的板厚可提高楼板的整体刚度，对其作为盖上物业大底盘结构更为有利。而从盖体消防性能化设计要求的层面考虑，此层为盖上物业民用建筑与盖下工业建筑的分界面，在火灾发生的时候，必须有效地起到分隔火灾的作用，也是盖体顶面作为发生火灾时安全疏散面的必要条件，因此其自身必须有较高的耐火极限性能。

根据《宁波市轨道交通1号线一期工程天童庄车辆段和石路头停车场项目消防设计专家评审会会议纪要》要求，在楼板的结构计算时，盖板的结构重要性系数取值为1.1，进一步提高其安全可靠性。

8.5.2 梁结构设计

1）结构类型选择

天童庄车辆段盖体虽然转换梁跨度较大，结构设计仍采用了最普通和施工效率最高的钢筋混凝土主次梁结构。一是考虑到施工工艺及工期要求，型钢混凝土梁柱节点钢结构安装困难，预应力梁需增加张拉的工艺工序，对施工单位的施工要求过高，工期难以保证；二是造价均较普通钢筋混凝土结构有着显著的提高；三是盖上物业开发实施的时间不明确，采用预应力转换梁，其荷载长时间无法施加，与预应力筋工作条件相差较大。考虑到上述这三点原因,固未采用预应力梁和型钢混凝土梁结构。

根据普通钢筋混凝土转换梁进行施工设计的情况来看,的确部分跨度较大位置的梁高达到了 3.0m,甚至为不影响梁下净高要求,对局部进行了上翻处理,从而影响到盖上电梯基坑的设备安装空间。因此,在结构设计时不应一同考虑,对于局部受力较大的转换梁可考虑采用型钢混凝土梁或预应力梁等减小梁的截面高度,而且局部少量的采用对工期及造价也不会产生较大影响,从而优化设计做到精益求精。

2)结构耐火极限

盖体梁的设计同样也需要满足盖体消防性能化设计要求,根据消防设计专家评审意见:"盖板的承重梁耐火极限不应低于 3 小时"。为满足要求,结构设计人员查阅相关规范及文献,均无现浇框架梁结构的耐火极限的相关标准。梁截面的大小,钢筋保护层厚度的取值等直接影响梁耐火极限的相关参数无法确定。

设计单位同中国建筑科学研究院有限公司合作,对天童庄车辆段盖体框架梁的结构耐火性能进行了计算分析,计算火灾高温作用下结构或构件的反应,包括结构变形和耐火极限等性能。具体内容详见第 13 章。

8.6 基础设计

在地铁车辆段及上盖物业设计中,基础占整个车辆段土建造价的 30% 左右。天童庄车辆段占地面积较大,约为 40hm²。拟建场地岩土种类多,性质变化大,广泛分布有软弱的淤泥质土和淤泥,地基等级属复杂地基。柱网跨度大,上部有高层建筑、多层建筑、平台上均布的覆土厚度大于等于 1.2m,上部荷载相差较大。基础形式的选择,基础设计的合理性,是控制整个车辆段项目总造价的关键。

8.6.1 场地地形及地质概况

拟建场地地层分布规律复杂,变化大,地下水位高,且具多种类型的地下水,浅部土质软弱,属典型的软土地区,广泛分布海相沉积的厚层软土,具有"天然含水率大于等于液限,天然孔隙比大于或等于 1.0,压缩性高,强度低,灵敏度高,透水性低"等特点。拟建场地软土层由①$_3$ 层灰色淤泥质黏土、②$_{2-1}$ 层灰色淤泥、②$_{2-2}$ 层灰色淤泥质黏土组成。①$_3$ 层灰色淤泥质黏土层厚 0.9~5.6m,天然含水率平均值为 47.4%,呈流塑状态,具高压缩性,压缩系数 $a_{0.1-0.2}$ 平均值为 0.95MPa^{-1};②$_{2-1}$ 层灰色淤泥层厚为 3.5~10.8m,天然含水率平均值为 55.4%,呈流塑状态,具高压缩性,压缩系数 $a_{0.1-0.2}$ 平均值为 1.34MPa^{-1};②$_{2-2}$ 层灰色淤泥质黏土层厚 0.8~13.5m,天然含水率平均值为 45.6%,呈流塑状态,具高压缩性,压缩系数 $a_{0.1-0.2}$ 平均值为 0.94MPa^{-1}。

1)主要土层

①层细分为 6 个亚层。①$_{1-1}$ 层杂填土:填料不均,结构松散,局部含碎石或块石,一般厚度为 0.4~3.4m。①$_{1-2}$ 层素填土:填料不均,结构松散,局部含碎石或块石,一般厚度为 0.4~3.6m。①$_{1-3}$ 层浜填土:结构松散。①$_{1-5}$ 层浜底淤泥:呈流塑状态,高压缩性,一般厚度为 0.6~1.0m。①$_2$ 层灰黄色黏土:俗称"硬壳层",以软可塑状态为主,局部呈可塑状态,

中压缩性,层顶埋深为0.0～3.6m,对应层顶高程为-0.11～2.83m。①$_3$层灰色淤泥质黏土:呈流塑状,高压缩性,高灵敏度,土质不均,局部相变为黏土,层顶埋深为0.6～4.5m,是场地主要软弱土层之一。

②层可划分为2个亚层。②$_{2-1}$层灰色淤泥:呈流塑状,高压缩性,高灵敏度,土质不均,层顶埋深为1.5～14.0m,是场地主要软弱土层之一。②$_{2-2}$层灰色淤泥质黏土:土质不均,局部相变为淤泥质粉质黏土,呈流塑状,高压缩性,高灵敏度,层位起伏较大,层顶埋深为5.0～15.6m,是场地主要软弱土层之一。

①$_3$层、②$_{2-1}$层和②$_{2-2}$层构成本场地软土层。

③层可划分为2个亚层。③$_1$层灰色黏质粉土:土质不均,场地西侧粉粒含量较东侧高,呈稍密状态,中压缩性,局部分布,层顶埋深为10.8～16.0m。③$_2$层灰色粉质黏土:土质不均,呈流塑状,中偏高压缩性,层位起伏较大,层顶埋深为8.2～20.0m。

④层划分为3个亚层。④$_{1-2}$层灰色粉质黏土:呈流塑状态,高压缩性,层位起伏较大,层顶埋深为16.5～25.1m。④$_2$层灰色黏土:呈软塑状,高压缩性,层位起伏较大,层顶埋深为18.0～37.4m。④$_3$层灰色粉质黏土:呈软塑～可塑状,中偏高压缩性,层位起伏较大,层顶埋深为30.0～44.0m。

⑤层划分成3个亚层及1个夹层。⑤$_1$层灰绿色、灰黄色、草黄色粉质黏土:呈可塑状,中压缩性,层位起伏较大,层顶埋深为17.5～34.0m;局部地段夹黏质粉土透镜体⑤$_{1T}$层,该层具中密状态,中压缩性。⑤$_2$层灰黄色黏土:呈软可塑状态,中压缩性,层位起伏较大,层顶埋深为23.0～39.0m。⑤$_4$层灰色粉质黏土:呈软塑状态,中偏高压缩性,层位起伏较大,层顶埋深为25.5～39.3m。

⑥层划分成5个亚层及1个夹层。⑥$_1$层灰黄色、蓝灰色粉质黏土:呈可塑状态,中压缩性,层位起伏较大,层顶埋深为29.4～44.0m。局部地段夹黏质粉土透镜体⑥$_{1T}$层,该层具中密状态,中压缩性。⑥$_2$层灰色粉质黏土:呈软塑状,高压缩性,层顶埋深为40.20～48.9m。⑥$_3$层灰色黏土:呈软～可塑状,中压缩性,层位起伏较大,层顶埋深为31.50～46.8m。⑥$_4$层灰色粉砂:呈中密状态,中压缩性,层位起伏较大,层顶埋深为41.00～47.10m。⑥$_5$层灰色、绿灰色砾砂:土质不均,局部相变为粗砂或圆砾,呈中密状态,中压缩性,层位起伏较大,层顶埋深为41.60～47.50m。

⑦层划分成2个亚层及1个夹层。⑦$_1$层灰绿色、蓝灰色粉质黏土:呈可塑状,中压缩性,层位起伏较大,层顶埋深为39.4～49.6m。该层土性较好,层位埋深适中且相对较稳定。⑦$_{1T}$层砂质粉土,呈中密状,中压缩性,土性较好,层位埋深适中且相对较稳定。⑦$_2$层灰色粉质黏土:呈软～可塑状,中压缩性,层位起伏较大,层顶埋深为42.5～51.8m。

⑧层划分成2个亚层及1个夹层。⑧$_1$层灰色、绿灰色粉砂:呈中密状态,中压缩性,层顶埋深为46.0～54.30m。⑧$_3$层灰～蓝灰色圆砾、砾砂:土质不均,以圆砾、砾砂为主,局部相变为粗砂或中砂,呈中密～密实状态,低压缩性,层位相对稳定,层顶埋深为46.5～53.0m。局部地段夹粉质黏土透镜体⑧$_{3T}$层,该层呈可塑状,中压缩性。

⑨层划分成3个亚层及2个夹层。⑨$_1$层灰绿色、灰黄色粉质黏土:呈硬可塑状态,中偏低压缩性,一般层厚大于5.0m,和⑨$_{1T}$层联合厚度一般大于12.0m。⑨$_2$层灰色、青灰色粉质黏土:呈可塑状态,中压缩性,层位相对稳定,层顶埋深为64.0～75.5m。局部地段夹粉

砂透镜体⑨$_{2T}$层,该层中密～密实状,中偏低压缩性。⑨$_3$层灰色、绿灰色、灰黄色圆砾:土质不均,以圆砾为主,局部相变为卵石或砾砂,呈密实状态,低压缩性,层位相对稳定,承载力高,物理力学性质好,层顶埋深为67.2～78.4m。

⑩层划分成2个亚层。⑩$_1$层杂色、灰黄色、褐黄色含角砾粉质黏土,土质不均,局部为含圆砾粉质黏土,呈硬可塑状态,低压缩性,分布于基岩上部,层位较稳定,承载力高,物理力学性质好,层顶埋深为74.4～86.9m。⑩$_2$层杂色、灰黄色、褐黄色含黏性土角砾,土质不均,局部为含黏性土圆砾,呈密实状态,低压缩性,分布于基岩上部,层位较稳定,承载力高,物理力学性质好,层顶埋深为74.0～82.8m。

⑪层划分成2个亚层。⑪$_1$层紫灰色、灰色、灰黄色强风化凝灰岩,原岩结构已基本破坏,岩性为含黏性土砾砂,岩石硬脆,节理裂隙很发育,岩芯呈碎块状、砂粒状,局部呈含黏性土碎石状,该层分布于基岩表部,低压缩性,承载力高,物理力学性质好,层顶埋深为83.5～85.5m。⑪$_2$层紫红色、紫灰色、灰色中风化凝灰岩,凝灰结构,块状构造,岩质硬脆,裂隙较发育,裂面铁锰质浸染,岩体较完整,岩芯呈短柱状及碎块状。

2)典型地质断面图

典型地质断面如图8-5所示。

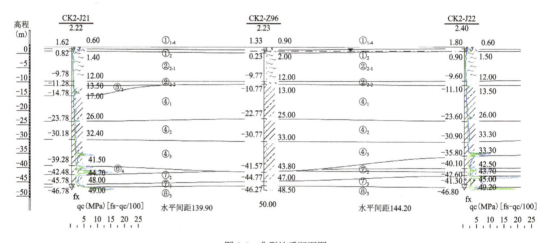

图8-5 典型地质断面图

3)各层地基土设计参数

拟建场地第四纪地层发育,厚度大于80m,成因类型以海相沉积为主,具体土层分布、地基承载力特征值f_{ak}及相关的指标见表8-2。

地基土设计参数　　　　　　表8-2

层号	土层名称	固结快剪指标		一般厚度 (m)	地基承载力特征值f_{ak} (kPa)	压缩模量 E_s	钻孔灌注桩	
		C_k (kPa)	φ_k (°)				侧阻q_{sik} (kPa)	端阻Q_{pk} (kPa)
①$_{1-2}$	素填土			0.2～4.0	—			
①$_{1-3}$	浜填土			3.5	—			
①$_{1-5}$	浜底淤泥				—			
①$_2$	黏土	18	12.8	0.4～1.6	80		15	

续上表

层号	土层名称	固结快剪指标		一般厚度(m)	地基承载力特征值 f_{ak} (kPa)	压缩模量 E_s	钻孔灌注桩	
		C_k (kPa)	φ_k (°)				侧阻 q_{sik} (kPa)	端阻 Q_{pk} (kPa)
①₃	淤泥质黏土	12	10.7	0.9~5.6	65		15	
②₂₋₁	淤泥	8	9.3	3.5~10.8	55		15	
②₂₋₂	淤泥质黏土	11	11.8	0.8~13.5	60		15	
③₁	粉砂	6	30.0	1.0~4.3	100		25	
③₂	粉质黏土夹粉砂	15	19.1	2.0~11.5	85		24	
④₁₋₂	粉质黏土	15	17.2	1.0~16.5	80		22	
④₂	黏土	16	12.2	1.4~13.3	75		23	
④₃	粉质黏土	18	15.2	1.5~10.5	80		25	
⑤₁	黏土	42	14.4	1.9~19.1	200	11.0	60	1200
⑤₁₋T	砂质粉土	3	29.5	0.6~6.2	100	10.0	45	
⑤₂	黏土	31	12.4	1.7~9.8	160	8.0	50	1000
⑤₄	粉质黏土	18	12.2	1.4~15.0	100	10.0	45	
⑥₁	黏土	30	13.2	1.1~8.0	110	8.0	50	1000
⑥₃	黏土	21	13.4	1.4~18.9	100	20.0	45	700
⑥₄	砂质粉土	4	29.6	1.0~5.7	110	13.0	50	800
⑦₁	粉质黏土	42	15.1	0.6~12.8	180	13.0	60	1200
⑦₁₋T	含砾粉质黏土			0.5~3.8	220	16.0	60	1200
⑦₂	粉质黏土	23	14.8	1.4~5.7	90	8.0	40	
⑧₃	圆砾			0.5~7.1	400	40.0	100	3000
⑨₁	粉质黏土	43	16.4	未穿透	220	14.0		

4）存在的问题

根据地质显示及设计要求，拟建场地轨顶高程（±0.000）高出既有地面2.1m左右，场地较高的填土，以及广泛的厚层软土分布，对该工程建设会带来一系列岩土工程问题，主要表现为：

（1）由于软土广泛分布，其引发的区域性地面沉降现已成为宁波市的区域地质灾害，有可能导致结构长期处于沉降状态。

（2）由于软土具有触变性，在大面积预制桩基施工过程中，孔隙水压力消散导致地基土与桩基产生相对向下的位移，从而产生负摩阻力。

（3）由于软土层渗透性低，在大面积堆载作用下，沉降稳定需较长时间。

以上情况是基础设计中必须考虑的问题，采用桩基础设计，选择较好的持力层并同时考虑桩基负摩阻力的影响是解决高压缩性海相淤泥质土较好的处理办法。

8.6.2 基础选择

1）基础选择原则

根据规范及相关资料，当出现下列情况之一时，应该优先考虑桩基础方案。

（1）当建（构）筑物承受较大的偏心荷载、水平荷载、动力荷载或周期性荷载作用需减少建(构)筑物的水平位移和倾斜时,或建在斜坡上的建(构)筑物需要采取抗滑失稳措施时。

(2)在地震活动区域建造建(构)筑物的持力层范围有可液化土层而需要将建筑物支撑在不液化土层上。

(3)当建(构)筑物需要考虑可能的爆炸或强风暴等其他随机性强的动荷载时。

(4)高层或高耸建(构)筑物及重型厂房等结构荷载很大,对基础的沉降和不均匀沉降要求比较严格的建(构)筑物,一般天然地基难以满足承载力要求时。

(5)地基存在震陷性、湿陷性、膨胀性、冻胀性或侵蚀性等不良土层或上覆土层为强度低、压缩性高的软弱土层,不能满足建(构)筑物对地基的要求,而软土层下面存在较好的或坚硬土层时。

(6)受施工方法、经济条件及施工工期等因素限制不适用于软土地基处理,也不适用采取沉井、沉箱、地下连续墙等深基础时。

2)桩基选型

结合场地地质条件对钻孔灌注桩、预制桩与 PHC 管桩三种常用的桩型进行经济、技术比较,具体见表 8-3。

桩型方案比选   表 8-3

比选项	PHC 管桩	预制桩	钻孔灌注桩
造价	每立方混凝土提供的承载力高,性价比较高,较大节约成本	每立方混凝土提供的承载力较高,性价比高,较大节约成本	相同条件下,造价相对较高
挤土效应	挤土效应明显	挤土效应明显	无挤土效应
沉桩可能性	当桩端入土深度较大且需穿越较密实砂土层时,沉桩相对有优势	当桩端入土深度较大且需穿越密实砂土层时,沉桩略显不足	穿越软弱土层或砂土层时,须进行泥浆护壁
质量可靠度	质量相对易控制	质量相对易控制	与施工质量有关,尤其是长桩,更须严格控制质量

经上述比较,桩型应优先选用 PHC 管桩,其次为钻孔灌注桩。

由于车辆段带上盖物业部分荷载柱网间距大,上部有高层建筑转换,平台还有覆土绿化荷载,且沿小区道路设置消防车通道,柱下荷载较大,最大单柱竖向轴力标准值达到 30000kN。根据地质情况及施工条件,如果带上盖物业部分建筑桩基础选用 PHC 管桩,因为桩径较小,且为管桩,不能满足桩身压屈验算要求及建筑对单桩竖向承载力的要求。钻孔灌注桩除经济性不如 PHC 管桩外,还具有以下优点:

(1)施工时基本无噪声、无振动、无地面隆起或侧移,因此对环境和周边建筑物危害小。

(2)大直径钻孔灌注桩直径大、单桩承载力大。

(3)对于桩穿透的土层可以在空中作原位测试,以检测土层的性质。

(4)钻孔灌注桩通常布桩间距大,群桩效应小。

(5)利用"后注浆"钻孔灌注桩可以有效提高桩的承载力,减少沉降量。

(6)施工设备简单轻便,能在较低的净空条件下设桩。

根据上述比较,该工程桩基础选用以下两种桩型:

(1)整体道床、检查坑及设备基础采用 PHC 管桩基础。

(2)框架柱基础统一采用钻孔灌注桩,钻孔灌注桩基础设计时应充分考虑以下条件:
①路轨侧压力的作用;
②柱截面较桩直径大较多的情况;
③框架跨度较大,大部分跨度均在12m及以上。

桩基础设计时应避免出现柱下单桩承台,垂直于地铁轨道方向至少布置2根桩,同时加强桩身上部配筋,以提高桩身水平承载力。

8.6.3 桩基持力层选择

1)根据场地地质条件,对拟选桩基持力层进行比选

(1)⑤$_1$层黏土以上的地层由流塑状态的淤泥质土、软塑状态的黏性土和稍密状态的粉砂组成,故均不能作为桩基持力层。

(2)⑤$_1$层黏土呈硬可塑状,中压缩性,可作为桩基持力层,但应考虑到其层位埋深相对较浅,地基土所能提供的单桩承载力较小,建议一般用于单桩荷载要求不高的建筑物,如混合变电所或杂品库等,但不能作为盖体下框架桩基础持力层。

(3)⑤$_2$层黏土呈软可塑状,中压缩性,可作为桩基持力层,但应考虑到其层位埋深相对较浅,土性一般,地基土所能提供的单桩承载力较小,建议一般用于单桩荷载要求不高的建筑物,如混合变电所或杂品库。

(4)⑤$_4$层粉质黏土呈软塑状态,中压缩性,不宜作为桩基持力层。

(5)⑥$_1$层黏土呈硬可塑状,中压缩性,可作为桩基持力层,但应考虑到其层位埋深相对较浅,地基土所能提供的单桩承载力较小,建议一般用于单桩荷载要求不高的建筑物,如混合变电所或杂品库。

(6)⑥$_3$层灰色黏土呈软可塑状态,可作为桩基持力层。但考虑到其压缩性偏高的特点,将会导致桩基沉降量会相对偏大,故建议其作为一般构筑物的桩基持力层。

(7)⑥$_4$层砂质粉土呈中密状态,可作为桩基持力层。

(8)⑦$_1$层灰绿色、蓝灰色粉质黏土呈硬可塑状,中压缩性,该层土性较好,层位埋深适中且相对较稳定,可作为桩基持力层。

(9)⑦$_{1-T}$层含砾粉质黏土呈硬可塑状态,中压缩性,土性较好,层位埋深适中且相对较稳定,可作为桩基持力层。

(10)⑦$_2$层灰色粉质黏土呈软可塑状态,可作为桩基持力层。但考虑到其压缩性偏高的特点,将会导致桩基沉降量会相对偏大,故建议其作为一般构筑物的桩基持力层。

(11)⑧$_3$层灰~蓝灰色圆砾呈密实状态,中压缩性,层位埋深适中且相对较稳定,可作为桩基持力层。

(12)⑨层土性较好,可作为桩基持力层,但考虑到其层位埋深偏深,当以上土层能满足时,尽量不采用。

根据以上描述,该项目桩基础可以选用⑥$_4$层砂质粉土、⑦$_1$层粉质黏土、⑦$_{1-T}$层含砾粉质黏土、⑧$_3$层圆砾;⑨$_1$层粉质黏土均可以作为桩端持力层。

2)按桩基承载力的要求选择桩基持力层

带上盖物业开发区,柱距8.4m,根据桩基规范,非挤土灌注桩的最小桩间距为3倍桩

径,按6桩承台、1m直径的桩计算,则有3+3+1×2=8m,小于8.4m柱距,满足桩距要求。所以天童庄车辆段可采用桩径小于1m的钻孔灌注桩,即选用0.9m和1m,按端承摩擦桩设计。

非高层区域桩径采用0.9m时,采用⑦$_1$层粉质黏土、⑦$_{1-T}$层含砾粉质黏土计算,桩长52m,单桩竖向承载力特征值≥2500kN。

高层物业区域采用桩径1m(B型),单桩竖向承载力特征值≥3900kN,设计桩长估算为58m,设计桩长以详勘地质报告计算结果为准,采用桩端注浆。

以上桩身混凝土强度等级C35,主筋保护层厚度50mm。承台混凝土C35,主筋HRB335级,承台底面钢筋的混凝土保护层不应小于50mm;承台高度按抗弯、抗剪、抗冲切计算确定。桩嵌入承台内长度100mm。

8.6.4 基础承台布置

基础承台的布置,必须考虑以下因素。

1)考虑轨道下整体道床及检查坑的布置

当考虑轨道下整体道床及检查坑的布置时,该车辆段平行于轨道的柱轴线与轨道中心线之间的距离大部分均为3.9m,而整体道床宽度通常是2.8m,按桩径0.9m计算,承台长7.2m,宽4.5m,则有2.25+1.4=3.65m,小于柱轴线与轨道中心线通常为3.9m,满足要求;但柱基础承台边到检查坑和整体道床边的距离,仅为3.9-3.65=0.25m的空隙,作为隔震沟的设置,不是很理想,如果能保证承台四周有0.5m的空隙为好,即带上盖物业柱轴线与轨道中心线之间的距离考虑4.2m以上,桩径按0.9m以下来布置桩基承台比较理想。

图8-6为典型承台布置图。

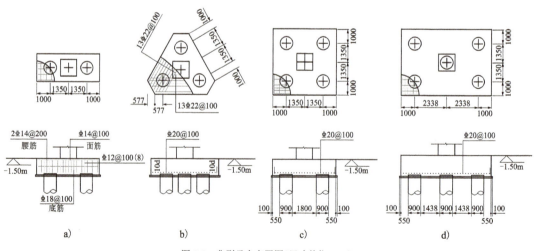

图8-6 典型承台布置图(尺寸单位:mm)

2)车辆段库内综合管沟的布置

库内综合管沟通常埋深1.4m,在布置基础承台时,必须考虑让出管沟的高度,即承台顶面高程在1.4m以下。

3）设备基础的布置

车辆段库内设备基础较多，埋深各有不同，在桩基承台的布置时，必须考虑设备基础的位置及高度。

4）房屋高度对桩基础承台的埋深要求

按《高层建筑混凝土结构技术规程》(JGJ 3—2010)的要求，桩基承台必须埋深为房屋高度的 1/18。

综上所述，桩基承台的尺寸和埋深，必须考虑轨道、房屋总高、设备基础、综合管沟的影响。

5）基础承台隔振

为降低列车运行时轮轨之间的作用力产生的振动传递到上盖平台结构上，天童庄车辆段在基础承台周边设计了一道减振沟，沟宽 0.5m，粗砂填充，以起到隔振和吸振的作用，见图 8-7。

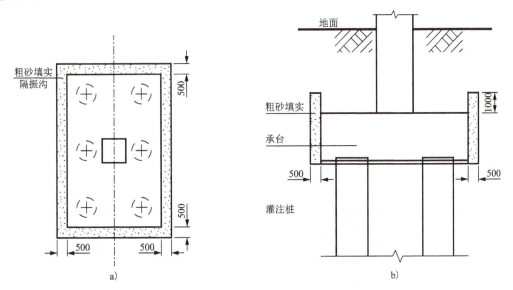

图 8-7 承台隔振沟布置图(尺寸单位：mm)

8.6.5 地梁布置

地铁车辆段由于设备较多，基础地梁的设置受多重关系的影响，如轨道、设备基础、结构跨度等，在设置地梁时需综合考虑多重因素的影响，且须满足相关规范的要求。

1）相关规范对设置连系梁的要求

(1)根据《抗震设计规范》(GB 50011—2010)，Ⅳ类场地的二级框架宜沿两个主轴方向设置基础连系梁。

(2)根据《地基基础设计规范》(GB 50007—2011)，承台之间的连接应符合下列要求：

①单桩承台，应在两个互相垂直的方向上设置连系梁。

②两桩承台应在其短向设置连系梁。

③有抗震要求的柱下独立承台，宜在两个主轴方向设置连系梁。

2）该工程考虑的因素

本工程柱距为 8.4m；跨度在 12.4m 及以上；如果在 12.4m 跨度上设置连系梁，由于跨度大，设置连系梁对上部水平力的作用并不大；在此方向需要垂直穿过轨道下整体道床和检查坑，设置连系梁时，必须考虑轨道荷载，且对上部物业的隔震会受到影响。

根据以上分析，规范要求必须在两个方向上设置连系梁的要求是柱下独立承台和单桩承台，但由于该工程上部荷载较大，柱下均为两桩承台及以上，在垂直于轨道方向上可以不设置连系梁。按上述第二条，在垂直于轨道方向上设置连系梁作用并不大，所以该项目只在平行于线路方向设置连系梁，如图 8-8 所示。

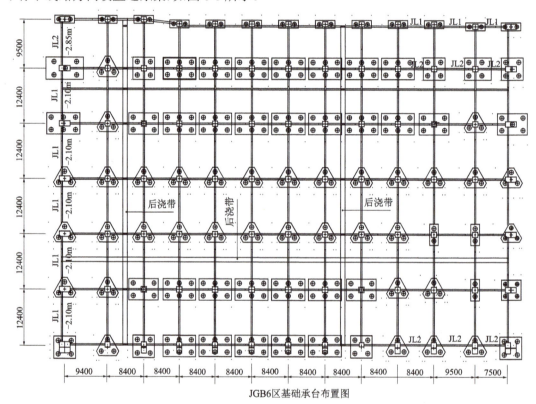

图 8-8　B 区基础平面布置图（尺寸单位：mm）

8.7　结构大样设计

8.7.1　物业柱预留、二期塔式起重机的预留

天童庄车辆段盖上物业除 A、C 区车辆段生产生活用楼外，其余（B、C 区）均为二次物业开发预留。盖体结构设计在计算阶段均采用整体建模的方式进行计算分析，而在施工实施阶段，则为二次物业开发进行接口预留。预留接口设置在盖上物业柱下端，柱纵向受力钢筋按规范要求与盖体梁柱一起绑扎预埋，盖体梁柱混凝土按设计要求正常浇筑。为防止外露的盖上物业柱钢筋生锈而失去效力，要求采用 C15 混凝土浇筑柱截面至顶板以上 2.4m

高。后期施工时,把此段混凝土凿掉,主筋分二次进行搭接。

考虑到盖上物业施工时,盖下车辆段已经验收完毕处于正常运营阶段。为了不影响地铁车辆段正常的运营生产,盖上物业的施工单位不得进入盖下车辆段的范围内。盖上物业的施工塔式起重机不得穿过盖体楼板直接落地,因此施工材料的垂直运输受到很大的影响。为解决这一困难,在盖体结构设计时,根据盖上物业单体的布置情况,进行物业施工塔式起重机基础受力点的荷载预留。塔式起重机荷载计算时采用QTZ50(4810)型塔式起重机,最大工作幅度48m,最大额定起重量:4.0t。钢架尺寸1500mm×1500mm,采用附着式塔式起重机。塔式起重机基础为盖体板顶直接作钢筋混凝土承台,塔式机重机地脚位置需与盖体框架梁上预留集中荷载位置对应,施工期间每个地脚位置承受压力不得大于270kN。

8.7.2 盖体变形缝大样设计

在盖体结构施工图设计阶段,极易出现不同分区设计人员设计差异的问题。在结构施工设计完成后,需专门进行结构总体设计的接口核对。根据该工程设计经验,其中变形缝处极易出现碰错的情况,尤其是咽喉区曲线段,由于结构布置的不规则,变形缝两侧的边梁容易出现与框架柱布置方向斜交的情况,如果楼板不进行悬挑,则会导致变形缝过宽,建筑变形缝防水大样出现非标准成品的情况。而采用变形缝处楼板悬挑,则两个分区边梁之间缝隙较小,楼板模板的搭设极为困难,施工不便利。因此结构专业需对各个分区的施工图进行总图合并,逐一排查各个分区的变形缝,对宽度过大的变形缝处,尽可能地将边梁平齐柱边布置,或专门进行特殊的梁柱节点大样设计(图8-9),从而避免出现变形缝过宽的情况。

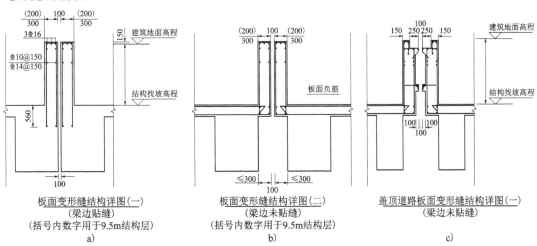

图8-9 盖板变形缝结构图(尺寸单位:mm)

8.7.3 库内整体配筋地面

天童庄车辆段轮对检测库、洗车机棚、镟轮库及试车机具间、调机/工程车库、运用库、检修主厂房等建筑单体,库内线整体道床工后不均匀沉降要求不大于20mm,因此整体道床及库内地坪采用 PHC 桩—板结构体系。PHC 桩采用 C80 预应力混凝土管桩，桩径 0.5m，壁厚 100mm，沿线路梅花形布置，平均桩长 45m。采用 150mm 厚 C30 钢筋混凝土现浇地坪，两端搭接在整体道床/检查坑之间或整体道床/检查坑与建筑承台之间，从而减少地坪因基础不均匀沉降导致的地面开裂情况，如图 8-10 所示。

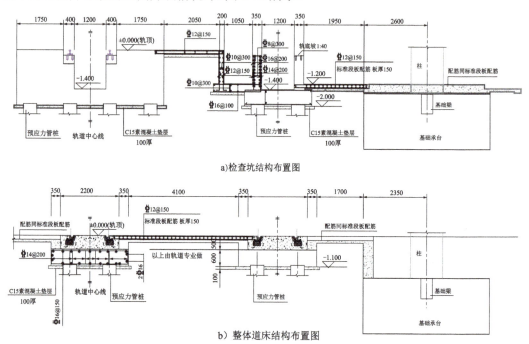

图 8-10　库内检查坑及整体道床结构布置图（尺寸单位：mm）

8.8　桥梁结构

8.8.1　车辆段道路桥梁布置的限制条件及控制因素

车辆段主要建筑工程为站场轨道和上盖物业建筑，场地布置一般优先考虑站场布置及各类配套建筑，因此道路布置受到较大的限制，一般都存在半径较小、坡度较大的情况；地面道路与上盖建筑连接的道路，同时受限于地面道路与上盖建筑道路，则道路布置的条件更加苛刻。

车辆段内桥梁受道路条件控制，存在着道路半径较小、纵坡大、周围建筑物错综复杂的不利条件。如天童庄车辆段上盖坡道 P3 桥（图 8-11），桥梁起点处位于上盖盖体下方，框架柱间穿行 30m 后，以 17.5m 半径右转，以 8% 的纵坡上坡后依次连接上盖车库层和上盖盖顶层。

综上所述，车辆段内桥梁存在着半径较小、纵坡较大、桥梁周围建筑物基础复杂的控制因素，控制了桥梁的设计。

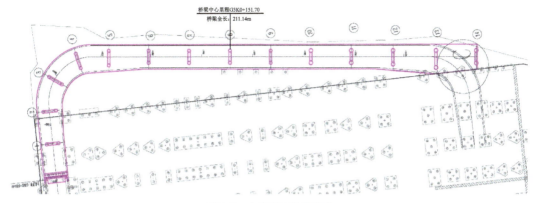

图 8-11 上盖坡道 P3 桥平面

8.8.2 桥梁结构选型

按照"以人为本,功能优先,与自然和谐统一"的理念,"安全、耐久、节约、和谐"的科学建设观贯穿桥梁设计的始终。桥梁结构选型应符合以下原则:

(1)桥梁按照适用、安全、经济、美观、耐久的原则,尽量选用技术成熟、受力明确、外形简洁且便于施工的先简支后结构连续体系或简支桥面连续的桥型,提高行车的舒适性。

(2)桥型设计追求与地形、环境、交通的协调统一,在立面和平面上形成顺适、流畅的立体曲线,并与自然景观融为一体。

(3)桥型设计充分考虑结构的耐久性和运营期间的养护费用,合理选用桥梁结构形式、墩台结构形式、建筑材料及桥面伸缩缝、排水系统等附属设施,满足运营阶段行车平顺、舒适、安全的要求,达到养护方便,使桥梁工程全寿命周期费用达到最省,体现"节约全寿命周期成本"的理念。

(4)制订合理可行的施工方案,使施工对环境的影响降低到最小。

8.8.3 桥梁设计

车辆段桥梁主要分为段内道路与市政道路连接桥梁,以及地面道路与上盖坡道连接桥梁两类。

1)段内道路与市政道路连接桥梁设计细节

(1)段内道路与市政道路连接桥梁属于市政道路桥梁,设计时应按照《城市桥梁设计规范》(CJJ 11—2011)规范要求进行设计。

(2)段内道路与市政道路连接桥梁同时也是车辆段内给水、排水、电力、通信等各类管线与市政管线连接的主要通道,设计时应充分与相关各专业协商,确定管线在桥梁上的布置。

(3)进段道路桥梁为车辆段的"门户",管线在桥梁的布置,应充分考虑桥梁的美观性,尽量将管线"隐形"。布置时可以采用人行道道板下布置,桥上设置绿化分隔带布置,以及采用槽形梁布置于梁体内等方式。

2）上盖坡道桥梁

（1）上盖坡道桥梁为段内地面道路与上盖建筑道路连接所设,桥梁的荷载等级可以根据所通行的车辆进行分析考虑,采用较低的车辆荷载等级有利于降低工程造价。但是设计时应充分考虑,设计的桥梁是否具有消防通道的功能,若具有消防通道功能,应按消防车荷载进行检算。

（2）上盖坡道桥梁设计时,桥梁设计荷载的确定,应与其他专业以及建设单位充分协商,确定施工期间盖上建筑材料及特殊机械的运输方式,若施工期间通行施工车辆,应充分考虑超重车荷载。

（3）上盖坡道桥桥型设计,应充分考虑桥型的美观性以及与上盖建筑风格的和谐、美观。

（4）位于小半径上的桥梁,当无法采用预应力混凝土结构时,可以采用钢筋混凝土空心板或实心板结构,并宜采用小跨度的连续板结构,计算式按照空间板模型计算。

第9章
超限建筑抗震设计

9.1 超限建筑抗震分析基本方法
9.2 天童庄车辆段超限建筑抗震分析方法
9.3 天童庄车辆段超限建筑抗震分析实例
9.4 天童庄车辆段超限结构抗震处理措施

9.1 超限建筑抗震分析基本方法

9.1.1 静力弹塑性分析基本原理

结构静力弹塑性 Pushover 分析,是近年发展的一种计算地震反应的简化方法,多年来一直作为抗震性能分析的重要方法之一被广大技术人员广泛采用。它既能校核结构在多遇地震下的弹性设计,又能通过计算分析确定结构在大震下潜在的破坏机制,通过判断塑性铰的分布情况和塑性铰发展的先后顺序,发现对应的薄弱环节,从而可以指导设计者对局部薄弱环节进行修复和加强,使整体结构达到预期的使用功能。

静力弹塑性 Pushover 分析方法,本质上是一种与设计反应谱相结合的静力非线性的分析方法,通过计算建筑结构在给定的地震作用下的峰值响应,从而对结构的抗震性能进行评估。选择一定分布形式侧向水平力沿结构高度施加侧向荷载,并通过逐步单调增加水平荷载,使各个结构构件由弹性阶段向弹塑性工作阶段发展,推覆直至达到预设的终止条件停止,获得结构的荷载—位移曲线,即能力曲线,然后将其转换为等效的单自由度体系的加速度谱—位移谱曲线(即能力谱曲线);同时将"加速度—时间时程谱曲线"转换为"加速度—位移格式"的需求谱曲线,并将能力谱曲线和需求谱曲线在同一个坐标系中反映出来,而这两条谱曲线的交点,即性能点,也就是满足该水准地震作用下极限承载能力和变形能力的点。通过定义不同的需求谱(大震、中震),对结构在当前地震水准作用下的性能,从而实现《建筑抗震设计规范》(GB 50011—2010)中的"三个水准,两个阶段"的设计原则。目前静力弹塑性分析方法一般是基于以下两个基本假定:

(1)假定一般的建筑结构(多自由度体系)可以等效为一个与其对应的单自由度体系,那么它在地震作用下的效应可以用等效的单自由度体系在地震作用下的反应去求取,则结构的响应主要由第一振型起控制作用。

(2)假定结构的形状向量在整个推覆分析的过程中保持不变。

静力弹塑性 Pushover 分析方法的基本思路如下:

(1)建立准确合理的结构分析模型。计算结构在竖向荷载作用下的结构自身特性,并分析此时结构构件是否屈服或者开裂。

(2)沿着结构高度施加水平荷载,并将水平荷载产生的内力与竖向荷载产生的内力进行叠加,随着水平荷载的逐步增大,部分结构构件先后出现塑性铰,直至整个结构的塑性铰数量过多或者位移达到极限条件,停止分析,从而得到基地剪力—顶点位移曲线,即能力曲线。

(3)计算目标位移,在目标位移下评估结构的抗震性能,可从层间位移角、层位移以及塑性铰的分布情况来评价结构整体的抗震性能。

9.1.2 动力弹塑性分析基本原理

动力弹塑性时程分析方法是基于考虑结构的弹塑性性能，通过对结构直接施加人工波或天然地震波，采用逐步积分的方法求解结构的动力方程，从而来获得结构在大震、中震作用下的结构响应过程，运用计算结果描述每个时刻结构构件的内力和变形情况，在弹塑性时程分析中，还可以给出各个构件出现塑性铰的先后顺序，因此，时程分析法能从变形和强度两个方面对结构在地震下的反应进行比较全面的描述。动力时程分析方法经过多年的发展，在结构分析模型、单元计算模型、材料本构关系等方面都取得了较大的进展。

地震作用下多自由度结构体系的运动方程可表示为：

$$M\ddot{u}(t) + C\dot{u}(t) + Ku(t) = -MR\ddot{u}_g(t) \tag{9-1}$$

式中：M、C、K ——分别为结构体系的质量矩阵、阻尼矩阵和刚度矩阵；

$u(t)$、$\dot{u}(t)$、$\ddot{u}(t)$ ——分别为结构体系的位移、速度和加速度响应向量；

$\ddot{u}_g(t)$ ——地震地面运动加速度向量；

R ——地震激励作用位置矩阵。

在结构弹塑性地震反应过程中，质量和刚度矩阵随时间变化，所以无法获得解析解，只能通过数值方法求解。在求解过程中，可将地震历程划分为相等的而且又相当短时间增量Δt，并且将每个时间区段内的结构体系的各个物理参数视为常数。方程式(9-1)使用于结构的任何时刻，因此在$t + \Delta t$时刻也能成立，即：

$$M\ddot{u}(t+\Delta t) + C\dot{u}(t+\Delta t) + Ku(t+\Delta t) = -MR\ddot{u}_g(t+\Delta t) \tag{9-2}$$

令：

$$\Delta f = f[u(t+\Delta t)] - f[u(t)] \tag{9-3}$$

$$\Delta \ddot{u}_g = \ddot{u}_g(t+\Delta t) - \ddot{u}_g(t) \tag{9-4}$$

$$\Delta \ddot{u} = \ddot{u}(t+\Delta t) - \ddot{u}(t) \tag{9-5}$$

$$\Delta \dot{u} = \dot{u}(t+\Delta t) - \dot{u}(t) \tag{9-6}$$

由式(9-2)减去式(9-1)可得运动方程的增量表达形式：

$$M\Delta\ddot{u} + C\Delta\dot{u} + \Delta f = -MR\Delta\ddot{u}_g \tag{9-7}$$

当Δt较小时，结构的位移变化为：

$$\Delta u = u(t+\Delta t) - u(t) \tag{9-8}$$

则Δf可以根据t时刻的结构切线刚度$K(t)$近似计算，即：

$$\Delta f = K(t)\Delta u(t) \tag{9-9}$$

由此可得考虑结构弹塑性响应的地震反应运动方程增量形式：

$$M\Delta\ddot{u} + C\Delta\dot{u} + K(t)\Delta u = -MR\Delta\ddot{u}_g \tag{9-10}$$

一般而言，动力弹塑性时程分析方法的基本过程为：

(1)建立合理的结构几何计算模型，选择合理的恢复力模型，合理选用结构构件及材料的本构模型。

(2)结合工程实际情况及与地震相关的设计参数(如场地条件、地震分组、设防标准等),按照结构抗震规范的要求合理选用符合情况的地震波。

(3)建立结构在地震作用下的运动微分方程,选择合适的积分方法求解运动方程,运行分析非线性时程分析工况。

(4)查看计算结果,包括结构的塑性铰开展状况、层间位移角等关键数值,提取所需要的数据,判定结构是否满足抗震要求。

9.1.3 结构抗震性能设计的基本要求

超限高层建筑应根据其使用功能的重要性分为甲类、乙类、丙类三个抗震设防类别。抗震设防类别的划分应符合国家标准《建筑抗震设防分类标准》(GB 50223—2008)的规定,各抗震设防类别建筑的抗震设防标准应不低于国家标准《建筑抗震设计规范》(GB 50011—2010)的规定。

超限高层建筑所在地区遭受的地震影响,应采用下列规定的设计地震动参数:

(1)一般情况下,应采用建筑所在地区的抗震设防烈度(中国地震动参数区划图的地震基本烈度)的设计基本地震加速度和设计特征周期。

(2)对已做过抗震设防区划的地区、厂矿和小区,可按批准的抗震设防烈度或设计地震动参数确定。

(3)对已进行过场地地震安全性评价的工程项目,可按具体情况进行地震动参数确定。对于多遇地震,应通过各个主轴方向的主要振型所对应的底部剪力的对比分析,按地震安全性评价结果和规范结果二者的较大值采用,不能部分采用规范参数、部分采用安评参数,且计算结果应满足规范最小剪力系数的要求;对于设防烈度地震和罕遇地震,地震作用的取值一般可按规范参数采用,也可根据经济条件取大于规范值的地震安全性评价参数,此时不考虑最小剪力系数。

(4)抗震设防烈度和设计基本地震加速度取值的对应关系、设计特征周期的取值按国家标准《建筑抗震设计规范》(GB 50011—2010)和地方规范规程采用。

9.1.4 实施结构抗震性能设计的方法

(1)抗震性能水准为运行的具体要求如下:

①关键部位(含薄弱部位)的竖向构件(如墙肢、框架柱、支撑等)应保持弹性或不屈服。

②对于高度超过 B 级较多且特别不规则的超限高层建筑,结构全高的竖向构件均保持弹性或不屈服。

③对于超限大跨空间结构,关键杆件的应力比不应大于 0.85。

④水平转换构件、连体、悬挑、连接节点应保持弹性。

⑤次要构件(如框架梁、连梁等)应提高构造措施的抗震等级。

(2)抗震性能水准为基本运行的具体要求如下:

①关键部位(含薄弱部位)的竖向构件(如墙肢、框架柱、支撑等)宜不屈服或提高抗震等级。

②水平转换构件、连体、悬挑、连接节点宜保持弹性。

③次要构件(如框架梁、连梁等)可提高构造措施的抗震等级。

(3)保持弹性的抗震验算要求如下：

①取不考虑构件内力调整和风荷载的地震作用组合内力设计值及材料强度设计值对抗震承载力进行验算。

②计算模型中可以考虑部分次要构件进入塑性，结构阻尼比可适当提高。

(4)不屈服的抗震验算要求如下：

①取不考虑荷载分项系数的地震作用标准组合、材料强度标准值及不考虑抗震承载力调整系数对抗震承载力进行验算。

②计算模型中可以考虑部分次要构件进入塑性，结构阻尼比可适当提高。

(5)在中震弹性或中震不屈服的抗震验算中，对于出现偏心受拉或截面边缘压应力接近混凝土抗压强度的钢筋混凝土构件，应按抗震等级为特一级的要求采取抗震构造措施。

(6)对于抗震设防类别为乙类或抗震设防类别为丙类且高度超过 B 级或高度属于 B 级但特别不规则的超限高层建筑，还应进行罕遇地震作用下的抗震验算。

9.1.5　结构抗震计算分析的基本要求

针对天童庄车辆段结构体系而言，进行结构抗震计算分析过程中应注意以下问题：

(1)结构抗震计算分析应采用 2 个或 2 个以上的符合结构实际受力情况的力学模型且经建设主管部门鉴定的计算程序。

(2)通过车辆段结构各部分受力分布的变化，以及最大层间位移的位置和分布特征，判断结构受力特性的有利和不利情况。

(3)车辆段结构各层的地震作用标准值的剪力与其以上各层总重力荷载代表值的比值(即楼层地震剪力系数)，应符合抗震设计规范的最低要求和特殊要求。当楼层最小剪力系数不满足要求时，应对结构方案进行分析。若结构方案不合理，则宜对建筑结构方案进行调整。

(4)由于车辆段结构竖向刚度不连续，可采用弹性时程分析法进行多遇地震下的补充计算。结构时程分析所用的地震加速度时程应符合规范(规程)的要求，持续时间一般不小于结构基本周期的 5 倍；弹性时程分析的效应，一般取多条时程的平均值，超高较多或体型特别不规则时应取多条时程的包络。

(5)弹塑性分析时，应采用构件的实际尺寸和配筋，整体模型应采用三维空间模型，应考虑结构空间地震反应在该方向的组合作用。梁(柱)、剪力墙和筒体可采用层间模型，钢筋混凝土构件的骨架曲线和恢复力关系可采用国际通用的模型。

9.2　天童庄车辆段超限建筑抗震分析方法

9.2.1　结构抗震性能目标

根据《建筑抗震设计规范》(GB 50011—2010)以及参考有关文献资料，该工程结构的抗震性能目标见表 9-1。

抗震性能要求 表9-1

地震水准	多遇地震	设防地震	罕遇地震
性能1	完好	完好,正常使用	基本完好,检修后继续使用
性能2	完好	基本完好,检修后继续使用	轻微至中等破坏,修复后继续使用
性能3	完好	轻微损坏,简单修理后继续使用	其破坏需加固后继续使用
性能4	完好	轻微至接近中等损坏,变形小于3倍弹性位移限值	接近严重破坏、大修后继续使用

为保证性能目标的实现,结构应提高抗震承载力和抗震变形能力,必须满足表9-2、表9-3中的性能指标(或性能水准)。

抗震承载力指标 表9-2

性能要求	多遇地震	设防地震	罕遇地震
性能1	完好,按常规设计	完好,承载力按考虑调整地震效应的设计值复核	基本完好,承载力按不考虑调整地震效应的设计值复核
性能2	完好,按常规设计	基本完好,承载力按不考虑调整地震效应的设计值复核	轻~中破坏,承载力按极限值复核
性能3	完好,按常规设计	轻微损坏,承载力按标准值复核	中等破坏,承载力达到极限值后能维持稳定,降低少于5%
性能4	完好,按常规设计	轻~中等破坏,承载力按极限值复核	不严重破坏,承载力达到极限值后基本维持稳定,降低少于10%

抗震变形指标 表9-3

性能要求	多遇地震	设防地震	罕遇地震
性能1	完好,变形远小于弹性位移限值	完好,变形小于弹性位移限值	基本完好,变形略大于弹性位移限值
性能2	完好,变形远小于弹性位移限值	基本完好,变形略大于弹性位移限值	有轻微塑性变形,变形小于2倍弹性位移限值
性能3	完好,变形明显小于弹性位移限值	轻微损坏,变形小于2倍弹性位移限值	有明显塑性变形,变形约4倍弹性位移限值
性能4	完好,变形小于弹性位移限值	轻~中等破坏,变形小于3倍弹性位移限值	不严重破坏,变形不大于0.9倍塑性变形限值

根据天童庄车辆段的工程实际,各结构单元结构抗震性能要求确定为:
(1)关键部位—转换框架(框支柱及框支梁)的抗震性能应基本达到性能2。
(2)薄弱部位—平台结构和上盖结构底层应达到性能3。
(3)一般部位的上盖其他结构应达到性能4。
考虑该工程抗震设防烈度为6度,抗震等级可按常规设计的有关规定采用。具体如下:
(1)转换框架(即框支梁、框支柱)抗震等级为二级。
(2)一般框架抗震等级为三级。

9.2.2 性能目标的分析及验算方法

1)结构承载力的复核
结构承载力的复核方法可按照抗震规范进行。
(1)设防烈度下结构构件承载力,包括混凝土构件压弯、拉弯、受剪、受弯承载力,钢构件受拉、受压、受弯、稳定承载力等,按考虑地震效应调整的设计值复核时,应采用对应于抗震等级而不计入风荷载效应的地震作用效应基本组合,并按下式验算:

$$\gamma_G S_G + \gamma_E S_{EK}(I_2,\lambda,\zeta) \leqslant \frac{R}{\gamma_{RE}} \tag{9-11}$$

式中:I_2——设防地震动,隔震结构包含水平向减震影响;
　　　λ——按非抗震性能设计考虑抗震等级的地震效应调整系数;
　　　ζ——考虑部分次要构件进入塑性的刚度降低或消能减震结构附加的阻尼影响。

(2)对于大震作用下,应按照规范附录进行结构承载力的复核,应采用不计入风荷载效应的地震作用效应标准组合,并按下式验算:

$$S_{GE} + S_{EK}(I_2,\zeta) \leqslant R_U \tag{9-12}$$

式中:I_2——设防地震或罕遇地震动,隔震结构包含水平向减震影响;
　　　ζ——考虑部分次要构件进入塑性的刚度降低或消能减震结构附加的阻尼影响;
　　　R_U——按材料最小极限强度值计算的承载力;钢材强度可取最小极限值,钢筋强度可取屈服强度的 1.25 倍,混凝土强度可取立方强度的 0.88 倍。

2)层间位移验算

(1)地震层间剪力和地震作用效应调整,应根据整个结构不同部位进入弹塑性阶段程度的不同,采用不同的方法。构件总体上处于开裂阶段或刚刚进入屈服阶段,可取等效刚度和等效阻尼,按等效线性方法估算;构件总体上处于承载力屈服至极限阶段,宜采用静力或动力弹塑性分析方法估算;构件总体上处于承载力下降阶段,应采用计入下降段参数的动力弹塑性分析方法估算。

(2)构件层间弹塑性变形的验算,可采用下列公式:

$$\Delta u_P(I,\zeta,\xi_y,G_E) \leqslant [\Delta_U] \tag{9-13}$$

式中:Δu_P——竖向构件在设防地震或罕遇地震下计入重力二阶效应和阻尼影响取决于其实际承载力的弹塑性层间位移角;对高宽比大于 3 的结构,可扣除整体转动的影响;
　　　$[\Delta_U]$——弹塑性位移角限值,应根据性能控制目标确定;整个结构中变形最大部位的竖向构件,轻微损坏可取中等破坏的一半,中等破坏取用《建筑抗震设计规范》(GB 50011—2010)中表 5.5.1 和表 5.5.5 规定值的平均值,不严重破坏按小于规范表 5.5.5 规定值的 0.9 倍控制。

3)结构校验

通常根据结构构件设计结果,进行结构校验分析。

(1)根据结构具体情况,选择采用结构静力弹塑性 Pushover 分析方法校验结构单元在中、大震作用下,结构的弹塑性状况和结构层间位移角。

(2)根据结构具体情况,选择采用结构动力弹塑性分析方法(弹塑性时程分析法)校验结构单元在中、大震作用下,结构的弹塑性状况和结构层间位移角。

9.2.3 天童庄车辆段结构超限内容判定

天童庄车辆段施工图设计结构分为4个区域,47个单元,如图9-1所示。

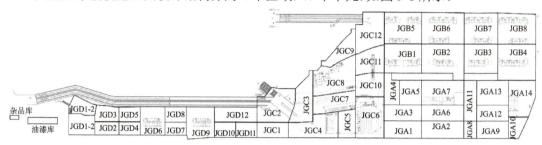

图9-1 天童庄车辆段结构分区图

根据建设部建质〔2010〕109号《超限高层建筑工程抗震设防专项审查技术要点》规定,对该工程所有结构单元进行超限判别,具体如下:

(1)部分结构单元不属于高层建筑,不存在超限问题。

(2)所有的高层建筑结构单元都属于A级高层建筑,高度均未超限。

(3)根据《超限高层建筑工程抗震设防专项审查技术要点》附录一中规定,22个结构单元属于结构不规则超限,详见表9-4~表9-6。

A区结构超限情况一览表 表9-4

结构单元编号（超限判定）	结构不规则类型		结构不规则情况
	附录一:表二	附录一:表三	
JGA3（表一具有三项,表二具有两项,本单元超限）	扭转不规则		$Y+5\%$ 偶然偏心,多层扭转位移比大于1.2
	刚度突变		第一层:$Ratx1=0.3459$,$Raty1=0.2753$
	构件间断		一层与二层之间转换梁托柱
		层刚度偏小	第二层（地震剪力与地震层间位移比）:$Ratx=4.1298$,$Raty=5.1893$; 第二层（剪切刚度）$Ratx=1.52$,$Raty=1.52$
		塔楼偏置	一、二层X向质心相差19.77m,大于相应边长的20%
JGA6（表一具有三项,表二具有一项,本单元超限）	扭转不规则		$Y-5\%$ 偶然偏心,第一层扭转位移比大于1.2
	刚度突变		第二层:$Ratx1=0.8971$,$Raty1=0.9848$
	构件间断		一层与二层之间转换梁托柱
		塔楼偏置	一、二层X向质心相差42.137m,大于相应边长的20%
JGA7（表一具有三项,表二具有一项,本单元超限）	扭转不规则		$Y+5\%$ 偶然偏心,多层扭转位移比大于1.2
	刚度突变		第二层:$Ratx1=0.8628$,$Raty1=0.9773$
	构件间断		一层与二层之间转换梁托柱
		塔楼偏置	一、二层Y向质心相差19.343m,大于相应边长的20%
JGA8（表一具有三项,本单元超限）	扭转不规则		$X-5\%$ 偶然偏心 第四层扭转位移比为1.26大于1.2
	刚度突变		第一层:$Raty1=0.8152$
	构件间断		一层与二层之间转换梁托柱
JGA9（表一具有三项,表二具有一项,本单元超限）	扭转不规则		$Y-5\%$ 偶然偏心 多层扭转位移比大于1.2
	刚度突变		第一层:$Ratx1=0.8088$,$Raty1=0.5592$
	构件间断		一层与二层之间转换梁托柱
		层刚度偏小	第二层（地震剪力与地震层间位移比）:$Raty=2.5547$; 第二层（剪切刚度）:$Raty=1.3492$

续上表

结构单元编号（超限判定）	结构不规则类型		结构不规则情况
	附录一：表二	附录一：表三	
JGA10 （表一具有三项，表二具有一项，本单元超限）	扭转不规则		X+5% 偶然偏心 多层扭转位移比大于 1.2
	刚度突变		第一层：Rat$x$1=0.7193，Rat$y$1=0.5351
		构件间断	一层与二层之间转换梁托柱
		层刚度偏小	第二层（地震剪力与地震层间位移比）：Rat$y$=2.6696； 第二层（剪切刚度）：Rat$y$=1.6867
JGA13 （表一具有四项，表二具有二项，本单元超限）	扭转不规则		Y-5% 偶然偏心 多层扭转位移比大于 1.2
	刚度突变		第一层：Rat$x$1=0.3946，Rat$y$1=0.4095
		构件间断	一层与二层之间转换梁托柱
	承载力突变		第一层：Ratio_Bu：X=0.36，Ratio_Bu：Y=0.37
		层刚度偏小	第二层（地震剪力与地震层间位移比）：Rat$x$=3.6555，Rat$y$=3.4843； 第二层（剪切刚度）：Rat$x$=2.4444，Rat$y$=2.4444
		塔楼偏置	一、二层 X 向质心相差 7.236m，大于相应边长的 20%
JGA14 （表一具有四项，表二具有二项，本单元超限）	扭转不规则		X-5% 偶然偏心，多层扭转位移比大于 1.2
	刚度突变		第一层：Rat$x$1=0.6615，Rat$y$1=0.7958
		构件间断	一层与二层之间转换梁托柱
	承载力突变		第三层：Ratio_Bu：Y=0.67
		层刚度偏小	第二层（地震剪力与地震层间位移比）：Rat$x$=2.16 第二层（剪切刚度）：Rat$x$=1.2772
		塔楼偏置	二、三层 X 向质心相差 19.87m，大于相应边长的 20%

B 区结构超限情况一览表 表 9-5

结构单元编号（超限判定）	结构不规则类型		结构不规则情况
	附录一：表二	附录一：表三	
JGB1 （表一具有五项，表二具有二项，本单元超限）	扭转不规则		第二个塔楼 Y-5% 偶然偏心 多层扭转位移比大于 1.2
	刚度突变		第一层：Rat$x$1=0.6579，Rat$y$1=0.5567
	尺寸突变		双塔
		构件间断	一层与二层之间转换梁托柱
	承载力突变		第三层第一塔楼 Ratio_Bu：X=0.79； 第二塔楼 Ratio_Bu：X=0.79
		层刚度偏小	第二层（地震剪力与地震层间位移比）：Rat$x$=2.1713，Rat$y$=2.5661 第二层（剪切刚度）：Rat$x$=1.6289，Rat$y$=1.6289
		塔楼偏置	第一和第二塔楼二、三层 X 向质心分别相差 27.156m 和 25.829m，大于相应边长的 20%
JGB2 （表一具有三项，表二具有一项，本单元超限）	扭转不规则		Y+5% 偶然偏心，多层扭转位移比大于 1.2
	刚度突变		第一层：Rat$x$1=0.6755，Rat$y$1=0.5969
		构件间断	一层与二层之间转换梁托柱
		层刚度偏小	第二层（地震剪力与地震层间位移比）：Rat$x$=2.1148，Rat$y$=2.3934； 第二层（剪切刚度）：Rat$x$=1.4445，Rat$y$=1.4445

续上表

结构单元编号（超限判定）	结构不规则类型		结构不规则情况
	附录一:表二	附录一:表三	
JGB3 （表一具有三项,表二具有一项,本单元超限）	扭转不规则		$Y-5\%$ 偶然偏心,多层扭转位移比大于1.2
	刚度突变		第四层（地震剪力与地震层间位移比）：$Raty1=0.8462$
	构件间断		一层与二层之间转换梁托柱
		塔楼偏置	一、二层 Y 向质心相差16.855m,大于相应边长的20%
JGB4 （表一具有二项,表二具有一项,本单元超限）	扭转不规则		$Y+5\%$ 偶然偏心,多层扭转位移比大于1.2
	构件间断		一层与二层之间转换梁托柱
		塔楼偏置	二、三层 Y 向质心相差10.266m,大于相应边长的20%
JGB5 （表一具有四项,表二具有二项,本单元超限）	扭转不规则		第二个塔楼 $Y-5\%$ 偶然偏心,多层扭转位移比大于1.2
	刚度突变		第一层：$Ratx1=0.5737$，$Raty1=0.5559$
	尺寸突变		三塔
	构件间断		一层与二层之间转换梁托柱
		层刚度偏小	第二层（地震剪力与地震层间位移比）：$Ratx=2.4901$，$Raty=2.5700$； 第二层（剪切刚度）：$Ratx=0.1488$，$Raty=0.1488$
		塔楼偏置	第一和第二塔楼二、三层 X 向质心分别相差25.007m和27.756m,第三塔楼 Y 向质心为31.301m,大于相应边长的20%
JGB6 （表一具有四项,表二具有二项,本单元超限）	扭转不规则		第一个塔楼 $Y+5\%$ 偶然偏心,多层扭转位移比大于1.2
	刚度突变		第一层：$Ratx1=0.5931$，$Raty1=0.5613$
	尺寸突变		双塔
	构件间断		一层与二层之间转换梁托柱
		层刚度偏小	第二层（地震剪力与地震层间位移比）：$Ratx=2.4087$，$Raty=2.5451$； 第二层（剪切刚度）：$Ratx=1.7689$，$Raty=1.7689$
		塔楼偏置	第一和第二塔楼二、三层 Y 向质心分别相差18.627m和29.773m,大于相应边长的20%
JGB7 （表一具有四项,表二具有二项,本单元超限）	扭转不规则		第一塔楼和第二塔楼：$Y+5\%$ 偶然偏心,多层扭转位移比大于1.2
	刚度突变		第一层：$Ratx1=0.5662$，$Raty1=0.5294$
	尺寸突变		双塔
	构件间断		一层与二层之间转换梁托柱
		层刚度偏小	第二层（地震剪力与地震层间位移比）：$Ratx=2.5231$，$Raty=2.6985$； 第二层（剪切刚度）：$Ratx=1.8839$，$Raty=1.8839$
		塔楼偏置	第一和第二塔楼二、三层 Y 向质心分别相差19.134m和29.315m,大于相应边长的20%

续上表

结构单元编号（超限判定）	结构不规则类型		结构不规则情况
	附录一：表二	附录一：表三	
JGB8 （表一具有四项，表二具有二项，本单元超限）	扭转不规则		第一、二塔楼：Y+5%偶然偏心；多层扭转位移比大于1.2
	刚度突变		第一层：Ratx1=0.5337，Raty1=0.5660
	尺寸突变		双塔
	构件间断		一层与二层之间转换梁托柱
	层刚度偏小		第二层（地震剪力与地震层间位移比）：Ratx=2.6766，Raty=2.5241 第二层（剪切刚度）：Ratx=1.7946，Raty=1.7946
		塔楼偏置	第二塔楼二、三层Y向质心相差29.686m，大于相应边长的20%

D区结构超限情况一览表　　　　　　　　　　　　　　　　表9-6

结构单元编号（超限判定）	结构不规则类型		结构不规则情况
	附录一：表一	附录一：表二	
JGD1 （表一具有三项，本单元超限）	扭转不规则		Y+5%偶然偏心，多层扭转位移比大于1.2
	构件间断		一层与二层之间转换梁托柱
	承载力突变		第二层 Ratio_Bu：X=0.78 小于0.8
JGD2 （表一具有三项，表二具有两项，本单元超限）	扭转不规则 偏心布置		Y-5%偶然偏心 多层扭转位移比大于1.2 一层与二层X向形心相差10.157m＞0.15×58.8=8.82m，即偏心率大于15%； 一层与二层Y向形心相差6.147m＞0.15×29.5=4.425m，即偏心率大于15%
	构件间断		一层与二层之间转换梁托柱
	承载力突变		第三层：Ratio_Bu：X=0.59，Ratio_Bu：Y=0.59 小于0.8
		扭转偏大	Y-5%偶然偏心，第一层扭转位移比为1.47 大于1.4
		塔楼偏置	一层与二层Y向形心相差6.147m＞0.2×29.5=5.9m，即偏心率大于20%
JGD4 （表一具有三项，表二具有一项，本单元超限）	扭转不规则 偏心布置		Y-5%偶然偏心，多层扭转位移比大于1.2； 一层与二层Y向形心相差6.38m＞0.15×29.5=4.425m，即偏心率大于15%
	构件间断		一层与二层之间转换梁托柱
	承载力突变		第三层：Ratio_Bu：X=0.59；Ratio_Bu：Y=0.60 小于0.8
		塔楼偏置	一层与二层Y向形心相差6.38m＞0.2×29.5=5.9m，即偏心率大于20%
JGD6 （表一具有四项，本单元超限）	扭转不规则		Y-5%偶然偏心 多层扭转位移比大于1.2
	刚度突变		第二层 Ratx1=0.9341
	构件间断		一层与二层之间转换梁托柱
	承载力突变		第二层 Ratio_Bu：Y=0.76 小于0.8
JGD7 （表一具有三项，表二具有一项，本单元超限）	扭转不规则 偏心布置		Y+5%偶然偏心 多层扭转位移比大于1.2； 一层与二层Y向形心相差6.532m＞0.15×29.5=4.425m，即偏心率大于15%
	构件间断		一层与二层之间转换梁托柱
	承载力突变		第三层：Ratio_Bu：X=0.59，Ratio_Bu：Y=0.60 小于0.8
		塔楼偏置	一层与二层Y向形心相差6.532m＞0.2×29.5=5.9m，即偏心率大于20%

续上表

结构单元编号（超限判定）	结构不规则类型		结构不规则情况
	附录一：表一	附录一：表二	
JGD9 （表一具有四项，表二具有一项，本单元超限）	扭转不规则		X+5% 偶然偏心，第一层扭转位移比大于 1.2； Y+5% 偶然偏心，多层扭转位移比大于 1.2
	刚度突变		第二层：Ratx1=0.9648
	构件间断		一层与二层之间转换梁托柱
	承载力突变		第二层 Ratio_Bu：Y=0.76 小于 0.8
		扭转刚度弱	扭转周期比大于 0.9，混合结构扭转周期比为 0.852＞0.85
JGD10 （表一具有三项，表二具有一项，本单元超限）	扭转不规则 偏心布置		X-5% 偶然偏心 第一层扭转位移比大于 1.2；Y+5% 偶然偏心 第一、二层扭转位移比大于 1.2；Y-5% 偶然偏心 多层扭转位移比大于 1.2； 一层与二层 X 向形心相差 8.912m＞0.15×34.5=5.175m，即偏心率大于 15%
	构件间断		一层与二层之间转换梁托柱
	承载力突变		第二层：Ratio_Bu：X=0.70，Ratio_Bu：Y=0.70 小于 0.8
		塔楼偏置	一层与二层 X 向形心相差 8.912m＞0.2×34.5=6.9m，即偏心率大于 20%
JGD11 （表一具有三项，表二具有一项，本单元超限）	扭转不规则 偏心布置		X-5% 偶然偏心，第一层扭转位移比大于 1.2；Y+5% 偶然偏心 多层扭转位移比大于 1.2； 一层与二层 X 向形心相差 9.129m＞0.15×34.5=5.175m，即偏心率大于 15%
	构件间断		一层与二层之间转换梁托柱
	承载力突变		第二层 Ratio_Bu：X=0.74，Ratio_Bu：Y=0.71 小于 0.8
		塔楼偏置	一层与二层 X 向形心相差 9.129m＞0.2×34.5=6.9m，即偏心率大于 20%

9.2.4 超限结构抗震分析内容

结构设计时，先按现行规范进行小震阶段的结构设计，再通过非线性分析校核中、大震性能水准。根据校核结果调整结构设计进行第二次设计，直至得到最后的结果。22 个超限单元归并分类为 11 个的原则：将 22 个超限结构单元按 A、B 和 D 区分为三类，再在这三类中按塔楼的数目、多塔的布置、盖下的层数进一步分类，共划分为八类。经分析对比研究，在每一类中挑选若干个具有代表的结构单元，见表 9-7。

天童庄车辆段超限结构计算分析汇总 表 9-7

编 号	位 置	分 类	结构单元	分析类型
1		单塔、盖下两层	A8	—
			A9	静、动力弹塑性分析
			A10	—
2	A 区	单塔偏置、盖下一层	A3	静、动力弹塑性分析
			A6	
			A7	静力弹塑性分析
			A13	静、动力弹塑性分析
3		单塔偏置、盖下两层	A14	静力弹塑性分析

续上表

编号	位置	分类	结构单元	分析类型
4	B区	双塔水平布置	B1	静、动力弹塑性分析
5	B区	双塔竖直布置	B6	—
5	B区	双塔竖直布置	B7	静、动力弹塑性分析
5	B区	双塔竖直布置	B8	静、动力弹塑性分析
6	B区	三塔	B5	静、动力弹塑性分析
7	B区	单塔	B2	—
7	B区	单塔	B3	静力弹塑性分析
7	B区	单塔	B4	—
8	D区	单塔	D1	—
8	D区	单塔	D2	—
8	D区	单塔	D4	—
8	D区	单塔	D7	—
8	D区	单塔	D10	—
8	D区	单塔	D11	静力弹塑性分析

挑选的11个超限结构单元为A3、A7、A9、A13、A14、B1、B3、B5、B7、B8和D11。此11个结构单元均超限项较多、塔楼偏置严重。所有11个结构均应做弹塑性静力分析，其中A3、A9塔楼偏置最严重且层刚度比超规范，A13扭转位移比较大且层刚度比超规范，补充做弹塑性动力分析进行比较，对于挑选出来的多塔B1、B3、B5、B7和B8均需补充做弹塑性动力分析，多塔离散成的单塔做弹塑性静力分析。

9.2.5 静力弹塑性分析及评价方法

1）计算方法

该工程静力弹塑性分析采用MIDAS BUILDING软件进行。在分析计算中采用ATC-40（1996）和FEMA-273（1997）中提供的能力谱法（Capacity Spectrum Method，简写CSM）评价结构的抗震性能。该工程采用三种类型的荷载分布模式进行Pushover分析，即模态分布模式、加速度常量分布模式和侧向荷载分布模式。通过Pushover分析，得到各个工况的能力谱曲线。然后采用该工程场地的中震、大震反应谱曲线作为需求谱，分别求出能力谱与需求谱交点，即性能点。根据Pushover过程，观察结构进入塑性时各薄弱部位的塑性发展顺序及塑性程度。对Pushover中表现出的关键部位在中震、大震性能点处的情况作具体评价，并给出中震、大震下整体结构的弹塑性层间位移角。

2）加载工况

该工程计算模型在MIDAS BUILDING中建立，结构几何参数、物理参数以及荷载均与SATWE软件保持完全一致。如前所述，该工程在中震静力弹塑性计算过程中选取了3种加载模式，各种模式分别按X、Y两个方向正反加载，共计12个荷载工况。各种荷载工况见表9-8。大震静力弹塑性分析计算的荷载工况与中震分析一致。在分析计算过程中考虑了初始荷载效应以及P-Delta效应。

静力 Pushover 分析荷载工况　　　　　　　　　　　表 9-8

工况编号	加载方式	加载方向	符号表示
1	模态加载	X 正向	PUSH_MX+
2		X 反向	PUSH_MX-
3	加速度常量加载	X 正向	PUSH_AX+
4		X 反向	PUSH_AX-
5	侧向荷载加载	X 正向	PUSH_SX+
6		X 反向	PUSH_SX-
7	模态加载	Y 正向	PUSH_MY+
8		Y 反向	PUSH_MY-
9	加速度常量加载	Y 正向	PUSH_AY+
10		Y 反向	PUSH_AY-
11	侧向荷载加载	Y 正向	PUSH_SY+
12		Y 反向	PUSH_SY-

对于结构的 Pushover 分析而言,需求谱中地震影响系数的取值见表 9-9。铰特性见表 9-10。

地震影响系数取值　　　　　　　　　　表 9-9

地震类别	中震	大震
α_{max}	0.12	0.28

定义及分配铰特性值　　　　　　　　表 9-10

分类	铰功能	铰类型	分配位置
梁铰	My 铰	FEMA	梁的相对位置 0.1、0.9 处
柱铰	P-My-Mz 铰	FEMA	柱的相对位置 0.1、0.9 处

3)性能评价

在静力弹塑性分析过程中如果结构的位移在目标性能范围之内,则可以评价结构各构件的抗震性能。在分析中采用与 FEMA-273 或 ATC-40 中推荐的方法评价构件的性能。图 9-2 显示了结构构件性能评价图。如图所示构件性能状态可以分为若干阶段。性能曲线各阶段物理意义如下:

(1)AB 段:弹性阶段,具有初始刚度。

(2)B 点:公称屈服强度状态。

(3)BC 段:硬度强化阶段,刚度一般为初始刚度的 5%～10%,对相邻构件间的内力重分配有较大影响。

(4)C 点:由公称强度开始,构件抵抗能力下降。

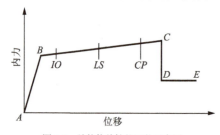

图 9-2　结构构件性能评价示意图

(5)CD 段:构件的初始破坏状态,钢筋混凝土构件的主筋断裂或混凝土压碎状态,钢构件抗剪能力急剧下降区段。

(6)DE 段:残余抵抗状态,公称强度的 20% 左右。

(7)E 段:最大变形能力位置,无法继续承受重力荷载的状态。

对 BC 段通常可以进行更进一步的细致的划分:

IO = 直接居住极限状态(Immediate Occupancy)。

LS= 安全极限状态（Life Safety）。

CP= 坍塌防止极限状态（Collapse Prevention）。

将图 9-2 的性能评价曲线与国内规范的相关抗震性能要求进行对比，可知两者相互关系大致如下：

(1) $A—B$ 段：完好状态，构架承载力按设计值控制（构件小震弹性）。

(2) $B—IO$ 段：基本完好状态，承载力按不考虑调整系数的设计值控制（构件中大震弹性）。

(3) $IO—LS$ 段：轻微破坏，承载力按标准值控制（构件中大震不屈服）。

(4) $LS—CP$ 段：中等破坏，承载力按极限值控制（构件中大震极限）。

(5) $CP—C$ 段：接近破坏严重，承载力仍按极限值控制（构件中大震极限）。

(6) $C—E$ 段：严重破坏，承载力下降。

(7) E 点以外：丧失承载力。

9.2.6 弹塑性时程分析及评价方法

1) 计算方法

根据建质〔2010〕109 号文件《超限高层建筑工程抗震设防专项审查技术要点》及《超限高层建筑工程抗震设计指南》的相关规定，对于结构的弹塑性分析，高度超过 150m 可以考虑采用动力弹塑性分析。此外，对于新型结构或特别复杂的超限高层建筑，可以采用弹塑性时程分析进行计算校核。

该工程结构高度为 40.25m，并未达到 150m，但是该工程属于地铁上盖物业，属于带大空间转换层结构，因此属于目前并不多见的地铁车辆段上盖结构，其结构形式也较为复杂。结合超限工程抗震设防要求及设计指南，开展了结构在中震和大震作用下的弹塑性时程分析，通过分析计算发现结构可能的薄弱部位，补充完善可行性报告，为结构设计提供建议。

因此该工程弹塑性时程分析计算主要目的是：

(1) 评价结构在中震和罕遇地震下的动力响应及弹塑性行为，根据主要构件的塑性损伤情况和整体变形情况，确认结构是否达到相应的性能目标。

(2) 在大震作用下进行结构的非线性计算，结构薄弱部位或重要部位构件允许达到屈服阶段但满足选定的变形控制；竖向构件不发生剪切等脆性破坏。

(3) 在大震作用下，计算结构变形。评价结构层间位移角，判断是否满足抗震规范规定的弹塑性层间位移角限值。考察结构变形，由结构塑性区的分布，判定结构薄弱位置。根据塑性区所处的状态，检验结构构件是否满足大震作用性能水准的要求。

(4) 在大震作用下进行关键构件的极限承载力复核，检验结构构件是否满足大震作用性能水准的要求。

(5) 了解该工程的结构抗震性能，包括罕遇地震下的最大顶点位移，最大层间位移，最大扭转位移比以及最大基底剪力。

2) 分析方法

采用 MIDAS BUILDING 软件建立结构的有限元模型，结构几何参数、物理参数和荷载参数与原始 PKPM 设计模型完全一致。在此基础上，采用 MIDAS BUILDING 软件进行结构初步设计，并依据设计结果进行进一步的弹塑性时程分析。

在该工程的非线性地震反应分析模型中,所有对结构刚度有贡献的结构构件均按实际情况模拟。该非线性地震反应分析模型可划分两个层次:一是构件模型;二是整体模型。

材料的本构特性加构件的截面几何参数得到构件模型,构件模型通过节点的几何连接形成了整体模型。根据构件的特性,该工程中对梁、柱采用表 9-11 中的塑性铰。

定义及分配铰特性值   表 9-11

项 目	名 称	铰 功 能	滞回铰模型	分配位置
钢筋混凝土梁铰	LJ	弯矩 $-y,z$;剪切 F	修正武田三折线	梁端 I,J
钢筋混凝土柱铰	ZJ	$P\text{-}M_y\text{-}M_z$;剪切 F	修正武田三折线	柱上下端 I,J

该工程计算采用动力弹塑性时程分析方法,直接模拟结构在地震力作用下的非线性反应,该方法未作任何理论的简化,是目前结构非线性地震反应分析领域最完善的方法。

主要考虑以下因素:

(1)几何非线性:结构的动力平衡方程建立在结构变形后的几何状态上,"$P\text{-}\Delta$"效应,大变形效应等都被精确考虑。

(2)材料非线性:直接在材料应力—应变本构关系的水平上模拟。

(3)动力方程积分方法:直接积分,可以准确模拟结构的破坏形态。

9.3 天童庄车辆段超限建筑抗震分析实例

9.3.1 典型结构模型及参数

本节在此选择具有典型意义的大底盘单塔楼 JGA9 结构作为实例(图 9-3),阐述超限建筑的抗震设计分析方法。该工程采用 PKPM 软件进行设计。表 9-12 给出了结构周期、频率、振型的计算结果。计算表明,地震作用最大的方向为 -89.870(度)。表中结果表明结构的第 1 阶频率约为 0.80Hz(考虑了恒载和活载的等效质量效应)。从结构前 10 阶段振型结果分析可知,结构 1、2、4 阶振动为平动振型,第 3 阶振型为扭转振型,第 5、6 阶振型为平扭偶联振型。对于该结构而言,扭转振动对结构的反应有一定的影响,对高阶振型的影响要强于对低阶振型的影响。进一步通过对结构基底剪力的对比可知,结构地震响应主要由前 6 阶振型所控制,前 6 阶振型的基底剪力贡献超过 98%。

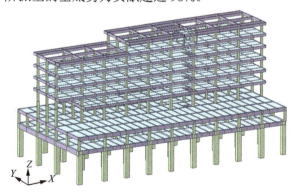

图 9-3 JGA9 结构模型图

结构周期、频率、振型计算结果　　　　　　　　　　　表 9-12

振 型 号	周　　期	频　　率	平动系数（$X+Y$）	扭 转 系 数	振动特点
1	1.2563	0.80	0.94（0.00+0.94）	0.06	Y 向平动
2	1.2187	0.82	1.00（1.00+0.00）	0.00	X 向平动
3	1.1395	0.88	0.09（0.00+0.09）	0.91	扭转振动
4	0.6763	1.48	0.99（0.00+0.99）	0.01	Y 向平动
5	0.6356	1.57	0.45（0.44+0.01）	0.55	平扭偶联振动
6	0.6249	1.60	0.57（0.56+0.01）	0.43	平扭偶联振动
7	0.6043	1.65	0.01（0.00+0.01）	0.99	扭转振动
8	0.3581	2.79	0.82（0.00+0.82）	0.18	Y 向平动
9	0.3429	2.92	1.00（1.00+0.00）	0.00	X 向平动
10	0.3251	3.08	0.13（0.00+0.13）	0.87	扭转振动

表 9-13 给出了采用 PKPM 与 MIDAS BUILDING 计算的结构频率对比结果。由结果可知，该工程建立的 MIDAS 分析模型与原始 PKPM 模型较为吻合。前 6 阶频率的平均误差约为 1.5%。由于不同软件在处理偏心、构件端部加强区、调幅系数、楼板荷载等效等细部参数的方法上存在少量差异，因此频率振型的计算结果不可能完全一致。本节对比分析表明，MIDAS 软件所建立的有限元分析模型保证了几何参数、物理参数和荷载参数与原始设计模型完全一致，其动力特性分析结果也吻合较好，因此确保了 MIDAS 模型的有效性和可靠性。

PKPM 与 MIDAS BUILDING 频率对比　　　　　　　　　表 9-13

振 型 序 号	PKPM 模型频率	MIDAS 模型频率	变化率（%）
1	0.795988	0.787	1.06
2	0.820546	0.803	2.10
3	0.877578	0.867	1.09
4	1.478634	1.471	0.46
5	1.573317	1.525	3.05
6	1.600256	1.580	1.25
7	1.654807	1.655	0.03
8	2.792516	2.760	1.13
9	2.916302	2.888	0.95
10	3.075977	3.048	0.88

9.3.2　典型结构静力弹性分析

在结构静力弹性分析过程中，采用了高层建筑结构空间有限元分析与设计软件 SATWE 进行了结构整体分析。考虑到结构属于典型的混凝土结构形式，因此小震作用下结构的阻尼比采用 0.05。在计算分析过程中，主要进行了以下的计算内容：建筑物总质量、上下楼层的刚度比、抗剪承载力比；结构抗倾覆验算；结构整体稳定验算；结构有效质量系数与基底地震作用效应；扭转周期、平动周期及其比值；地震作用和风荷载作用下的结构位移参数；结构基底剪力。

在结构静力弹性分析过程中采用了高层建筑结构空间有限元分析与设计软件 SATWE 进行了结构整体分析。考虑到结构属于典型的混凝土结构形式，因此小震作用下结构的阻尼比采用 0.05。

1）建筑物总质量、上下楼层的刚度比、抗剪承载力比

（1）建筑物总质量

计算表明该结构总质量为 36763.598t，计算过程中考虑了 0.5 倍的活载折减。其中活载产生的质量为 3391.135t，恒载产生的质量为 33372.461t。计算过程中，恒载产生的质量包括结构自重和外加恒载；结构的总质量包括恒载产生的质量和活载产生的质量；活载产生的质量和结构的总质量是活载折减后的结果。

（2）楼层侧刚比

按照规范规定，楼层侧刚比定义为：X、Y 方向本层塔侧移刚度与上一层相应塔侧移刚度 70% 的比值或上三层平均侧移刚度 80% 的比值中之较小者。

表 9-14 所示为结构楼层侧刚比按地震剪力与地震层间位移方法的计算结果。按剪切刚度方法计算时，转换层与其上一层的层刚度比 X、Y 向均为 0.7412。依据规范规定，楼层侧刚比 ≥ 1.0 满足要求。结果表明：第一层、第三层不符合要求。

侧 刚 比　　　　　　　　　　　　　　　　表 9-14

层　号	X 向	Y 向
一	0.6677	0.5108
二	7.0225	8.7341
三	0.9084	0.9587
四	1.2174	1.3803
五	1.4533	1.5160
六	1.5672	1.6859
七	1.7726	2.2273
八	1.2500	1.2500

（3）楼层抗剪承载力比

表 9-15 显示了结构的楼层抗剪承载力比结果。按照规范要求，楼层抗剪承载力比 ≥ 0.8 满足要求。表中结果表明：第一层 X 向抗剪承载力不符合要求。

楼层抗剪承载力比　　　　　　　　　　　　表 9-15

层　号	X 向承载力(kN)	Y 向承载力(kN)	抗剪承载力比 X 向	抗剪承载力比 Y 向
一	52800	65160	0.78	1.01
二	67800	64540	3.75	3.93
三	18100	16440	1.05	0.97
四	17200	16890	1.27	1.26
五	13600	13400	1.25	1.25
六	10900	10710	1.46	1.46
七	7470	7326	1.72	1.75
八	4340	4186	1	1

2）结构抗倾覆验算结果

表 9-16 所示为结构的抗倾覆验算结果。按照规范要求，当结构出地面的高宽比 $H/B>4$ 时，零应力区比例 ≤ 0，即全截面受压。分析表明计算结果满足要求。

抗倾覆验算结果　　　　　　　　　　　　　　　　表 9-16

荷载类型	抗倾覆弯矩 M_r (kN·m)	倾覆弯矩 M_{ov} (kN·m)	比值 M_r/M_{ov}	零应力区 (%)
X 风荷载	14172365.0	28555.8	496.30	0.00
Y 风荷载	7334337.0	88079.9	83.27	0.00
X 向地震	14172365.0	258634.2	54.80	0.00
Y 向地震	7334337.0	249570.8	29.39	0.00

3) 结构整体稳定验算结果

表 9-17 所示为结构整体稳定验算结果，计算表明：
(1) 该结构刚重比 $EJd/GH^2 > 1.4$，能够通过《高规》(5.4.4) 的整体稳定验算；
(2) 该结构刚重比 $EJd/GH^2 > 2.7$，可以不考虑重力二阶效应。

结构整体稳定验算结果　　　　　　　　　　　　　　表 9-17

X 向刚重比 EJd/GH^2	6.02
Y 向刚重比 EJd/GH^2	5.40

4) 结构有效质量系数与基底地震作用效应

表 9-18 所示为结构有效质量系数与基底地震作用效应的计算结果。规范规定有效质量系数 ≥ 90%，剪重比 ≥ 0.8%，表中各项计算结果均满足规范的相关要求。

有效质量系数与基底地震作用效应　　　　　　　　表 9-18

作用向	有效质量系数	总地震基底剪力(kN)	总地震基底弯矩(kN·m)	基底剪重比
X 向	99.99%	9638.54	188772.36	2.62%
Y 向	100%	9300.78	178170.25	2.53%

5) 扭转周期、平动周期及其比值

表 9-19 所示为结构扭转周期、平动周期及其比值的计算结果。由计算结果可知：结构第一阶扭转周期与第一阶平动周期的比值即扭转周期比大于 0.85，不符合规范的规定 (≤ 0.85)，结构属于抗扭刚度较弱的高层建筑。

结构扭转周期、平动周期及其比值　　　　　　　　表 9-19

周期分类	周期(s)	频率(Hz)	扭转周期/平动周期
第一平动周期	1.25	0.8	0.904
第一扭转周期	1.13	0.88	—

6) 地震作用和风荷载作用下的结构位移参数

地震作用和风荷载作用下，结构层间位移角、层间位移比、层位移比最大值如表 9-20 所示。规范规定层间最大位移与层高之比（层间位移角）限值 1/550。计算结果表明：地震作用下 X 向和 Y 向的层间位移角分别为 1/804 和 1/708，风荷载作用下 X 向和 Y 向的层间位移角分别为 1/7195 和 1/1624。计算表明层间位移角结果均符合规范要求，并且该结构的设计荷载是以地震作用为主要控制因素的。

结构层间位移角、层间位移比、层位移比   表 9-20

项　目	X 向地震作用	Y 向地震作用	X 向风荷载	Y 向风荷载
层间位移角	1/804（X 向：三层）	1/708（Y 向：三层）	1/7195（三层）	1/1624（三层）
层位移比	1.01（X+5%：三～八层）	1.33（Y-5%：七层）	1.00（三～八层）	1.05（四层）
层间位移比	1.03（X+5%：八层）	1.50（Y-5%：七层）	1.00（三～八层）	1.21（七层）

规范规定：地震作用时，层间位移角不考虑偶然偏心的影响。地震作用时，层间最大位移与层间平均位移之比（层间位移比）、层最大位移与层平均位移之比（层位移比）考虑偶然偏心和双向地震作用，且裙楼以上不宜大于 1.2，不应大于 1.4。计算结果表明 Y 向地震作用下各种情况下，有多层不符合要求。表 9-21 所示为结构位移比超过规范要求的楼层的详细结果。

结构位移比超过规范要求的楼层   表 9-21

地震作用类型		层位移比		层间位移比	
		> 1.2, ≤ 1.4	> 1.4	> 1.2, ≤ 1.4	> 1.4
X 向	X 向地震作用			8	
	X 双向地震作用				
	X 向地震作用 -5% 偶然偏心				
	X 向地震作用 +5% 偶然偏心				
Y 向	Y 向地震作用			5, 6, 7	
	Y 双向地震作用			5, 6, 7	
	Y 向地震作用 -5% 偶然偏心	3～9		3, 4, 8	6, 7
	Y 向地震作用 +5% 偶然偏心			4, 7	

7）结构基底剪力结果

表 9-22 所示为地震作用下 X 方向和 Y 方向各阶振型的基底剪力结果。由表中结果可知，在 X 向地震作用下，前 6 阶振型的基底剪力已达总体结果的 98% 以上。同理，在 Y 向地震作用下，前 6 阶振型的基底剪力已达总体结果的 98% 以上。由分析结果可知，地震作用下结构前 6 阶振型的基底剪力已超过总体结果的 98% 以上。因此前 6 阶振型的计算结果对总体结果的贡献占主要成分。

地震作用下各阶振型的基底剪力结果   表 9-22

振型号	X 向			Y 向		
	基底剪力 (kN)	占总基底剪力的百分比(%)	累积百分比(%)	基底剪力 (kN)	占总基底剪力的百分比(%)	累积百分比(%)
1	5.94	0.04	0.04	6296.66	46.33	46.33
2	7467.67	54.72	54.76	11.34	0.08	46.41
3	9.58	0.07	54.83	1217.05	8.96	55.37
4	9.47	0.07	54.90	5837.73	42.96	98.33
5	5076.63	37.20	92.10	33.71	0.25	98.57
6	849.97	6.23	98.33	41.20	0.30	98.88
7	0.00	0.00	98.33	49.17	0.36	99.24
8	47.40	0.35	98.68	0.00	0.00	99.24
9	0.00	0.00	98.68	5.72	0.04	99.28
10	0.04	0.00	98.68	7.92	0.06	99.34
11	16.18	0.12	98.80	0.02	0.00	99.34
12	1.47	0.01	98.81	13.17	0.10	99.44
13	72.79	0.53	99.34	29.57	0.22	99.65
14	48.55	0.36	99.70	45.67	0.34	99.99
15	41.03	0.30	100.00	0.63	0.00	100.00

基于 SATWE 的弹性静力计算，可以得到主要结果如下：

（1）对于楼层侧刚比、楼层抗剪承载力比而言，个别楼层不满足结构竖向规则性要求。第一层、三层的楼层刚度比、第三层的 X 向抗剪承载力比均不满足要求。第一、三层应作为结构薄弱层处理。

（2）结构第一阶扭转周期与第一阶平动周期的比值即扭转周期比约为 0.904，不符合《抗震规范》的规定（≤085），结构属于抗扭刚度较弱的高层建筑。

（3）结构抗倾覆验算及结构整体稳定验算结果满足规范要求。

（4）地震作用下，有效质量系数及剪重比验算结果满足规范要求。

（5）在风荷载或地震荷载作用下，结构侧移均满足高层建筑水平位移的限制要求（1/550）。

（6）结构弹性分析中，各水平荷载、作用相比较，地震作用效应最大，为控制荷载。

（7）地震作用时，层间最大位移与层间平均位移之比（层间位移比）、层最大位移与层平均位移之比（层位移比）考虑偶然偏心和双向地震作用，且裙楼以上不宜大于 1.2，不应大于 1.4。计算结果表明 X 向地震作用时第八层不符合要求。Y 向考虑双向地震作用以偶然偏心时，三～九层不符合要求。

9.3.3 典型结构弹性时程分析

1）地震波选取原则

该工程研究过程中，对于小震弹性、中震弹塑性和大震弹塑性时程分析，分别采用表 9-23 中所列的地震波。其中人工波数据来自安评报告，而天然波数据则来自 MIDAS 软件地震数据库，且场地波均来自四类场地。所有地震波的有效持续时间均大于 10 倍的结构第一阶周期。在时程分析过程中，七组地震波，即天然波五条和人工模拟波二条，计算结果取平均值。

时程分析用地震原始参数 表 9-23

编　号	地震波名称	加速度峰值(Gal)	加速度峰值时刻(s)
人工波 1	0050Y020.D03	124.84	5.15
人工波 2	0050Y020.D05	123.92	3.67
人工波 3	0050Y100.D03	73.63	3.84
人工波 4	0050Y100.D05	76.00	8.32
人工波 5	0050Y630.D03	22.00	5.03
人工波 6	0050Y630.D05	21.00	5.64
天然波 1	Coalinga-90	273.63	10.97
天然波 2	fcy_00_I	257.52	12.46
天然波 3	sfo_90_I	332.11	11.34
天然波 4	SHWN1	35.68	5.74
天然波 5	WESTMORELAND-180	496.31	5.68
天然波 6	Imperial Valley，#6-140	43.27	2.52

注：1Gal=0.01m/s^2。

采用上述地震波进行时程分析时，需依据其分析类型进行幅值修正。各地震波的加速度幅值修正情况如表 9-24 所示。图 9-4 和图 9-5 分别显示了所采用的人工波和天然波时程曲线。

时程分析用地震波参数 表 9-24

编号	地震波名称	小震时程加速度峰值（Gal）	中震时程加速度峰值（Gal）	大震时程加速度峰值（Gal）
人工波 1	0050Y020.D03	—	—	125
人工波 2	0050Y020.D05	—	—	125
人工波 3	0050Y100.D03	—	50	—
人工波 4	0050Y100.D05	—	50	—
人工波 5	0050Y630.D03	22	—	—
人工波 6	0050Y630.D05	22	—	—
天然波 1	Coalinga-90	22	50	125
天然波 2	fcy_00_I	22	50	125
天然波 3	sfo_90_I	22	50	125
天然波 4	SHWN1	22	50	125
天然波 5	WESTMORELAND-180	22	50	125
天然波 6	Imperial Valley，#6-140	22	50	125

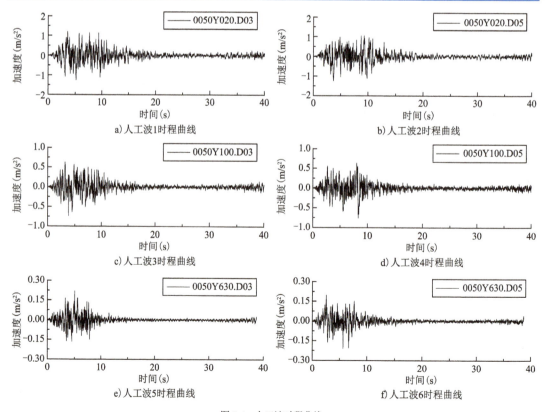

图 9-4　人工波时程曲线

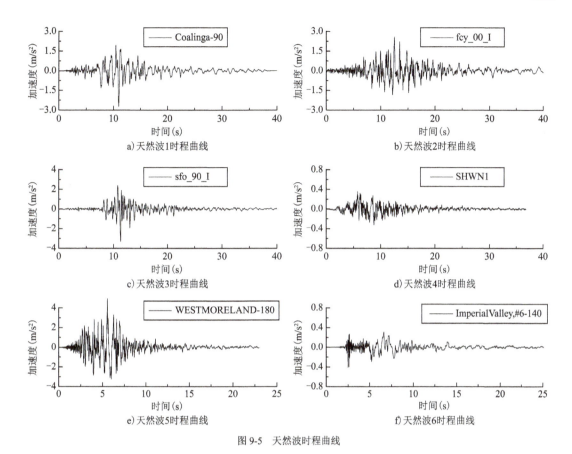

图 9-5 天然波时程曲线

《建筑抗震设计规范》(GB 50011—2010)第 5.1.2 条规定,多组时程曲线的平均地震影响系数曲线应与振型分解反应谱法所采用的地震影响系数曲线在统计意义上相符。而所谓"在统计意义上相符"指的是,多组时程波的平均地震影响系数曲线与振型分解反应谱法所用的地震影响系数曲线相比,在对应于结构主要振型的周期点上相差不大于 20%。基于此,考察了大震、中震和小震下所选取的多条地震波的地震影响系数曲线并与规范规定的振型分解反应谱法所采用的地震影响系数曲线进行了对比研究。

表 9-25 显示了不同地震下平均地震影响系数与规范反应谱地震影响系数误差的比较。图 9-6～图 9-8 分别给出了小震、中震和大震下弹塑性分析用地震波的地震影响系数曲线及与抗震规范设计反应谱的比较。由计算结果可知,对于 JGA9 结构而言,在前 15 阶周期中,在大部分周期点上地震影响系数的误差不超过 10%。计算表明地震作用下结构前 6 阶振型的基底剪力已超过总体结果的 98% 以上,因此前 6 阶振型的计算结果对总体结果的贡献占主要成分。因此可知本文所选取的地震波在统计特性上与目标反应谱较为吻合,因此分析结果的可靠性可以得到有效地保证。

平均地震影响系数与反应谱法地震影响系数误差比较　　　　表 9-25

编　号	周期(s)	小震误差(%)	中震误差(%)	大震误差(%)
1	1.2563	-3.42	1.58	-1.08
2	1.2187	-2.20	2.46	2.94

续上表

编　号	周期(s)	小震误差(%)	中震误差(%)	大震误差(%)
3	1.1395	6.93	12.46	10.54
4	0.6763	-2.76	4.01	2.93
5	0.6356	-4.69	0.52	0.60
6	0.6249	-4.90	0.86	0.65
7	0.6043	-12.86	-6.50	-4.27
8	0.3581	15.21	12.59	14.42
9	0.3429	13.56	10.25	11.17
10	0.3251	7.37	4.98	6.36
11	0.2458	-9.14	-11.32	-10.97
12	0.2117	-5.49	-8.21	-06.02
13	0.2099	-5.77	-8.36	-06.36
14	0.1809	-8.50	-11.21	-08.94
15	0.1765	-8.69	-11.38	-09.11

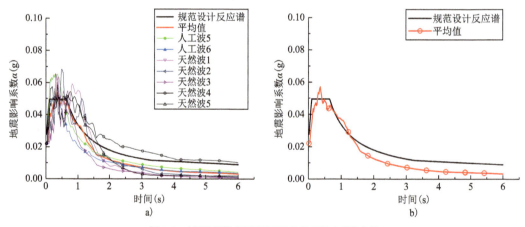

图 9-6　小震弹塑性分析用地震波的地震影响系数曲线

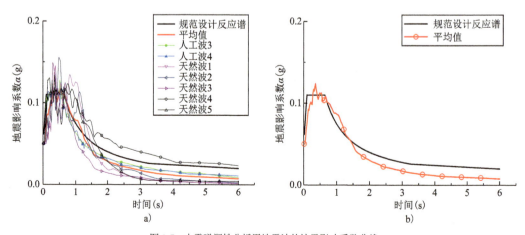

图 9-7　中震弹塑性分析用地震波的地震影响系数曲线

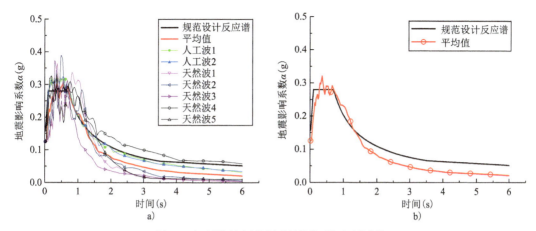

图 9-8 大震弹塑性分析用地震波的地震影响系数曲线

2) 分析计算内容

本节以 JGA9 结构为典型结构,给出了其小震弹性时程分析结果,其内容包括：不同地震波作用下结构峰值响应比较；楼层峰值剪力及峰值弯矩；基底剪力时程及基底弯矩时程；楼层峰值位移及峰值层间位移角。

(1) 计算结果有效性

《抗震规范》5.1.2 条规定,时程分析法的计算结果在结构主方向的平均底部剪力一般不小于振型分解反应谱法计算结果的 80%,每条地震波输入的计算结果不小于 65%。从工程角度考虑,这样可以保证时程分析结果满足最低安全要求。但计算结果也不能过大,每条地震波输入计算结果不大于 135%,平均值不大于 120%。表 9-26 所示为时程分析法与反应谱法所获得的峰值基底剪力比较。由表中计算结果可知,所选用的地震波满足规范要求。需要说明的是："X 向响应"指的是以 X 向为地震激励主方向,所获得的 X 向峰值响应(在这种情况下 X 向响应大于 Y 向响应)。同理,"Y 向响应"指的是以 Y 向为地震激励主方向,所获得的 Y 向峰值响应(在这种情况下 Y 向响应大于 X 向响应)。

时程分析法与反应谱法峰值基底剪力比较　　表 9-26

地震波名称	作用方向	基底剪力(kN)	时程分析与 CQC 法基底剪力比值	限　值
RGB5020D03	X	7356.3	0.76	
	Y	6962.7	0.75	
RGB5020D05	X	6976.0	0.72	
	Y	7069.2	0.76	
Coalinga-90	X	8128.3	0.84	
	Y	8700.6	0.94	
fcy_00_1	X	10402.6	1.08	>0.65
	Y	9788.2	1.05	<1.35
sfo_90_1	X	8262.7	0.86	
	Y	6257.1	0.67	
SHWN1	X	11886.3	1.23	
	Y	11432.3	1.23	
WESTMORELAND-180	X	10356.4	1.07	
	Y	9461.4	1.02	

续上表

地震波名称	作用方向	基底剪力(kN)	时程分析与CQC法基底剪力比值	限值
平均值	X	9052.6	0.94	>0.8
	Y	8524.5	0.92	<1.2
CQC法	X	9638	—	—
	Y	9300	—	—

（2）不同地震波作用下结构峰值响应比较

表9-27所示为结构顶点峰值位移、峰值速度及峰值加速度结果。表9-28所示为结构峰值层间位移角及基底剪力结果。对比时程分析法结果和CQC法结果可知，时程分析法所获得结构顶层峰值响应平均值小于CQC法的结果。同理，时程分析法所获得结构峰值层间位移角平均值及基底剪力平均值也小于CQC法的结果。总体而言，小震弹性时程分析所获得的结果要略小于反应谱法的计算结果。

结构顶点峰值位移、峰值速度及峰值加速度结果　　　　表9-27

地震波名称	X 向			Y 向		
	位移(mm)	速度(mm/s)	加速度(mm/s²)	位移(mm)	速度(mm/s)	加速度(mm/s²)
RGB5020D03	17.66	73.3	702.7	19.21	81.1	666
RGB5020D05	13.17	80.5	527.1	16.34	90.1	542.5
Coalinga-90	27.02	148.3	942.8	28.86	155.7	901.3
fcy_00_1	24.83	136.2	927.3	25.63	140.9	929.5
sfo_90_1	15.76	89.7	852.6	15.18	89.6	680.2
SHWN1	29.23	140.9	877.5	33.91	160.8	872
WESTMORELAND-180	20.20	66.2	447.7	27.10	80.4	460.3
平均值	21.12	105.1	753.9	23.7	114	721.6
CQC	24.14	—	—	35.68	—	—

结构峰值层间位移角及基底剪力结果　　　　表9-28

地震波名称	层间位移角		基底剪力(kN)	
	X 向	Y 向	X 向	Y 向
RGB5020D03	1/946	1/908	7356.3	6962.7
RGB5020D05	1/1173	1/946	6976.0	7069.2
Coalinga-90	1/622	1/726	8128.3	8700.6
fcy_00_1	1/676	1/615	10402.6	9788.2
sfo_90_1	1/928	1/987	8262.7	6257.1
SHWN1	1/563	1/568	11886.3	11432.3
WESTMORELAND-180	1/763	1/747	10356.4	9461.4
平均值	1/764	1/754	9052.2	8524.5
CQC	1/804	1/708	9638	9300

（3）楼层峰值响应

图9-9所示为结构峰值层剪力曲线；图9-10所示为结构峰值层弯矩曲线；图9-11所示为结构峰值层位移曲线；图9-12所示为结构峰值层间位移角曲线。图中结果表明不同地震波结果所获得峰值层剪力平均值曲线与CQC法计算的层剪力曲线非常接近。CQC法所

获得的峰值层剪力要略大于时程分析的平均值。按照规范要求,对于层剪力采用平均值与CQC法的较大值对结构进行设计。不同地震波结果所获得峰值层弯矩平均值曲线与CQC法计算的层弯矩曲线非常接近。与层剪力计算结果类似,CQC法所获得的峰值层弯矩要略大于时程分析的平均值。因此对于本结构而言,采用CQC法的峰值层剪力和层弯矩结果进行结构设计。

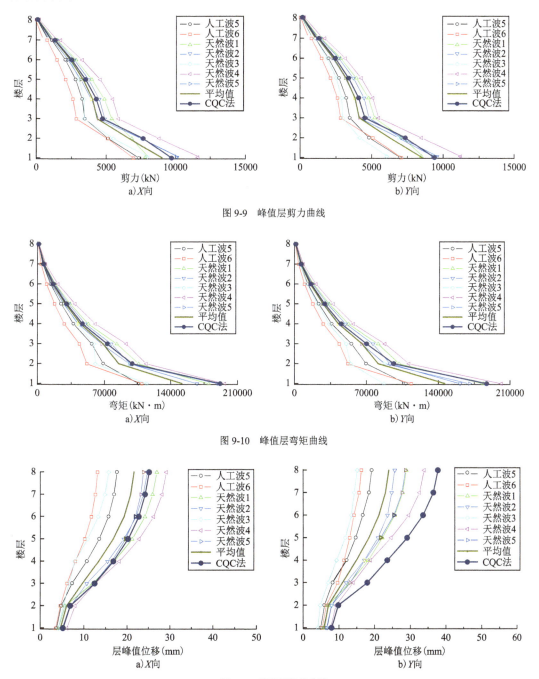

图 9-9 峰值层剪力曲线

图 9-10 峰值层弯矩曲线

图 9-11 峰值层位移曲线

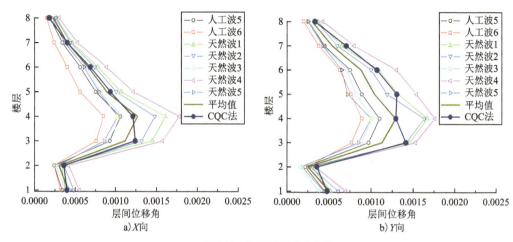

图 9-12 峰值层间位移角曲线

由结果可知,采用 CQC 法计算得到的峰值层位移要大于时程分析的平均值。采用 CQC 法计算得到的峰值层间位移角要大于时程分析的平均值。X、Y 向地震作用下由时程分析法计算的峰值层间位移角出现在第四层,由 CQC 法计算所得的峰值层间位移角出现在第三层。对比规范相关规定,小震作用下结构的峰值层间位移角小于规范规定的限值,因此满足要求。见表 9-29。

地震作用下峰值层间位移角结果与 CQC 法结果比较　　表 9-29

楼 层	X 向		Y 向		限 值
	平均值	CQC 法	平均值	CQC 法	
一	1/2347	1/2524	1/1838	1/2088	1/550
二	1/3136	1/2778	1/3707	1/2792	
三	1/862	1/804	1/848	1/708	
四	1/764	1/823	1/746	1/773	
五	1/1121	1/1068	1/887	1/767	
六	1/1521	1/1457	1/1095	1/936	
七	1/2551	1/2506	1/1796	1/1416	
八	1/4396	1/5629	1/3256	1/2996	

(4) 小震弹性时程分析结论

综合上述分析表明:

① 对 JGA9 结构而言,振型分解法结果起主要控制作用,结构设计时应注意地震剪力采用时程分析结果平均值与 CQC 法的较大值。

② 由于 JGA9 结构存在侧向刚度沿竖向不规则,用弹性时程分析法所得的内力和位移在上盖底部楼层存在突变,设计时应予以重点关注。其他各层与采用振型分解法所得曲线的变化趋势一致。

③ JGA9 结构层间位移角均满足限值(1/550)要求。

④ JGA9 结构在小震作用下整体结构及所有结构构件满足规范要求。关键部位的转换框架(框支柱及框支梁)可以达到性能水准 2,薄弱部位的平台结构和上盖结构底层可以达

到性能水准3，一般部位的上盖其他结构可以达到性能水准4。

9.3.4 典型结构静力弹塑性分析

该研究基于静力弹塑性分析考察了结构体系的各类响应，评判了结构在中震和大震作用下的结构性能。

1) 中震静力弹塑性分析结果

图9-13所示为模态加载模式下（PUSH_M+）中震性能曲线。其他加载模式下的性能曲线结果没有给出。

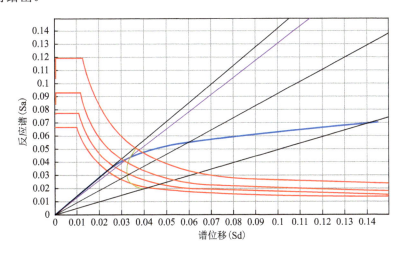

图9-13 模态加载模式中震性能曲线（PUSH_M+）

表9-30所示为中震静力弹塑性分析峰值响应结果。图9-14所示为中震作用下X向和Y向结构楼层层间位移角曲线。

静力弹塑性分析结果（中震） 表9-30

工况类型	项目	X 向		Y 向	
		数值	最大层间位移角位置	数值	最大层间位移角位置
PUSH_M+	整体最大基底剪力（kN）	8867	四层	7266	四层
	等效阻尼比（%）	7.86		9.69	
	最大顶点位移（m）	0.0588		0.0806	
	最大层间位移角	1/319		1/300	
PUSH_M-	整体最大基底剪力（kN）	8872	四层	7178	四层
	等效阻尼比（%）	7.85		9.95	
	最大顶点位移（m）	0.0588		0.0803	
	最大层间位移角	1/313		1/302	
PUSH_A+	整体最大基底剪力（kN）	16520	三层	17910	三层
	等效阻尼比（%）	5.44		5.28	
	最大顶点位移（m）	0.0345		0.0383	
	最大层间位移角	1/602		1/676	

续上表

工况类型	项目	X 向		Y 向	
		数值	最大层间位移角位置	数值	最大层间位移角位置
PUSH_A-	整体最大基底剪力(kN)	16310	三层	17880	三层
	等效阻尼比(%)	5.65		5.30	
	最大顶点位移(m)	0.0343		0.0383	
	最大层间位移角	1/534		1/676	
PUSH_S+	整体最大基底剪力(kN)	10440	四层	12440	四层
	等效阻尼比(%)	7.42		6.23	
	最大顶点位移(m)	0.0493		0.0550	
	最大层间位移角	1/548		1/336	
PUSH_S-	整体最大基底剪力(kN)	13200	四层	12290	四层
	等效阻尼比(%)	5.74		6.47	
	最大顶点位移(m)	0.0442		0.0547	
	最大层间位移角	1/451		1/342	

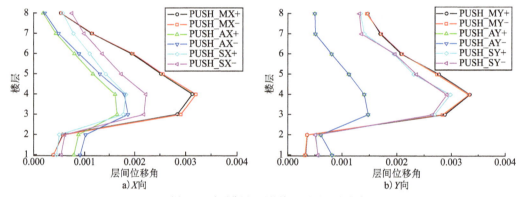

图 9-14 中震作用下结构楼层层间位移角曲线

通过中震静力弹塑性计算可以得到以下结论：

(1) 结构 X 向、Y 向的结构能力谱与地震需求谱存在性能点或相交，表明结构具有足够的抗倒塌能力，能够抵抗中震作用。

(2) 由计算结果可知中震下，X 向和 Y 向的最大层间位移角基本上都出现在第三层或第四层，属于上盖结构底层及一般结构楼层，上盖结构底层的层间位移角最大值为 1/534 小于 2 倍弹性位移限值 1/275，故该部位可以达到性能水准 3；一般结构楼层的层间位移角最大值为 1/300 小于 3 倍的弹性位移限值 1/183，因此结构在中震下满足性能水准 4 的要求。

(3) 计算结果表明，结构关键部位—转换框架没有出现塑性铰，处于弹性状态；且薄弱部位-平台结构和上盖结构底层处于弹塑性状态，但没有构件出现屈服，满足中震不屈服的要求；上盖其他一般结构同样处于弹塑性状态，并没有屈服，故满足中震极限承载力要求。

(4) 结构在中震作用下整体结构及所有结构构件满足规范要求，关键部位的层间位移角最大值为 1/1050 小于弹性位移限值 1/550，故关键部位可以达到性能水准 2；薄弱部位的平台结构和上盖结构底层的层间位移角最大值为 1/345 小于 2 倍弹性位移限值 1/275，故该部位可以达到性能水准 3；一般部位的上盖其他层的层间位移角最大值为 1/300 小于 3 倍的弹性位移限值 1/183,故可以达到性能水准 4 的要求;因此,结构在中震下满足预先设定的抗震性能目标。

(5)总的来说结构在中震作用下结构关键部位——转换框架能满足性能 2 的要求;薄弱部位——平台结构和上盖结构底层满足性能 3 的要求;一般部位的上盖其他结构满足性能 4 的要求。

2)大震静力弹塑性分析结果

图 9-15 显示了模态加载模式下(PUSH_M+)大震性能曲线。分析所得结构能力谱与需求谱的相交点即为大震作用下的性能控制点。其他加载模式下的性能曲线结果没有给出;表 9-31 显示了大震静力弹塑性分析峰值响应结果。图 9-16 所示为大震作用下 X 向和 Y 向结构楼层层间位移角曲线。图 9-17 所示为大震作用下采用模态加载模式(PUSH_M+)时,结构塑性铰的分布状况。

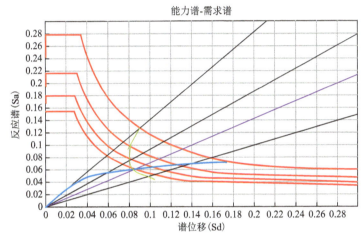

图 9-15 模态加载模式大震性能曲线(PUSH_M+)

静力弹塑性分析结果　　　　表 9-31

工况类型	项目	X 向		Y 向	
		数值	最大层间位移角位置	数值	最大层间位移角位置
PUSH_M+	整体最大基底剪力(kN)	12150	三层	9941	四层
	等效阻尼比(%)	21.14		22.48	
	最大顶点位移(m)	0.1467		0.2187	
	最大层间位移角	1/118		1/106	
PUSH_M-	整体最大基底剪力(kN)	12170	三层	9861	四层
	等效阻尼比(%)	21.10		22.56	
	最大顶点位移(m)	0.1466		0.2202	
	最大层间位移角	1/114		1/104	
PUSH_A+	整体最大基底剪力(kN)	33350	三层	36550	四层
	等效阻尼比(%)	9.10		9.21	
	最大顶点位移(m)	0.0817		0.0879	
	最大层间位移角	1/282		1/264	

续上表

工况类型	项 目	X 向 数值	X 向 最大层间位移角位置	Y 向 数值	Y 向 最大层间位移角位置
PUSH_A-	整体最大基底剪力(kN)	33490	三层	36100	四层
	等效阻尼比(%)	8.97		9.49	
	最大顶点位移(m)	0.0820		0.0875	
	最大层间位移角	1/274		1/268	
PUSH_S+	整体最大基底剪力(kN)	19680	四层	16690	四层
	等效阻尼比(%)	12.12		20.49	
	最大顶点位移(m)	0.1257		0.1260	
	最大层间位移角	1/213		1/175	
PUSH_S-	整体最大基底剪力(kN)	20550	四层	16570	四层
	等效阻尼比(%)	15.91		20.55	
	最大顶点位移(m)	0.0993		0.1268	
	最大层间位移角	1/183		1/172	

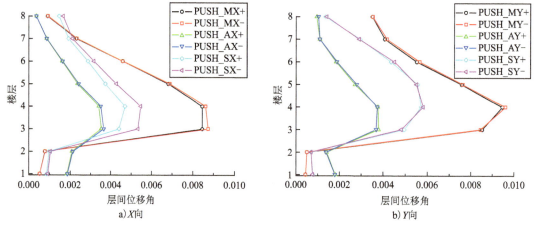

图 9-16　大震作用下结构楼层层间位移角曲

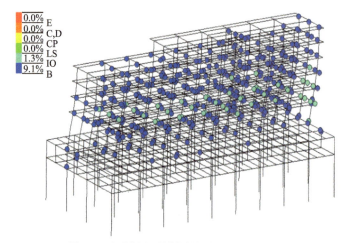

图 9-17　大震作用下结构塑性铰分布(PUSH_M+)

通过大震静力弹塑性计算可以得到以下结论：

(1) 结构 X 向、Y 向的结构能力谱与地震需求谱存在性能点或相交，表明结构具有足够的抗倒塌能力，能够抵抗大震作用。

(2) 由计算结果可知大震下，X 向和 Y 向的最大层间位移角基本上都出现在第 3 层或第 4 层，属于上盖结构底层及一般结构楼层，上盖结构底层层间位移角均值为 1/197 小于 4 倍弹性位移限值 1/138，故能达到性能水准 3；一般结构楼层两向的层间位移角最大值为 1/172 小于 0.9 倍的塑性位移限值 1/55，故能达到性能水准 4。

(3) 计算结果表明，大震作用下梁端和柱端均出现了一定的铰。关键部位——转换框架没有出现塑性铰，因此满足极限承载力要求；薄弱部位——平台结构和上盖结构底层有少量的梁出现塑性铰，个别柱构件出现塑性铰；一般部位——上盖其他结构的部分梁柱构件出现塑性铰，但所有构件均没有出现剪切铰，因此满足在大震时不发生脆性剪切破坏的要求。对比梁柱的铰分布状况和发展过程可知，该结构是梁首先出现铰，因此满足强柱弱梁的抗震要求。

(4) 结构在大震作用下整体结构及所有结构构件满足规范要求，整体结构处于弹塑性状况。关键部位——转换框架的层间位移角最大值为 1/515 小于 2 倍弹性位移限值 1/275，可以达到性能水准 2；薄弱部位——平台结构和上盖结构底层的层间位移角均值为 1/197 小于 4 倍弹性位移限值 1/138，可以达到性能水准 3；一般部位——上盖其他结构的层间位移角最大值为 1/104 小于 0.9 倍塑性变形限值 1/55，可以达到性能水准 4 的要求；因此结构在中震下满足预先设定的抗震性能目标。

总的来说，结构在大震作用下结构关键部位——转换框架的抗震性能满足性能 2 的要求；薄弱部位——平台结构和上盖结构底层满足性能 3 的要求；一般部位——上盖其他结构满足性能 4 的要求。

9.3.5 典型结构弹塑性时程分析

该研究基于弹塑性时程分析考察了结构体系的各类响应，评判了结构在中震和大震作用下的结构性能。

1) 中震弹塑性时程分析结果

(1) 整体结构计算结果

表 9-32 给出了中震下结构峰值地震响应结果的比较。

结构峰值地震响应比较　　表 9-32

项目	人工波 1	人工波 2	天然波 1	天然波 2	天然波 3	天然波 4	天然波 5
整体 X 向最大基底剪力(kN)	13644	15650	20696	17613	18973	18169	19541.5
X 向最大剪重比(%)	3.8	4.39	5.8	4.93	5.31	5.09	5.47
整体 Y 向最大基底剪力(kN)	11690	13737	17452	15401	16771	15481	17829
Y 向最大剪重比(%)	3.3	3.8	4.9	4.3	7.6	4.3	5.0
X 向最大顶点加速度(m/s²)	0.98	0.66	1.40	1.31	1.10	1.32	1.25
X 向最大顶点位移(m)	0.050	0.051	0.049	0.053	0.035	0.055	0.041
Y 向最大顶点加速度(m/s²)	0.83	1.01	1.19	1.13	0.96	1.12	1.02
Y 向最大顶点位移(m)	0.037	0.043	0.043	0.046	0.030	0.048	0.033
X 向最大层间位移角(层号)	1/387 (4层)	1/308 (4层)	1/303 (4层)	1/288 (4层)	1/386 (4层)	1/279 (4层)	1/292 (4层)

续上表

项　目	人工波1	人工波2	天然波1	天然波2	天然波3	天然波4	天然波5
Y向最大层间位移角(层号)	1/467 (4层)	1/362 (4层)	1/355 (4层)	1/338 (4层)	1/447 (4层)	1/323 (4层)	1/247 (4层)

(2) 剪力及弯矩计算结果

图9-18所示为中震下结构基底剪力时程曲线。图9-19所示为大震下结构基底倾覆弯矩时程曲线。由图中结果可知，对于JGA9结构而言，人工波与天然波的时程结果较为接近。图9-20所示为峰值层剪力曲线。图9-21所示为峰值层弯矩曲线。结果表明各条波作用下的楼层峰值剪力曲线变化趋势一致，并且其幅值也较为接近。

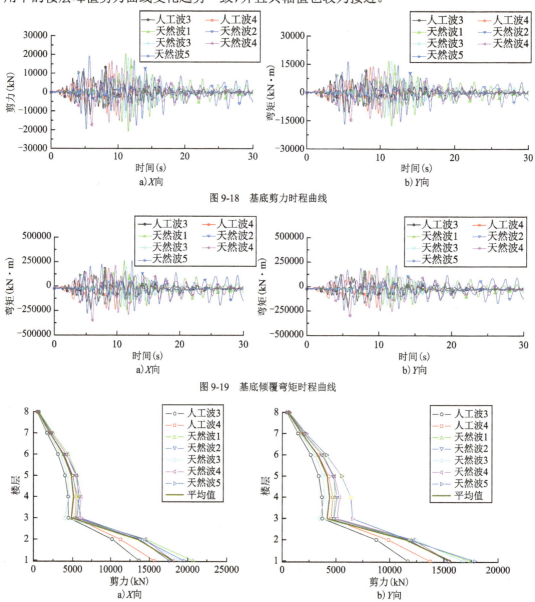

图9-18　基底剪力时程曲线

图9-19　基底倾覆弯矩时程曲线

图9-20　峰值层剪力曲线

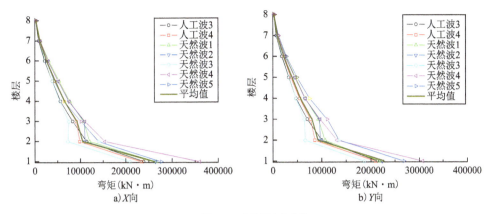

图 9-21 峰值层弯矩曲线

（3）位移计算结果

图 9-22 所示为中震下结构峰值层位移曲线。图 9-23 所示为中震下结构峰值层间位移角曲线。结果表明各条地震波作用下的楼层峰值层位移和层间位移角变化趋势基本一致。2 条人工波与 5 条天然波的计算结果比较接近。

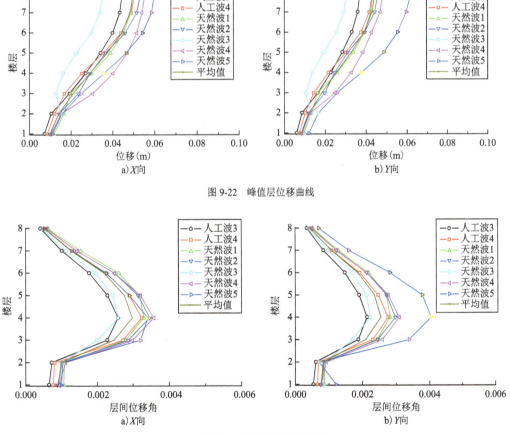

图 9-22 峰值层位移曲线

图 9-23 峰值层间位移角曲线

(4) 中震时程分析结论

① 中震下各条地震波作用下的楼层峰值位移曲线、峰值层间位移角曲线形式相似，各曲线的幅值差异不大。结构第 4 层的间位移角显著增大。

② 与静力弹塑性分析结果相比，结构在中震作用下的峰值层间位移角平均值分别为 1/315（X 向）、1/349（Y 向）。动力弹塑性分析所得到的结构层间位移角结果与静力弹塑性分析的峰值结果非常接近。

③ 对比不同地震动下楼层层间位移角的结果可知，峰值层间位移角均出现在第四层，属于一般结构部位，所有地震波计算的层间位移角最大值为 1/247 小于 3 倍的弹性位移限值 1/183，故满足第 4 性能水准的要求。

④ 结构所有的构件均没有出现塑性铰，关键部位的转换框架处于弹性状态，平台结构及上盖结构底部处于弹塑性状态，故在中震作用下，结构的关键部位能满足中震弹性，平台及上盖结构底部能满足中震不屈服，一般结构部位未发生屈服，故能满足极限承载力的要求。

⑤ 关键部位即转换框架的最大层间位移角数值为 1/800 小于弹性位移限值 1/550，故能达到性能水准的要求；薄弱部位的平台结构和上盖结构底层的层间位移角最大值为 1/285 小于 2 倍的弹性位移限值 1/275，故能达到性能水准 3 的要求；一般结构部位的层间位移角最大值为 1/247 小于 3 倍的弹性位移限值 1/183，故可以达到性能水准 4；因此，结构在中震下满足预先设定的抗震性能目标。

⑥ 总体来说，关键部位的转换框架能满足性能水准 2，薄弱部位的平台结构和上盖结构底层能满足性能水准 3，一般结构部位能满足性能水准 4。

2) 大震弹塑性时程分析结果

(1) 整体结构计算结果

表 9-33 给出了大震下结构峰值地震响应结果的比较。对比研究可以发现人工波与天然波的计算结果较接近。这表明本工程地震波的选取非常有效，不但所有地震波的平均地震影响线系数与规范谱吻合较好，而且各条地震波各自的地震影响系数也均能与规范谱吻合良好。因此，从随机谱模拟的角度而言，该工程计算中所选择的 2 条人工波和 5 条天然波均为目标反应谱的优良时程样本，不同时程样本之间的离散性较小，因此可以从理论上确保动力弹塑性分析结果中各条地震波的分析结果不会出现显著的差异，能较好地保证大震作用下结构动力弹塑性分析结果的可靠性和有效性。

结构峰值地震响应比较　　表 9-33

项　　目	人工波 1	人工波 2	天然波 1	天然波 2	天然波 3	天然波 4	天然波 5
整体 X 向最大基底剪力(kN)	38724	31992	41767	35580	34746	39593	37421
X 向最大剪重比(%)	10.8	9.0	11.7	9.97	9.74	11.1	10.5
整体 Y 向最大基底剪力(kN)	35888	30129	38623	31313	31931	36952	34600
Y 向最大剪重比(%)	10.0	8.4	10.8	8.8	8.9	10.3	9.7
X 向最大顶点加速度(m/s^2)	2.48	1.92	2.48	2.57	2.28	2.50	2.31
X 向最大顶点位移(m)	0.15	0.12	0.111	0.13	0.088	0.17	0.13
Y 向最大顶点加速度(m/s^2)	2.22	1.81	2.37	2.44	2.05	2.30	2.24

续上表

项　目	人工波1	人工波2	天然波1	天然波2	天然波3	天然波4	天然波5
Y向最大顶点位移(m)	0.13	0.10	0.10	0.11	0.075	0.14	0.10
X向最大层间位移角(层号)	1/92 (4层)	1/187 (4层)	1/120 (4层)	1/142 (4层)	1/153 (4层)	1/90 (4层)	1/100 (4层)
Y向最大层间位移角(层号)	1/111 (4层)	1/157 (4层)	1/131 (4层)	1/105 (4层)	1/184 (4层)	1/113 (4层)	1/110 (4层)

静力弹塑性推覆分析结果表明,不同加载模式的结果存在一定差异,其中模态加载方式的结果是最不利的。因此,在对比研究中取模态静力加载方式的结果作为静力推覆分析的结果。在模态加载情况下,罕遇地震下结构的峰值层间位移角分别为1/114(X向)、1/104(Y向);与静力弹塑性分析相比,结构在罕遇地震作用下的峰值层间位移角平均值分别为1/118(X向)、1/125(Y向)。显然静力弹塑性分析和动力弹塑性分析所得到的结构层间位移角位置和大小均较为吻合,因此分析结果的可靠性得到了有效保证。

(2)剪力及弯矩计算结果

图9-24所示为大震下结构基底剪力时程曲线,图9-25所示为大震下结构基底倾覆弯矩时程曲线,由图中结果可知,对于JGA9结构而言,人工波与天然波的时程结果较为接近。图9-26所示为大震下结构峰值层剪力曲线,图9-27所示为大震下结构峰值层弯矩曲线,结果表明各条波作用下的楼层峰值剪力曲线变化趋势一致,并且其幅值也较为接近。

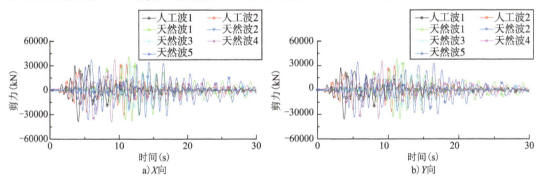

图9-24　基底剪力时程曲线

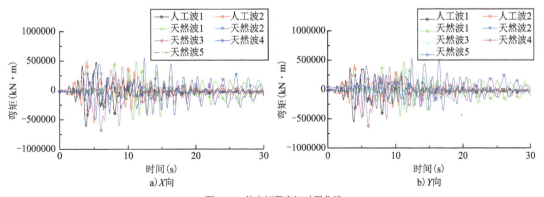

图9-25　基底倾覆弯矩时程曲线

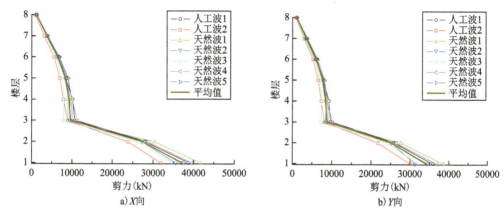

图9-26 峰值层剪力曲线

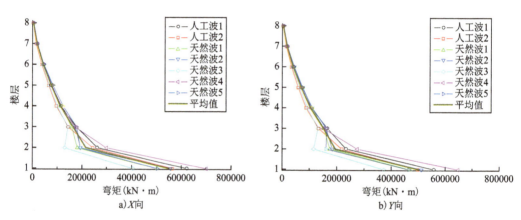

图9-27 峰值层弯矩曲线

(3) 位移计算结果

图9-28所示为大震下结构峰值层位移曲线,图9-29所示为大震下结构峰值层间位移角曲线,结果表明各条地震波作用下的楼层峰值层位移和层间位移角变化趋势基本一致,2条人工波与5条天然波的计算结果比较接近。

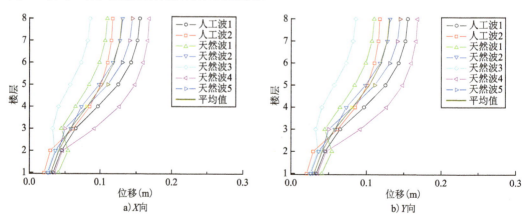

图9-28 峰值层位移曲线

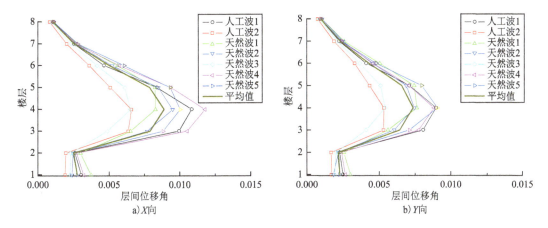

图 9-29 峰值层间位移角曲线

(4) 塑性铰特点

本工程针对 JGA9 结构考察了不同地震动时刻的构件塑性铰分布状况。计算表明结构在天然波 4 作用下具有最大的峰值层间位移角,因此只给出了采用天然波 4 时的塑性铰分布状况,如图 9-30、图 9-31 所示。结果表明在罕遇地震作用下(天然波 4)JGA9 结构在 9.60s 时刻发生最大层间位移角,发生位置在第四层。在该时刻大部分柱混凝土出现了弯曲开裂,有 20% 左右的梁、柱构件进入屈服状态,在转换层,只有极少数梁、柱构件进入屈服状态,但经复核,均满足极限承载力的要求。平台层(二层)和上盖结构底部楼层(三、四层)很少部分梁进入塑性。绝大部分进入塑性的梁构件位于上盖结构上部楼层中。在地震动达到最大强度之后,结构出现了最大层间位移角。随后地震动强度逐渐减小,但结构仍然处于塑性耗能阶段。此时结构上部五层以上更多的梁进入塑性状态,但下部以及上盖结构底部三、四层并没有更多的梁柱构件进入塑性。且所有构件均没有出现剪切铰。

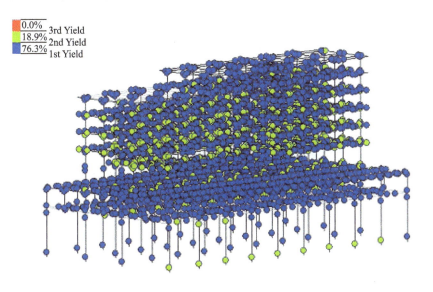

图 9-30 采用天然波 4 时整体铰示意图(9.60s 时刻, RY 方向弯矩铰)

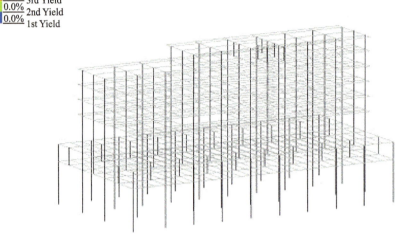

图 9-31 采用天然波 4 时整体铰示意图（9.60s 时刻，FY 方向弯矩铰）

（5）极限承载力复核

该工程进行了大震下关键构件的承载力复核。根据《建筑抗震设计规范》（GB 50011—2010）附录 M，本工程结构抗震性能目标要求确定为性能水准 3。对于大震作用下，应按照 M.1.2 中的第 4 条进行结构承载力的复核。计算表明对于 JGA9 结构而言，在大震作用下具有最大内力的梁柱构件均位于转换层位置。因此本报告在此选取了具有最大内力的构件进行了承载力复核。由计算结果可知，转换层的柱构件而言均未出现剪切铰，因此只需进行压弯承载力的验算，从已屈服的柱中选择内力组合为最大弯矩对应的轴力、最大轴力对应的弯矩即：(M_{max}, N)、(N_{max}, M)、(N_{min}, M) 三种工况对应的柱构件进行承载力验算。对于转换层的梁构件需进行受弯承载力验算，从已屈服的梁中选择出现最大弯矩即 M_{max} 的梁构件进行受弯承载力验算。极限承载力的复核过程中选择了结构产生峰值层间位移角所对应的动力时程分析工况。结构设计时钢筋的强度等级为 HRB400，转换层的梁构件混凝土强度等级为 C40，柱构件的混凝土强度等级为 C45，因此进行极限承载力验算时，钢筋的极限强度取 500MPa，混凝土梁取 35.2 MPa，混凝土柱取 39.6 MPa。表 9-34 为大震下动力弹塑性分析下的 JGA9 结构中具有最大内力的梁柱构件的极限承载力验算结果。由验算结果可知，JGA9 结构在大震作用下其梁柱构件的极限承载力均满足要求，符合性能水准 3 的要求。

JGA9 转换层梁、柱构件极限承载力验算结果　　　　表 9-34

构件类型	构件编号	内力类型		单位	S_{GE}	S_{EK}	$S_{GE}+S_{EK}$	R_U	$S_{GE}+S_{EK}/R_U$	结论
梁	2	(M_{max})		kN·m	10827	12334	23161	28130	0.82<1	满足
柱	391	(N_{max}, M)	N_{max}	kN	15751	17624	36706	45578	0.80<1	满足
			M	kN·m	181	4819				
柱	397	(M_{max}, N)	N	kN	2555	3992	13611	14610	0.93<1	满足
			M_{max}	kN·m	-87	5494				
柱	396	(N_{min}, M)	N_{min}	kN	8493	5132	15846	21286	0.747<1	满足
			M	kN·m	564	4163				

(6) 大震时程分析结论

结合 JGA9 结构在罕遇地震作用下的弹塑性时程分析结果,可以得到以下主要结论:

①罕遇地震作用下,结构静力弹塑性分析的层间位移角与弹塑性时程分析的层间位移角结果较为接近,两种方法的分析结果比较吻合,因此分析结果的可靠性得到了有效保证。

②结构在罕遇地震作用下,梁构件混凝土首先开裂进入塑性状态,随后柱构件混凝土开裂进入塑性状态。

③地震动强度峰值过后,结构上部楼层有部分梁柱构件塑性状态进一步发展(主要为梁构件),但均未发生塑性破坏。而结构下部以上盖结构底部楼层则未发现有主要构件的塑性状态进一步迅速发展。因此可知,该结构在罕遇地震作用下的损伤模式是强柱弱梁,满足抗震设防要求。

④计算表明,各地震波作用下结构的峰值层间位移角平均值约为 1/118(X 向)、1/125(Y 向),均出现在第四层,属于一般结构部位,显示小于 0.9 倍的塑性位移限值 1/55,故符合性能水准 4 的要求。

⑤关键部位的转换框架(框支柱及框支梁)处于大震弹塑性状态。该部位只有极少数梁、柱构件进入屈服状态,但经复核,均满足极限承载力的要求。平台及上盖结构底部楼层处于大震弹塑性状态,该部位有个别柱构件进入屈服状态,并有少量梁构件进入塑性屈服状态。上盖结构上部楼层则有部分梁柱构件进入屈服状况,且所有的构件在大震时没有发生剪切铰,故所有构件在大震时没有发生脆性剪切破坏。

⑥关键部位的转换框架处的峰值层间位移角分别为 1/361(X 向)、1/442(Y 向),因此该部位的层间位移角均小于 2 倍弹性位移限值 1/275,该结构部位满足大震下性能水准 2 的要求;平台及上盖结构底部的层间位移角均小于 4 倍弹性位移限值 1/138,故该部位能满足性能水准 3 的要求。一般结构部位的平均层间位移角最大值为 1/90 小于 0.9 倍塑性位移限值 1/55,故该部位能满足性能水准 4 的要求。

⑦总体而言,结构在大震作用下整体结构及所有结构构件满足规范的抗震要求。关键部位的转换框架(框支柱及框支梁)可以达到性能水准 2,薄弱部位的平台结构和上盖结构底层可以达到性能水准 3,一般部位的上盖其他结构可以达到性能水准 4。

9.4 天童庄车辆段超限结构抗震处理措施

9.4.1 计算结果的工程判断

该工程进行了天童庄车辆段上盖物业结构的静力弹性分析、小震弹性时程分析、中震和大震静力弹塑性分析、中震和大震动力弹塑性分析。因此,在分析过程中采用了 PKPM SATWE、MIDAS BUILDING 等多种软件进行了分析和校核。通过上盖结构体系的超限分析计算,可以得到一些主要的结论。

1) 小震作用

基于弹性静力计算,可以得到主要结论如下:

(1) 上盖结构体系中,部分结构的个别楼层不满足结构竖向规则性要求。部分结构扭转周期比不符合规范的规定,属于抗扭刚度较弱的高层建筑。

(2)所有结构的结构抗倾覆验算及结构整体稳定验算结果满足规范要求。

(3)所有结构在小震作用下,有效质量系数及剪重比验算结果满足规范要求。

(4)所有结构在风荷载或地震荷载作用下,结构侧移均满足高层建筑水平位移的限制要求(1/550)。

(5)上盖结构弹性分析中,各水平荷载、作用相比较,地震载效应最大,为控制荷载。

(6)地震作用下,部分结构的层间最大位移与层间平均位移之比(层间位移比)、层最大位移与层平均位移之比(层位移比)不符合规范要求。

(7)上盖结构小震分析计算中,振型分解法结果起主要控制作用,对上部楼层设计时应注意地震剪力采用时程分析结果平均值与CQC法的较大值。

(8)小震作用下,上盖结构层间位移角均满足限值(1/550)要求。

(9)总体而言,小震作用下上盖结构体系整体结构及所有结构构件满足规范要求。关键部位的转换框架(框支柱及框支梁)可以达到性能水准2,薄弱部位的平台结构和上盖结构底层可以达到性能水准3,一般部位的可以达到性能水准4。

2)中震作用

(1)中震下上盖结构动力弹塑性分析所得到的结构层间位移角结果与静力弹塑性分析的结果较为吻合,动力弹塑性分析所得到的结构响应略大于静力弹塑性分析的结果。

(2)上盖结构体系X向、Y向的结构能力谱与地震需求谱存在性能点或相交,表明结构具有足够的抗倒塌能力,能够抵抗中震作用。

(3)结构关键部位的转换框架没有出现塑性铰,处于弹性状态;且薄弱部位的平台结构和上盖结构底层处于弹塑性状态,但没有构件出现屈服,满足中震不屈服的要求;上盖其他一般结构同样处于弹塑性状态,并没有屈服,故满足中震极限承载力要求。

(4)在中震作用下关键部位的转换框架处于中震弹性状态,关键部位即转换框架的最大层间位移角小于1/550。故能满足中震下性能水准2的要求。

(5)中震下上盖结构底层所有构件均未进入屈服状态,层间位移角小于2倍的弹性位移限值,故能达到性能水准3的要求,上盖其他结构的构件也没进入屈服,且层间位移角小于3倍的弹性位移限值,故上盖其他结构能满足性能4的要求。

3)大震作用

(1)大震作用下,动力弹塑性分析所得到的结构层间位移角结果与静力弹塑性分析的结果较为吻合,动力弹塑性分析所得到的结果略大于静力弹塑性分析的结果。多塔楼结构中各个塔楼的大震弹塑性地震时程反应特点基本一致。

(2)上盖结构体系X向、Y向的结构能力谱与地震需求谱存在性能点或相交,表明结构具有足够的抗倒塌能力,能够抵抗大震作用。

(3)大震作用下上盖结构体系中大部分梁和少量柱出现了塑性铰,对比梁柱的铰分布状况和发展过程可知,上盖结构体系基本上是梁首先出现塑性铰,部分柱出现了塑性铰,因此整个上盖结构体系满足强柱弱梁的抗震要求。

(4)大震作用下,上盖结构体系的峰值层间位移角均符合性能水准3的要求。在大震作用下关键部位的转换框架(框支柱及框支梁)处于大震弹塑性状态。该部位有极个别梁柱构件进入了屈服状态,但均满足极限承载力的要求。大震弹塑性分析下转换框架处的峰值层间位移角均小于 2 倍弹性位移限值,该结构部位基本满足大震下性能水准 2 的要求。

(5)在大震作用下上盖结构底部楼层处于大震弹塑性状态。该部位有个别柱构件进入塑性屈服状态,并有少量梁构件进入了塑性屈服阶段。上盖底部楼层的层间位移角均小于 1/100 的限值要求。

(6)总体而言,大震作用下上盖结构体系整体结构及所有结构构件满足规范要求。关键部位的转换框架(框支柱及框支梁)满足极限承载力的要求。薄弱部位的平台结构和上盖结构底层可以达到性能水准 3,一般部位的可以达到性能水准 4,且所有构件没有发生脆性剪切破坏。

9.4.2 结构抗震措施

基于宁波地铁天童庄车辆段上盖物业的超限设计的分析计算结果,通过采用如下的抗震措施可以加强结构体系的抗震性能:

(1)结构抗震等级的设定:

①转换框架(即框支梁、框支柱)抗震等级为二级。

②一般框架抗震等级为三级。

(2)上盖结构底部框架柱(即与转换框架相连的柱),构造要求适当提高,在梁柱端部加密箍筋,并加大箍筋直径。

(3)结构第一层和第三层为薄弱层,且结构第二层柱为短柱,构造要求适当提高,其所有竖向构件箍筋加密,并加大箍筋直径。

(4)在平台结构和上盖结构底层形成结构薄弱部位,可以通过对梁柱节点加大箍筋加密区范围,并减小箍筋间距等措施进一步加强平台结构和上盖结构底层的抗震能力。

(5)平台结构中的转换框架为结构关键部位,其抗震能力应高于同层一般平台结构。对楼盖结构采取了相关构造措施保证其整体性(如加密箍筋),确保在不同地震动水准下处于弹性工作状态。

(6)上盖结构体系中楼板平面凹进转角处增设构造钢筋,确保楼板整体性。

第10章
给排水设计

10.1 概述
10.2 设计原则及技术标准
10.3 水源及供水方案
10.4 给水系统
10.5 排水系统

10.1 概述

本章以天童庄车辆段与综合基地给排水系统为例,从系统构成、系统设置、节能减排等方面介绍了车辆段及上盖物业开发的给排水设计与常规车辆段的差异,针对本项目的设计特点及目前城市轨道交通车辆段上盖开发的趋势,提出了车辆段物业开发给排水设计中关于供水、排水及污水处理方案、中水回用、热源选择、管网布置、物业给排水接口预留等方面的几点设计思考与建议。

水消防系统设计内容纳入第 13 章"消防设计"中。

10.2 设计原则及技术标准

10.2.1 设计原则

（1）给排水设计贯彻节约用水,综合利用的原则,确保各生产、生活及消防用水点对水量、水压、水质及水温的不同要求。

（2）车辆段与上盖物业开发的给排水系统在段内分开设置,各自形成独立系统。需在车辆段内布置的物业管道及构筑物与车辆段同步实施,减少后期物业开发对车辆段的干扰。

（3）盖上管线尽可能不侵入盖下生产区,在车辆段范围内的物业管线纳入车辆段统一设计,减少物业实施对车辆段的干扰。

（4）水源采用两路城市自来水。生活生产给水、消防给水、中水分开设置,各成独立系统。

（5）采用雨污分流制,生活污水、生产废水、雨水管网单独设置。生活污水处理后排入市政管网;生产废水经处理达到回用水水质标准后用于段内绿化、道路浇洒等。

10.2.2 技术标准及一般规定

（1）用水量标准。

①工作人员生活用水量为 50L/(班·人)计,时变化系数为 2.5;

②职工淋浴用水量为 40L/(班·人);

③生产用水按工艺要求确定;

④路面洒用水为 1.0～1.5L/(m²·d);

⑤绿化浇洒用水为 1.5L/(m²·d);

⑥汽车冲洗用水为:小轿车冲洗 200～300L/(辆·次);抹车 10L/(辆·次);

⑦未预见用水量按车辆段最高日用水量的 15% 计。

（2）水质和水压。

①生活用水水质执行《生活饮用水卫生标准》(GB 5749—2006)的规定;生产用水水质按工艺要求确定。

②生活用水的水压按《建筑给水排水设计规范》(GB 50015—2003)的规定执行;生产用水的压力按工艺要求确定。

(3)雨水系统主要设计参数。

①宁波市暴雨强度公式:

$$i=\frac{99.380+85.038\lg P}{(t+32.196)^{1.113}}(\text{mm}/\text{min}) \qquad (10\text{-}1)$$

②设计重现期:

a. 盖上重要建筑屋面雨水设计重现期取 P=10a;

b. 上盖平台及其他一般建筑屋面雨水设计重现期取 P=5a;

c. 车辆段非上盖区的场地雨水设计重现期取 P=4a;落地物业区场地雨水设计重现期取 P=2a。

③地面集水时间:场内地面 t_1=10min,上盖平台及建筑屋面 t_1=5min。

④径流系数:场内地面综合径流系数按场地类别计算确定,建筑屋面及 15m 盖体取 Ψ=0.9。

(4)排水量定额应符合下列规定:

①生活排水量标准应按用水量的 90%～95% 确定;

②生产用水排水量按工艺要求确定;

③冲洗和消防废水排水量和用水量相同。

(5)含油废水及洗车库的废水,不符合国家规定的排放标准时,应经过处理,达到标准后排放,并尽量重复利用。

(6)车辆段附近无城市污水排水系统时,则车辆段内的生活污水必须经过处理,达到排放标准后才能排放。

(7)车辆段的生活污水,宜集中后按重力流方式排入城市污水排水系统,如不能按重力流方式排放,则应设污水泵站提升排入城市污水排水系统。

(8)室内重力流排水管道宜采用阻燃型 UPVC 塑料管。室外排水管宜采用塑料管或钢筋混凝土排水管。

(9)车辆段的停车列检库、定修库、试车线等,当设有检修坑时应有排水设施。

10.3 水源及供水方案

10.3.1 水源

车辆段应采用两路可靠稳定的城市自来水,当只有一路水源时应在段内设置调蓄水池。

天童庄车辆段采用两路城市自来水,分别从文卫路上既有 DN400 给水干管和东外环路东侧 DN500 给水干管上分别各引一路 DN300 给水管至车辆段,供给整个车辆段及开发物业生产生活和消防用水。再分别从引入基地的 DN300 给水干管上开口各引接一路 DN200 给水管至车辆段盖下 C 区给水所蓄水池,经加压后专供车辆段用水,满足各用水点对水量、水压的不同要求。

10.3.2 泵房及消防水池设计

1）给水所及消防泵房

给水所设置于基地中部材料棚旁,生活泵房和消防泵房合建,各自设置加压泵和稳压装置。

泵房根据供水工艺及设备的安装需要确定其尺寸、层高、形式等。按变频调速给水设备（生活生产）和立式变流恒压消防泵组的配置和控制要求进行布置,设计面积为328.80m^2,泵房设备间采用半地下式,机组安装置于地下部分,利于管路布置。泵房一端设材料间、值班控制室和卫生间,从值班室设踏步通往地下部分设备间,设备间上部沿纵向设工字钢梁,用于安装电动葫芦,起吊水泵机组。端部设有与地面齐平的起吊平台通往室外,方便设备的安装、维修及吊装。

2）消防水池及生活水箱

（1）室外设2座容积为400m^3消防水池,用于中转及加压抽升。消防水池进出水管道和阀门单独设置,并在水池间设置连通管和阀门。

消防水池有效容积根据车辆段内消防用水量最大的物资库计算确定,扣除火灾延续时间内的补水量。

（2）室内设置180m^3不锈钢生活水箱1座,作为整个基地生活、生产供水的调节水箱。

10.3.3 火灾供水方案及物业给水接口预留设计

（1）供水方案根据外部水源情况和用水需求两个因素合理确定,应充分利用市政水压。经水力计算,水压满足的各用水点均由市政管网直接供水;市政水压不足的各用水点采用无负压给水设备或变频调速给水设备集中加压供水,减少电能消耗和后期的运营成本。

（2）鉴于物业开发往往滞后于车辆段的建设,为节约工程投资,并减少后期物业开发对车辆段带来的干扰,市政给水接驳管道工程应统筹考虑车辆段和物业开发的用水需求。一次按能同时满足车辆段和物业开发的用水需求设置引入管。

（3）给水干管引入段内后,应在物业开发和车辆段分界点适当位置设置物业给水接口,并分别设置总水表井分别计量,便于后期的运营管理和成本核算。

图10-1为给水所及消防泵房平面布置图。

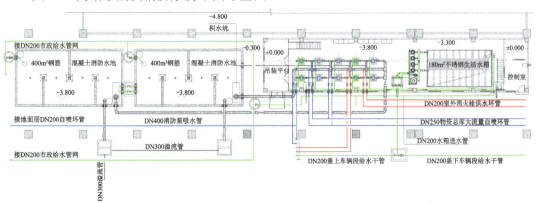

图10-1 给水所及消防泵房平面布置图（高程单位:m）

10.4 给水系统

10.4.1 生产生活给水系统

1）室外给水设计

（1）充分利用管网余压，盖下 D 区各单体建筑（即门卫1、油漆库、模拟教室、洗车机库）和 C 区材料棚（含给水所）给水由室外新建 DN200mm 给水管直接供水。

（2）其余盖下及盖上各单体建筑均由给水所变频恒压给水设备集中供水。超压管段采用可调式减压阀减压供水。给水管网按支状布置。

2）室内给水设计

（1）室内按生产和生活用水点进行管网布置，满足各用水点对水量、水压、水质和水温的不同要求。

（2）为节约用水，在满足水压要求的前提下，各给水点水压控制在 0.25MPa 内，对超压管段采用可调式减压阀减压供水。

10.4.2 热水系统及热源比选

1）热源比较

车辆段综合楼公共浴室、公共食堂及带卫生间的乘务员公寓设热水供应系统。根据使用时间的不同，公共浴室、公共食堂分为一个系统，每天定时供应热水，采用不循环热水供应系统；乘务员公寓分为一个系统，采用不循环热水供应系统。

热源的供应方式有燃气锅炉、燃油锅炉、燃煤锅炉、电锅炉。以日产 10t 热水为例，热源综合对比见表 10-1。

热水系统热源比较表 表 10-1

加热设备	燃气锅炉	燃油锅炉	燃煤锅炉	电锅炉	空气源热泵
能源类别	液化气	柴油	煤	电	电、空气
污染性	中等	中等	严重	无	无
安全性	有	有	有	无	无
理论燃值	10800 kcal/kg	10300kcal/kg	5000 kcal/kg	860 kcal/(kW·h)	860 kcal/(kW·h)
效能比(%)	85	85	65	95	350
燃料价格	4.5 元/kg	3.6 元/kg	0.55 元/kg	0.52 元/(kW·h)	0.52 元/(kW·h)
日耗费(元)	185.28	164.5	67.7	254.6	69.1
人工费(元/年)	8000	8000	8000	0	0
年运行费(万元)	7.56	6.8	3.27	9.29	2.52
设备折旧(万元)	0.65	0.6	0.5	0.75	2.0
年总成本(万元)	8.21	7.4	3.77	10.04	4.52

经综合比较，在节能和经济效益等多个方面，空气源热泵具有其他常规热源不可超越的优点，是热源的首选。

2）热水系统的设置

（1）盖上培训中心、食堂、综合维修中心、公安分局4个建筑单体分别设集中热水系统，设置干管回水系统。热源采用太阳能集热板+空气源热泵机组联合供热，冬季辅助电加热。

（2）盖上文体中心恒温游泳池采用常压式燃气锅炉集中供热。

（3）盖下运用库、检修主厂房、调机/工程车库内分散的浴室采用分体容积式电热水器供应热水。其余单体不设置热水系统。

3）饮水供应

运用库运转办公楼、综合维修中心、综合办公楼人员集中点设置全自动电开水器供应开水；公寓及办公室设饮水机插座，预留用电量。

10.4.3 中水系统

（1）根据《宁波市轨道交通1号线一期工程环境影响评价报告书》及《宁波市轨道交通1号线一期工程初步设计技术要求》等相关要求，车辆段检修及洗刷等生产含油污、废水经处理达到中水回用标准后进行回用，污水处理站中水回用间设变频调速给水设备一套，中水经加压后用于基地内绿地及路面浇洒、洗车等。

（2）中水管网单独设置，自成系统。当中水水量不足时由自来水作补充，并采取有效措施防止生活水源二次污染。

10.5 排水系统

10.5.1 系统构成、污水来源及污水量

（1）排水系统由生活污水、生产废水及中水处理系统、雨水系统构成。及时汇集排出各类污废水、地面雨水和消防废水，对污、废水进行集中处理，满足中水回用及污水排放的要求，满足国家及宁波市相关环保要求。

（2）车辆段污废水根据成分和来源主要分为以下几类：

①生活污水：主要来源于日常生活、办公过程中卫生间所产生的冲洗污水，食堂含油废水，主要含COD、COD_5、悬浮物及植物油等。

②生产污、废水：主要来源于生产车间转向架、轮对等零部件清洗、车辆内部清洗和蓄电池间产生的少量碱性废水等。主要含油污、金属洗涤剂、悬浮物等。

③洗车废水：主要来自洗车机库机车外皮洗刷及汽车清洗，含油污、悬浮物、洗涤剂等。

（3）排水量标准：

①生活污水排水量按其用水量的90%计。

②生产废水排水量按工艺要求确定。

③消防废水量、冲洗废水量与其用水量相同。

（4）污废水排放量估算，见表10-2。

车辆段污、废水量估算表　　　　　表 10-2

编号	污水类别	最大日排水量(m^3/d)	附注
1	生活污废水	440	含 COD、COD5、悬浮物、植物油及粪便等,来源于食堂、车间办公楼、综合办公楼及培训中心等
2	生产污、废水	228	含油、洗涤剂、悬浮物等,来源于转向架、轮对、轴承清洗、列检库、月检库、维修车间、洗车机库、汽车清洗等,其中洗车机库用水量 $32m^3/d$ 循环使用,回用率 70%,20d 直排一次
3	实际外排污水量	440	生产废水全部处理回用,生活污水外排至市政管网

10.5.2 污水处理站的设置

（1）车辆段设污水处理站一座,对生产废水进行集中处理。其位置结合总图布置和污废水分布特点,将基地东北角的一片空地作为污水处理站用地。一方面,污水站地处宁波市夏季主导风向的下风向,对基地开发物业和生产区影响较小;另一方面,靠近生产废水主要排放点检修主厂房和运用库,有利于污废水的汇集。

（2）中水处理根据原水水质、水量和中水用途进行水量平衡和经济分析,并结合远期发展需求确定处理工艺和规模。结合车辆段生产废水、洗车废水排水量和中水回用水量计算确定,污水站按 $240m^3/d$ 的处理能力进行设计。

（3）生产废水及中水处理系统。

①中水水质执行《城市污水再生利用 城市杂用水水质》(GB/T 18920—2002)。由于中水需同时满绿化、洗车等多种用途,其水质按相应用途的最高水质标准确定。

②中水原水主要为洗车废水和检修及洗涮废水,其中洗车废水由洗车机自带的循环回收装置处理后循环使用,回收率约 70%,20d 直排一次,直排废水经废水管网汇集后排入污水处理站集中处理。

③中水处理工艺。

生产含油污废水采用气浮处理工艺;蓄电池间含碱废水先通过酸碱中和池进行中和处理,待 pH 值接近中性后,与其他生产车间排出的含油污水一并进入污水处理站调节沉淀隔油池,经处理后其中的浮油及大颗粒杂质基本被去除;其次污水经过气浮、过滤后,去除其剩余的乳化油、BOD、COD、合成洗涤剂,最后经过脱色、除臭、消毒处理,即可达到中水回用标准。工艺流程如图 10-2 所示。

（4）污泥处理。

对污废水处理过程中产生的污泥进行集中处理,污泥脱水形成泥饼后外运至环卫部门指定点焚烧或填埋处置,工艺流程如图 10-3 所示。

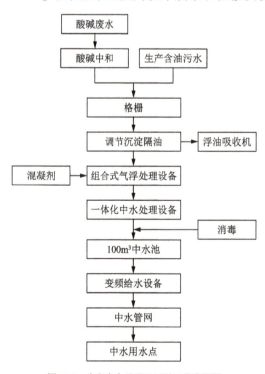

图 10-2　生产废水处理及回用工艺流程图

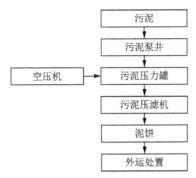

图 10-3 污泥处理工艺流程图

10.5.3 生活污水系统

(1) 生活污水主要来源于车辆段内日常生活、办公过程中的卫生间冲洗污水及淋浴、洗涤废水等,主要污染因子为 BOD、COD、动植物油等。

(2) 生活污水处理及排除方案。

卫生间生活污、废水合流重力排至室外管网,经化粪池处理;食堂废水经隔油池处理;淋浴废水经毛发聚集器处理,达到《污水综合排放标准》(GB 8978—1996)之三级标准后,就近重力排入东外环路上的 DN2000 市政污水管网,满足环境影响评价及宁波市相关环保要求。生活污水处理流程如图 10-4 所示。

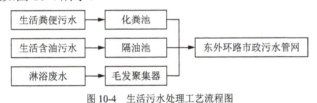

图 10-4 生活污水处理工艺流程图

10.5.4 雨水系统

1) 盖下雨水系统

沿盖外道路和基地北侧道路设置雨水管道和雨水口,汇集后就近重力排入附近河道。电缆沟排水设泵井就近提升至雨水系统。

2) 盖体雨水系统

采用雨水口和盖板排水地沟相结合的排水方式分区收集排放。以运用库和检修主厂房之间的通风采光带为分界线,分别沿盖体结构找坡(i=0.006)方向向南北两侧盖体边沿汇流,汇集至跌水井后,进入地面层雨水系统。

3) 雨水排出口

场内雨水经分区收集后分七个排出点排入附近河道。四路排入北侧后塘河(其中两路为落地物业预留雨水接口);两路排入东侧沿山干河;一路排入西侧渡架桥江。主要受纳水体为基地北侧后塘河,满足《宁波轨道交通 1 号线一期工程防洪影响评价报告》的相关要求。

15m 盖体及盖外车辆段雨水设计总排水量约为 7.10m³/s;落地物业区设计雨水流量约为 3.58m³/s,在北侧入段道路预留两个雨水排出口。

第11章
通风空调系统设计

11.1 概述
11.2 设计原则及技术标准
11.3 通风及防排烟系统设计
11.4 空调系统设计
11.5 通风空调系统的控制
11.6 设计创优与思考

11.1 概述

　　天童庄车辆段包含车辆段生产、办公、生活设施及配套物业开发相关设施。在上盖车辆段通风空调设计中,考虑室外环境的差异,根据它们与盖体的关系,将其划分为盖下、盖上、夹层三类建筑分别进行考虑。

　　车辆段通风空调系统结合建筑功能按其用途可分为以下几类:

　　(1)舒适性空调

　　为室内人员创造舒适健康的室内空气环境,以人体的舒适要求来控制房间空气参数的空调系统。车辆段各类办公房屋、培训中心、文体中心、餐厅、宿舍等均按舒适性空调系统设置。

　　(2)工艺性空调

　　为生产工艺过程或设备运行创造必要的环境条件,有条件时兼顾工作人员舒适要求的空调系统。车辆段通信、信号、综合监控、FAS/BAS等各专业的设备用房按其生产需要均按工艺性空调系统设置。因各专业设备运行条件不同,工艺性空调的功能、系统形式等亦有较大差别。

　　(3)工业与民用建筑通风

　　以治理生产过程和建筑中人员及其活动所产生的污染物为目标的通风系统。车辆段各生产车间、库房、对空气温湿度无特殊工艺要求的设备用房、卫生间、浴室等房屋均根据其建筑条件设置自然或机械通风系统。

　　(4)建筑防烟和排烟

　　以控制建筑火灾烟气流动,创造无烟的人员疏散通道或安全区的通风系统。车辆段中所有建筑均需按照相关规范的要求设置自然或机械排烟系统。

　　(5)事故通风

　　排除突发事件产生的大量有燃烧、爆炸危害或有毒害的气体、蒸气的通风系统。车辆段燃气锅炉房、杂品库均需按危险源的种类设置满足防腐、防爆要求的事故通风系统。

　　车辆段上盖后对通风空调系统的设计带来了较大影响,设计中需重点加以考虑和解决的问题较普通车辆段(无上盖)大量增加。

　　首先,天童庄车辆段下部为工业建筑,上部为民用建筑,这种大型综合体在现行的各项规程、规范、技术标准中均无具体的规定或要求。盖上、盖下各类建筑通风空调系统设计规范、规程的适用性,各项设计原则与标准的确定均需根据上盖后的特点予以具体分析、具体解决。

　　其次,虽然各类建筑的室内热湿环境及空气品质要求与通常情况并无变化,但由于盖下及夹层部分的各建筑及道路、道岔区等均被盖体覆盖,其与室外大气环境的沟通与交换受到了极大的限制。在盖下及夹层的防排烟设计中这一困难表现得尤为突出,需结合整个车辆段的布置,对盖下的气流组织、烟气流动特性等进行深入研究。

第三,盖下及夹层所产生的湿热或污浊空气不可避免地对盖上环境造成影响,如何结合盖上建筑布置及物业开发的需要,经济合理的设置通风空调系统,避免对盖上的环境品质造成影响,也是上盖车辆段通风空调设计中需重点加以关注的问题。

11.2 设计原则及技术标准

11.2.1 车辆段通风空调系统设计中需遵循的规范、规程、标准

车辆段通风空调系统设计在满足运营要求的前提下力求简洁,优先考虑自然通风,自然通风达不到要求的设机械通风。采用机械通风系统时,设计中采取相应的节能降噪措施。

通风空调系统设计应满足工艺设备所需要的温度、湿度、空气含尘浓度条件,同时为工作人员提供较舒适的工作生活环境;火灾时通风系统能迅速排除烟气,保障工作人员安全疏散。

车辆段通风空调设计主要按照国家颁布的相关规范、标准执行,主要有以下:

(1)《地铁设计规范》(GB 50157—2013);
(2)《建筑设计防火规范》(GB 50016—2006);
(3)《高层民用建筑设计防火规范》(GB 50045—1995);
(4)《采暖通风与空气调节设计规范》(GB 50019—2003);
(5)《民用建筑供暖通风与空气调节设计规范》(GB 50736—2012);
(6)《公共建筑节能设计标准》(GB 50189—2005);
(7)《声环境质量标准》(GB 3096—2008);
(8)《工业企业设计卫生标准》(GB Z 1—2010);
(9)《工业企业噪声控制设计规范》(GB/T 50087—2013);
(10)《民用建筑隔声设计规范》(GB 50118—2010);
(11)《多联式空调(热泵)机组》(GB/T 18837—2002);
(12)《多联式空调(热泵)机组能效限定值及能源效率等级》(GB 21454—2008);
(13)《暖通空调制图标准》(GB/T 50114—2010);
(14)其他:工程所在地相关地方标准。

11.2.2 车辆段通风空调系统设计的主要技术标准

1)室外空气计算参数

室外空气计算参数应按《民用建筑供暖通风与空气调节设计规范》(GB 50736—2012)根据工程所在地气象参数及规程规范的相关要求确定。

2)室内空调设计参数

(1)车辆段内通信、信号、综合监控等与正线系统相关的设备用房可按设备工艺要求或地铁设计规范中的相关规定确定室内参数,参见表11-1。

设备房空调计算参数表　　　　　表 11-1

房间名称	冬季	夏季		换气次数(次/h)	
	计算温度(℃)	计算温度(℃)	相对湿度(%)	进风	排风
通信设备室、通信电源室、信号设备室、信号电源室、综合监控设备室	16	27	40～60	6	5

（2）其他办公及生产用房可按表 11-2 确定室内参数。

其他办公及生产用房空调计算参数表　　　　　表 11-2

序号	房间名称	季节	夏季温度(℃)	相对湿度(%)	新风量(m³/h)	允许噪声级 dB(A)	活动区风速(m/s)
1	办公室	夏	26～28	≤65	30	≤40	≤0.3
		冬	18～20	55～40			≤0.2
2	会议室	夏	25～27	≤65	25	≤40	≤0.3
		冬	16～18	55～40			≤0.2
3	休息室	夏	24～27	65～50	30	≤40	≤0.25
		冬	18～22	≤30			≤0.15
4	档案中心	夏	18～25	45～70	20	≤40	≤0.3
		冬	灵敏度：±1	灵敏度：±5			≤0.2
5	计算机房	夏	25～27	65～45	25	≤45	≤0.3
		冬	16～18	55～40			≤0.2

（3）车辆段主要用房机械通风换气标准见表 11-3。

车辆段主要用房机械通风换气标准表　　　　　表 11-3

序　号	建筑名称	换气次数(换气量)(次/h)
1	蓄电池间(碱性、酸性)	6
2	危险品库	12（防爆）
3	废水、污泥处理间	12
4	化验间	6
5	牵引降压混合变电所	按排除余热计算
6	卫生间	15
7	茶水	10
8	浴室	15
9	厨房	40～50
10	一般用房	4～6

3）防排烟系统设计标准

（1）车辆段各类房屋建筑优先考虑自然排烟，如无自然排烟条件或自然排烟达不到要求时，设置机械排烟系统。空气环境条件满足《工业企业设计卫生标准》(GBZ 1—2010)和《采暖通风与空气调节设计规范》(GB 50019—2003)的相关要求。

（2）各建筑内走道、楼梯间、电梯前室、中庭等部位根据建筑类别、高度按《高层民用建筑设计防火规范》(GB 50045—1995)或《建筑设计防火规范》(GB 50016—2006)的相关规定设置防排烟系统。

（3）丙类厂房中建筑面积大于 300m² 的地上房间；占地面积大于 1000m² 的丙类仓库；

任一层建筑面积大于 5000m² 的丁类厂房应设置排烟设施。

（4）排烟风机及烟气流经的辅助设备，如风阀、消声器、软接头等，保证在 280℃的环境条件下连续工作不小于 30min。

4）噪声标准

（1）通风及空调机房：≤ 90dB（A）；

（2）非通风空调设备用房：≤ 60dB（A）；

（3）管理用房：≤ 55dB（A）；

（4）高大厂房：符合 GBZ 1—2010 要求。

（5）设备房传递到室外的噪声符合《声环境质量标准》（GB 3096—2008）中的 4a 类标准（即昼间 70dB，夜间 55dB）的要求。

5）流速设计标准

（1）金属风道最大排烟风速：≤ 20m/s；

（2）非金属风道最大排烟风速：≤ 15m/s；

（3）钢制风管：≤ 10m/s；

　　主风管风速：5 ～ 7m/s（无送回风口）；

　　分支风管风速：3 ～ 5m/s（有送回风口）；

（4）送风风口：2 ～ 3m/s；

（5）排风风口：≤ 4m/s；

（6）排烟口：≤ 10m/s；

（7）消声器迎面风速：≤ 6m/s。

11.2.3　上盖车辆段通风空调系统的特殊要求及规范适用性分析

上盖车辆段因其特殊的建筑形式，特别是位于盖下的各建筑，在现行的规范、标准中并无具体针对此类场所的规定和要求，需对相关规范、条文进行研究，找到符合盖下各类场所的相关规范条文，指导盖下通风空调系统的设计。

1）盖下大空间场所

盖下大空间场所主要为车辆段运用库、检修库、道岔区、道路等区域。该类区域，在一般车辆段项目中，通常均为地面建筑，且周边较为开敞，一般均按照自然通风排烟或不设排烟系统进行设计，系统形式较为简单。车辆段上盖后，上述区域均被大面积盖体覆盖，其与外界大气的沟通受到极大的限制，自然通风条件较差，难以满足通风排烟需要，因此需设置必要的通风排烟系统，对盖下空气环境进行控制。

（1）通风系统

《采暖通风与空气调节设计规范》（GB 50019—2003）中 3.1.9 条规定："工业建筑应保证每人不小于 30m³/h 的新风量"；5.3.10 条规定："同时放散热、蒸汽和有害气体或仅放散密度比空气小的有害气体的工业建筑，除设置局部排风外，宜从上部区域进行自然或机械的全面排风，其排风量不应小于每小时 1 次换气；当房间高度大于 6m 时，排风量可按 6m³/（h·m²）计算"。综合考虑车辆段盖下大空间场所主要完成地铁列车及调机/工程车辆的检修、停放，汽车及人员移动、行走的功能布局及工艺活动，该类区域适用于上述条文。按每小时 1

次换气设计,可同时满足规范对新风量及排风量的规定。

（2）排烟系统

盖下大空间区域因盖体的存在,成为一个相对封闭的大面积场所,同时由于受盖上建筑的影响,难以满足自然排烟的需求,应设置机械排烟系统。由于盖下分布有各生产用房,其建筑火灾危险性类别亦存在差异,除调机/工程车库、牵引降压混合变电所和跟随所为丙类外,其余厂房均为丁类和戊类。

按照《建筑设计防火规范》(GB 50016—2006)3.1.2条规定,"火灾危险性较大的生产部分占本层或本防火分区面积的比例小于5%,可按火灾危险性较小的部分确定"。车辆段盖下大空间区域按火灾危险性较小的部分确定其火灾危险性,即生产火灾危险性定为丁类。防排烟设计则应按照《建筑设计防火规范》(GB 50016—2006)9.1.3条的规定进行,即"下列场所应设置排烟设施:丙类厂房中建筑面积大于300m² 的地上房间;人员、可燃物较多的丙类厂房或高度大于32.0m 的高层厂房中长度大于20.0m 的内走道;任一层建筑面积大于5000m² 的丁类厂房"。

2）夹层汽车库

天童庄车辆段在盖体中部设置有夹层汽车库及部分辅助设备及管理用房。夹层各建筑同时受盖下、盖上建筑的影响。其虽位于地面以上,但建筑条件近似于地下;因此,夹层应按相关规范中地下汽车库及地下室的有关条文进行通风排烟设计。

11.3 通风及防排烟系统设计

11.3.1 概述

上盖车辆段通风及防排烟系统根据其不同的建筑条件和规范规定,按盖下大空间场所、盖下单体、夹层汽车库、盖上建筑4类进行分别设计。

盖下大空间场所由于其面积巨大,若按规范规定的 $60m^3/(h·m^2)$ 排烟量设计,计算排烟量将超过百万立方米/小时,在工程上较难实施,且设备数量较大、运营成本高、管理困难,因此在盖下大空间场所中采用性能化设计方法,对其防排烟系统设计进行优化。

其余场所按照上节中对规范适用问题的研究,按照相关的规范进行设计。

11.3.2 上盖车辆段通风及防排烟系统设计特点及主要技术措施。

1）盖下大空间场所

盖下大空间场所主要为车辆段运用库、检修主厂房、道岔区、道路等区域,见图11-1。主要设计原则如下:

（1）通风系统与消防排烟系统合并设置。

（2）为保证通风及防排烟效果,同时满足火灾时的人员疏散及排烟需要,对盖下大空间进行消防性能化设计。结合类似工程设计实践,按换气次数2次/h设置机械排烟系统。其余建筑按《建筑设计防火规范》(GB 50016—2014)设置防排烟设施。

(3)盖下机械排烟区域按照 2 次/h 换气次数设置机械排烟系统(兼平时通风)。排烟风机前后设耐高温消声器。

(4)由凸出板底的主梁及挡烟垂壁划分为多个排烟单元,火灾时由 FAS、BAS 系统控制,根据着火点分区启动排烟风机。当烟气温度达到 280℃时,风机前的排烟防火阀熔断关闭,联动风机停止运行。

(5)挡烟垂壁底边低于排烟口 0.3m。

(6)每台排烟风机分别设多个常开排烟风口,排烟风口在道岔区和消防车道所在区域较均匀的布置,使各区域的任一位置均在排烟口的 30m 保护范围内。

(7)风机吊装在平台板下,盖体边缘区域排至盖外。盖体中部排风通过风亭排至其上部的绿化带内;风亭四周设防雨百叶风口侧出风,接排烟风机风管的风亭处楼板待风管安装完毕后由土建封堵。

(8)排烟补风采用自然补风,利用盖体周边的敞开区域及盖下高大空间作为补风通道。

(9)各库内工作场所设置壁挂式风扇,视工作需要对工作地点进行局部通风降温。

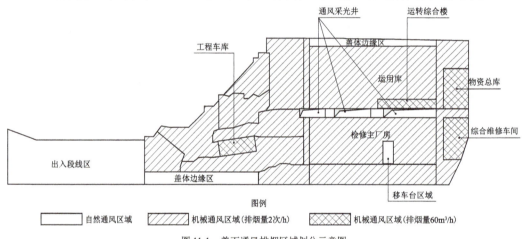

图 11-1　盖下通风排烟区域划分示意图

按上述措施设计,各区域通风及防排烟系统平面布置如图 11-2 ～图 11-4 所示。

图 11-2　盖下室外通风及防排烟平面图

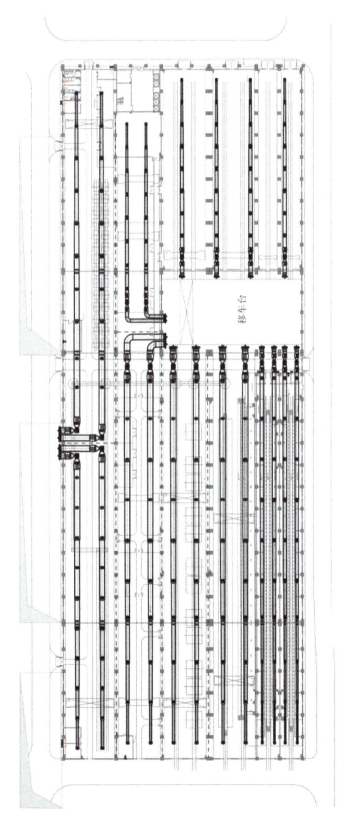

图 11-3 检修主厂房通风及防排烟平面图

图 11-4 运用库通风及防排烟平面示意图

2) 盖下单体

盖下单体主要有物资总库、调机工程车库、综合维修车间、污水处理站、试车机具间等。主要技术措施如下：

(1) 通风系统与消防排烟系统合并设置。

(2) 设置机械排烟系统（兼通风），室内净高超过 6.0m，不划分防烟分区，排烟量按 $60m^3/(h·m^2)$ 计算。设置消防耐高温专用排烟风机，并在其吸风口、出风口处设平时开启，280℃时能自动关闭的排烟防火阀。排烟风机及烟气流经的辅助设备在 280℃时能连续工作 30min。

(3) 气瓶室、跟随式降压变电所设全面机械通风系统，通风量按排除余热计算确定且换气次数不小于 5 次/h，自然进风由外墙下部防雨百叶进入。跟随式降压变电所设置气体灭火保护系统，在其进风口、排风口处设置电动防烟防火阀，平时常开，火灾时由气体灭火系统发出指令，电动关闭该房间的排风机及进风口、排风口处的电动防烟防火阀。灭火完成后，再由现场人员确认后打开该房间的排风机及电动防烟防火阀对灭火后的房间进行通风。

(4) 辅助生产办公用房卫生间设独立机械排风系统，换气次数不小于 10 次/h，选用自带防倒流装置的导管式通风器直接排至盖外。

盖下物资总库通风及防排烟系统平面布置如图 11-5 所示。

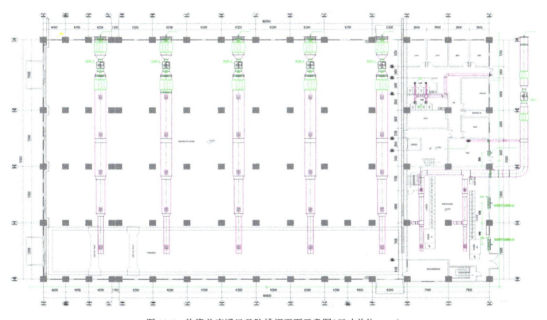

图 11-5 物资总库通风及防排烟平面示意图（尺寸单位：mm）

3) 夹层汽车库

夹层汽车库按地下汽车库进行设计。通风及防排烟系统按防火分区设置（图 11-6），其中靠近盖体边缘的非机动车库，利用靠盖边矮墙采用自然通风方式。机动车库全部采用机械通风（排烟），利用盖边矮墙及车库顶部补风井补风。车库平时机械通风系统采用每日车辆出入明显的高峰时段（早、中、晚）控制风机启停或控制风机低速运行的方式进行通风换气。火灾排烟时风机切换到高速工况运行。

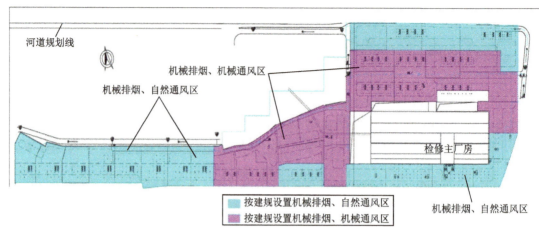

图 11-6 夹层车库防排烟分区示意图

机动车库每个防火分区分两个防烟分区；每个防烟分区面积不超过 2000m²。平时通风量按 4 次/h 计算，火灾时排烟量按 6 次/h 计算，风机采用双速风机。按防火分区设计的通风及防排烟平面布置如图 11-7 所示。

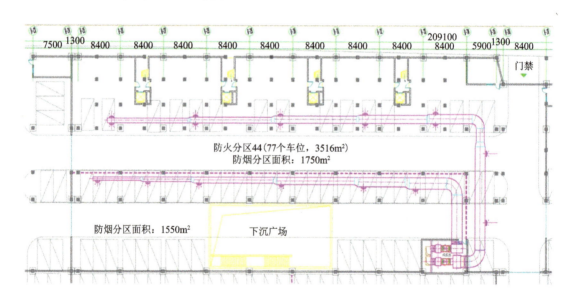

图 11-7 夹层车库通风排烟设备平面布置图（尺寸单位：mm）

4）盖上建筑

盖上建筑主要有：综合办公楼、综合维修中心、食堂公寓、培训中心及学员宿舍、公安分局、文体中心等。该类建筑均按照规范要求设置通风及防排烟系统，主要有：

（1）内走道排烟系统

根据《建筑设计防火规范》(GB 50016—2006) 及《高层民用建筑设计防火规范》(GB 50045—1995)，长度超过 20m 的内走道设置排烟设施；综合办公楼、培训中心、文体中心各层内走道超过 20m 且不满足自然排烟条件，设置机械排烟（自然补风）系统；综合办公楼及培训中心风机设置于屋顶,在各楼层土建风井侧壁设置电动排烟风口;文体中心排烟风机吊装于靠外墙吊顶内,排烟口距最远点的水平距离不超过30m。

(2)房间排烟系统

综合办公楼三～六层共4间会议室面积超过100m²且不满足自然排烟条件,与内走道共用一套排烟系统,风机风量按最大防烟分区120m³/(h·m²)设置,通过排烟竖井上接风管至会议室,会议室内设置电动排烟风口。

文体中心篮球场、网球场、健身房、游泳池、多功能厅面积超过300m²且不满足自然排烟条件,设置机械排烟(自然补风)系统,由幕墙上建筑设置的外窗进行自然补风。

其余需设置排烟设施的房间均采用自然排烟的方式,可开启的外窗面积满足规范要求。

(3)中庭排烟

综合办公楼、培训中心、文体中心、公安分局建筑均设置有中庭,且高度均不超过12m,采用自然排烟方式,根据《高层民用建筑设计防火规范》《建筑设计防火规范》,由建筑专业于外立面1/2高度上设置可开启的高侧窗,面积不小于中庭地面面积的5%。

(4)楼梯间及前室加压送风系统

综合办公楼两部防烟楼梯,楼梯满足自然排烟条件,前室不满足自然排烟条件,对前室设置机械加压送风系统,于土建竖井、或前室隔墙上设置电动加压送风口,前室与走道的隔墙上设置重锤式余压阀(25Pa),余压泄入走道。

文体中心一部防烟楼梯,楼梯间与前室均不满足自然排烟条件,设置机械加压送风系统,只对楼梯间送风,风机吊装于三层卫生间内,余压泄入前室。

(5)卫生间、浴室通风系统

各单体卫生间、浴室设置机械通风系统,通风量按换气次数不小于10次/h计算,采用导管式样通风器吊装于吊顶内,通过外窗或门缝自然进风。

11.3.3 防排烟系统性能化设计

1)概述

在车辆段运用库、检修主厂房和道岔区的防排烟设计中,由于其空间巨大,按照规范要求设置的排烟系统其排烟量非常巨大,如:运用库为2234460m³/h、检修主厂房为1519260m³/h、道岔区为3426420m³/h、出入段线为1114800m³/h。

在消防性能化设计程序中,随着火灾科学的发展和消防评估方法的完善,国际上已经形成了一套比较成熟的烟气计算方法,并且进入了许多国家的性能化设计规范中。天童庄车辆段性能化设计中采用美国NFPA92B中的烟气量计算方法来计算项目运用库、主厂房和道岔区的排烟系统设计参数,该计算方法也被上海市《民用建筑防排烟规程》引用。

该计算方法主要是基于火灾中的烟羽流模型来计算火灾产生的烟气量,根据室内火灾所需维持的烟气层高度来确定所需的排烟量和排烟口设置位置。

2)性能化设计计算方法

(1)火灾中的对流热

火灾中热量的释放主要包括两种方式:热对流和热辐射。火灾热释放速率中的热对流部分可由以下公式计算出来：

$$Q_P = \frac{Q}{1.5} \tag{11-1}$$

式中：Q——火灾热释放速率（kW）；
Q_P——火灾热释放速率的热对流部分（kW）。

（2）烟气质量产率

火灾中烟气产生率可由以下公式计算出来：

$$\left. \begin{array}{l} 当Z > Z_1 时，M = 0.071 Q_P^{\frac{1}{3}} Z^{\frac{5}{3}} + 0.0018 Q_P \\ 当Z \leqslant Z_1 时，M = 0.032 Q_P^{\frac{3}{5}} Z \end{array} \right\} \tag{11-2}$$

式中：M——烟气质量产生率（kg/s）；
Z——室内的清晰高度（m），一般根据设计指标而定；
Z_1——火焰极限高度（m）。

（3）火焰极限高度

火焰极限高度可由以下公式计算：

$$Z_1 = 0.166 Q_P^{\frac{2}{5}} \tag{11-3}$$

（4）烟气层温度

烟气层的平均温度可由以下公式计算：

$$T_m = \frac{Q_P}{MC_p} + T_0 \tag{11-4}$$

式中：T_m——烟羽流平均温度（K）；
T_0——环境温度（K），取 298K；
C_p——空气的等压比热 [kJ/(kg·K)]，为 1.02kJ/(kg·K)。

（5）烟气体积产率

排烟速率与火源本身所产生烟气流入烟气层的速率相同，可得到所需的排烟量为：

$$V = \frac{MT_m}{\rho_0 T_0} \tag{11-5}$$

式中：V——烟气体积产生率（m³/s）；
ρ_0——环境温度下的空气密度（kg/m³）。

（6）排烟计算参数

运用库、检修主厂房和道岔区的最小清晰高度为 $1.6+0.1H$，只要火灾烟气能维持在这些高度以上，火灾时可以保证人员安全不受火灾烟气影响，能提供人员安全疏散条件。排烟计算参数见表 11-4。

排烟计算参数表 表 11-4

起火位置		运用库	检修主厂房	道岔区
参数	单位	参数值		
火源热释放速率（Q）	MW	16	16	16
室内高度（H）	m	9.5	9.5/13.5	9.5
室内清晰高度（Z）	m	2.6	2.6/3	2.6
烟气质量产生率（M）	kg/s	17	17	17
体积排烟量（V）	m³/h	170803	170803/180830	170803
按每小时换气次数 2 次需要的体积排烟量（V）	m³/h	654000	674000	—

从表 11-4 可以看出，计算所需的体积排烟量远远小于规范所要求的排烟量，按每小时换气次数 2 次计算的排烟量已完全满足所需体积排烟量，并有充分的裕量。

在天童庄车辆段防排烟系统设计中，按照运用库、检修主厂房、道岔区和道路区域均每小时换气次数为 2 次设置机械排烟系统；出入段线区域则不设置排烟系统；其余建筑物按《建筑设计防火规范》(GB 50016—2014)的要求设置防排烟系统的方案，进行防排烟设计并通过相关手段进行烟气流动特性的模拟及校核。

3）烟气流动特性预测

性能化设计中采用 FDS 火灾模拟软件模拟发生火灾时的烟气蔓延特性，由此研究建筑在发生火灾时可提供的人员安全疏散时间（ASET）。在采用 FDS 模型软件对该项目进行模拟时，所有的模型结构和建筑内部布置均按照施工图建立，在模拟中尽量真实接近建筑实际使用情况。下面以运用库为例：

计算对象：运用库地铁列车火灾；

火灾规模：16MW；

火灾增长速率：0.047kW/s²；

起火地点：运用库。

模拟结果统计见表 11-5。

烟气流动模拟结果 表 11-5

项目	结果
上层烟气温度达到 180℃时间	>1200s
下层烟气温度达到 60℃时间	>1200s
地面上方 2m 处的 CO_2 浓度达到 1% 的时间	>1200s
地面上方 2m 处的 CO 浓度达到 500ppm 的时间	>1200s
距离地面 2m 处能见度下降到 10m 时间	>1200s

在表 11-5 中，所有关于人员安全疏散指标均显示火灾发展到致使环境条件达到人体耐受极限的时间为大于模拟时间 1200s。在模拟中，运用库内温度在整个模拟过程中上层最高温度仅为 105℃，人员活动高度内温度在模拟到 1200s 也仅在 40℃左右，运用库内 2.6m 高度空间内的温度场与模拟开始时的温度变化不大，人员的疏散安全可以得到保证。

在 FDS 模拟计算运用库火灾烟气蔓延模型中,由于火灾发生速率在约 500s 时已经达到最大火灾规模,整个运用库内温度及其他参数场也趋于稳定,说明运用库在发生火灾时,只要人员不是直接接触火焰,在非火灾区域人员均可以长时间滞留,即运用库可以保证不小于 20 分钟的安全疏散时间。

结论:通过 FDS 模拟地铁列车火灾在运用库内的蔓延特性,在运用库内按照 2 次换气次数确定机械排烟量,其消防安全可以得到保证。

11.3.4　通风系统与防排烟系统的结合与功能转换设计

按相关规范的一般要求,机械排烟系统与通风、空气调节系统宜分开设置。但在上盖车辆段中,如运用库、检修主厂房、夹层车库等各区域,由于建筑空间的限制以及工程投资、运营等方面的需要,其通风与机械排烟系统均采用了合用的方式。当合用时,必须采取可靠的防火安全措施,并应符合机械排烟系统的有关要求。具体做法如下:

1)盖下通风及防排烟系统

根据前文所述,盖下运用库、检修主厂房等区域,通风系统按照每小时换气次数 1 次设计,而机械排烟系统按照每小时换气次数 2 次设计。两个系统服务的范围均一致,风量相差亦不大,可采用合用系统。设计原则如下:

(1)按照换气次数 1 次/h、2 次/h 设置两种不同的通风工况。换气次数为 1 次/h 的通风工况下,按照风机编号可开启奇数组或偶数组风机进行通风。换气次数为 2 次/h 的排烟工况下,开启全部风机进行排烟。

(2)排风管道按排烟系统的要求设置防火阀,管道、设备及烟气流经的附件均必须保证在 280℃时能连续有效工作 0.5h。

(3)风管尺寸按照平时通风量进行设计,采用排烟风量对其风速、风压进行校核,以满足设计规范及标准的要求。

2)夹层汽车库

夹层汽车库平时通风按照每小时换气次数 4 次设计,而机械排烟系统按照每小时换气次数 6 次设计,同样可采用合用系统。按照换气 4 次/h、6 次/h 设置两种不同的通风工况。风机采用高温消防双速排烟风机,平时通风风机低速运行,火灾时切换到排烟工况,高速运行。系统的其他要求与一般合用系统相同。

11.4　空调系统设计

11.4.1　概述

车辆段空调系统根据房间使用功能及工艺要求分为舒适性空调、工艺性空调两大类。各类办公房屋、培训中心、文体中心、餐厅、宿舍等设置舒适性空调,其中食堂餐厅、档案室、文体中心各运动场等因其使用要求及建筑类型与其他场所存在较大差异,其空调系统设计需根据不同的需求及建筑条件进行。通信、信号、综合监控、FAS/BAS 等各专业的设备用房空调按各设备专业工艺要求设置空调,满足设备正常运行需要。

11.4.2 舒适性空调设计

1）一般舒适性空调

空调系统应根据建筑物的用途、规模、使用特点、负荷变化情况与参数要求、所在地区气象条件与能源状况等,综合分析比较确定。天童庄车辆段内一般舒适性空调采用变频多联空调系统。

多联空调集一拖多技术、节能技术、智能控制技术、网络控制技术于一身,它能满足使用者对舒适性、方便性及节能利用等方面要求。多联空调的一个显著特点是其能量可调节,或通过变频调节,或变容量调节,因而有显著的节能优点。其通过控制压缩机的转速来调整制冷剂的循环量和进入室内换热器的制冷剂流量,适时地满足室内冷热负荷要求,这样可以有效地降低能耗。此外,变频多联机系统还具有系统响应速度快、温度控制平衡、温度场均匀、室内机形式丰富、室外机尺寸相对较小等优点。

在车辆段中采用多联空调,可以较好地适应车辆段内工艺设备用房较多,同时人员活动频繁,空调负荷变化较大的特点,保证了良好的空气质量,同时节能效果较好。

（1）办公、生活用房空调系统

车辆段盖上厂前区综合办公楼、综合维修中心、培训中心、食堂、公安分局、文体中心等办公及生活用房均设置一般舒适性空调,变频多联室外机置于各单体屋顶上,由土建专业浇筑200mm高混凝土条形基础;冷媒管道通过专用空调井通向各楼层,位于屋顶露天的冷媒管设置防水桥架。

变频多联式空调系统室内机主要采用主要采用天花板内置风管式（低静压型）、四面出风嵌入式、壁挂式;位于吊顶内室内机由装修专业设置450mm×450mm检修孔。

舒适性空调系统设置有独立的新风系统,采用变频多联新风机组,屋顶上设置单独的室外机和冷媒管,新风机机组吊装于走道尽头吊顶内。

（2）人员密集场所新风系统

食堂餐厅（用餐区域）,公安分局餐厅、会议室、阅览室空调系统采用变频多联空调系统,新风系统采用全热交换新风系统,全热交换机吊装于吊顶内,位于外墙上的铝合金百叶进/排风口水平距离不小于10m。

在夏季时,新风从排风中获得冷量,使新风温度降低,同时被排风干燥。冬季时,新风从排风中获得热量,使新风温度升高,同时被排风加湿。就这样,通过换热芯体的全热交换过程,是新风回收排风中的能量,反过来就降低了空调的能耗。全热交换新风系统是一种新风系统形式,相对于单向流系统和双向流系统来说,造价更高,效果更好,更能够起到节约能源的作用。且使用全热交换机可置换空调区域内污浊空气,提高了空调区域内空气品质。

基于全热交换机节能,有效置换空气的特点,在食堂餐厅、会议室、阅览室等使用功能较独立、单一,人员相对密集、新风负荷较大的区域采用全热交换新风系统形式。

2）特殊场所舒适性空调

（1）大空间场所空调

文体中心篮球场、网球场设置舒适性空调系统,运动场馆空间较大,按分层空调系统设计,采用全空气一次回风空调系统,全空气空调机组落地安装于篮球场管理用房二层空调机房内；冷源采用风冷式室外机组，置于文体中心西侧，冷媒管道通过土建管沟及空调竖井接至位于机房内的空气处理机组；送风管安装于结构 4m 高程圈梁上，由建筑专业对风管进行包覆处理，回风采用一次回风，在靠近机房位置设置百叶风口通过风管接空气处理机组回风段。

（2）文体中心游泳馆低温热水地板辐射供暖系统

文体中心游泳馆设置低温热水地板辐射采暖系统，游泳池内设计温度 28℃，采暖室外计算温度 5℃；热水供水温度 50℃，回水温度 40℃，采暖热量为 64.2kW，所需热水流量 11.04m³/h，加热盘管选用低温热水地板辐射采暖专用管——硅烷交联聚乙烯（PE-Xb）管材，管径 20mm，敷设于泳池边地板内；热源由锅炉房生产的生活热水提供，采暖干管上预留给排水接口，由给排水专业提供所要求温度的热水。

11.4.3 车辆段工艺性空调设计

1）设备用房空调系统

温度、湿度、空气含尘浓度有较高要求的工艺设备用房设置工艺性空调系统。

车辆段运转办公楼内通信设备室、信号设备室等位置相对集中的设备用房采用变频多联空调系统，可根据设备运行温度及湿度要求，调节室内空气品质。其余分布较为零散的设备及控制用房，如变电所、给水所、污水站等采用分体式空调。

2）档案室空调系统

目前，根据我国各级档案库房中，档案纸张脆化变质，字迹褪色比较严重，虫、霉危害比较普遍，其中重要原因之一就是温度和湿度控制不好。

根据宁波潮湿的气候条件，综合办公楼档案库房设置两套风冷全空气一次回风恒温恒湿空调系统，由室外机、室内机、送/回风管、冷媒管等构成；室外机置于室外，室内机落地安装在专用空调机房内，送风口采用圆形散流器，回风口采用单层百叶风口，均匀布置在吊顶内，使档案室内各个角落都能保持适宜的温度和湿度。

11.5 通风空调系统的控制

11.5.1 一般通风空调系统控制要求

1）变频多联空调系统

变频多联空调系统采用三级控制，即就地控制、本地集中控制、车辆段系统中央控制。

就地控制在多联空调末端操作，每台室内机单独设置一个室内控制器，控制该房间室内机的启停及调节。

本地集中控制在各建筑单体内进行，集中控制器设于各建筑指定位置。集中控制器能对本建筑的所有室内、室外机进行监控。实时监测室内、室外机的运行状态及故障情况，并能对室内、室外机故障实时报警。

车辆段系统中央控制在车辆段的综合监控室进行，对车辆段的所有变频多联空调系统进行远程集中监控。

2)分体空调

分体空调采用设备就地控制器控制。

3)通风及防排烟设备

通风及防排烟设备平时均采用就地控制方式。

火灾时,就地开启排烟设备,同时联锁关闭一般通风空调设备;或由消防控制中心发出指令,系统由平时排风工况切换到排烟工况(排烟风机远程开启,双速风机强制高速运行),排除烟气,当烟气温度达到280℃时,系统管路上的防火阀或排烟防火阀熔断关闭,联动风机停止运行。

11.5.2 地铁上盖车辆段对通风空调系统控制的特殊要求及解决措施

车辆段上盖后,其通风排烟系统与一般民用建筑的通风排烟系统有较大差异,其控制方式亦需相应调整。

(1)盖下设置大量通风兼排烟风机,数量多、分布广,管理及控制困难。因此,盖下区域的通风设备亦应按照其分布特点,纳入车辆段 BAS 系统的远程监控范围。

(2)盖下空间高大,建筑高度普遍大于 6m,按规范要求可不划分防烟分区。但由于其面积较大,不划分防烟分区的情况下,火灾时全部风机启动,既无必要亦造成盖下排烟气流的紊乱,反而不利于盖下烟气的排除。因此,在盖下引入排烟单元概念,即:按照区域划分排烟单元,风机按照排烟单元实行分区域控制,当某个排烟单元发生火灾时,关闭其他区域排风机,开启着火单元的排烟风机进行排烟,当烟气蔓延到其他单元时,开启该单元的排烟风机进行排烟。

(3)盖下通信、信号、综合监控、变电所等设备用房多设置有气体灭火系统,需按照气体灭火系统需要对通风空调系统进行控制。

在该类系统的进风口、排风口处设置电动防烟防火阀,平时常开,进行日常通风;火灾时由气灭控制系统发出指令,电动关闭该房间的排风机及进风口、排风口处的电动防烟防火阀,封闭气灭区域,进行灭火。人员确认灭火过程完成后,就地手动打开该房间的排风机及电动防烟防火阀对灭火后的房间进行通风,排除室内有毒有害气体。

11.6 设计创优与思考

11.6.1 通风空调系统设计及施工中常见问题及重点

上盖车辆段通风空调设计及施工中应其自身特殊性,易出现一些平时一般工程中较少暴露的问题,需在设计及施工过程中加以注意。

(1)涉及专业较多,专业配合中易出现差错漏碰。

车辆段中除建筑、结构、风水电专业外,还有工艺、线路、轨道、通信、信号、综合监控、牵引供电、变电所、FAS/BAS、气体灭火等多个地铁项目的特有专业。各专业对通风空调系统的要求也不尽相同,施工中各专业的构筑物、管线等存在大量的交叉和干扰。需在设计及施工过程中高度重视通风空调与相关专业的协调,在前期系统方案的确定、建筑空间的分配、安装施工的顺序、管线的综合布置等方面进行充分的研究,为工程的实施打下良好的基础。

(2) 上盖后,盖下的防排烟系统形式特殊,方案复杂,确定流程较长。

从本章前述内容中可以看到,上盖车辆段的防排烟系统是整个通风空调系统中的难点与重点。同时,由于消防审查流程的关系,防排烟系统方案的确定往往会成为上盖车辆段设计及施工中的重要节点,需在工程的设计阶段充分进行防排烟系统的咨询与沟通工作,尽早确定适应工程特点、满足规范规定、符合地方消防部门要求的系统方案,避免对工程整体推进造成影响。

(3) 通风空调设备及构筑物繁多,对周边建筑及车辆段环境造成一定影响。

上盖车辆段大量的盖下通风排烟风机对盖下区域的视觉感观不可避免地造成一定影响。同时,盖下相对污浊的空气的排出对周边及盖上的环境也必然会带来不利因素。盖上排风井、补风井的设置对盖上的建筑景观亦造成一些干扰。需在设计中结合整个车辆段的布局,建筑的设置、景观绿化的设计,研究如何充分利用盖外自然风向,结合绿化及景观的设计,合理的布置通风空调设备及风井等构筑物,使通风空调系统设备融入至车辆段大环境中。

11.6.2　对车辆段上盖物业开发通风空调系统优化设计的思考

(1) 性能化设计在上盖车辆段盖下空间排烟量上的研究,对于在满足人员消防安全的需要下,节约排烟设备及相关工程投资,降低工程运营管理费用具有显著的效用,值得在以后的类似工程中进行推广与借鉴。同时也可以研究探讨性能化设计手段在上盖车辆段设计中更广泛的应用可能性。

(2) 车辆段盖下空间高大、盖体周边开敞,可结合排烟系统的设计,研究采用诱导通风等方式,对盖下空间气流进行有效组织,进而创造更接近于自然通风效果及舒适度的盖下空气环境,使通风空调系统更好地服务于上盖车辆段的运营与开发。

第12章
动力照明设计

12.1 概述
12.2 供电系统
12.3 配电系统
12.4 防雷接地及安全系统
12.5 节能措施
12.6 设计优化及创新
12.7 安防系统

12.1 概述

天童庄车辆段共设 3 座变电所,供车辆段生产相关负荷用电。牵引降压混合变电所与调机工程车库合建,设在盖下道岔区;盖下跟随所设在物资总库;盖上跟随所设在夹层汽车库。

天童庄车辆段体量巨大,东西长约 1300m,南北宽约 330m,加大了变电所布置、综合管线布置、照明控制等的设计难度。由于上盖物业,并且设计施工不同步,故需要综合考虑,有预见性的预留适当设计条件或接口。

根据本车辆段的特点,盖下生产区设有一套智能照明系统,实现了对照明系统的数字化管理,极大地提高了管理效率,降低的维护强度。整个车辆段设一综合接地系统,车辆段的防雷接地、防静电接地、工作接地和保护接地共用一个接地系统,接地电阻不大于 0.5Ω。预留物业防雷接地接口条件。

12.2 供电系统

12.2.1 负荷分类

(1)一级负荷:变电所所用电、应急照明、通信系统设备、信号系统设备、火灾报警系统设备、电力监控系统设备、环境与设备监控系统设备、消防系统设备、试车设备、雨水泵、汽车库、一类高层建筑的主要通道及楼梯间照明、客梯、排污泵、生活水泵用电等。

其中变电所操作电源、应急照明、火灾报警系统设备、通信系统设备、信号系统设备为一级负荷中的特别重要负荷。

对变电所所用电、通信系统、信号系统、火灾报警系统、环境与设备监控系统、电力监控系统、废水泵、雨水泵等设备,自变电所两段低压母线各引一回专用的供电回路电源至设备附近的配电箱,两回电源在最末一级配电箱处自动切换,以实现不间断供电。为保证信号楼内通信设备与信号设备的供电质量,对通信设备与信号设备宜采用专门的两路电源供电,对楼内的其他用电负荷根据用电负荷性质采取另外电源回路配电。

(2)二级负荷:一般办公及设备管理用房照明、各类车库照明、电梯、普通风机、污水处理设备、空压机站、不落轮镟库、洗车库、蓄电池间、二类高层建筑的主要通道及楼梯间照明、客梯、排污泵、生活水泵用电等。

(3)三级负荷:各类料棚、空调、电热设备、清扫电源、物业区住宅、商铺、宿舍等。

12.2.2 负荷计算

负荷计算的主要内容包括设备容量、计算容量、计算电流,负荷计算采用需要系数法。

整个车辆段总负荷 19751kW,其中一级负荷 1143 kW,二级负荷 7701 kW,三级负荷 6387 kW,一级消防负荷 4521 kW,见表 12-1。

负 荷 汇 总 表　　　　　　　表 12-1

序号	设备组名称 设备名称	设备功率 P_e (kW)	需要系数 K_x	功率因数 COS	功率因数 tg	计算负荷 P_{js} (kW)	计算负荷 Q_{js} (kVAr)	计算电流 S_{js} (kV·A)	计算电流 I_{js} (A)
	一级负荷								
1	综合办公楼	114.0	0.80	0.80	0.75	91.2	68.4	114.0	173.3
2	培训中心	200.0	0.80	0.80	0.75	160.0	120.0	200.0	304.0
3	综合维修中心	130.0	0.60	0.80	0.75	78.0	58.5	97.5	148.2
4	汽车库照明	61.5	0.80	0.80	0.75	49.2	36.9	61.5	93.5
5	混合所所用电	30.0	0.80	0.80	0.75	24.0	18.0	30.0	45.6
6	公安分局 UPS 负荷	489.7	0.6	0.80	0.75	293.8	220.4	367.3	558.3
7	运用库运转办公楼	93.0	0.50	0.80	0.75	46.5	34.9	58.1	88.4
8	镟轮库	25.0	0.65	0.80	0.75	16.3	12.2	20.3	30.9
	小计	1143							
	二级负荷								
1	调机/工程车库	379.8	0.5	0.8	0.75	189.9	142.4	237.4	360.8
2	污水处理站	66.8	0.8	0.9	0.48	53.4	25.9	59.4	90.3
3	道路照明	28.2	0.8	0.9	0.48	22.6	10.9	25.1	38.1
4	物资总库	119.5	0.6	0.5	1.73	71.7	124.2	143.4	218.0
5	道路照明	35.0	0.8	0.9	0.48	28.0	13.6	31.1	47.3
6	杂品库	2.0	0.8	0.9	0.48	1.6	0.8	1.8	2.7
7	轮对踏面检测棚	62.2	0.7	0.8	0.75	43.5	32.7	54.4	82.7
8	洗车机库	165.9	0.7	0.8	0.75	116.1	87.1	145.2	220.6
9	模拟教室	124.0	0.6	0.8	0.75	74.4	55.8	93.0	141.4
10	道路照明	83.9	0.7	0.9	0.48	58.7	28.4	65.3	99.2
11	运用库	316.2	0.8	0.9	0.48	253.0	122.5	281.1	427.2
12	镟轮库	194.0	0.6	0.9	0.48	116.4	56.4	129.3	196.6
13	材料棚及给水所	152.2	0.7	0.9	0.48	106.5	51.6	118.4	179.9
14	综合维修车间	540.0	0.5	0.9	0.48	270.0	130.8	300.0	456.0
15	检修主厂房	3034.0	0.4	0.9	0.48	1213.6	587.8	1348.4	2049.6
16	综合办公楼	358.1	0.70	0.90	0.48	250.7	121.4	278.5	423.4
17	食堂	511.8	0.70	0.90	0.48	358.3	173.5	398.1	605.1
18	培训中心	238.0	0.70	0.90	0.48	166.6	80.7	185.1	281.4
19	公安分局	715.0	0.70	0.80	0.75	500.5	375.4	625.6	951.0
20	综合维修中心	404.6	0.70	0.80	0.75	283.2	212.4	354.0	538.1
21	文体中心	169.4	0.80	0.80	0.75	135.5	101.6	169.4	257.5
	小计	7701							

续上表

序号	设备组名称 设备名称	设备功率 P_e (kW)	需要系数 K_x	功率因数 COS	功率因数 tg	计算负荷 P_{js} (kW)	计算负荷 Q_{js} (kVAr)	计算电流 S_{js} (kV·A)	计算电流 I_{js} (A)
	三级负荷								
1	调机/工程车库空调	69.0	0.6	0.8	0.75	41.4	31.1	51.8	78.7
2	运用库动力	1211.4	0.4	0.8	0.75	484.6	363.4	605.7	920.7
3	物资总库	167.7	0.8	0.8	0.75	134.2	100.6	167.7	254.9
4	综合维修车间	308	0.3	0.8	0.75	92.4	69.3	115.5	175.6
5	检修主厂房动力	989.0	0.3	0.8	0.75	296.7	222.5	370.9	563.7
6	综合办公楼	610.0	0.70	0.85	0.62	427.0	264.6	502.4	763.6
7	食堂	451.0	0.70	0.85	0.62	315.7	195.7	371.4	564.5
8	培训中心	781.8	0.70	0.85	0.62	547.3	339.2	643.8	978.6
9	公安分局	422.0	0.70	0.85	0.62	295.4	183.1	347.5	528.2
10	文体中心	714.0	0.80	0.80	0.75	571.2	428.4	714.0	1085.3
11	综合维修中心	663.4	0.80	0.80	0.75	530.7	398.0	663.4	1008.4
	小计	6387							
	一级消防负荷								
1	调机/工程车库	60.0	1.0	0.8	0.75	60.0	45.0	75.0	114.0
2	盖下排烟风机	543.0	1.0	0.80	0.75	543.0	407.3	678.8	1031.7
3	运用库排烟风机	409.8	1.0	0.80	0.75	409.8	307.4	512.3	778.6
4	夹层汽车库	1886.9	0.05	0.8	0.75	94.3	70.8	117.9	179.3
5	材料棚及给水所	545.0	0.8	0.80	0.75	436.0	327.0	545.0	828.4
6	物资总库EPS电源	140.5	0.7	0.8	0.75	98.4	73.8	122.9	186.9
7	盖下排烟风机	119.0	1.0	0.8	0.75	119.0	89.3	148.8	226.1
8	综合维修车间	93.0	1.0	0.8	0.75	93.0	69.8	116.3	176.7
9	检修主厂房	383.0	1.0	0.8	0.75	383.0	287.3	478.8	727.7
10	综合办公楼	70.5	0.8	0.90	0.48	56.4	27.3	62.7	95.3
11	培训中心	58.0	0.8	0.80	0.75	46.4	34.8	58.0	88.2
12	公安分局	202.0	0.8	0.80	0.75	161.6	121.2	202.0	307.0
13	综合维修中心	10.0	0.8	0.80	0.75	8.0	6.0	10.0	15.2
	小计	4521							
	合计	19752							

12.2.3 电源引入与变配电所设置

1）变配电所设置

根据负荷分布情况，天童庄车辆段设有一座牵引降压混合变电所，两座跟随所。

牵引降压混合变电所主要供：调机/工程车库、运用库、洗车机库、轮对检测库、镟轮库、油漆库、杂品库、给水所、汽车库（C区）等房屋动力照明用电。

盖下跟随式变电所主要供检修主厂房、综合维修车间、物资总库、污水处理站等动力照明用电。

夹层车库跟随所一座,主要供:综合办公楼、维修中心、食堂公寓、培训中心及学员宿舍、公安分局、文体中心、汽车库(A、B区)等负荷。

各变电所均设两台动力照明变压器,变压器采用干式变压器,变电器低压侧采用单母线分段接线,两段低压母线同时运行。

2)应急电源设置

天童庄车辆段根据不同的场所设有集中式应急电源和分散式应急电源。

综合楼、夹层汽车库、检修主厂房、运用库、物资总库、综合维修车间、调机工程车库及盖下道路等大空间应急照明设置集中式 EPS 供电,EPS 蓄电池连续供电时间不小于60min;其余场所的应急照明采用自带蓄电池的应急照明灯具,蓄电池连续供电时间不小于60min。

3)电源管理

二级负荷从变电所的低压母线引出单回电源线路至设备的电源箱,当一台配电变压器退出运行时,由低压母线并联断路器切换保证供电。

三级负荷由一路电源供电,由变电所直接独立供电的上述三级负荷,当供电系统一路电源失电时,在变电所自动切除该部分的负荷。

电源计量、非消防电源切除等均在变电所低压柜实现。

12.3 配电系统

12.3.1 电压选择及电压降控制指标

1)电压选择

(1)采用 380/220V/50Hz 三相四线制中性点直接接地(TN-S 系统)。

(2)动力配电箱:380V/220V /50Hz。

(3)其他三相配电负荷:380V/50Hz。

(4)其他单相负荷:220V/50Hz。

(5)控制及信号电源:电动机及馈线回路 220V AC。

(6)照明电源:220V AC/50Hz。

(7)应急照明(EPS):220V AC/50Hz。

(8)疏散指示照明采用带充电蓄电池的灯具(蓄电池容量:60min)。

(9)检修电源:380/220V AC/50Hz。

(10)照明数据控制系统:交流 24V/50Hz。

(11)安全特低电压照明:一般采用 36V/50Hz。

2)电压降控制指标

(1)电动机端子在正常运行情况下电压允许偏差 ±5%。

(2)正常运行情况下照明设备:

①室内照明:±5%[远离变电所的一般工作场所:±(5% ~ 10%)]。

②应急照明、道路照明及景观照明：±(5%～10%)。

3）线路压降不大于以下额定电压百分值

变电所低压母排馈出的配电干线，室外线路不宜超过2.5%。

照明分支线不宜超过2%。

室外照明分支线不宜超过4%。

12.3.2 低压配电及保护系统

动力负荷与照明负荷自变电所低压出线开始分开配电。自变配电所起，大型动力设备以放射式配电为主，小型动力设备以链式和树干式相结合的方式配电。照明配电采用放射式为主，放射式和树干式相结合的方式配电。

检修坑设置安全特低电压照明，安全特低电压照明由安全隔离照明变压器供电，一般采用36V，潮湿场所采用24V。安全变压器电源由就近的照明配电箱单独回路供给。

低压配电线路装设短路保护、过载保护和接地故障保护。

低压电动机装设短路保护和接地故障保护，并应根据具体情况分别装设过载保护、断相保护和低电压保护。

12.3.3 动力配电系统

（1）车辆段内检修设备分散布置在各车间内，大型动力设备的配电以放射式配电为主，小型动力设备以链式和树干式相结合的配电方式。

（2）各种动力设备按负荷分级要求配电。一级负荷的配电级数不宜超过两级，其他等级用电负荷不宜超过三级。

（3）小功率电动机采用直接启动方式，电动机不符合全压起动条件时，宜采用降压起动措施。对有调速要求的电动机可采用变频控制。

（4）动力设备的起动应满足规范要求，当单机容量较大，起动时产生的电压降影响其他供电负荷时，应采用降压起动方式。

（5）动力设备根据工况采用就地控制和自动控制。

（6）动力设备配电装置一般设置短路、过负荷和接地保护，动力插座、插座箱、移动式用电设备增设漏电保护。消防设备的过负荷保护只作用于报警信号，不作用于切断电源。

（7）消防设备的配电（控制）箱（柜）上应有明显的"消防"标志，并符合消防规范要求。

12.3.4 照明配电系统

照明主要分正常照明、应急照明、疏散标志照明、安全照明等。

1）照度标准

照度水平根据建筑物的不同功能进行分类，10m高程建筑物以上主要采用《建筑照明设计规范》（GB 50034—2013），10m高程建筑物以下主要采用《城市轨道交通照明》（GB/T 16275—2008）。

2）照明设计原则

（1）正常照明系统中,每一单相回路不宜超过16A,灯具数量不宜超过25盏;插座应设单独回路,插座数量不超过8个;照明系统中,中性线截面宜与相线相同。

（2）局部照明:电缆夹层、检修坑等设有局部照明,安全特低电压照明由安全隔离照明变压器供电,检修坑设置安全照明,一般采用36V。

（3）应急照明除规范要求外,天童庄车辆段在盖下道路、办公室、大空间厂房等场所设有应急照明系统。

主要建筑照度水平详见表12-2。

车辆段各建筑的照度表　　　　　　　　　　　　　表12-2

序号	场所	平均照度(lx)	应急照明(lx)
1	停车列检库	150	5
2	运用库	100	5
3	检修库	200	5
4	各类仓库	100	5
5	油漆库	300	—
6	办公室、会议室	300	30（盖下）
7	信号楼控制室	300	100
8	各类值班室	300	50
9	各类消防控制室	300	300
10	车间休息室、宿舍	150	—
11	食堂操作间	200	—
12	食堂餐厅	150	5
13	各设备机房	200	50
14	各类泵房	150	5
15	设备维修间	200	5
16	走廊、楼梯间	100	5
17	空压站	150	—
18	盖下咽喉区	10	—
19	盖下道路区	30	5
20	盖外道路	25	—
21	检修坑	100	—
22	游泳、网球、篮球馆	300	5

3）照明控制系统

整个车辆段设有一套智能照明控制系统,可实时动态地对整个车辆段实施集中监控。详细控制方案如下:

（1）盖外道路照明均设置了长明回路与节能回路,控制采用PLC控制,既可时钟控制,也可在门卫室手动控制。

（2）盖下道路及咽喉区、运用库、检修主厂房、物资总库等大空间场所,均设置多个回路,控制采用总线控制方案,既可时钟控制,也可就地控制,远程控制（在运用库DCC室及综合办公楼安防中心,可对整个盖下照明实现远程集中监控）。

(3) 应急照明由 EPS 电源供电的应急照明，应急照明平时采用就地控制，也可由设备监控系统统一管理，火灾时由消防控制室自动控制强行点亮相关区域。

(4) 控制系统构成，见图 12-1。

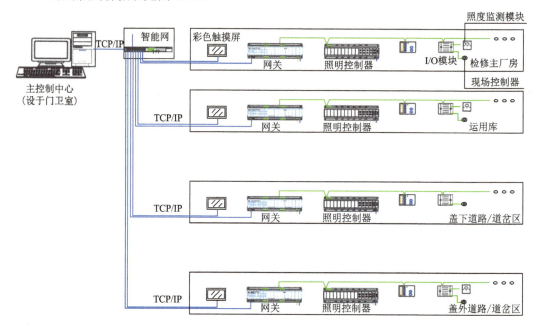

图 12-1　照明控制系统图

主控制中心设于车辆段主门卫室，配置监控计算机及网络服务器。区域控制系统由触摸屏、网关、照明控制器、控制面板、多功能输入模块及照度感应等监测模块组成。

(5) 照明控制系统的功能如下：

① 系统可以设置不同时段自动控制不同区域的灯光的开闭。

② 工作人员可以通过运用库 DCC 室的彩色触摸屏和综合办公楼安防中心的中控计算机对系统中的灯光实现监视和控制。

③ 工作人员可使用安装在现场智能控制面板对现场灯光进行临时控制或维护，现场智能控制面板具备防误操作（或防乱按）的功能，以避免无关人员不必要的误操作，提高系统的安全性；

④ 配置光线感应器，可根据自然光的照度，自动控制灯光，当自然光线充足时，可自动将有自然照明区域的灯光关闭，达到节能的目的。

⑤ 灯光控制模块，可检测每个触点上的电流大小，并可在中控电脑上显示每个回路的电流，当灯损坏时可报警，便于运营部门的维护。

⑥ 智能照明控制系统可自成体系，也可通过 OPC 方式与其他系统互联。

⑦ 系统维护方便，系统设备均为标准化、模块化，便于更换，更换或升级系统内元件时，不需要关闭整个系统。

4）光源及灯具选择

照明灯具、光源的选择以清洁、简洁为主，照明选择发光效率高、显色性好、使用寿命长、色温相宜、符合环保要求的光源。以节能荧光灯或 LED 灯为主。

办公室等选用 T5 管节能荧光灯，文体中心、运用库等选用金卤灯，盖下室外灯具均沿支柱侧壁安装；汽车库、检修主厂房、物资总库、综合维修中心、道路、调机工程车库、应急照明灯具、检修坑安全照明等灯具均采用 LED 灯。

荧光灯、LED 灯显色指数不低于 80，金属卤化物灯显色指数不低于 60；光源色温选用 4000～4500K；荧光灯灯具效率开敞式的不低于 75%，格栅式的不低于 60%；金属卤化物灯具效率不低于 75%。灯具末端自带电容补偿，补偿后功率因数不低于 0.9，LED 灯使用寿命不低于 50000h。

12.3.5 电缆导线选择及敷设

1）电缆

盖下及夹层汽车库一般负荷采用低卤无烟阻燃铠装交联铜芯电缆 WDZRB-YJY23-1kV；消防负荷配电电缆采用低卤无烟阻燃耐火铠装交联铜芯电缆 WDZRNH-YJY23-1kV；盖外道路照明采用交联铜芯电缆 YJV-1kV。

盖上建筑一般负荷采用阻燃铠装交联铜芯电缆 ZRB-YJY23-1kV；消防负荷配电电缆采用耐火铠装交联铜芯电缆 ZRNH-YJY23-1kV。

2）导线

一般负荷采用铜芯阻燃导线 ZR-BV-750V，消防负荷配线采用铜芯耐火导线 NH-BV-750。

3）敷设方式

（1）盖下 0m 高程由于盖下综合管线极其复杂，空间有限，电缆敷设宜采用沿安装于顶板的桥架为主，局部可与供电电缆沟结合敷设。

（2）10m 高程夹层汽车库电缆沿顶板桥架敷设，安装高度应控制在限高（2.2m）以上。

（3）盖上 15m 高程盖上依然存在综合管线极其复杂的情况，宜首选从夹层汽车库敷设干线电缆，从夹层直接引入户内，不具备此条件的再修电缆沟，此方案需与结构专业密切配合，在土建施工时预留引上孔洞，以免后期施工困难。

12.4 防雷接地及安全系统

12.4.1 建筑防雷

1）设计原则

整个车辆段按第二类防雷建筑物设计，车辆段做一综合接地系统，车辆段的防雷接地、防静电接地、工作接地和保护接地共用一个接地系统，接地电阻不大于 0.5Ω，盖下建筑物不再另设防雷措施。

盖上及盖外建筑物按《建筑物防雷设计规范》（GB 50057—2010）规范设置相应的防雷措施，接地共用车辆段接地网。

2)防雷设施、设备

(1)接闪器

露天的建筑物(综合办公楼、综合维修车间、培训楼、食堂公寓、公安分局、杂品库)等按规范分别设置三(二)类雷防雷措施,即在屋面敷设 $\phi 12$ 圆钢作为接闪器,圆钢采用热镀锌,避雷网网格尺寸不大于 20m×20m 或 24 m×16m(10m×10m 或 12m×8m)。文体中心利用金属屋面做接闪器。

盖上其余物业由物业开发设计综合考虑,物业开发实施前,利用栏杆或屋面板内钢筋做接闪器。屋面钢筋须焊接或绑接,形成不大于 10m×10m(或 12m×8m)的网格。上盖屋面与上盖物业若分批施工,其预留引出的钢筋,在上盖施工完成后应做好防腐、防人员触及等保护工作,便于后续施工方可靠电气连接。

(2)引下线

利用立柱主筋作防雷引下线,每根柱内应有两根主筋上与防雷接闪器焊接连通,下与基础内钢筋连接焊牢;各柱内作为防雷接地引下线的钢筋的上端头需突出顶板 15cm,并做好防护措施,以备预留物业用房实施时防雷接地引下线连接用。

(3)防闪电感应和防闪电电涌侵入措施

天童庄车辆段 0.4kV 侧一般设有 2 级保护,局部设有 3 级保护(电子设备),即:变配电所 0.4kV 侧母线设有Ⅰ级保护;各建筑单体电源进线处设有Ⅰ级保护;局部电子设备(如通信、信号等设备用电处)设有Ⅰ级保护。

电源引入线处装设Ⅰ级试验的电涌保护器,电压保护水平值应小于或等于 2.5kV,冲击电流值应等于或大于 12.5kA。局部电子设备(如通信、信号等设备配电箱处)装设Ⅱ级试验的电涌保护器,电压保护水平值应小于或等于 1.5kV;标称放电电流值应等于或大于 40kA。

12.4.2 接地装置及设备接地

(1)利用建筑物基础内的钢筋作接地装置,地基圈梁内钢筋(至少两根)应采用 -50×5 镀锌扁钢焊接连通,并与基础承台主钢筋相连,构成环行网格接地体。

(2)为保证接地可靠性,各柱对应桩基需用 $\phi 16$ 圆钢将各桩头保护钢板焊接后引入承台主钢筋。接地体的埋设不宜小于 1m。整个车辆段防雷接地与电气设备接地共用接地装置,接地电阻不大于 0.5 欧姆。

(3)建筑物采用等电位连接,在各电源引入点处(配电箱处)距地 0.3m 处设置总等电位连接板,进出建筑物的金属构件、PE 线、电缆金属外皮均应与 MEB 可靠连接;在各设备房间、设备控制室、电缆竖井、弱电竖井、浴室等位置设局部等电位箱(LEB),供各设备使用。

(4)在 MEB、LEB 就近的柱内的主筋距地面 0.3m 处预埋连接板,供 MEB、LEB 与接地装置可靠连接使用(MEB 与接地装置连接不少于两处),MEB、LEB 与连接板通过导线连接。

(5)防雷接地装置采用热镀锌,除 MEB、LEB 与连接板的连接外其余各部分的连接均采用焊接,焊缝应做防腐处理。

（6）插座回路和正常时可触回路设保护人身安全的漏电断路器。

（7）电缆进入各建筑单体处均设置总等电位连接，总等电位连接端子箱装在电源引入处。各进线配电箱的 PE 母排、公共设施的金属管道（水管、热力、煤气管等）及建筑物金属构件等与总等电位连接箱可靠电气连接。各浴室、设备机房、强、弱电电缆竖井等设置局部等电位连接箱，供各设备使用。

（8）夹层汽车库、食堂、培训中心、综合楼等高层建筑或人员密集场所，设有漏电报警系统。

12.4.3　防雷接地与上盖物业接口关系及注意事项

（1）整个车辆段接地，施工时应一次性完成。若分区施工，分段界面处需要预留接闪器、接地线接引钢筋，以备预留其余区域实施时防雷接地连接用；施工时，应保证各区域的接地装置可靠连接。各预留钢筋施工完成后应做好防腐保护工作。

（2）土建施工单位应在 MEB、LEB 引入点处预留接地连接板，便于后期施工连接。

（3）上盖物业投影位置处，物业预留柱内主筋（至少两根）端头需突出顶板 15cm，以备物业防雷接地使用，各预留钢筋施工完成后应做好防腐保护工作。

12.5　节能措施

12.5.1　设备节能措施

（1）电缆、电线均采用铜导体，按经济电流密度选择导体截面，电缆、电线电压损失在允许范围内。

（2）照明灯具，光源的选择：以清洁、简洁为主，照明选择发光效率高、显色性好、使用寿命长、色温相宜、符合环保要求的光源。以节能荧光灯或 LED 灯为主。天童庄车辆段大面积采用 LED 灯，数量超过 8000 盏，节约能源效果明显。

12.5.2　设计、管理节能措施

（1）根据负荷分布情况，综合考虑投资和运行费用，对负荷进行合理分配，选取容量与电力负荷相适应的变压器。合理设计供配电系统，变电所尽量靠近负荷中心，以缩短配电半径，减少线路损耗。

（2）设计做到三相尽量平衡，按经济电流密度选择导体截面，电缆、电线电压损失在允许范围内。

（3）每个房间开关的数量不少于 2 个（一盏灯除外）。房间装设多列灯具时，所控灯列与侧窗平行。大空间、公共区域、走廊、门厅等公共场所采用分区、分组控制。

（4）室外照明、汽车库等设有时钟控制，可根据白天、夜间、深夜、夏季、冬季等不同时段进行调节控制。盖下设有一套智能照明控制系统，可根据实际使用要求，实时动态地对整个盖下各区域进行有效远程监控。

12.6 设计优化及创新

12.6.1 新技术、新工艺的设计应用

（1）盖下设有一套智能照明控制系统，可在就地、DCC 控制室、安防中心三地，实时动态地对整个盖下各区域进行有效远程监控，实现对大区域照明系统的数字化管理，降低了运营、维护成本。

（2）在汽车库、检修主厂房、物资总库、综合维修中心、道路、调机工程车库、应急照明灯具、检修坑安全照明等场所大面积采用高效、节能、寿命长的 LED 灯，数量超过 8000 盏，可有效地节约能源，降低运营成本。

（3）车辆段做一综合接地系统，车辆段的防雷接地、防静电接地、工作接地和保护接地共用一个接地系统，接地电阻不大于 0.5Ω，盖下建筑物不再另设防雷措施，降低了施工难度和工程投资，并为后期物业预留接入条件，避免了重复投资。

12.6.2 与交叉专业做好设计协调

由于车辆段涉及专业较多，特别是系统设备专业较多，若设备专业后期用电需求或技术参数变化，都可能导致动照专业的变更，这加大了动照专业的设计难度。这就希望设备专业能尽量细化设计，深入研究各设备用电需求及技术参数，减少后期过多变化，同时，动照专业也需深入了解设备运行方式及技术参数，有针对性的深化设计，并预留有一定数量的配电回路，以避免后期因设备参数变化导致的变更。

12.6.3 配电干线敷设方式的选择

车辆段上盖物业后，风管及消防管的数量大幅度增加，综合管线变得异常复杂，再加上盖上覆土只有 1.2m，管线交叉处设计施工难度较大。

结合本工程特点，动照专业干线电缆采用如下方案：

（1）盖下（0m 高程）根据工程实际实施情况电缆沟基本无法布置，只能采用沿顶板桥架敷设方式。

（2）盖上（15m 高程）由于覆土较薄，管线交叉处无法布置较多管线，只能优先满足给排水等专业的布置；动照专业配电干线，宜优先采用沿夹层汽车库敷设，直接引入户内方案。

12.6.4 实施过程中常见问题及解决方案或建议

（1）由于各专业施工不同步，土建施工中，未及时预留电缆孔洞现象较多，给后期动照施工造成极大的困难。建议后续工程中，同步注意此类问题，在土建施工中，加强配合，及时预留孔洞，减少后期的施工难度。

（2）设备专业用电需求变化，由于车辆段与动照专业有关专业较多，若设备专业具体施工过程中，用电需求及设备参数变化，将给动照专业造成设计变更。如暖通专业，室外空调机组实际安装中，需要给单个模块配电，而不是给整个模块配电；又如污水处理设备、热水设

备等，均为集成的成套设备，不需要单台设备配电，只需集中配电即可。诸如此类问题较多，建议后续的工程中，加强各设备专业的优化和协调，及时了解设备运行方式及设备技术参数，以免后期的反复变更。

（3）设备调试问题，车辆段设备较多，在设备安装过程中，需同步进行安装调试，及时发现问题，解决问题，若后期发现问题，由于牵涉上下级关系，给解决问题造成难度。

12.7 安防系统

12.7.1 设计原则及系统组成

目前，随着城市的扩展、交通体系的兴建，尤其是公共交通事业的极速发展，安全防范正面临重大的挑战。传统的安防系统，完全依靠人工，依靠监控人员的反应，不仅效率低下，缺乏自动机制，而且无法避免特殊事件的发生，或在发生后无法追踪犯罪嫌疑人。天童庄车辆段承担着地铁车辆的停放、检修、维修服务；而车辆段上盖作为物业开发，工作环境复杂，往来人员难以甄别。为保证天童庄车辆段工作环境的安全，设置安防系统是必需的。

1）安防系统组成

本次在天童庄车辆段主要设置了视频图像监控系统、周界报警系统、电子巡更系统。

天童庄车辆段闭路电视监视系统、周界报警系统及电子巡更系统独立自成系统，现场的报警及视频监控均由车辆段监控值班人员独立操作完成。同时，系统依托宁波市轨道交通通信网络，可纳入全线监控总系统，实现正线监控中心对现场的远程统一监控。

2）视频图像监控系统设计原则

（1）段内安防中心可直接实时监控查看现场监控点的任意一个监控图像，能够对任意前端的云台镜头进行控制。

（2）监控系统应具备扩充能力，能连接多种报警设备（包括周界报警系统），按照车辆段监控系统的联动指令配合段内防救灾工作。

（3）视频压缩技术先进可靠，适合网络传输。

（4）能联网集中监控，提高效率，便于管理。

3）周界报警系统设计原则

（1）周界报警系统采用红外对射方式，红外对射沿车辆段围墙安装，主要负责防止非法人员闯入地铁车辆段。

（2）系统应安全性好、误报率低、可靠性高、适应范围广。

（3）系统设备不会引起人身伤害。

（4）能够显示入侵部位和有关警情数据。

（5）系统设备具有防破坏报警功能。

（6）能够按时间、区域、部位任意编程设防和撤防，并能显示报警的具体位置，以便监控人员迅速了解报警地点，及时作出反应。

（7）能够与段内闭路电视监控系统实现联动控制。

（8）系统应具备良好的扩容性，便于今后其他段所报警点的扩容。

4）电子巡更系统设计原则

电子巡更系统采用先进、实用、性价比高的离线式电子巡更系统，满足保安巡逻人员和巡查管理人员在各种环境下使用。

12.7.2 视频图像监控系统

1）系统选型

在视频监控领域，在进行天童庄车辆段监控设计时期正处于传统模拟视频监控与数字视频监控共存阶段，模拟视频监控技术已经成熟，应用广泛，稍具规模的监控系统基本上都是以模拟切换矩阵为核心来构建。但是，近年来，多媒体通信技术发展迅速，视频压缩技术、流媒体实时传输技术已成熟，数字视频监控取得了快速的发展，应用也越来越广泛；数字化、网络化与智能化代表了视频监控的发展趋势，基于以上因素，天童庄车辆段闭路电视监视系统考虑采用较为先进的网络化数字视频监控构架模式。

2）设备组成

监控系统由后端和前端设备组成。后端设备包括：视频管理服务器、硬盘录像机、数字矩阵、监控终端、监视器墙、安防集成管理软件平台、操控台等。前端设备包括：摄像机（包括固定彩色摄像机、一体化球形摄像机）、视频光端机、开关电源及防雷器等。后端设备设置在车辆段安防中心里。

3）视频采集及编码部分

为保证车辆段主要出入口、附属建筑物、厂房和车库出入口及通道、道岔咽喉区、出入段线及周边区域的安全，根据设置位置不同分别选择室内外一体化球形摄像机和固定摄像机。固定摄像机可配置不同的镜头后用于固定监视某一区域，本工程室内固定摄像机主要设置于段内公共通道；一体化球形摄像机可设置多个预置位分时段、有选择地监视多个区域，主要设置于开阔的地区及需要有选择性监控的地区。

针对车辆段上盖物业设计导致道岔咽喉区柱网密集从而影响摄像机视线的问题，设计考虑在道岔咽喉区从不同方位增设摄像机，并通过控制云台的转动及镜头变焦加以解决。

设置于上盖物业下方的摄像机采用具有低照度功能的室内摄像机，就近安装在柱子上，而设置在围墙周边和露天的摄像机选用具有防雨、防腐功能的室外摄像机，安装在围墙或新立的电杆上。

现场控制和模拟视频信号直接接入本地"数字视频光端发射机"进行压缩编码，经光缆传至监控中心的"数字视频光端接收机"进行解码还原，其视频信号和控制信号分组接入硬盘录像机。

4）图像传输

摄像机的视频信号和控制信号先由电缆汇集到视频光端发射机，再由光缆传输到安防中心，由视频光端接收机对应解码还原。

5）安防监控机房（后端）设备

后端设备设于综合办公楼内的安防中心，前端视频信号接入硬盘录像机后，可实现录像存储和网络视频编码，硬盘录像机接入安防中心的以太网交换机，再接入车辆段局域网，可实现监控视频的网络化传输和远程监控。

在安防中心由视频管理服务器对系统进行综合管理,通过安防集成管理软件平台的集成,可实现监控视频的网络化传输和远程监控。通过数字矩阵进行网络解码,输出高清模拟视频信号到电视墙上观看,电子地图可直观显示全区的监控点位。值班员可任意选择各画面分割显示站内的所有摄像机的图像,也可切换某一路图像,还可通过鼠标或键盘,分别对所管辖的摄像机进行录像,回放,图像切换,云台左右、上下转动及变焦镜头的拉近、推远等控制。

本系统具备与地铁正线安防专用网络的互联接口,提供100M以太网接入带宽,并提供符合国际标准的B/S集成接口。通过系统软件集成和权限管理和控制,能对天童庄车辆段现场摄像头进行监视,正线综合监控中心值班员、调度员也能通过安防专用网络实时监控、了解车辆段场工作情况,能够任意调看现场的图像。

同时,通过集成管理软件平台的权限管理,本安防中心应有最高控制权限。

6)安防中心监控系统功能要求

(1)系统认证与管理服务

能实现统一身份认证和权限控制、组织与角色管理维护、设备集中配置与维护管理、结合任务计划执行和调度、报警处理规则管理、报警获取与分发管理、电子地图集中配置管理、设备巡检和日志管理等功能。

(2)设备管理

设备管理主要包括对平台设备、前端设备、外围入网设备的管理功能,可对设备的参数进行远程配置、设定、备份和恢复。用户可将任意组合的摄像机添加、编辑成摄像机群组和轮巡组,并进行群组播放和顺序切换。

(3)实时图像浏览

通过网络进行实时图像浏览,可选择多种窗口分割模式播放视频图像,任意指定多个监视器屏幕同时显示各种画面。实现视频图像播放、录像回放、浏览电子地图等各种功能。

(4)云台控制

用户可锁定对视频的浏览和云台控制,高优先级用户可抢夺低优先级用户的浏览和云台控制权限,并可自动释放锁定资源。可通过云台控制面板、在视频图像窗口上点击鼠标、移动鼠标控制指定摄像机云台的方向、镜头、预置位、巡航和轨迹。

(5)录像回放

提供方便的录像检索、查询手段,可根据时间、地点和报警类型等信息检索并回放图像,回放时可实现播放、快放、慢放、单帧放、拖曳、暂停等功能,可选择实现多路图像同步回放功能。

(6)流媒体服务

用于安防中心多客户端复用相同现场图像的流媒体转发管理和现场流媒体带宽限制管理,保证有限带宽下的多路同时访问和降低现场DVR设备的网络负荷。

(7)报警集中获取与转发服务

能在中心监控管理软件设置下,统一快速接收DVR设备报警信息或其他系统报警信息并转发给指定监控管理软件客户端,为所有系统管理的监控设备提供报警接收转发服务和短消息报警、邮件报警等远程报警服务。

（8）视频代理服务

能为所有嵌入式 DVR 提供统一信息获取、转化和代理服务，便于监控中心统一接口管理。为分散存储环境下（不通过集中存储服务器）集中检索时的智能检索功能，如按照编号或其他自定义条件进行智能图像检索。

（9）WEB 客户端

能为系统管理、流媒体、报警转发、集中存储检索等所有应用服务器提供统一 WEB 访问配置界面，为前端监控设备提供统一远程监视查询 WEB 访问界面。安防中心管理人员及相关授权人员都可以通过 WEB 客户端在自身权限范围对所辖地区设备、人员、机构进行监控查询和配置管理。

（10）安防中心接警客户端

可以在系统管理服务器认证下访问监控所有现场设备，可以实现轮循预览、报警接警和报警处理、电子地图等功能，支持简单的矩阵解码卡输出控制。支持报警时电子地图弹出、图像弹出等功能。图像查询支持多画面查询和回放速度控制等功能，同时支持回放剪辑，便于取证管理。

（11）网络数字矩阵

主要用于安防中心对电视墙控制的需求，安装在中心数据矩阵主机中，通过对专用数字矩阵主机内置解码卡和矩阵卡的控制实现任意分组轮循输出、手动切换输出和报警联动输出等功能，支持对其他标准客户端软解码 VGA 输出的协同控制。

（12）与地铁其他系统互联

本系统应具备与地铁正线视频系统互联的接口，提供符合国际标准的 B/S 集成接口。

12.7.3　周界报警系统

目前，周界告警系统主要有两种：一种是只探测非法闯入并报警的周界探测系统，另一种是集阻挡、探测、报警于一体的电子围栏系统。

红外对射、感应电缆或微波等周界探测系统没有有形的围栏，不破坏建筑景观，但没有阻挡功能，只有报警功能。电子围栏系统是一种集阻挡、探测、报警于一体的周界告警系统，具有有形的阻挡装置，并可带有电击功能（低能量，不会引起人身伤害）如果强行翻越，系统会发出报警，防护能力强，误报警概率低，一般用于监控等级较高的地方。

天童庄车辆段有人值守，配合车辆段视频监控系统，通过周界告警报警和视频确认的方式，可以满足对车辆段围墙的入侵监测需要。通过综合考虑现场情况及各种报警系统的优缺点，本次在车辆段周边围墙上推荐采用红外对射的周界告警系统进行防护。

红外对射沿车辆段围墙安装，监视管理终端设置在安防中心，当探测到有人非法闯入时，会在安防中心显示报警信号，并以电子地图方式显示入侵位置，还可以联动相关的摄像机对入侵部位进行摄像。

12.7.4　电子巡更系统功能介绍及设置

电子巡更系统可监督保安巡逻人员是否严格按照事先所制定的巡查时间、巡查地点及巡查路线进行巡查工作,做到有据可依、有章可循。在管理方面,使巡查线路、巡查时间、巡查人员的安排通过电子巡更系统的简单计划,就可以落到实处。

本设计采用离线式巡更系统,在车辆段内设置巡更点以实现对保卫人员的巡更管理。电子巡更系统主要由巡更巡检管理软件、巡检器和各种射频卡构成。其基本的原理就是在巡查线路上安装一系列代表不同点的射频卡(又称感应卡),巡查到各点时巡查人员用手持式巡检器(相当于刷卡机)刷卡,把代表该点的卡号和时间同时记录下来。巡查完成后巡检器通过通信线把数据传给计算机软件处理,就可以对巡查情况(地点、时间等)进行记录和考核。

第13章
消 防 设 计

13.1 概述
13.2 车辆段上盖物业开发后消防设计分析
13.3 天童庄车辆段消防性能化设计
13.4 防火分区及消防道路
13.5 建筑防火
13.6 水消防系统
13.7 通风及防排烟系统

13.1 概述

天童庄车辆段为带上盖物业开发大型综合体建筑,上盖平台上设计有较大规模的住宅、宿舍、综合办公楼、食堂、文体中心等建筑。地面层除油漆库、杂品库布置在盖体外开敞区域外,运用库、检修主厂房等建筑均位于盖体之下。

天童庄车辆段综合体不同于一般的地铁车辆基地,也不同于一般意义上的住宅、办公建筑,按照建筑功能看,包含有地铁车辆停车、检修、办公、培训、文体活动、停车、住宅和宿舍等多种使用功能的建筑物,很难单独按照地铁车辆基地或办公建筑、住宅建筑进行分类。

进行上盖物业开发的车辆段不同于一般的地上建筑,又有别于地下建筑,我国还没有相应的消防规范对其防火设计进行指导,设计参数、消防设施的配置等方面没有现成的法规可循,需结合具体情况研究可行的消防方案。

地铁车辆段进行上盖物业开发后,主要存在以下一些问题,如普通车辆段是按照单层建筑设计的,库房可以直接与室外连通,加上盖子以后,部分空间由原先的室外空间变成了室内空间,如外通道等公共空间,这些空间的消防设计原先是基于室外设计的,现在变成室内后,其本身的消防设计该怎样对待无据可依;另外原先的室内部分连接的周围建筑结构状况也发生了变化,原先直通室外的部分现在也难以实现,其防排烟、人员疏散设置是否能够满足消防安全的要求也难以确定。因此,需要了解火灾在其中的发展规律,在此基础上设计和制定合理的火灾防治对策。

车辆段生产区为整体上盖,盖体范围为 19.6hm², 体量庞大,给盖下空间通风、排烟带来很大困难。盖下道岔区及道路、运用库、检修主厂房面积较大,净高较高(9~14m),其排烟设施设置不宜照搬规范。通过对盖下大空间排烟换气次数的消防性能化研究,确定"排烟量按照体积计算确定,每小时换气次数不小于 2 次"的设计标准。

车辆段检修主厂房位于盖下,建筑面积 24982.73m², 净高达 14.0~15.0m, 现行相关规范未对此类型的厂房是否设置自动灭火系统进行明确规定。参考《地铁设计防火规范》(报批稿)第 7.3.1 条第 2 款相关规定(地下、半地下的车辆基地,以及上盖有物业开发的停车列检库和检修库应设置自动喷水灭火系统。),按照消防审查意见采用智能型大空间主动喷水灭火系统。

车辆段消防泵由 FAS 实现对车辆段消火栓泵的总线自动监控及联动控制盘手动硬线控制,FAS 通过监视模块监视起泵按钮状态。

本章就车辆段与综合基地上盖物业建筑定性、防火分隔、防火分区、生产厂房火灾危险性分类、耐火等级、耐火极限、人员疏散、消防性能化、同一时间内火灾次数、盖下大空间的水消防系统、通风及排烟系统等相关内容进行研究阐述。

13.2 车辆段上盖物业开发后消防设计分析

13.2.1 消防设计原则

车辆段加盖后,部分空间由原先的室外空间变成了室内空间,这些空间既在加盖范围之内,又位于原有的库房、检修车间等建筑之外,其消防设计到底是按室外设计还是室内设计没有规范可依。本项目将研究盖下建筑外空间的设计原则,制定建筑外空间和库房等建筑的防火分区划分原则,灭火要求及探测报警方案,确定盖下建筑外空间的消防设计要求。

天童庄车辆段为上盖综合物业开发车辆段,盖下为车辆段生产区,属于工业建筑。盖上为物业开发区及车辆段生活办公区,属于民用建筑(图13-1)。国内《建筑设计防火规范》(GB 50016—2014)及《高层民用建筑设计防火规范》只针对厂房(仓库)和民用建筑消防问题分别做出了规定,但还没有将厂房和民用建筑垂直叠加起来共用同一地块的大型上盖综合体的消防设计做相关规定。

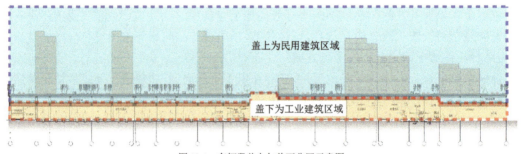

图13-1 车辆段盖上与盖下分区示意图

借鉴香港及其他国内城市地铁工程上盖物业开发的建设成功经验,以及消防性能化设计,本工程除满足现行规范外,还应遵循以下消防设计原则。

(1)盖体将本项目分为盖上、盖下两部分,盖上、盖下区域分开设计。盖体耐火等级为一级,耐火极限不应低于3h,设可供消防车上下的坡道。盖上消防车道及消防登高场地设计荷载应满足消防车行驶及救援操作的要求。

(2)盖下的车辆段生产厂区按《建筑设计防火规范》(GB 50016—2014)的厂房(库房)部分要求执行。

(3)盖上物业开发按《建筑设计防火规范》(GB 50016—2014)中民用建筑部分及《高层民用建筑设计防火规范》(GB 50045—1995)执行。夹层车库以二层盖体顶高程为室外地面,按地下车库进行消防设计。

(4)盖上、盖下区域分开设计,盖上物业的沟槽管线在车辆基地物业平台顶板或夹层内敷设,不与盖下的车辆基地场区空间发生关系,为防止火灾蔓延,盖上盖体边沿的建筑布置按规范要求的防火间距进行退让或夹层车库外侧设防火卷帘(车库外围为敞开设计)。

(5)10m、15m高程平台结构板按不低于一级耐火等级设计,盖板的承重梁耐火极限不应低于3h,盖板的结构重要性系数取值为1.1,盖体钢筋混凝土板厚分别为200mm(300mm厚水泥焦砟填充层)、250mm(1200mm厚景观绿化覆土)。

(6)车辆段盖下区域道岔区、道路、运用库、检修主厂房按每小时换气 2 次设置机械排烟系统。

(7)车辆段和盖上物业开发同一时间火灾次数按各一次考虑。车辆基地包括盖下厂房区、盖上厂前区、盖外区地铁配套功能用房;盖上物业包括运用库上方住宅物业开发、咽喉区落地物业发、出入段线上方职工宿舍,按另一次火灾考虑。

13.2.2 消防设计重点研究问题

(1)盖下防火分区划分。

能够与其他单体外部完全隔开的应划分单独的防火分区,不能隔开的与道岔区合为一个防火分区,并对道岔区是否可作为安全区域进行消防性能化设计。

(2)夹层车库防火分区划分。

夹层车库面积为 13 万 m^2,浙江省消防部门要求划分为几个面积不超过 5 万 m^2 的独立车库,且每个独立车库应满足《汽车库、修车库、停车场设计防火规范》(GB 50067—2014)的要求,需研究车库出入口及车库之间防火分隔问题。

夹层车库分为 3 个独立车库设置后,需研究车库外围车行道安全问题,是否单独划分防火分区及配置相应消防设施问题。

(3)研究车辆段上部设有夹层车库,盖下厂(库)房是否应按照多层厂房进行消防设计。

(4)天童庄车辆段位于盖体以下,不同于露天厂房,应研究各厂房之间的防火间距是否按《建筑设计防火规范》(GB 50016—2014)的规定执行,或适当提高标准设计。

(5)车辆段盖下大空间防烟分区如何划分及消防道路挡烟垂壁设置问题。

13.2.3 火灾危险性分类

上盖车辆段既有库房、检修车间、厂房等建筑,又有在这些建筑外的公共活动空间。不同区域其可燃物状况、人员活动状况存在差异。因此,需要研究不同区域可能的火灾状况,调研不同区域的可燃物状况,通过实验研究,给出不同位置可能发生的火灾规模,确定不同区域的火灾危险性。

1)火灾危险性确定原则

(1)根据《建筑设计防火规范》(GB 50016—2014)要求,生产用房的火灾危险性应根据生产中使用或产生的物质性质及其数量等因素进行分类。

(2)生产的火灾危险性分类要看整个生产过程中的每个环节,是否有引起火灾的可能性(生产的火灾危险性分类按其中最危险的物质确定),主要考虑以下几个方面:

①生产中使用的全部原材料的性质;

②生产中操作条件的变化是否会改变物质的性质;

③生产中产生的全部中间产物的性质;

④生产中最终产品及副产物的性质。

许多产品可能有若干种工艺生产方法,其中使用的原材料各不相同,所以火灾危险性也各不相同,分类时应注意区别对待。

2)车辆段建筑物火灾危险性

车辆段生产用房包括运用库、检修主厂房、综合维修车间、物资总库、镟轮库、洗车机棚、调机/工程车库、牵引降压混合变电所、材料棚、污水处理站、轮对踏面检查棚等单体建筑，车辆段建筑火灾危险性分类见表13-1。

车辆段建筑火灾危险性分类统计表　　表13-1

项目	建筑名称	结构类型	耐火等级	层数	高度(m)	建筑面积(m^2)	火灾危险性分类
盖下部分	运用库	框架	一级	1层	9.5	37241	戊
	检修主厂房	框架	一级	1层	14.9	25321	丁
	物资总库	框架	一级	1层(局部2层)	9.5	5563	丙
	维修车间	框架	一级	1层	9.5	2726	丁
	污水处理站	框架	一级	1层	6	416	—
	镟轮库(含试车机具间)	框架	一级	1层(局部2层)	9.5	825	丁
	材料棚及给水所	框架	一级	1层	9.5	1897	戊
	调机/工程车库及混合所	框架	一级	1层(局部2层)	9.5	3918	丙
	洗车机棚	框架	一级	1层(局部2层)	9.5	997	戊
	轮对踏面检测库	框架	一级	1层	9.5	133	戊
盖外部分	油漆库(盖外)	框架	一级	1层	8.4	1242	甲
	杂品库(盖外)	框架	一级	1层	5.1	230	甲
盖上部分	综合办公楼	框架	二级	7层	26.1	10235	—
	综合维修中心	框架	二级	6层	24	11400	—
	食堂	框架	二级	2层	10.05	5400	—
	培训中心	框架	二级	6层	27.6	13834	—
	公安分局	框架	二级	5层	18.6	8500	—
	文体中心	网架	二级	1层(局部3层)	13.75	7870	—
合计						137704	

13.3 天童庄车辆段消防性能化设计

13.3.1 消防性能化研究内容

（1）项目提出的消防设计难点。

（2）本项目所使用的性能化消防设计方法、设计依据、设计目标以及所采用的安全判据。

（3）利用烟气模拟软件 FDS 对建筑内火灾烟气流动情况进行模拟，分析火灾环境中人员逃生和灭火救援环境。

（4）利用人员疏散软件（BuildingExodus）对建筑内人员疏散进行模拟计算，对人员疏散进行分析并提出疏散策略建议。

（5）从项目整体消防安全角度出发，提出项目消防性能化设计建议。

13.3.2 消防性能化设计依据及难点

1）性能化设计依据

（1）《地铁设计规范》（GB 50157—2013）；

(2)《铁路工程设计防火规范》(TB 10063—2016);
(3)《建筑设计防火规范》(GB 50016—2014);
(4)《高层民用建筑设计防火规范(2005 版)》(GB 50045—1995);
(5)《上海市建筑防排烟技术规程》(DGJ08-88—2006);
(6)《自动喷水灭火系统设计规范(2005 年版)》(GB 50084—2001);
(7)《建筑灭火器配置设计规范》(GB 50140—2005);
(8)《火灾自动报警系统设计规范》(GB 50116—1998);
(9)《建筑内部装修设计防火规范(2001 年修订版)》(GB 50222—1995);
(10)《气体灭火系统设计规范》(GB 50370—2005);
(11)《汽车库、修车库、停车场设计防火规范》(GB 50067—1997);
(12)《民用建筑设计通则》(GB 50352—2005)。

对于规范不适用的空间,即运用库和检修车间防排烟系统设计将通过消防性能化设计确定其方案,将依据或参考以下的性能化消防设计指导文件和相关国际规范:

(1)SFPE Handbook:美国消防工程师协会手册,2002 年;
(2)FSEG:消防安全工程指南,澳大利亚,2005 年;
(3)NFPA 92B:商场、中庭和大型场所烟雾管理系统指南,2005 年。

2)性能化设计难点

天童庄车辆段的消防设计大部分均按照相关的防火规范进行消防安全设计,但由于建筑规模庞大,为建筑综合体、使用功能复杂,消防设计难以找到完全包含项目特点的规范进行设计,为了达到规范要求的消防安全水平,同时保证建筑的功能适用性,报告将对项目的消防设计做分析并采用消防性能化设计方法指导其设计。本项目中主要存在以下一些消防设计难点。

(1)建筑分类;
(2)消防车道设置;
(3)防火分区划分及人员疏散;
(4)厂房分类;
(5)疏散距离较长;
(6)盖下运用库、检修主厂房、道岔区及消防道路的防排烟系统设计。

13.3.3 消防性能化设计

1)设计火灾场景模拟

(1)火灾危险源辨识

地铁车辆段的功能主要是地铁列车过夜停车和车辆检修使用,其主要火灾可燃物为地铁列车车厢,可能的火灾发生位置为运用库和检修主厂房。所以通过模拟在运用库和检修主厂房发生列车车厢火灾时,分析基地内火灾烟气蔓延特性和人员疏散情况,以研究车辆段内的消防安全水平。

(2)火灾场景设计

天童庄车辆段消防性能化设计根据使用功能考虑运用库和检修主厂房共 4 个火灾场

景，设定火灾场景见表 13-2。

天童庄车辆段设计火灾场景　　　表 13-2

火灾场景	火灾类型	发生火灾位置	火灾增长系数（kW/s²）	设计火灾规模（MW）	排烟系统设计
A	车厢火灾	运用库	0.047	16	利用纵向梁划分防烟分区；排烟量按 2 次/h 换气次数计算
B	车厢火灾	运用库	0.047	16	利用纵向梁划分防烟分区；排烟系统失效
C	车厢火灾	检修主厂房（辅助车间）	0.047	16	利用梁划分防烟分区；排烟量按 2 次/h 换气次数计算
D	车厢火灾	检修主厂房（车体车间）	0.047	16	利用梁划分防烟分区；排烟量按 2 次/h 换气次数计算

火灾起火位置如图 13-2 所示。

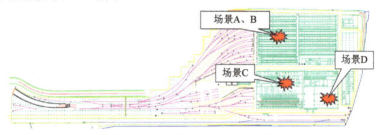

图 13-2　火灾场景 A、B、C、D 示意图

火灾场景 A 为运用库停靠列车车厢发生火灾，在运用库设有自动喷水灭火系统、火灾报警系统和机械排烟系统。

火灾场景 B 为运用库停靠列车车厢发生火灾，在运用库设有自动喷水灭火系统和火灾报警系统，排烟系统失效。

火灾场景 C 为检修主厂房（辅助车间）列车车厢发生火灾，在检修主厂房设有大空间智能喷水灭火系统、火灾报警系统和机械排烟系统。

火灾场景 D 为检修主厂房（车体车间）列车车厢发生火灾，在检修主厂房设有大空间智能喷水灭火系统、火灾报警系统和机械排烟系统。

2）烟气模拟

按照以上分析设定了运用库和检修厂房共 4 个火灾场景，采用 FDS 火灾模拟软件发生火灾时的烟气蔓延特性，由此研究建筑在发生火灾时可提供的人员安全疏散时间（ASET）。

模拟结果统计见表 13-3。

模拟结果统计表　　　表 13-3

项目	场景 A	场景 B	场景 C	场景 D
下层烟气温度达到 180℃时间（s）	>1200	>1200	>1200	>1200
下层烟气温度达到 60℃时间（s）	>1200	>1200	>1200	>1200
地面上方 2m 处的 CO_2 浓度达到 1% 的时间（s）	>1200	>1200	>1200	>1200
地面上方 2m 处的 CO 浓度达到 500ppm 的时间（s）	>1200	>1200	>1200	>1200
距离地面 2m 处能见度下降到 10m 时间（s）	>1200	>1136	>1136	>1136
上层烟气最高温度（℃）	105	125	90	97

场景 A 中,所有关于人员安全疏散指标均显示火灾发展到致使环境条件达到人体耐受极限的时间为大于模拟时间 1200s。在模拟中,运用库内温度在整个模拟过程中上层最高温度仅为 105℃,人员活动高度内温度在模拟到 1200s 也仅在 40℃ 左右,运用库内 2.6m 高度空间内的温度场与模拟开始时的温度变化不大,人员的疏散安全可以得到保证。

在 FDS 模拟计算运用库火灾烟气蔓延模型中,由于火灾发生速率在约 500s 时已经达到最大火灾规模,整个运用库内温度及其他参数场也趋于稳定,说明运用库在发生火灾时,只要人员不是直接接触火焰,在非火灾区域人员均可以长时间滞留,即运用库可以保证不小于 20min 的安全疏散时间。

场景 B 中,对比运用库内排烟系统失效和排烟系统有效时的差别,除运用库顶部烟气温度略升高约 20℃ 外,运用库地面 2.6m 高度空间内温度场变化不大。运用库可以保证不小于 1136s 的安全疏散时间。

火灾场景 C 和 D 烟气流动特性预测结果与火灾场景 B 一致。

3)火灾扑救安全性

消防扑救人员的安全性判定标准定性分析如下:

(1)车辆段的消防扑救设施和供水设施的设置能满足规范要求。

(2)车辆段能形成消防环道,可以提供足够的消防操作空间使消防救援车辆可接近起火建筑实施救援操作。

(3)车辆段在不同方向上设计有四个能直接进入车辆段上盖平台下的消防车道,火灾时消防车辆可直接进入车辆段内部接近起火位置开展灭火救援工作。

(4)根据烟气模拟结果,火场环境除火源燃烧位置温度较高外,其他区域人员活动高度内的温度均在 100℃ 以下。在火灾发生 20min 的时间内不会恶化到威胁救援人员生命安全的程度,而配备了专业装备的消防队员可耐受更为恶劣的环境,因此,消防队员的生命安全在火灾发生 20min 以内不会受到烟气、有毒气体、热辐射等影响。

综合上述分析,在本项目的消防设计充分考虑了消防扑救人员的使用要求,运用库和检修主厂房可提供不小于 20min 的安全救援环境,能保证扑救人员的安全。但是考虑到其他不确定的因素,扑救人员在进入火场时仍应按《消防员个人防护装备配备标准》(GA 621—2013)配置个人防护装备。

4)人员疏散模拟

本部分主要分析宁波天童庄车辆段项目内设计的人员疏散场景的疏散情况。报告根据建筑的使用功能,以及建筑的疏散设计,按照其中人员荷载可能出现的最大荷载,通过 BuildingExodus 人员疏散软件模拟建筑内人员疏散情况。

(1)人员安全疏散分析

消防性能化设计、评估的目的是验证"安全疏散所需时间(RSET)"与"安全疏散可提供时间(ASET)"的关系,从而判定人员在建筑物内的疏散过程是否安全。若判断结果是人员能安全地完成疏散,则认为其人员疏散方案是满足消防安全的;否则就调整建筑内的人员疏散方案直至能满足人员的安全疏散要求。

(2)疏散人员数量

车辆段平台下主要包含车辆段运用库、检修主厂房和道岔区人员,考虑远期规划,该计算对象人数为运用库 254 人、检修主厂房 432 人、实训基地 15 人和物资总库 47 人。计算对象总人数为 254+432+15+47=748（人），见表 13-4。

天童庄车辆段与综合基地设计定员表　　　表 13-4

序号	部门名称	定员（人）			备注
		初期	近期	远期	
一	车辆基地	459	721	842	
1	段机关	71	83	86	设置于维修综合楼——盖上
2	运用车间	151	221	254	运用库——盖下，主要为司乘人员，主要在正线运营，在盖下办公主要为管理调度人员，最大当班人数约为 40 人
3	检修车间	183	350	432	物资总库边跨——盖下
4	设备车间	54	67	70	设置于维修综合楼——盖上
二	综合维修中心	596	689	713	设置于维修综合楼——盖上
1	行政管理部门	48	53	55	
2	工务车间	116	128	148	
3	建筑车间	42	57	57	
4	机电车间	113	122	122	
5	供电车间	127	154	154	
6	通号车间	105	122	124	
7	自动化车间	30	35	35	
8	工程车队	15	18	18	
三	物资总库	44	47	47	盖下
1	行政管理人员	20	21	21	
2	仓库值班员	12	12	12	
3	汽车班	6	8	8	
4	机械作业班	6	6	6	
四	培训中心	15	15	15	日常实训基地——盖下定员为车间教学人员
	天童庄车辆段总定员	1119	1487	1637	

（3）人员疏散时间的确定

人员疏散时间按火灾报警时间、人员的疏散预动时间和人员从开始疏散到到达安全地点的行动时间之和计算：

$$RSET=T_d+T_{pre}+T_t \tag{13-1}$$

式中：T_d——报警时间；

T_{pre}——人员疏散预动时间；

T_t——人员疏散行动时间。

报警时间 T_d 应根据建筑内所采用的火灾探测与报警装置的类型及其布置、火灾的发展速度及其规模、着火空间的高度等条件，考虑设定火灾场景下，建筑内人员的密度及人员的安全意识与清醒状态等因素综合确定。

一般来说，目前工程上所使用的感烟探测器能探测到 100kW 的火灾并启动报警；天童庄车辆段按照 T 方火中的快速火对火灾探测器的报警时间进行计算，这类火灾在初期的发展规律为：

$$Q_f = \alpha t^2 \tag{13-2}$$

式中：t——火灾发生的时间；

Q_f——火灾热释放速率(kW)；在报警时间的计算中本值取 100kW；

α——火灾增长系数(kW/s^2)，取 $0.047kW/s^2$。

由式(13-1)、式(13-2)计算得到探测器的报警时间为 46.1s。

$$T_d = \text{sqrt}\left(\frac{Q_f}{\alpha}\right) = \text{sqrt}\left(\frac{100}{0.047}\right) = 46.1 \text{ (s)}$$

我国《火灾报警控制器》(GB 4717—2005)规定：火灾报警控制器内或其控制进行的查询、中断、判断和数据处理等操作，对于接收火灾报警信号的延时不应超过 10s。

但在实际的消防管理中，为了防止火警误报，通常采用探测区域两个火警信号以"与"逻辑的方式确认火警，即只有当火灾警报控制器确认到两个火警信号后才认为有火灾发生，才会联动消防设施，如发出火灾警报、启动消防广播、启动防排烟风机等；若只有一个火警信号，则只在火灾报警控制器上报警，以通知工作人员查看现场，工作人员确认后才发出火警。因此，实际的报警中存在控制器确认或人为确认火警的过程。基于保守考虑，取火灾报警时间 T_d 为 60s。

人员疏散预动作时间是指从火灾探测报警系统报警到人员开始疏散行动这段时间。不同类型的建筑和场所内人员对火灾的确认和反应的时间有很大不同，对应不同报警系统类型的人员疏散预动作时间。

本工程为大型工业厂房建筑，消防系统采用消防控制中心形式，根据国家现行防火规范规定，报警系统类型应为 W1 类型，本工程参照类似建筑物用途及特性确定人员的响应时间为不大于 1min。这个时间是针对处于非着火区人员，他们只能通过建筑内广播信息进行疏散响应；而对位于着火区域的人员，由于能直接通过自身感官判断火灾发生，在发生火灾的同时就可以知道危险发生而选择疏散离开，因此其响应时间应该非常快。本报告保守取着火区人员的疏散预动作时间为 1min，即 T_{pre}=60s。

人员疏散行动时间 T_t，采用 BuildingExodus 人员疏散软件模拟建筑内人员疏散行动时间，并将行动时间乘以 1.2 的安全系数。

人员疏散参数选取范围如下：

(1)平面上人员自由移动速度：取值范围 1.0～1.8。保守取值在计算时人员的平面平均移动速度为 1.0。

(2)平面上人员出口流量：取值范围 0.8～2.2。根据本工程情况出口流量确定为 1.0。

模拟计算结果，检修主厂房(车体间)疏散完成时间为 80s；运用库疏散完成时间为 202s；检修主厂房疏散完成时间为 243s。

总疏散时间见表 13-5。

疏散总时间统计表 表 13-5

疏散场景	计算疏散人数(人)	报警时间 T_d (s)	疏散预行动时间 T_{pre} (s)	疏散行动时间 $T_t \times 1.2$ (s)	疏散时间 T_{SET} (s)
运用库	254	60	60	242.4	362.4
检修主厂房	432	60	60	291.6	411.6
整个盖下	748	60	60	388.8	508.8

13.3.4　消防性能化设计的结论及建议

1）结论

结合工程存在的消防设计问题,重点分析了天童庄车辆段运用库、检修主厂房的消防设计方案,并通过地铁列车火灾模拟分析运用库和检修主厂房内火灾烟气蔓延特性,得出以下结论。

(1)天童庄车辆段按照《建筑设计防火规范》(GB 50016—2014)进行设计,其耐火等级为一级,并参照《地铁设计规范》(GB 50157—2013)和《铁路工程设计防火规范》(TB 10063—2016)的相关规定进行消防设计,盖下定性为多层厂房和多层库房。

(2)本项目盖下物资总库、维修车间、调机/工程车库、镟轮库等单体建筑均各自分别划分防火分区,采用防火门(窗、墙)与盖下其他区域实现防火分隔,且这些单体均与盖下消防道路连通。

(3)运用库、检修主厂房、洗车机库及控制室、轮对踏面检测棚、材料棚、污水处理站、模拟教室以及道岔区和盖下消防通道划分为一个防火分区,其火灾危险性为丁类,该防火分区方案可行。

(4)天童庄车辆段现有的消防车道设计可以满足消防扑救工作的需要。

(5)天童庄车辆段上盖平台下其他附属建筑物应按照《建筑设计防火规范》(GB 50016—2014)的规定划分防火分区、设计人员疏散楼梯及设置相应的消防设施。

(6)在运用库、检修主厂房、道岔区和道路区域均按每小时换气次数 2 次设置机械排烟系统;而出入段线区域则不再设置排烟系统。

(7)通过 FDS 模拟地铁列车火灾在运用库内的蔓延特性,在运用库内按照 2 次/h 换气次数确定机械排烟量,其消防安全可以得到保证。

(8)通过 FDS 模拟地铁列车火灾在检修主厂房内的蔓延特性,在检修主厂房内按照 2 次/h 换气次数确定机械排烟量,其消防安全可以得到保证。

(9)由于在天童庄车辆段盖下运用库、检修主厂房、盖下道路及道岔区可以提供的安全疏散环境大于 1200s,车辆段人员均有足够的安全疏散环境进行疏散,所以在盖下疏散距离的增加不会降低其消防安全水平,车辆段全体人员能在 510s 左右全部疏散出车辆段,疏散安全可以得到保证。即车辆段内包括运用库、道岔区及其他配套用房内人员均可通过盖下空间进行疏散。

(10)在运用库所有消防设施均正常动作的情况下,至少可以保证该防火分区内有 1200s 以上的灭火救援环境。扑救人员在进入火场时仍应按《消防员个人防护装备配备标准》(GA 621—2013)配置个人防护装备。

2）建议

在综合前面定量定性分析的基础上,考虑到消防安全是一个系统的整体,每个部分对人员安全及建筑物的保障都是至关重要的。因此,对建筑的消防设计提出几点建议。

(1)加强内部可燃易燃物的管理,避免出现火灾荷载大量集中的现象出现,降低火灾隐患。除了定期开展预防性维护工作以及消防安全管理计划以外,需要进行日常的内部管理工作,从而消除火灾隐患并确保喷淋系统和逃生线路不被堵塞。应制定应急计划,并每年至少开展一次涉及项目管理人员参与的消防演习,以便火灾时能及时疏散人员和开展火灾自救工作。

（2）在人员疏散方面，应随时保持疏散通道的畅通，不得在疏散通道内摆设和堆放物品，防止疏散门出现被锁死的现象；保证疏散路线上应急照明供电，同时在疏散的主要路线上应设置疏散指示标志。

（3）加强消防设施等日常维护管理，保证消防通道的畅通，严禁被占用；确保其他消防设施（自动喷水灭火系统、消火栓系统、防排烟系统、火灾报警及应急照明、消防广播系统等）的正常运作，并确保消防用水的可靠性。

13.4 防火分区及消防道路

13.4.1 盖下防火分区及消防道路布置

防火分区是用防火分隔措施划分出的、能在一定时间内防止火灾向同一建筑的其余部分蔓延的局部区域（空间单元）。在建筑物内采用划分防火分区这一措施，可以在建筑物一旦发生火灾时，有效地把火势控制在一定的范围内，减少火灾损失，同时可以为人员安全疏散、消防扑救提供有利条件。

本节根据消防性能化报告及防火规范相关要求，讨论车辆段防火分区划分情况，根据不同建筑性质合理、安全划分防火分区，满足消防救援要求。

1）盖下防火分区划分

（1）车辆段运用库、检修主厂房因接触网需进入库内而留有过网空间，故不能与库外部分进行消防分隔，只能作为一大防火分区。

检修主厂房为丁类、运用库为戊类，耐火等级为一级。依据《建筑设计防火规范》（GB 50016—2014）3.3.1 条规定，耐火等级为一、二级的丁、戊厂房的防火分区面积不限，疏散距离不限。因此检修主厂房和运用库的防火分区划分符合规范要求。

（2）盖下范围生产用房按火灾危险性分类单独划分防火分区，运转综合楼单独划分防火分区；物资总库、维修车间、调机/工程车库、镟轮库各为一个防火分区；运用库、检修主厂房、盖下消防通道、道岔区为一个防火分区。

生产用房防火分区见图 13-3。各防火分区之间分别用防火墙、防火窗和防火卷帘分隔。

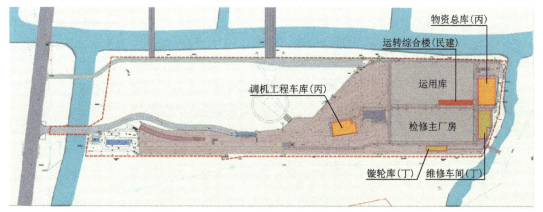

图 13-3 车辆段盖下生产用房防火分区划分示意图

2）盖下消防道路设计要求

（1）车辆段盖下运用库、检修主厂房、物资总库设环形消防车道，其中建筑长度超过 220m 的设穿过建筑物的中间消防车道。其余建筑按一长边设置消防车道，宽度及坡度均符合相关规范要求。

（2）车辆段变电所、丙类厂（库）房、运转办公楼、物资总库等辅助生产厂房应采用不低于 2h 的隔墙和防火门与其他部位分隔。与道岔区、上部敞开的消防车道之间可不采取防火分隔措施，上部不敞开的消防车道两侧应采取防火分隔措施，道路两侧生产用房墙体为 200mm 加气混凝土砌块，耐火极限满足 2h，开设门窗洞口地方为甲级防火门（窗）、特级防火卷帘门。

（3）上部敞开的消防车道顶棚、墙面、地面应采用不燃材料装修，且不得用于人员和车辆通行外的其他用途。道岔区顶棚、墙面、地面应采用不燃材料装修，道岔区不得用于车辆停放。

（4）上部敞开的消防车道应设室外消火栓，道岔区应设室外消火栓、火灾自动报警系统、排烟设施、应急照明和疏散指示标志。

（5）上部敞开的消防车道顶部开口面积不应小于地面投影面积的 80%（宽度超过 8m 按 8m 计算）。

（6）道岔区与运用库之间应设置挡烟垂壁，其高度不应小于 1m。

（7）上部不敞开的消防车道应设置室外消火栓、火灾自动报警系统、排烟设施、应急照明和疏散指示标志。

（8）防烟分区不得跨越消防车道，排烟量应按照体积计算确定，每小时换气次数不应小于 2 次。

13.4.2 夹层车库防火分区及消防道路

夹层车库位于车辆段生产用房上方 10m 高程，按地下车库进行消防设计。车库划分为独立的 3 个车库，车库 1 面积约为 2.7 万 m^2；车库 2 面积约为 3.45 万 m^2，车库 3 面积约为 4.35 万 m^2。

车库外设置的双车道一部分设置在盖体边沿（四周为 1200mm 高栏板，按敞开考虑），车库 1、2 之间的道路宽 12m，设有 4 个下沉广场（面积 1100m^2，占该段道路面积的 1/3），开向该路段的车库门均按防火隔间设防火卷帘；因此，以上道路（黄色线条表示）为车库的安全区域。

3 个车库均设置不少于 3 个出入口直接对外或直接对双向车行道后通往室外，图中黄色圆圈内数字代表各车库的汽车出入口，以满足《汽车库、修车库、停车场设计防火规范》（GB 50067—2014）的规定。

夹层车库共划分为 43 个防火分区，每个防火分区均设有水喷淋灭火系统，按照不大于 4000 m^2 考虑，并且每个防火分区均设置有满足人员疏散的楼梯直通盖上或者室外，见图 13-4。

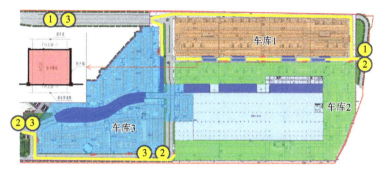

图 13-4 夹层车库防火分区划分示意图

13.4.3 盖上车辆段生活、办公建筑防火分区及消防道路

盖上建筑为民用建筑,按《建筑设计防火规范》(GB 50016—2014)及《高层民用建筑设计防火规范》(GB 50045—1995)要求进行防火分区划分。综合办公楼(7F)、综合维修中心(6F)、培训中心(7F)、食堂(2F)、公安分局(5F)、文体中心(3F)单体建筑,按每层1个防火分区设置,盖上单体与夹层汽车库相连的楼(电)梯间通过甲级防火门进行分隔,见图13-5。

盖上车辆段生活办公用房建筑周围均设环形消防车道,并与下地面坡道相连。高层建筑沿建筑一长边设置消防作业面,消防登高作业场地距建筑大于5m且小于10m,并结合景观铺装统一设计。文体中心南侧尽端道路设15m×15m回车场。

图 13-5 车辆段生活办公区示意图
1-综合楼;2-综合维修中心;3-培训中心;4-食堂;5-公安分局;6-文体中心

13.4.4 人员安全疏散

车辆段上盖后,由室外疏散空间转为室内空间,随之带来了疏散环境复杂、疏散方向不明确、疏散距离增加、室外出口变成室内出口等问题,设计需深入研究人员疏散安全性,给出不同条件下安全疏散的界定,并根据地下库房和上盖物业的状况给出合理的疏散路径及保障安全疏散的措施。具体分析如下:

1)出入段线区及咽喉区

(1)周边敞开,有良好的自然通风条件。

(2)空间高大,板下高度达9.3m,具有良好的储烟能力。

(3)该空间内无可燃物(材料棚内堆放材料为车辆维修设备、起重机、给水设备,均为不燃烧体)。

(4)该空间主要是车辆使用空间,无人员经常停留。

(5)该部分火灾危险性为戊类。按《建筑设计防火规范》(GB 50016—2014)其疏散距离不限。因此出入段线区及咽喉区应视为人员疏散的安全区域。

经消防性能化模拟分析道岔区可以提供给的安全疏散环境大于1200s,人员有足够的安全疏散环境进行疏散。

2)运用库、检修库及其他盖下区域

车辆段盖体周边是开敞的,运用库与检修主厂房之间设一个敞开的采光天井,盖下人员疏散到盖体边沿、消防道路及采光天井内即视为安全,可在无火灾威胁的条件下,沿道路疏散到车辆基地盖体之外,见图13-6。同时还可以通过1号、2号交通核疏散至15m高程平台之上,各个单体建筑疏散距离及宽度均按《建筑设计防火规范》(GB 50016—2014)及《高层民用建筑设计防火规范》(GB 50045—1995)要求进行疏散设计。

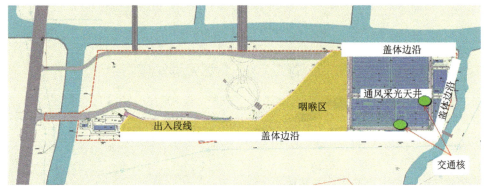

图13-6 车辆段盖体边敞开示意图

同样经消防性能化模拟分析,该区域可以提供的安全疏散环境大于1136s,人员有足够的安全疏散环境进行疏散。

3)夹层车库

夹层车库人员疏散按防火分区划分设置疏散楼,人员疏散至15m高程结构平台视为安全区。每个防火分区至少两部楼梯直通15m高程物业平台,见图13-7。

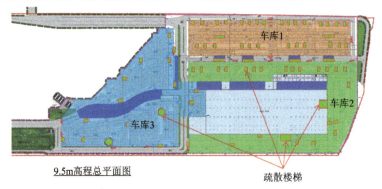

图13-7 夹层车库疏散示意图

4)盖上厂前区

盖上车辆段生活、办公建筑按《建筑设计防火规范》及《高层民用建筑设计防火规范》设置疏散楼梯,疏散距离、疏散宽度满足规范要求,15m高程结构平台作为人员疏散的室外地面。

5)消防设施

车辆盖下、盖上建筑室内设有完善的消防设施,包括自动灭火系统、火灾自动报警系统、室内消火栓系统、排烟设施、应急照明和疏散指示标志等,为人员安全疏散提供有力保障。

13.5 建筑防火

13.5.1 防火分隔及其构造措施

本车辆段的上盖平台上建有大型住宅、宿舍、厂前区办公等建筑,车辆段除油漆库、杂品库设置在盖体外开敞区域外,其他部位均在10m盖体下。

从安全设计角度出发,本项目10m以下(检修主厂房处15m以下)是地铁车辆段生产性建筑,属于工业厂房和仓库,按《建规》中的厂房(仓库)的条文执行,同时满足《地铁设计规范》(GB 50157—2013)和《铁路工程设计防火规范》的相关规定,盖下定性为多层厂房。

10m以上(检修主厂房处15m以上)是停车库、办公、培训、文体活动、住宅和宿舍等民用建筑,分别按照《建筑设计防火规范》(GB 50016—2006)、《高层民用建筑设计防火规范》(GB 50045—1995)和《汽车库、修车库、停车场设计防火规范》(GB 50067—1997)进行设计。

对于盖上建筑,其人员疏散是以15m高程的盖体平台顶面作为安全地点进行疏散的,消防车可以上到15m平台,展开消防和救援,故盖上建筑的高度是按15m平台顶完成面作为±0.00计算建筑高度。

带上盖物业的车辆段,下部是工业厂房和仓库、上部是民用建筑,中间界面的防火分割的结构构件的耐火具体要求,规范中没有具体阐述。本项目按不低于一级耐火等级的要求进行设计。

根据《高规》及《建规》中关于结构件的一级耐火极限的论述,车辆段柱、梁、板设计符合规范要求(表13-6),因此中间界面的结构体系满足一级耐火等级的要求。

盖体承重结构耐火极限　　　　　　　　　　　　表 13-6

构件名称	耐火等级 一级	规范值(mm) 一级	设计值(mm) 一级
柱	不燃烧体 3.00	截面370×370,耐火极限为5.0	最小截面1200×1200
梁	不燃烧体 2.00	保护层为25,耐火极限为2.0	保护层25
楼板	不燃烧体 1.50	保护层为20,厚度120,耐火极限为2.65	保护层20,厚度200

10m高程板、15m高程板分别是上盖物业与盖下车辆段的分割界面,作为盖下厂房的屋顶和盖上夹层车库的楼面。10m高程板、15m高程板按不低于一级耐火极限设计,耐火极限不低于3h,且盖板上的消防车道及消防登高场地的荷载按照消防车行驶及消防扑救的荷载(35kN/m²)设计,盖体耐火的安全性及承担消防荷载的能力均满足作为安全平台的要求,见图13-8。

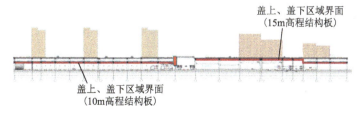

图13-8 车辆段盖上、盖下防火分隔示意图

车辆段各种贯穿墙体的管线,如电缆、水管、风管、压缩空气管等穿过墙壁、楼板时形成的各种开口以及电缆桥架均需采取防火分隔措施,以免火势通过这些开口及缝隙蔓延。用防火封堵材料密封电缆或管道穿过墙体或楼板形成孔洞,它的作用是防止火灾蔓延到起火源相邻的区域,达到保护人员和设备安全的目的。防火封堵的基本原理是封堵材料起膨胀吸热和隔热作用,遇火膨胀以密封可燃物燃烧所留下的缝隙,阻止火灾和火灾中产生的有毒气体和烟雾的蔓延;吸热和隔热以降低贯穿物背火面的温度,防止背火面可燃物自燃。

防火分区、楼(电)梯前室、楼面、墙面处变形缝应采取防火封堵措施,根据规范设置阻火带,防止火灾水平和竖向蔓延。

13.5.2 盖体承载梁耐火极限

1)概述

根据《宁波市轨道交通1号线一期工程天童庄车辆段和石路头停车场项目消防设计专家评审会会议纪要》要求"认可10.00m、15.00m盖板耐火极限的消防设计,盖板的承重梁耐火极限不应低于3小时,盖板的结构重要性系数取值应为1.1"。

根据《建筑设计防火规范》(GB 50016—2014),天童庄车辆段柱、梁板最大耐火极限分析如下:

钢筋混凝土框架柱截面尺寸370mm×370mm,耐火极限为5.0h。车辆段结构设计中框架柱最小截面尺寸为1200mm×1200mm,因此满足专家评审建议要求。

现浇的整体式梁板厚度为120mm,保护层厚度为20mm的耐火极限最大值为2.65h,低于专家审查意见要求标准。天童庄车辆段梁保护层厚度为25mm;10m高程结构厚为200mm,15m高程为250mm,保护层厚度为20mm。

中国建筑科学研究院有限公司防火所对天童庄车辆段盖体框架梁耐火极限3.0h问题进行了专项研究。

2)框架梁抗火计算原理及其参数选择

(1)分析过程简介

结构耐火性能的计算是计算火灾高温作用下结构或构件的反应,包括结构变形和耐火极限等性能。结构耐火性能计算首要的工作是确定火灾温度场,火灾温度场包括实际火灾温度场和规范给定的火灾温度场。对于一般的建筑火灾,《建筑设计防火规范》(GB 50016—2014)规范规定了可以使用ISO834标准升温曲线作为标准温度场的火灾温度。有了火灾温度之后,需要进行结构或构件的传热分析,确定结构或构件的温度场。最后,需要进行结构或构件在截面内部温度逐渐升高的条件下的反应,特别是结构倒塌时的火灾持续时间,标准升温曲线作用下结构的倒塌时间即为规范规定的耐火极限。

(2)结构传热分析

瞬态热传导的基本微分方程:

$$\frac{\partial T}{\partial t} = \frac{1}{c\rho}\left[\frac{\partial}{\partial x}\left(\lambda\frac{\partial T}{\partial x}\right) + \frac{\partial}{\partial y}\left(\lambda\frac{\partial T}{\partial y}\right) + \frac{\partial}{\partial z}\left(\lambda\frac{\partial T}{\partial z}\right)\right] \qquad (13\text{-}3)$$

式中：c——比热容；

λ——热传导系数；

t——时间；

T——温度；

ρ——密度；

x、y、z——三个方向坐标。

结构构件的温度场计算就是在给定的初始条件和边界条件下求解此方程。

本项目利用通用有限元软件 ABAQUS 计算梁柱构件在火灾作用下的温度场分布和变化。

(3)结构高温下的耐火性能分析

火灾下,建筑结构构件的温度升高,温度升高引起受火结构发生热膨胀变形,由于高温下建筑结构的热膨胀较大,火灾下的热膨胀可能引起构件的破坏。另外,高温还导致构件材料性能的降低。火灾下,构件的热膨胀和材性劣化的共同作用导致建筑结构复杂的力学行为。本项目仍采用 ABAQUS 的顺序耦合场计算功能完成结构构件耐火性能的计算。

3)典型计算区域的选择

本项目进行耐火性能计算时,选择两层盖体结构中区域 JGB6 区中典型的框架梁和典型的一层通高盖体 JGA7 区域进行框架梁的耐火性能计算。典型区域的分布如图 13-9 所示。

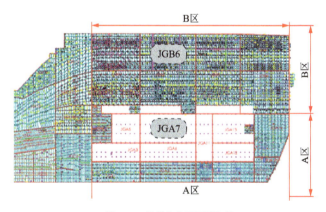

图 13-9 计算的典型区域选择

4)JGB6 区框架耐火性能计算

(1)计算框架选取

选择 JGB6 区中典型的框支框架进行结构的耐火性能分析,选择一典型的整榀框架的部分框架进行耐火性能计算,同时选择一跨度较大的次梁进行计算,计算框架和次梁的平面位置如图 13-10 所示,框架立面如图 13-11 所示。

进行钢筋混凝土结构的耐火性能分析,精确地确定每根钢筋和混凝土的温度至关重要,而为了准确的确定钢筋和混凝土的温度,应该对直接受火的钢筋混凝土梁利用实体单元模拟混凝土,利用桁架单元模拟钢筋。本项目利用上述方法对钢筋混凝土梁进行模拟,并利用梁单元对其余的梁柱进行模拟。

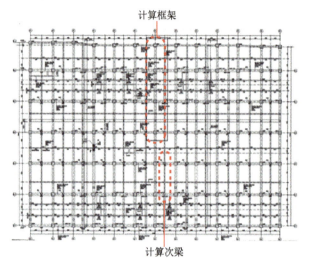

图 13-10 计算框架和次梁的位置图

欧洲规范 EC1 规定,如果整体结构计算量过大,可以取部分结构进行计算,确定部分结构的边界条件和荷载时,可以将受火前的边界条件和力的边界条件施加到部分结构的边界上,并可假设这些边界条件在受火过程中不变。根据这项规定,本项目取部分框架进行计算,这部分框架可称为子框架,子框架部分的位置如图 13-11 所示。计算框架边界上的力取受火前静力作用下的主要内力。

本项目主要关注梁的耐火性能计算结果,而柱的存在为梁提供了边界条件。子框架的一层梁是框支梁,梁要向下传递其上支撑柱子的荷载,梁的作用很重要。这里分析图 13-12 中 1 层框架和框支梁,以及 2 层的部分框架梁。

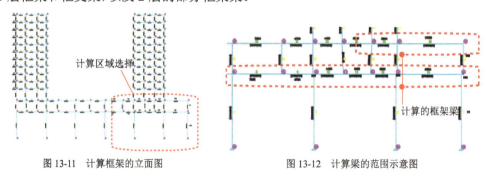

图 13-11 计算框架的立面图　　图 13-12 计算梁的范围示意图

(2) 火灾温度场

本项目主要目的为确定梁的耐火极限是否能达到 3h,根据《建筑设计防火规范》(GB 50016—2014)规定,本项目计算时火灾温度采用 ISO834 标准升温曲线。

$$T = T_0 + 345\lg(8t+1) \tag{13-4}$$

式中：t——构件升温经历的时间(min);

　　　T——升温 t 时刻火灾平均温度(℃);

T_0——室内初始温度(℃)。

室内初始温度为20℃时标准升温曲线如图13-13所示。

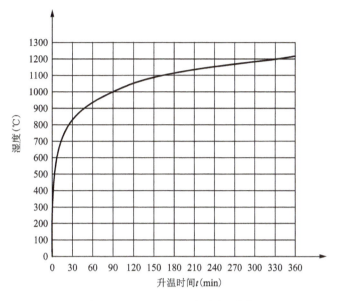

图13-13　ISO 834 (1999)标准升温曲线

为了使计算结果适当偏于安全,受火区域尽量选择较大区域,本项目计算一层梁和二层梁选用的火灾范围如图13-14所示。

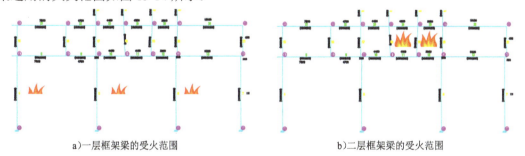

a)一层框架梁的受火范围　　　　　　　　b)二层框架梁的受火范围

图13-14　设定的受火范围

5)梁温度场计算模型及温度场计算结果

火灾下只需要对受热构件的温度场进行模拟,由于本项目力学模型是通过梁单元和实体单元混合建模的方式进行模拟的,所以进行构件温度场模拟时分别建立了梁柱温度场计算模型。计算框架第二层计算范围内梁温度场计算模型如图13-15a)所示,第一层计算范围内梁的温度场计算模型如图13-15b)所示,为了准确的确定构件温度场分布,两个构件均考虑了楼板。因为柱用梁单元模拟,受火柱均采用二维传热单元建立模型。计算中均考虑了火灾的辐射边界和对流边界条件,获得温度场计算结果后,在力学分析中将温度场的计算结果读入,利用ABAQUS的顺序耦合场计算功能完成结构在火灾高温下的力学性能计算。

利用上述方法计算得到的第一层梁和第二层梁各时刻的温度场计算结果如图13-16所

示,图中 NT11 表示温度,单位:℃。

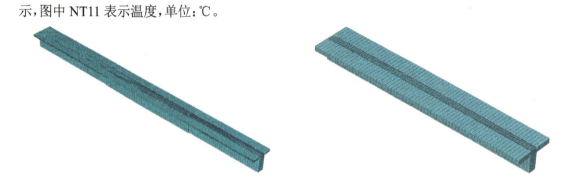

a)第一层梁温度场计算模型　　　　　　b)第二层梁温度场计算模型

图 13-15　框架(支)梁温度场计算模型

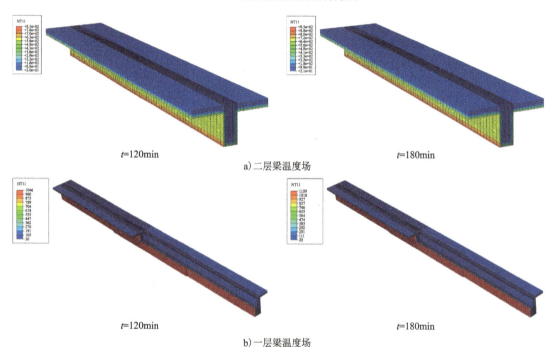

图 13-16　框架(支)梁温度场计算结果

6)火灾下框架梁力学性能计算模型

火灾下结构中的梁既不是简支梁,也不是两端固结梁,而是两端弹性嵌固,梁端的约束刚度要受柱的约束刚度和强度影响。极限承载能力状态下,如果梁端柱的抗弯强度大于梁的极限抗弯强度,梁的破坏是由于梁端截面达到承载能力,而不是支座的破坏,这时梁的受力性能及破坏方式与梁端固结梁一致。因此,如果柱晚于梁的破坏,一般情况下,梁可按照梁端固结梁计算,但有时为了安全起见,梁端有时也采用简支边界,简支边界的计算结果偏于保守。

为了尽可能使计算模型反映框架梁的实际受力情况,本项目分析中选择子框架的计算模型,第一层梁火灾下力学性能的计算模型如图 13-17 所示。子框架的边界上作用有火灾时荷载组合下子框架边界的原框架的构件主要内力。火灾作用下,当梁的挠度过大时,框支梁上部的柱子有可能拉住框支梁,增加框架梁的抗火能力,偏于保守的情况下,可以不考虑这种有利作用,本模型中框支梁跨内的柱子与梁脱开,但把柱子的内力作为荷载加在框支梁上。

二层梁取跨度较大的一跨及其相连跨进行分析,计算二层梁的耐火性能时,不考虑一层框架的作用,将 2 层框架的底部施加固结约束条件,二层梁的计算模型如图 13-18 所示。

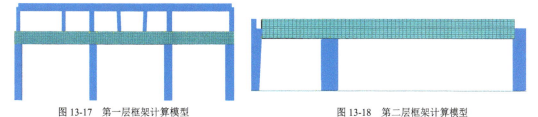

图 13-17　第一层框架计算模型　　　　　　　图 13-18　第二层框架计算模型

7)火灾下框架梁耐火性能计算结果

(1)第一层梁

计算得到的第一层框架梁在火灾各时刻的竖向位移云图如图 13-19 所示,图中 U_2 表示竖向位移,单位:m。火灾发生 180min 内框架梁的竖向变形不超过 30mm,框架梁的变形不大。

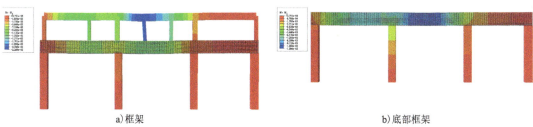

a)框架　　　　　　　　　　　　　　　　b)底部框架

图 13-19　t=105min 第一层框架变形示意图

跨度较大的中跨梁跨中竖向位移与火灾时间的关系曲线如图 13-20 所示。框架梁受火 250min 之内,框架梁跨中最大挠度不超过 30mm。而且梁跨中挠度随受火时间变化缓慢,并没有破坏的现象和趋势发生,因此,可以判断该梁的耐火极限大于 300min。

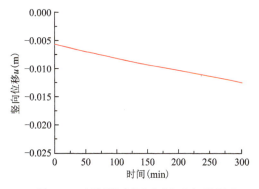

图 13-20　中跨梁跨中竖向位移与受火时间关系

(2)第二层梁

计算得到的第 2 层框架梁在火灾各时刻的竖向位移云图如图 13-21 所示,图中 U_2 表示竖向位移,单位为"m"。可见,火灾发生180min内框架梁的竖向变形不超过30mm,框架梁的变形不大。跨度较大的右跨梁跨中竖向位移与火灾时间的关系曲线如图13-22所示。可见,框架梁受火250min之内,框架梁跨中最大挠度不超过50mm。而且梁跨中挠度随受火时间变化缓慢,并没有破坏的现象和趋势发生,因此,可以判断该梁的耐火极限大于250min。

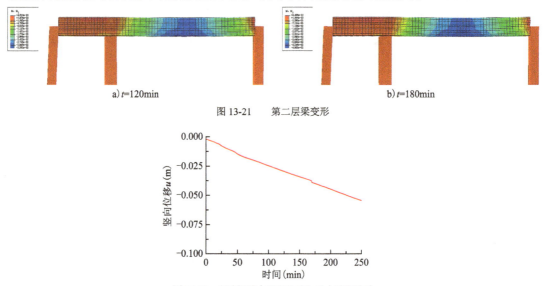

a) $t=120$min   b) $t=180$min

图13-21　第二层梁变形

图13-22　右跨梁跨中竖向位移与受火时间关系

8)JGB6区典型次梁耐火性能计算

(1)次梁计算模型的选取

选取跨度较大的次梁进行耐火性能计算,选取的次梁见图13-12。该次梁跨度12.8m,左半部还承托着另一根次梁,这根次梁的作用力用集中荷载模拟。

根据《建筑设计防火规范》(GB 50016—2006)要求,火灾温度场仍然采用ISO834标准升温曲线,该梁的计算模型采用梁端固结梁。由于该根次梁配有负弯矩钢筋,火灾下梁破坏时梁形成三个塑性铰形成机构而破坏,即梁端的负弯矩钢筋会受拉屈服,两端固结梁的边界条件比较符合实际情况。按照与框架梁相同的方法分别建立了该根次梁温度场计算模型、火灾下力学性能计算模型,力学性能分析有限元模型如图13-23所示。

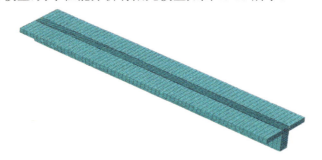

图13-23　次梁有限元计算模型

(2)计算结果

计算得到的火灾发生120min和180min时次梁的温度场如图13-24所示。计算得到的火灾发生120min和180min时次梁的竖向位移U_2云图如图13-25所示。次梁跨中挠度与火灾时间的关系曲线见图13-26。图中次梁挠度较大并且增加加快的时间点可以认为梁的耐火极限,可见,该根次梁耐火极限为190min。

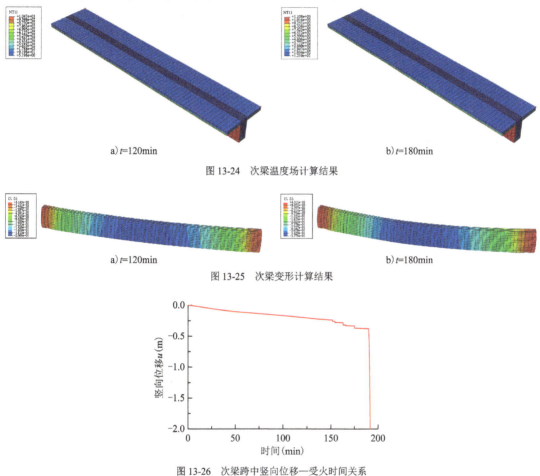

a) t=120min   b) t=180min

图13-24 次梁温度场计算结果

a) t=120min   b) t=180min

图13-25 次梁变形计算结果

图13-26 次梁跨中竖向位移—受火时间关系

9) JGA7区主梁框架(支)耐火性能计算

(1) 计算模型建立

选取该区典型的A-18轴的三跨连续梁,对其耐火性能进行评估计算,梁的位置如图13-27所示。为了更加准确地确定梁的温度场分布,需要利用三维实体单元对该梁的温度场和力学性能进行模拟,而利用实体单元进行计算需要花费大量的计算资源和计算时间。另外,该梁三跨总长度57m,梁截面高度分别为1.8m和3m,利用实体网格进行计算更需要大量时间。这里,对这根梁的计算采用连续梁的计算模型,梁的两端偏安全的取铰接边界条件,这样得到的计算结果偏于安全。

(2) 温度场计算结果

利用与前节同样的计算方法分别建立了连续梁温度场计算和火灾下力学性能计算的有限元模型,温度场计算模型中考虑楼板对传热的影响。计算得到的受火时间180min连续梁温度场分布如图13-28所示。

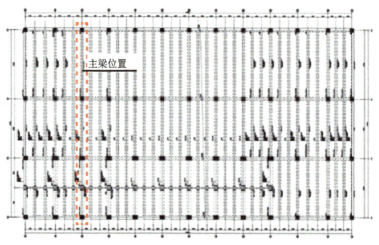

图13-27 主梁位置图(尺寸单位:mm)

（3）力学性能计算结果

利用相同的方法建立的连续梁火灾下力学性能分析的有限元计算模型如图13-29所示。

图13-28 连续梁温度场计算结果　　　　　图13-29 A-18轴连续梁耐火性能计算模型

计算得到的挠度最大的左跨跨中竖向位移与受火时间的关系曲线如图13-30所示。可见,受火的300min之内,连续梁的变形不到30mm,变形较小。因此,可以判断连续梁的耐火极限大于300min,而结构的耐火时间还要根据梁和柱耐火极限的比较确定。

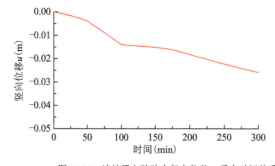

图13-30 连续梁左跨跨中竖向位移—受火时间关系

《钢筋混凝土的高温性能及其计算》(过镇海著,清华大学出版社,2003)指出,结构受火和加载有两种典型的路径,即恒温加载及恒载升温两种途径,恒温加载途径得到的结构承载能力小于恒载升温的承载能力。火灾下的结构反应是一种恒载升温路径,如果用恒温加载的路径进行模拟计算,则得到的结果偏于保守。为了确保安全,本项目再利用恒温加载路径计算连续梁高温下的承载能力,计算结果偏于保守。

计算得到的连续梁在受火 180min 时的温度场分布下、施加火灾组合时的设计荷载作用下连续梁的竖向变形 U_2 云图如图 13-31 所示,单位:m。从图中可见,受火 180min 时的温度场分和设计荷载作用下,连续梁的左跨变形最大,但最大值不超过 70mm,总体变形不大。

计算得到的受火 180min 时的温度场分布下左跨梁跨中竖向位移与加载时间(代表加载到设计荷载的比例)之间的关系如图 13-32 所示。从图中可见,梁跨中竖向位移不大,可以判断,该根连续梁的耐火极限大于 180min。

图 13-31　A-18 轴梁变形

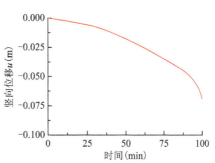

图 13-32　跨中竖向位移—受火时间关系

10)结论

本设计选择了两个结构分区的典型框架梁、框支梁、次梁,对其耐火性能进行了计算评估。计算表明,这几根梁的耐火极限均大于 3h(180min),设计满足专家评审意见盖板承重梁不应低于 3.0h 要求。

13.6　水消防系统

13.6.1　主要设计原则

(1)车辆段消防水源应采用稳定可靠的两路城市自来水,当只有一路水源时应设置消防水池。

(2)车辆段与物业的消防系统在段内分开设置,各自形成独立系统。

(3)盖上管线尽可能不侵入盖下生产区,在车辆段范围内的物业管线纳入车辆段统一设计,减少物业实施对车辆段的干扰。

(4)车辆段消防按同一时间内发生一次火灾考虑。上盖物业消防按另一次火灾考虑,单独设置消防给水系统。

(5)盖下不宜采用水消防的通信、信号设备室、电源室、混合变电所、跟随所等电气房间应采用气体灭火系统。

(6)上盖物业按《建筑设计防火规范》(GB 50016—2006)、《高层民用建筑设计防火规范》(GB 50045—1995)的民用建筑部分执行,10.0m 物业平台下部车辆段厂区,按《建筑设计防火规范》(GB 50016—2014)厂房(仓库)部分执行,并参照现行《地铁设计规范》(GB 50157—2013)、《铁路工程设计防火规范(报批稿)》(GB 20016—2016)进行消防设计。

13.6.2　消火栓系统

1)消防水源及消防水量计算

天童庄车辆段采用两路城市自来水,分别从文卫路上既有 DN400 给水干管和东外环路东侧 DN500 给水干管上分别各引一路 DN300 给水管至车辆段,供给整个车辆段及开发物业生产生活和消防用水。再分别从引入基地的 DN300 给水干管上开口各引接一路 DN200 给水管至车辆段盖下 C 区给水所蓄水池,经加压后专供车辆段用水,满足各用水点对水量、水压的不同要求。

2)泵房及水池

给水所设置于车辆段中部材料棚旁,生活泵房和消防泵房合建,各自设置加压泵和稳压装置。泵房根据供水工艺及设备的安装需要确定其尺寸、层高、形式等。按变频调速给水设备(生活生产)和立式变流恒压消防泵组的配置和控制要求进行布置,设计面积为 328.80m²,泵房设备间采用半地下式,机组安装于地下部分,利于管路布置。泵房一端设材料间、值班控制室和卫生间,从值班室设踏步通往地下部分设备间,设备间上部沿纵向设工字钢梁,用于安装电动葫芦,起吊水泵机组。端部设有与地面齐平的起吊平台通往室外,方便设备的安装、维修及吊装。

室外设 $V=400m^3$ 消防水池 2 座,用于中转及加压抽升。消防水池进出水管道和阀门单独设置,并在水池间设置连通管和阀门。

消防水池有效容积根据车辆段内消防用水量最大的物资库计算确定,扣除火灾延续时间内的补水量。

13.6.3　自动喷水灭火系统

1)上盖车辆段设置自喷的依据

上盖开发车辆段与不上盖车辆段有较大差异,目前尚无完全适用于此类型车辆段的规范规程,自喷系统的设置依据主要为《建筑设计防火规范》(GB 50016—2015)、《高层民用建筑设计防火规范》(GB 50045—1995)、《自动喷水灭火系统设计规范》(GB 50084—2001)和消防部门审核意见,同时国内外类似车辆段作为设计参考和借鉴。《地铁设计防火标准》处于报批阶段未正式实施,其部分条款对上盖车辆段丁类厂(库)房的消防设计所做出设置自喷的规定仅能参考。

2)国内上盖车辆段自喷系统设置情况

(1)宁波轨道交通 1 号线一期工程天童庄车辆段消防设计依据相关规范和消防设计专家评审意见,盖下大于 800m² 的丁类厂(库)房除不宜用水灭火的场所外均设置了自动喷水灭火系统,其中检修主厂房净高达 14.7m,面积为 25000m² 的丁类厂房设置了大空间智能型主动喷水系统和消防水炮。

盖上建筑单体按照按普通地面建筑现行规范的要求设置自喷系统。

(2)杭州 1 号线七堡车辆段亦进行了上盖物业开发,盖下大于 500m² 的丁类厂(库)房除不宜用水灭火的场所外均设置了自动喷水灭火系统,地面建筑设置原则同宁波上盖车辆段。

(3)成都1号线一期工程皂角树车辆段局部上盖开发,盖下运用库及停车列检库设置了消防水炮灭火系统。

(4)深圳前海车辆段盖下运用库及停车列检库设置了自动喷水灭火系统。

(5)苏州城市轨道交通太平车辆段盖下生产车间均设置自动喷水灭火系统。

随着车辆段上盖开发的不断发展,设计规范的不断更新,经济的不断发展,对上盖车辆段的消防设计将提出更高、更为完善的要求。本着"预防为主,防消结合"的消防方针,确保轨道交通的安全运营,保护生命财产,设置盖下自动灭火系统是必要的。

13.6.4　车辆段上盖物业开发水消防系统设计要点

1)同一时间内的火灾次数

(1)车辆段是轨道交通的车辆及各系统和设备的维保和检修综合性基地,并配套有办公和生活设施。车辆段一般地处郊区,其总占地面积约20~30hm^2,总建筑面积一般为70000~300000m^2,远期总定员约800~2000人。规划上盖物业开发物业建筑面积不等,规划总人数(含车辆段和物业开发)一般在1万人以下。

(2)在项目消防设计文件评审和消防报建过程中应明确车辆段及物业开发同一时间内的火灾次数。火灾次数的确定为水消防系统设计的基本原则和设计基础,直接关系系统的构成和工程投资,需在设计初期与消防部门进行充分沟通协调,取得明确意见。

车辆段和上盖物业同一时间宜按各一次火灾设计。即与车辆段生产检修、办公、生活配套密切相关的车辆段附属功能建筑按同一时间内一次火灾设计,上盖物业开发部分按另一次火灾考虑,物业消防单独设置消防水池和独立消防供水系统,便于车辆段的运营管理。

(3)相关设计规范对火灾次数的规定。

《建筑设计防火规范》(GB 50016—2006)中第8.2.2条"工厂、仓库、堆场、储罐(区)和民用建筑在同一时间内的火灾次数不应小于表8.2.2-1的规定"。规定详见表13-7。

工厂、仓库、堆场、储罐区和民用建筑在同一时间内的火灾次数　　　表13-7

名称	基地面积(hm^2)	附有居住区人数(万人)	同一时间内的火灾次数(次)	备　注
工厂	≤100	≤1.5	1	按需水量最大的一座建筑物(或堆场、储罐)计算
		>1.5	2	工厂、居住区各一次
	>100	不限	2	按需水量最大的两座建筑物(或堆场、储罐)之和计算

2)物业开发车辆段的特殊性及水消防设计注意事项

(1)车辆段和上盖物业开发消防给水系统应成两个独立系统,满足消防要求和便于运营管理。

(2)由于各专业管网错综复杂,一般有强电,弱电,给排水,空调,消防等专业管线和电缆桥架,管网需进行综合管线设计,避免因管线安装空间不足而影响车辆段的净高要求。

(3)车辆段占地面积大、建筑规模相对较大,应集中设置消防给水设施集中供水,减少设备和土建投资。

13.7 通风及防排烟系统

13.7.1 概述

上盖车辆段通风及防排烟系统根据其不同的建筑条件和规范规定,按盖下大空间场所、盖下单体、夹层汽车库、盖上建筑 4 类进行分别设计。

(1) 盖下大空间场所若按规范规定的 $60m^3/(h\cdot m^2)$ 排烟量设计,由于其面积巨大,计算排烟总量将达到每小时数百万立方米,在工程上较难实施,且设备数量较大、运营成本高、管理困难,因此在盖下大空间场所中采用性能化设计方法,对其防排烟系统设计进行优化。

(2) 盖下单体主要有物资总库、调机工程车库、综合维修车间、污水处理站、试车机具间等,其通风系统与消防排烟系统合并设置。

室内净高超过 6.0m,不划分防烟分区,排烟量按 $60m^3/(h\cdot m^2)$ 计算。

设置消防耐高温专用排烟风机,并在其吸风口、出风口处设平时开启,280℃时能自动关闭的排烟防火阀,排烟风机及烟气流经的辅助设备在 280℃时能连续工作 30min。

(3) 夹层汽车库按地下汽车库进行设计。

通风及防排烟系统按防火分区设置,其中靠近盖体边缘的非机动车库,利用靠盖边矮墙采用自然通风方式。机动车库全部采用机械通风(排烟),利用盖边矮墙及车库顶部补风井补风。车库平时机械通风系统采用每日车辆出入明显的高峰时段(早、中、晚)控制风机启停或控制风机低速运行的方式进行通风换气。火灾排烟时风机切换到高速工况运行。

(4) 盖上建筑主要有综合办公楼、综合维修中心、食堂公寓、培训中心及学员宿舍、公安分局、文体中心等,该类建筑均按照规范要求设置通风及防排烟系统。

1) 内走道排烟系统

根据《建筑设计防火规范》(GB 50016—2006)及《高层民用建筑设计防火规范》(GB 50045—1995),长度超过 20m 的内走道设置排烟设施。综合办公楼、培训中心、文体中心各层内走道超过 20m 且不满足自然排烟条件,设置机械排烟(自然补风)系统,排烟口距最远点的水平距离不超过 30m。

2) 房间排烟系统

综合办公楼三~六层共 4 间会议室面积超过 $100m^2$ 且不满足自然排烟条件,与内走道共用一套排烟系统,风机风量按最大防烟分区 $120m^3/(h\cdot m^2)$ 设置,通过排烟竖井上接风管至会议室,会议室内设置电动排烟风口。

文体中心篮球场、网球场、健身房、游泳池、多功能厅面积超过 $300m^2$ 且不满足自然排烟条件,设置机械排烟(自然补风)系统,由幕墙上建筑设置的外窗进行自然补风。

其余需设置排烟设施的房间均采用自然排烟的方式,可开启的外窗面积满足规范要求。

3) 中庭排烟

综合办公楼、培训中心、文体中心、公安分局建筑均设置有中庭,且高度均不超过 12m,采用自然排烟方式,根据《高层民用建筑设计防火规范》《建筑设计防火规范》,由建筑专业于外立面 1/2 高度上设置可开启的高侧窗,面积不小于中庭地面面积的 5%。

4)楼梯间及前室加压送风系统

综合办公楼两部防烟楼梯,楼梯满足自然排烟条件,前室不满足自然排烟条件,对前室设置机械加压送风系统,于土建竖井、或前室隔墙上设置电动加压送风口,前室与走道的隔墙上设置重锤式余压阀(25Pa),余压泄入走道。

文体中心一部防烟楼梯,楼梯间与前室均不满足自然排烟条件,设置机械加压送风系统,只对楼梯间送风,风机吊装于三层卫生间内,余压泄入前室。

13.7.2 防排烟系统性能化设计

盖下大空间场所采用性能化设计方法,对其防排烟系统设计进行优化。性能化设计方法在本章 13.3 节中已有详细说明,本节不再赘述。

经消防性能化评估,优化后的盖下大空间场所(运用库、检修主厂房、道岔区和道路区域)排烟量按照每小时换气次数 2 次计算,较规范规定的 $60m^3/(h·m^2)$ 大幅降低,在保证消防安全的前提下,大量节约了排烟系统投资及运行费用,同时也更加适应上盖车辆段节约用地资源,多功能化的特点。

13.7.3 通风及防排烟系统控制

通风及防排烟设备平时均采用就地控制方式。火灾时,就地开启排烟设备,同时联锁关闭一般通风空调设备。

也可由消防控制中心发出指令,系统由平时排风工况切换到排烟工况(排烟风机远程开启,双速风机强制高速运行),排除烟气,当烟气温度达到 280℃时,系统管路上的防火阀或排烟防火阀熔断关闭,联动风机停止运行。

盖下大空间场所按规范要求可不划分防烟分区。根据其面积较大,风机数量较多的特点,按照区域划分排烟单元,风机按照排烟单元实行分区域控制。当某个排烟单元发生火灾时,关闭其他区域排风机,开启着火单元的排烟风机进行排烟,当烟气蔓延到其他单元时,开启该单元的排烟风机进行排烟。

盖下设置有气体灭火系统的房间,按照气体灭火系统需要对通风空调系统进行控制。在该类系统的进风口、排风口处设置电动防烟防火阀,平时常开,进行日常通风;火灾时由气灭控制系统发出指令,电动关闭该房间的排风机及进风口、排风口处的电动防烟防火阀,封闭气灭区域,进行灭火。人员确认灭火过程完成后,就地手动打开该房间的排风机及电动防烟防火阀对灭火后的房间进行通风,排除室内有毒有害气体。

第14章
环境影响评价及环保措施

14.1 概述

14.2 1号线一期工程调整环境影响报告书相关内容

14.3 列车运行对上盖物业舒适度影响评价

14.4 车间起重机运行对上盖物业舒适度影响评价

14.1 概述

14.1.1 天童庄车辆段相关环境影响评价过程

1)建设规划阶段

2005年6月原宁波市轨道交通筹建办公室(现为宁波市轨道交通建设指挥部)委托宁波市环科院承担《宁波市城市快速轨道交通建设规划》的环境影响评价工作。2007年6月16日,原国家环保总局在宁波召开《宁波市城市快速轨道交通建设规划环境影响报告书》审查会,2007年9月原国家环境保护总局以环审〔2007〕364号文下达了《关于宁波市城市快速轨道交通建设规划环境影响报告书》的审查意见。2008年8月国家发展和改革委员会以发改投资〔2008〕1740号文批复了第一轮建设规划,批复规划年限调整为2008—2015年。

2)可行性研究阶段

2008年,中铁第四勘察设计院集团有限公司(以下简称"铁四院")以《宁波市轨道交通一号线一期工程可行性研究》(2007年10月版)为依据,编制完成了《宁波市轨道交通一号线一期工程环境影响报告书》,2008年2月,原国家环保总局以环审〔2008〕65号文批复了一号线一期工程环境影响报告书。

3)施工图阶段

宁波市轨道交通1号线一期工程在工程设计、施工阶段,由于工程局部调整,将可能引起噪声、振动、电磁等对环境影响的变化,以及环保措施的局部调整。为此,宁波市轨道交通工程建设指挥部委托铁四院开展宁波市轨道交通1号线一期工程调整环境影响评价工作,《宁波市轨道交通1号线一期工程调整环境影响报告书》于2013年6月编制完成。

其中调整内容包含天童庄车辆综合基地布局调整:出入段线因1号线二期的引入进行了调整,并将试车线调整到环境不敏感的南侧。

与此同时,为了天童庄车辆段上盖物业开发需要,委托武汉理工大学土木工程与建筑学院开展了天童庄车辆段上盖物业舒适度评价工作,并于2011年8月完成了《宁波地铁车辆段上盖物业舒适度评价报告》。

14.1.2 环境影响评价报告相关审批意见

1)建设规划阶段

2007年6月原国家环保总局在宁波召开《宁波市城市快速轨道交通建设规划环境影响报告书》审查会,于2007年9月下发了审查意见。有关天童庄车辆段的意见如下:

"第四条 报告书提出的预防或减轻不良环境影响的对策和措施基本可行。在规划实施过程中应重点做好以下工作:

（一）车辆段用地范围根据规模大小以及所承担的检修工作量合理确定。

（五）严格控制拟建场站的用地规模，部分建构筑物可采用半地下形式，减轻对城市生态和景观的影响。

（六）强化车辆段污水处理及中水回用等措施的环境合理性论证。"

2）可行性研究阶段

《宁波市轨道交通一号线一期工程环境影响报告书》由铁四院于2008年1月编制完成，原国家环保总局以环审〔2008〕65号《关于宁波市轨道交通一号线一期工程环境影响报告书的批复》批复了报告书，有关天童庄车辆段的意见如下：

"第二条（二）对高架线、地面线及停车场附近的田阳村、高桥村、半路庵等敏感点设置声屏障、隔声通风窗及加高围墙等措施，确保达到相应的声功能区标准。配合地方人民政府合理规划沿线土地的使用，禁止在线路两侧新建学校、医院、住宅等噪声敏感建筑物。"

3）施工图阶段

环保部2014年3月以环审〔2014〕29号《关于宁波市轨道交通一号线一期工程调整环境影响报告书的批复》批复了报告书，批复中关于天童庄车辆段的具体内容仅以下条文：

"二、项目建设和运营管理中应重点做好以下工作：

（四）严格落实水环境保护措施。运营期车站、停车场、车辆段等产生的污水经预处理满足相应市政污水处理厂接管标准后，排入市政污水处理厂进行处理。"

14.2　1号线一期工程调整环境影响报告书相关内容

天童庄车辆段按上盖物业开发设计，相较普通地铁车辆段，对环境影响的主要变化是增加了车辆段列车运行和检修作业产生的噪声和振动对盖上物业的环境影响。其他如水环境、大气环境、电磁环境、固体废弃物等的影响与普通车辆段基本相同。

14.2.1　车辆段及停车场的振动和结构二次噪声类比调查

工程调整后，石路头停车场及天童庄车辆基地为集约用地，考虑预留物业上盖开发。

轨道交通列车在轨道上运行时，由于轮轨间相互作用产生撞击振动、滑动振动和滚动振动，经轨枕、道床传递至盖下平台台柱，再传递至上盖物业的柱和梁，从而引起平台上面建筑物的振动。轨道交通振动的产生和传播是一个异常复杂的过程，它与列车的构造、性能和行车速度、轨道及上盖物业的梁、柱平面布置等许多因素有关。本次振动预测评价主要采用类比调查与测试相结合的方法，结合工程实际和环境特征，用分析、类比、计算调查的方法进行预测。

1）类比测试点选址

本次评价选择国内某车辆段上盖物业开发作为类比监测点。

该车辆段占地面积29.4hm^2，大平台主体结构东西长1291m，南北宽226m。大平台为两层纯框架结构，结构柱网以11m×7.2m，柱断面以1m×1m为主。大平台首层层高7.5m，为车辆段层，提供地铁车辆停车列检、维修、洗刷保养等服务；大平台二层层高4.1m，为设备管道层，平台住宅区的变电所、水泵房、热力站、机动车停车场、各种管理用房和设备管道均设置在该层。

上盖住宅小区位于距地面约 11.6m 的二层平台上,总建筑面积 54.6 万 m²,是以六层(高度 17.1m)、九层(高度 25.7m)为主的经济适用住宅小区。上盖住宅楼实景见图 14-1。

a)

b)

c)

d)

图 14-1　类比车辆段上盖住宅楼实景照片

天童庄车辆段与该车辆段的轨道形式和车辆类型等多个边界条件进行对照,见表 14-1。由表可见,将该车辆段作为类比对象,具有较好的可比性。

本工程与类比对象边界条件对照表　　　　表 14-1

序号	项目	类比车辆段	宁波天童庄车辆段	类比条件的可比性
1	车辆类型	B 型车	B 型车	车辆类型相同
2	车辆轴重	≤ 14t	≤ 14t	车辆轴重相同
3	编组	6 节	6 节	车辆编组相同
4	轨道类型	有砟轨道(库内为无砟轨道)轨重: 试车线:60kg/m; 段内线:50kg/m	有砟轨道(库内为无砟轨道)轨重: 试车线:60kg/m; 段内线:50kg/m	轨道类型相同
5	列车运行速度	试车线最高速度 80km/h; 段内线速度 20 km/h	试车线最高速度 80km/h; 段内线速度 20km/h	列车速度相近
6	有无减振措施	无	拟采取减振措施	

2)类比测试方法
(1)监测执行的标准和规范
振动及二次结构噪声的监测执行《城市区域环境振动测量方法》(GB 10071—1988)、《城市轨道交通引起建筑物振动与二次辐射噪声限值及其测量方法标准》(JGJ/T 170—2009)。
(2)测量仪器
振动测量采用丹麦 B&K 3050-B-060 型振动与噪声测试系统和丹麦 B&K 4507-B-005

型振动传感器(灵敏度:100V/ms^{-2};频率范围:0.4～6000Hz;量程:70ms^{-2})、B&K 4189-A-021型噪声传感器(灵敏度:50mV/Pa;频率范围:6.3～20kHz;量程:14.6～146dB),仪器性能符合ISO/DP 8041—1984条款的规定。所有参加测量的仪器在使用前均在每年一度的计量检定中由计量检定部门鉴定合格。

(3)测量时间及频次

类比监测每个测点监测通过列车上、下行各不少于5列。

(4)评价量及测量方法

轨道交通引起建筑室外振动影响评价量为VL_{z10}值,室内振动评价量为分频振动VL_{zmax}值,以上、下行各5趟列车最大分频振级的算术平均值作为评价量。室内二次结构噪声的测量与振动测量同步进行,记录每次列车通过时段等效声级,以昼、夜间高峰时段1h内列车通过等效声级作为预测评价量。

(5)测点布置

车辆段出入库线上盖物业类比测试:测点位于车辆段内出入库线咽喉区前,列车运行速度约20km/h,碎石道床,混凝土轨枕。类比测试同时选择了车辆段内测点正上方平台及住宅楼一层室内外进行了测试。

正线区间上盖物业类比测试:列车运行速度约50～60km/h。测点位于上盖住宅楼一、四、八层。

3)上盖物业类比监测结果及分析

(1)出入库线振动类比结果分析

车辆段出入库线由于列车运行速度较低(15～20km/h),上盖住宅楼室外振动VL_{zmax}值为68.3dB,VL_{z10}值为65.3dB,能满足《城市区域环境振动标准》(GB 10070—1988)规定之昼间75dB、夜间72dB标准要求;室内振动VL_{zmax}值为66.1dB,室内分频振动VL_{zmax}值为62.9dB,结构声为36.5dB(A),均满足《城市轨道交通引起建筑物振动与二次辐射噪声限值及其测量方法标准》(JGJ/T 170—2009)相关标准要求。

(2)正线区间振动类比结果分析

正线区间上盖住宅楼室外振动VL_{zmax}值为76.8dB,VL_{z10}值为73.8dB,昼间环境振动达标,夜间超过《城市区域环境振动标准》(GB 10070—1988)规定值1.8dB。

正线区间上盖住宅楼一层室内5列车振动最大值算术平均值监测结果见表14-2。

上盖住宅楼一层室内振动监测结果　　表14-2

1/3倍频程中心频率(Hz)	4	5	6.3	8	10	12.5	16	20	25
分频振动VL_{max}值(dB)	40.9	42.6	41.8	50.1	51.6	59.1	61.9	62.7	68.1
计权因子(dB)	0	0	0	0	0	-1	-2	-4	-6
Z计权因子修正后分频振动VL_{zmax}值(dB)	40.9	42.6	41.8	50.1	51.6	58.1	59.9	58.7	62.1
1/3倍频程中心频率(Hz)	31.5	40	50	63	80	100	125	160	200
分频振动VL_{max}值(dB)	79.8	80.5	79.3	79.6	73.5	70.7	64.2	62.8	61.3
计权因子(dB)	-8	-10	-12	-14	-17	-21	-25	-30	-36
Z计权因子修正后分频振动VL_{zmax}值(dB)	71.8	70.5	67.3	65.6	56.5	49.7	39.2	32.8	25.3

由类比监测结果可知,正线区间由于列车运行速度高,列车引起的振动较大,Z 计权因子修正后分频振动 VL_{zmax} 值为 71.8dB,对照《城市轨道交通引起建筑物振动与二次辐射噪声限值及其测量方法标准》(JGJ/T 170—2009)之昼间 70dB、夜间 67dB 的标准限值,正线正上方上盖住宅楼室内昼间超标 1.8dB、夜间超标 4.8dB。

正线区间上盖住宅楼一层列车通过时室内 1/3 倍频程中心频率 A 声级值监测结果见表 14-3。

室内 1/3 倍频程中心频率 A 声级值监测结果　　　表 14-3

1/3 倍频程中心频率(Hz)	16	20	25	31.5	40	50	63	80	100	125	160	200
室内 A 声级	-12.1	-5.7	5.8	11.9	35.6	36.9	28	25.7	28.1	28.1	31.9	32.4

测量时段内 5 列车通过时上盖住宅楼一层室内等效 A 声压级为 41.6dB(A),对照《城市轨道交通引起建筑物振动与二次辐射噪声限值及其测量方法标准》(JGJ/T 170—2009)之昼间 41dB、夜间 38dB 的标准限值,正线正上方上盖住宅楼室内昼间超标 0.6dB、夜间超标 3.6dB。

根据对车辆段上盖物业住宅小区居民的调查,正线正上方小区居民振感较强,出入库线列车通过时则感觉轻微,与振动类比监测结果一致。

由类比监测结果可知,正线正上方上盖住宅楼随着楼层的增加振动逐渐降低,因此本工程住宅楼层较高楼层振动低于较低楼层。

14.2.2　车辆段、停车场振动及二次结构噪声影响分析

天童庄车辆段预留上盖物业开发,开发区域拟位于运用库上方以及试车线上方。

(1)根据类比分析得出,天童庄车辆段运用库的上盖物业由于列车速度低,优于出入库线正上方的类比监测条件,上盖住宅楼室外振动预测 VL_{zmax} 值小于 68.3dB,VL_{z10} 值小于 65.3dB,能满足《城市区域环境振动标准》(GB 10070—1988)之昼间 75dB、夜间 72dB 标准要求;室内振动 VL_{zmax} 值小于 66.1dB,室内分频振动 VL_{zmax} 值小于 62.9dB,二次结构噪声小于 36.5dB(A),均满足《城市轨道交通引起建筑物振动与二次辐射噪声限值及其测量方法标准》(JGJ/T 170—2009)相关标准要求。

(2)试车线上盖住宅楼其振动影响主要由试车线控制。可类比正线区间的情况,但试车线最大试车速度 80km/h,类比测试区间列车速度约 50～60km/h,需考虑速度修正。本次按最不利因素,将类比速度取为 50km/h,试车线以最高 80km/h 速度运营时,上盖建筑一楼室外振动 VL_{zmax} 值为 80.9dB,VL_{z10} 值为 77.9dB,对照《城市区域环境振动标准》(GB 10070—1988),室外振动昼间超标 2.9dB,夜间超标 5.9dB。

上盖建筑一层室内 Z 计权因子修正后分频振动 VL_{zmax} 值为 75.9dB,对照《城市轨道交通引起建筑物振动与二次辐射噪声限值及其测量方法标准》(JGJ/T 170—2009)之昼间 70dB、夜间 67dB 的标准限值,上盖建筑室内昼间超标 5.9dB、夜间超标 8.9dB。

室内结构噪声等效声压级为 45.7dB(A),对照《城市轨道交通引起建筑物振动与二次辐射噪声限值及其测量方法标准》(JGJ/T 170—2009)之昼间 41dB、夜间 38dB 的标准限值,上盖建筑室内昼间超标 4.7dB、夜间超标 7.7dB。

14.2.3　车辆段、停车场振动及二次结构噪声治理

为避免轨道交通对车辆段、停车场后期上盖物业开发的振动影响,业主委托武汉理工大学联合开展了《宁波市轨道交通 1 号线车辆段与综合基地上盖物业舒适度评价》,专题研究报告中提出了如下减振措施方案:试车线、出入段线碎石道床下铺设弹性道砟垫,并在临近试车线、出入段线的柱下承台周围设置 500mm 宽、3～4m 深的隔振沟。该专题研究对上述两种减振措施的效果取值为:减振道床垫可减振 10dB,设置隔振沟可减振 5dB,措施后敏感建筑振动及二次结构声能达到相关标准要求。

本次评价参照成都—都江堰市域快速铁路工程中橡胶浮置板减振效果测试报告,对地面测点的减振效果为 8.6dB;其分频减振效果及本工程采取减振道床垫减振措施后预测值见表 14-4。

减振道床垫减振效果及本工程敏感建筑振动预测结果表　　　　表 14-4

1/3 倍频程中心频率(Hz)	4	5	6.3	8	10	12.5	16	20	25
Z 计权因子修正后分频振动 VL_{zmax} 值(dB)	40.9	42.6	41.8	50.1	51.6	58.1	59.9	58.7	62.1
橡胶浮置板减振效果(dB)	-6.2	-7.1	-1.8	4.8	-1.2	7.2	3.7	-1.2	-10.3
措施后分频振动 VL_{zmax} 值	34.7	35.5	40.0	54.9	50.4	65.3	63.6	57.5	51.9
1/3 倍频程中心频率(Hz)	31.5	40	50	63	80	100	125	160	200
Z 计权因子修正后分频振动 VL_{zmax} 值	71.8	70.5	67.3	65.6	56.5	49.7	39.2	32.8	25.3
橡胶浮置板减振效果(dB)	-8.1	-7.9	-4.2	-5.5	-7.6	—	—	—	—
措施后分频振动 VL_{zmax} 值	63.7	62.6	63.1	60.2	48.9	49.7	39.2	32.8	25.3

通过以上分析,本工程采取减振道床垫措施后,试车线上盖住宅楼 1 层室外振动 VL_{zmax} 值为 72.3dB,VL_{z10} 值为 69.3dB,对照《城市区域环境振动标准》(GB 10070—1988)昼间 75dB、夜间 72dB 限值,措施后室外振动昼、夜间环境振动均可达标。

上盖建筑一层室内 Z 计权因子修正后分频振动 VL_{zmax} 值为 69.4dB,对照《城市轨道交通引起建筑物振动与二次辐射噪声限值及其测量方法标准》(JGJ/T 170—2009)之昼间 70dB、夜间 67dB 的标准限值,上盖建筑室内振动昼间达标、夜间超标 2.4dB。

措施后室内结构声采用《环境影响评价技术导则 城市轨道交通》(HJ 453—2008)预测模型如下:

$$L_{p,i}(f) = VL_i(f) - 20\lg(f_i) + 37 \quad (14\text{-}1)$$

$$L_p = 10\lg\sum_{i=1}^{n} 10^{0.1[L_{p,i}(f)+C_{f,i}]} \quad (14\text{-}2)$$

式中:L_p——建筑物内的 A 计权声压级 [dB(A)];
$L_{p,i}(f)$——未计权的建筑物内的声压级(dB);
$VL_i(f)$——与频率相对应的建筑物内的振动加速度级(dB);
$C_{f,i}$——第 i 个频带的 A 计权修正值(dB);
f——1/3 倍频带中心频率(Hz),取值 16～200Hz;
n——1/3 倍频带数。

采用以上预测公式,并参照类比实测值,措施后室内结构噪声等效声压级为 39.7dB(A),对照《城市轨道交通引起建筑物振动与二次辐射噪声限值及其测量方法标准》(JGJ/T 170—2009)之昼间 41dB、夜间 38dB 的标准限值,上盖建筑室内昼间达标、夜间超标 1.7dB。

评价建议夜间不安排试车。措施后,试车线上盖物业的昼间室内振动及昼间二次结构噪声均可满足标准要求,夜间不安排试车,上盖物业将不受影响,并可考虑将试车线上方物业作为轨道交通职工公寓使用。

由于车辆段、停车场上盖建筑的振动和结构噪声防护受物业开发模式、建筑结构类型、线路运行速度等多种条件综合影响,影响模式复杂,评价建议在后续实施过程中宜在前期研究成果的基础上,结合项目实施内容,进一步开展深化的专题研究。

14.3 列车运行对上盖物业舒适度影响评价

14.3.1 研究背景

天童庄车辆段上盖物业开发范围包括咽喉区、运用库、检修库、物资总库等建筑上盖及周边零星地块。结构设计为下部二层框架(一层为车辆段层,提供地铁车辆停车列检和维修等服务,二层为设备管道层及车库)上部多栋塔楼(规划为居住小区)的结构形式。由于车辆段层来往车辆频繁,列车运行将对轨道产生一定的振动激励,该激励经由道床、立柱及平台这样一个途径传播至平台上方居住小区,引起振动。且由于立柱和平台材料均为钢筋混凝土结构,其刚性连接有利于振动的传播。尽管地铁列车引起的振动还不足以使结构出现安全性问题,但是常常会给结构中的居住者带来不适感,导致居住者出现紧张甚至恐慌心理,降低工作环境质量,影响工作效率,从而降低结构的适用性能。

由于地铁上盖物业出现和发展的历史较短,实际工程并不多,因此在这方面的研究还较少,有许多关键性的问题亟待解决,主要包括:

(1)地铁上盖物业直接位于地铁线路之上,列车诱发的振动由于没有经过土层的过滤,高频成分直接传入上部结构,且在传播途径上由于立柱和平台材料均为钢筋混凝土结构,其刚性连接有利于振动的传播,因此,地铁引起的振动问题将更为突出。

(2)目前的环境振动影响评价标准只针对受振动影响的区域,至于在满足要求的区域内建设房屋是否满足振动舒适度的要求并未涉及,关于地铁上盖物业振动舒适度方面的研究报道也并不多见。

(3)地铁上盖物业直接位于地铁线路之上,受其特殊性的影响,目前常用的振动控制措施(如隔振沟等)的研究成果无法借鉴,需要针对这一特殊的结构形式,通过理论分析和数值计算,研究振动在该种结构中的传播途径和规律,提出合理可行的减振措施。

因此,如果能在设计时对车辆段平台上建筑物的振动舒适度做出准确的预测和评价,对于及时采取合理的结构形式和有效的减振措施以提高平台上建筑物的适用性具有重要的理论意义和实用价值。

武汉理工大学课题组结合天童庄车辆段的工程实际和设计方的要求,开展地铁上盖物业的振动舒适度研究。采用大型通用有限元分析软件 ANSYS,选取宁波地铁天童庄车辆段的几个典型区段，建立地铁车辆段大平台结构—上部住宅有限元模型，采用一致激励法输入某地铁车辆段入库列车引起地面振动的实测加速度，计算采取减振措施前后上盖住宅各楼层的振动加速度，基于 ISO 10137：2007（Bases for design of structures-Serviceability of buildings and walkways against vibrations）和 BS 6472-1：2008（Guide to evaluation of human exposure to vibration in buildings-Part 1：Vibration sources other than blasting）对减振前后的计算结果进行舒适度评价，为设计方确定优化的设计方案提供依据。

14.3.2　结构特征及研究样本选择

车辆段顶板以上为多高层住宅区建筑及景观绿地。车辆段顶板 1133m×290m 大平台连成整体，作为上部物业的多组团的大底盘，并通过抗震缝兼伸缩缝划分为若干个独立区块。其中厂前区办公、维修中心等建筑均在 14.0m 高程进行梁式转换；运用库住宅及公寓部分物业因有汽车库夹层，且其净高要求不能小于 2.2m，故均在 9.5m 高程进行梁式转换。

根据抗震伸缩缝的划分，车辆段顶板分为 A、B、C、D、E 共 5 个大区块，每个区块又根据结构变形的要求分为若干个小区段，每个小区段上建有一到两栋多高层框架结构建筑，形成带转换大底盘多塔的结构形式。

其中，A 区块、B 区块和 D 区块的区段图及其上盖建筑平面布置分别如图 14-2~图 14-4 所示。

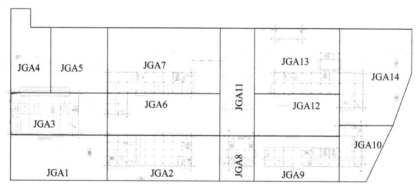

图 14-2　A 区结构分区及建筑平面布置图

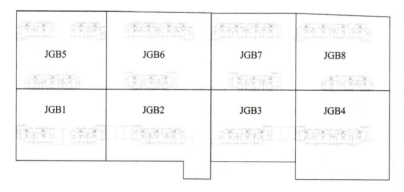

图 14-3　B 区结构分区及建筑平面布置图

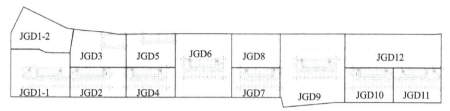

图 14-4　D 区结构分区及建筑平面布置图

本项目选取 A 区块的两个区段，B 区块的三个区段和 D 区块的一个区段，进行列车激励下上盖住宅的动力响应计算和舒适度评价。

（1）A 区块为上盖功能配套区，建有公安分局、培训中心及学员宿舍、食堂及公寓、综合楼（车辆段、运营公司）、综合维修中心等 5 栋建筑。考虑到培训中心及学员宿舍、食堂及公寓都有居住者，对舒适度的要求相对较高，故选取这两栋建筑所在的区段——JGA2 和 JGA7。

（2）B 区块为上盖住宅区，建有 14 栋 11 层住宅，户型基本相似，选取建筑平面较典型的三栋住宅楼所在的区段——JGB1、JGB3 和 JGB8，每个区段上只考虑一栋房屋，这是由于列车引起的振动在相邻住宅楼之间的影响较小。

（3）D 区块为上盖宿舍区，建有 8 栋 11 层宿舍，建筑平面相似，故仅选取一个区段——JGD2。

考虑到试车线上列车高速运行时轮轨振动引发的振动对盖上物业居住人群的影响，设计方根据对盖下环境劣化因素的分析，并参考国内既有车辆段的处理情况，决定在试车线全长范围内的碎石道床下铺设弹性道砟胶垫，并在试车线旁的柱下承台周围设置 500mm 宽的粗砂隔振沟，见图 14-5、图 14-6。

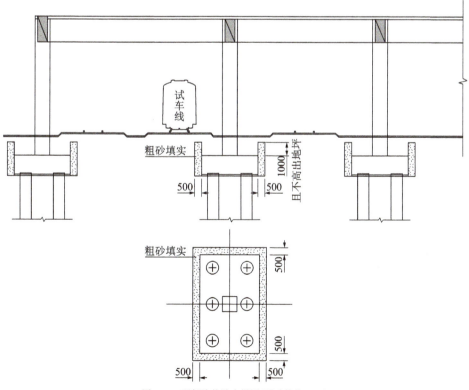

图 14-5　隔振沟构造大样图（尺寸单位：mm）

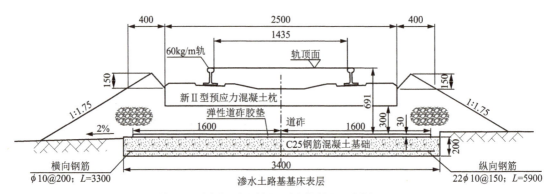

图 14-6 试车线混凝土枕碎石道床构造图(尺寸单位:mm)

14.3.3 列车运行振动加速度时程及频谱

由于天童庄上盖物业为拟建项目,缺乏实测的柱底加速度资料,考虑到地质情况的复杂性及土体相关计算参数的取值难以确定,同时考虑到建立列车—土体模型可能带来的计算代价,故选取实测的国内某车辆段实测入库列车引起地面振动的加速度时程作为模型的输入加速度。加速度输入时程及其频谱见图 14-7～图 14-9。

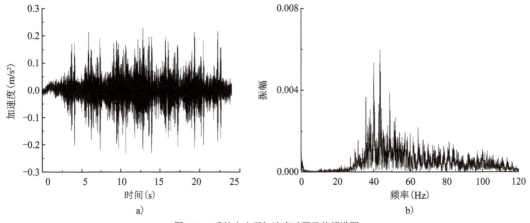

图 14-7 垂轨向水平加速度时程及其频谱图

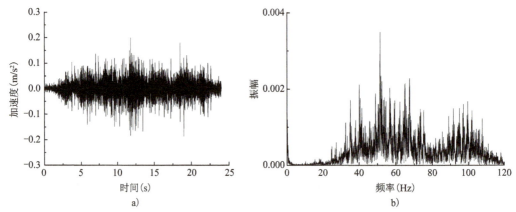

图 14-8 顺轨向水平加速度时程及其频谱图

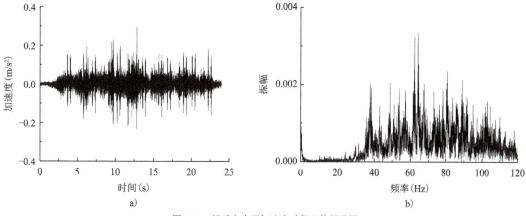

图 14-9 铅垂向水平加速度时程及其频谱图

由图中可以看出,列车环境激励的主要频率集中在 30 ~ 120Hz。

设置减振道床垫可减振 10 ~ 15dB,设置隔振沟可减振 5 ~ 10dB。由于缺乏实测资料,两种减振措施对各频段的减振效果未知。本项目不考虑减振措施对水平向及各频段的减振影响,取减振道床垫的减振效果为 10dB,隔振沟的减振效果为 5dB,对实测的加速度时程进行同一系数的折减。

折减系数 k 的计算方法如下:

$$20\lg\left(\frac{a}{a_0}\right)-(10+5)=20\lg\left(\frac{ka}{a_0}\right) \quad (14-3)$$

$$20\lg\left(\frac{a}{a_0}\right)-15=20\lg\left(\frac{a}{a_0}\right)+20\lg k \quad (14-4)$$

$$-15=20\lg k \quad (14-5)$$

$$k=10^{-\frac{15}{20}}=0.1778 \quad (14-6)$$

14.3.4 评价标准

本项目舒适度评价执行《ISO 10137—2007:Bases for design of structures—Serviceability of buildings and walkways against vibrations》和《BS 6472-1:2008:Guide to evaluation of human exposure to vibration in buildings –Part 1:Vibration sources other than blasting》,评价量及标准限值见表 14-5。

振动舒适度评价执行标准 表 14-5

评价标准	评价量		标准限值		备注
			住宅	办公楼	
ISO 10137	计权均方根加速度 (m/s^2)	铅垂向	0.01	0.02	(1)频率范围:1 ~ 80Hz; (2)W_k 和 W_d 计权; (3)当波峰因数大于 6 时,应同时评价振动剂量
		水平向	0.0072	0.0144	
		三向合成	0.0072	0.0144	
	振动剂量 $(m/s^{1.75})$	(1)0.2 ~ 0.4,不舒适的可能性较小; (2)0.4 ~ 0.8,有可能不舒适; (3)0.8 ~ 1.6,很有可能不舒适			

续上表

评价标准	评价量	标准限值	备注
BS 6472-1	振动剂量 $(m/s^{1.75})$	(1) $0.2\sim0.4$,不舒适的可能性较小； (2) $0.4\sim0.8$,有可能不舒适； (3) $0.8\sim1.6$,很有可能不舒适	(1) 频率范围：$0.5\sim80Hz$； (2) W_b 和 W_d 计权

附：(1) 计权均方根加速度应按下式或其频域的等价式计算。

$$a_w = \left[\frac{1}{T}\int_0^T a_w^2(t)\mathrm{d}t\right]^{\frac{1}{2}} \quad (14\text{-}7)$$

式中：$a_w(t)$——瞬时频率计权加速度；
　　　T——测量时间长度。

频域等价式为：

$$a_{we} = \left[\sum_{j=1}^n (W_j \cdot a_j)^2\right]^{\frac{1}{2}} \quad (14\text{-}8)$$

式中：W_j——第 j 个 1/3 倍频带的计权系数；
　　　a_j——第 j 个 1/3 倍频带的加速度均方根值（m/s^2）。

(2) 波峰因数：频率计权加速度的最大瞬时峰值与其均方根值的比的模。

(3) 当波峰因数大于 6 时，应采用四次方振动剂量值（VDV）作为评价指标。

$$VDV = \left\{\int_0^T [a_w(t)]^4 \mathrm{d}t\right\}^{\frac{1}{4}} \quad (14\text{-}9)$$

式中：$a_w(t)$——瞬时频率计权加速度；
　　　T——测量时间长度。

(4) 对于多方向的合成振动，其正交坐标系下计权均方根加速度的振动总量可表示为：

$$a_v = \left(k_x^2 a_{wx}^2 + k_y^2 a_{wy}^2 + k_z^2 a_{wz}^2\right)^{\frac{1}{2}} \quad (14\text{-}10)$$

式中：a_{wx}、a_{wy}、a_{wz}——分别相应于正交坐标轴 x、y、z 上的计权均方根加速度；
　　　k_x、k_y、k_z——方向因数。

提取各考察点在采取减振措施前后的加速度，按上述公式计算各楼层的最大计权均方根加速度、最大波峰因数和最大振动剂量，分别按 ISO 10137 和 BS 6472-1 评价，结果如下。

14.3.5　评价结果

本节仅纳入 JGA2 区的评价内容。

1) ISO 10137 评价

(1) 减振前评价结果

计算各楼层减振前的最大计权均方根加速度，与 ISO 10137 中的标准限值比较，结果见表 14-6。

减振前的计权均方根加速度评价结果（m/s²）　　　　　表 14-6

考察点	顺轨水平向	标准值	超标量(%)	考察点	垂轨水平向	标准值	超标量(%)
一层	0.00146	0.0144	—	一层	0.00256	0.0144	—
二层	0.00157	0.0144	—	二层	0.00281	0.0144	—
三层	0.00164	0.0072	—	三层	0.00295	0.0072	—
四层	0.00166	0.0072	—	四层	0.00283	0.0072	—
考察点	铅垂向	标准值	超标量(%)	考察点	三向合成	标准值	超标量(%)
一层	0.00666	0.02	—	一层	0.00727	0.0144	—
二层	0.00916	0.02	—	二层	0.00970	0.0144	—
三层	0.00825	0.01	—	三层	0.00885	0.0072	22.92
四层	0.01078	0.01	7.76	四层	0.01125	0.0072	56.32

可以看出，随楼层的上升，顺轨水平向的最大计权均方根逐渐增大，其他各方向的最大计权均方根加速度表现出蜿蜒曲折的形状；两水平向的计权均方根加速度均未超过标准限值，四层铅垂向的计权均方根加速度超过标准限值，超标量为 7.76%，三层和四层三向合成的计权均方根加速度超过标准限值，超标量在 22.92% ~ 56.32%。

计算各楼层的最大波峰因数，结果见表 14-7。

减振前的波峰因数计算结果　　　　　表 14-7

楼层	一	二	三	四
x	4.90	4.84	4.74	4.65
y	4.43	4.18	4.14	4.08
z	6.39	6.64	6.93	6.96

可以看出，除铅垂向向外，其他两方向的波峰因数均小于 6，不需附加评价这两个方向的振动剂量。

铅垂向的振动剂量计算结果见表 14-8。可以看出，铅垂向的振动剂量都在 0.2 ~ 0.4，住户感觉不舒适的可能性较小。

减振前铅垂向的振动剂量计算结果　　　　　表 14-8

楼层	一	二	三	四
振动剂量(m/s$^{1.75}$)	0.022	0.030	0.027	0.036

综上所述，采取减振措施前，用 ISO 10137 评价时，第三、四层的住户会感觉到不舒适。

（2）减振后评价结果

计算各楼层减振后的最大计权均方根加速度，与 ISO 10137 中的标准限值比较，结果见表 14-9。

减振后的计权均方根加速度评价结果（m/s²）　　　　　表 14-9

考察点	顺轨水平向	标准值	超标量(%)	考察点	垂轨水平向	标准值	超标量(%)
一层	0.00146	0.0144	—	一层	0.00256	0.0144	—
二层	0.00157	0.0144	—	二层	0.00281	0.0144	—
三层	0.00164	0.0072	—	三层	0.00295	0.0072	—
四层	0.00166	0.0072	—	四层	0.00283	0.0072	—
考察点	铅垂向	标准值	超标量(%)	考察点	三向合成	标准值	超标量(%)
一层	0.00172	0.02	—	一层	0.00338	0.0144	—
二层	0.00196	0.02	—	二层	0.00371	0.0144	—
三层	0.00248	0.01	—	三层	0.00404	0.0072	—
四层	0.00264	0.01	—	四层	0.00420	0.0072	—

可以看出，随楼层的上升，各方向的最大计权均方根加速度表现出逐渐增大的趋势；采取减振措施后，各方向的最大计权均方根均未超标，减振效果明显。

计算各楼层的最大波峰因数，结果见表 14-10。

减振后的波峰因数计算结果　　　　　表 14-10

楼层	一	二	三	四
x	4.89	4.76	4.67	4.60
y	4.42	4.19	4.10	4.05
z	6.35	6.59	6.89	6.92

可以看出，第一、三、四层铅垂向的波峰因数均大于 6，需附加评价该方向的振动剂量。铅垂向的振动剂量计算结果见表 14-11。

减振后铅垂向的振动剂量计算结果　　　　　表 14-11

楼层	一	二	三	四
振动剂量($m/s^{1.75}$)	0.006	0.008	0.008	0.006

可以看出，采取减振措施后，铅垂向的振动剂量远小于 0.2，住户不会感觉不舒适，说明减振效果明显。

2）BS 6472-1 评价

（1）减振前评价结果

计算各楼层减振前各方向的最大振动剂量，结果见表 14-12。

减振前的振动剂量计算结果（$m/s^{1.75}$）　　　　　表 14-12

楼层	一	二	三	四
x	0.005	0.006	0.006	0.006
y	0.009	0.010	0.010	0.011
z	0.027	0.037	0.033	0.045

可以看出，两水平向的振动剂量均小于 0.2，第一～三层铅垂向的振动剂量在 0.2～0.4，第四层铅垂向的振动剂量在 0.4～0.8，说明第四层的住户可能会感觉不舒适。

（2）减振后的评价结果

计算各楼层减振后各方向的最大振动剂量，结果见表 14-13。

减振后的振动剂量计算结果（m/s$^{1.75}$）　　　　　表 14-13

楼层	一	二	三	四
x	0.005	0.005	0.006	0.006
y	0.009	0.010	0.010	0.011
z	0.007	0.008	0.009	0.010

可以看出，与减振前相似，两水平向的振动剂量均小于 0.2，而铅垂向的振动剂量在采取减振措施后也小于 0.2，住户不会感觉不舒适，说明减振效果明显。

14.3.6　舒适度评价结论及建议

安全性、耐久性和适用性是工程结构可靠度理论研究的三大主题。

振动舒适度作为结构适用性研究的一个重要内容，随着社会经济的不断发展和人民生活水平的日益提高越来越受到重视。本项目把研究重点放在目前结构工程中较少研究的适用性问题上，以拟建的宁波地铁天童庄车辆段上盖物业为工程背景，采用大型通用有限元分析软件 ANSYS，选取天童庄车辆段的典型结构区段，建立整体有限元模型，采用一致激励法输入减振前后的地面振动加速度，对上部各楼层进行列车激励下的动力响应计算和舒适度评价，得出了以下结论：

（1）随楼层的上升，水平向的加速度会逐渐增大，而铅垂向加速度会逐渐减小，在顶层有所增大。

（2）采取减振措施前，三向合成的计权均方根加速度以及铅垂向的振动剂量均超过标准限值，住户可能会感觉不舒适。

（3）采取减振措施后，计权均方根加速度以及振动剂量均未超过标准限值，住户不会感觉不舒适。

（4）用 ISO 10137 和 BS 6472-1 两种标准的评价结果一致。

由此可以看出，选取的六个区段的上盖建筑在减振前均不满足舒适度要求，设置减振道床垫和隔振沟后，舒适度满足了要求，说明采取这两种减振措施是必要和有效的。

14.4　车间起重机运行对上盖物业舒适度影响评价

14.4.1　研究背景

地铁车辆段内，引起上部结构振动的主要原因是列车和起重机的运行，列车引起的振动问题参见 14.3 节。

通过对某钢铁物流基地的测试结果进行分析表明，起重机运行引起的振动与列车运行引起的振动有着明显的差异。因此，本节重点研究此类结构在起重机荷载作用下的振动舒适度和结构噪声问题。地铁车辆段内设有检修库，检修库内设有起重机，起重机运行时，振动通过牛腿、立柱及平台直接传到上方的建筑物内，引起振动进而诱发二次结构噪声，让居住者感觉不舒适，如图 14-10 和图 14-11 所示。

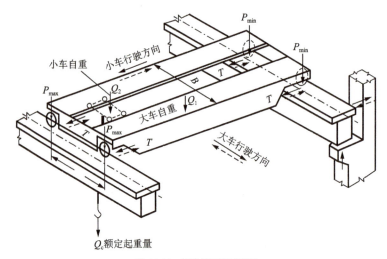

图 14-10　起重机运行示意图

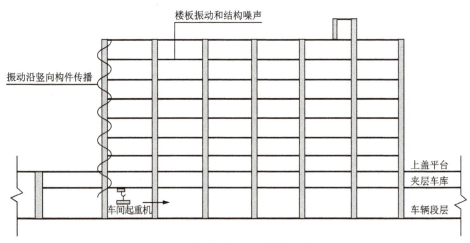

图 14-11　起重机引起的建筑物振动示意图

列车振源与起重机振源特性对比见表 14-14。

列车振源特性与起重机振源特性对比　　　表 14-14

振　源	运行特点	振动特点
列车	高速—正常运行时引起的振动较大	竖向振动较大
起重机	低速—起动和制动时对振动的影响不可忽略	垂轨水平较大

列车运行引起的环境振动主要是以竖向振动为主,列车运行时由于本身的动力作用和轮轨接触动荷载,使车辆和轨道结构发生振动,轨道的不平顺和轨道接头处的不连续则是引起振动主要原因。

起重机与之不同,当大车沿仓库纵向行驶时,起重机运行速度相对列车来说较慢,由于轨道不完全平直,起重机本身运作不平稳导致车轮与轨道间产生冲击与摩擦,会产生大小方向随时间变化的横向水平力;而且大车上有小车,小车上吊有重物,会产生一个横向的惯性力;另外,由于起重机运行时竖向力是作用在牛腿上,因其偏心会产生附加弯矩,基于以上三个方面可知起重机运行产生的水平向激励是振源激励主要来源,即起重机运行产生的水平激励较大,轮轨产生的竖向振源激励较小。

由于起重机运行时振源激励主要以水平向为主,在低层结构中,上部建筑物内的振动一般以铅垂向为主,但是随着建筑物高度的不断增加,铅垂向振动会随之衰减,而水平向振动可能会存在放大效应,此时,建筑物内的振动可能就以水平向的振动为主。

因此,对于上部建筑为高层、超高层的情况,起重机运行引起上部结构房间内楼板的水平振动则更要引起人们的高度重视。

另外,与列车的高速运行不同,起重机运行属于低速,故起重机在起动和制动时对振动的影响也不可忽略。对于车辆段正上方的建筑物,起重机运行引起的振动未经过土层的衰减,高频和低频成分均直接传至建筑物上方,振动和结构噪声会越发明显。

综上所述,起重机运行引起的振动虽然不会给结构带来安全问题,但是常常会使建筑物内的人感觉到不舒适,影响工作效率和生活质量,从而降低结构的适用性能。

14.4.2 起重机运行振动加速度时程及频谱

由于当时天童庄车辆段为在建工程,固采用某钢铁物流基地的实测数据。

1)建筑概况

某钢铁物流基地为 8 栋 3 层商铺,主体结构为钢框架结构,主体结构东西长 216m,南北宽 162m,楼板采用钢—混凝土组合楼板。商铺下方设计为货运仓库,结构柱网以 18m×9m,柱断面以钢箱形柱和工字形柱为主,仓库层高 11.8m,仓库内设多台起重机,单台起重机最大起重量为 16t。

因商铺位于仓库正上方,起重机梁直接支承于框架柱上,起重机运行时可能使商铺产生较大振动,同时使门窗等非结构构件也产生大幅振动,诱发二次噪声,使使用者感觉不舒适。因此,提取起重机运行时引起的柱底的加速度时程,分析起重机荷载本身的振源特性。

2)测试内容

测试时考虑到后续研究工作的需要,不仅要对商铺进行舒适度评价,还要对起重机荷载本身进行数据分析。因此,在实地测试时,需要对起重机运行时引起的柱底振动进行测试,同时也需要对不同工况下,起重机运行时商铺房间内的振动情况和结构噪声进行测试。

考虑到起重机运行时的各种可能情况,故测试时共测试七种工况,包括单台起重机运行的两种工况(满载和正常载重)和相邻 2 台起重机同排同向行驶的 5 种工况,分别来回共测量 5 次。分析时,为了考虑起重机运行的最不利情况,仅选用相邻 2 台起重机同排同向行驶的 5 种工况进行分析,具体情况见表 14-15。

测试工况 表 14-15

工 况	载 重	大车运行情况	小车运行情况	车 速	备 注
一	额定载重	沿纵轴运行	不运行	全速	
二	额定载重的 70%~80%	沿纵轴运行	不运行	正常	
三	额定载重的 70%~80%	不运行	沿横向运行	正常	
四	额定载重的 70%~80%	不运行	不运行	无	起重机起吊
五	空载	沿纵轴运行	不运行	正常	

注:单车起重机额定载重:16t;额定速度:50m/min。

3)测试结果

(1)盖下仓库内的振动测试结果

选取工况一起重机运行时引起的柱底振动的加速度时程曲线,对实测数据进行FFT变换,得到相应的加速度频谱图,并与本课题组实测的列车引起的立柱柱底地面振动加速度时程曲线进行对比,如图14-12和图14-13所示。

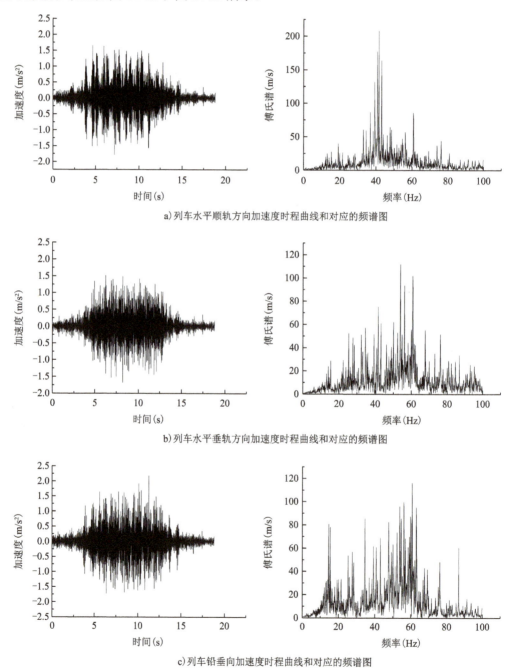

a)列车水平顺轨方向加速度时程曲线和对应的频谱图

b)列车水平垂轨方向加速度时程曲线和对应的频谱图

c)列车铅垂向加速度时程曲线和对应的频谱图

图14-12 列车运行引起柱底振动的加速度时程曲线和对应的频谱图

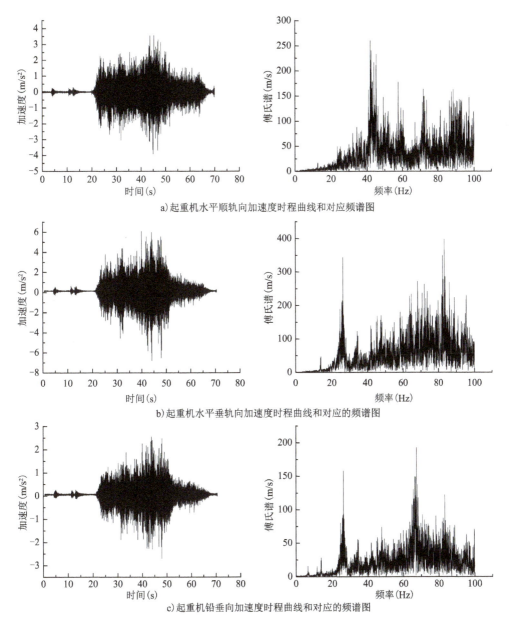

a) 起重机水平顺轨向加速度时程曲线和对应频谱图

b) 起重机水平垂轨向加速度时程曲线和对应的频谱图

c) 起重机铅垂向加速度时程曲线和对应的频谱图

图 14-13 起重机运行引起柱底的加速度时程曲线和对应的频谱图

由列车和起重机的振源时程曲线和频谱图可以看出,起重机的振源特性与列车有着明显的差异,起重机运行时引起的柱底加速度是水平垂轨方向最大(相对于水平顺轨和铅垂向来说),而列车运行时引起的柱底加速度是铅垂向最大,故在后文中起重机荷载的数值模拟时应注意这一振源特性并分析其原因,将其反应在起重机荷载的模拟程序中。起重机运行时引起振动激励的主要频率集中在 20~100Hz。

(2) 房间内振动测试结果

测试时,共有 5 个传感器,编号依次为 1~5,编号 1~3 分别对应于 2 号测点的铅垂向(Z 向)、水平顺轨向(X 向)、水平垂轨向(Y 向),编号 4～5 分别对应于 1 号测点的水平垂轨向(Y 向)和铅垂向(Z 向),下同。为了后续数值分析对比的需要,选取一种较为简单的工况,即单列起重机满载运行时,将其楼板振动最大加速度列于表 14-16 中。

房间内楼板的最大加速度(cm/s²)　　　　　　　　　表 14-16

楼层		方向	组次				
			1	2	3	4	5
一	1 号	Y	6.024	9.674	5.878	6.232	6.873
		Z	1.636	1.599	1.953	1.679	1.447
	2 号	X	1.691	2.033	2.142	2.149	1.959
		Y	1.550	2.051	1.679	1.526	1.624
		Z	6.989	8.795	9.754	6.659	7.379
二	1 号	Y	1.645	1.658	1.775	1.668	1.577
		Z	3.358	3.641	4.547	3.315	3.376
	2 号	X	1.831	1.479	1.692	1.614	1.537
		Y	2.499	2.773	2.354	2.350	2.636
		Z	13.398	11.841	12.489	13.514	15.204
三	1 号	Y	2.313	1.670	1.406	1.264	1.336
		Z	3.356	3.715	3.091	3.425	4.063
	2 号	X	1.848	1.923	1.972	1.937	1.926
		Y	1.908	1.900	1.838	1.734	1.809
		Z	19.834	17.528	17.662	17.069	17.380

测试工况下,楼板的铅垂向振动加速度均大于水平向加速度,最大铅垂向加速度约为 20gal。且根据记录结果工况三和工况四的数据较小,最大铅垂向加速度分别约为 7gal 和 2gal,故选取数据较大的工况一、工况二和工况五进行分析。

(3) 房间内结构噪声测试结果

根据测试的直接测量结果判断工况二和工况五对二次噪声的影响相对较大,故选取测试时的工况二和工况五进行分析。工况二各楼层的室内二次噪声的原始记录见表 14-17。

工况二各楼层的室内二次噪声的原始记录 [dB(A)]　　　　　表 14-17

位置	组次	工况 二		工况 五	
		B&K 3050 1 号	B&K 3050 2 号	B&K 3050 1 号	B&K 3050 2 号
一层	1	46.2	46.2	47.5	47.5
	2	46.9	46.9	48.1	48.2
	3	46.6	46.6	48.2	48.3
	背景噪声	41.6	41.6	41.6	41.6
二层	1	46.6	46.7	47.5	47.3
	2	46.8	46.7	48.2	47.9
	3	47.4	47.2	49.2	48.9
	背景噪声	41.6	41.6	41.6	41.6

续上表

位置	组次	工况二		工况五	
		B&K 3050 1号	B&K 3050 2号	B&K 3050 1号	B&K 3050 2号
三层	1	48.6	48.5	48.3	48.5
	2	48.6	48.6	49.5	49.6
	3	48.4	48.4	49.4	49.4
	背景噪声	41.6	41.6	41.6	41.6

14.4.3 数值模型

采用大型通用有限元分析软件 ANSYS，选取典型区段，建立车辆段大平台结构——上部住宅的有限元模型。

1）区块选择

车辆段内的大/架修库及定/临修库均位于 A 区盖下，A 区块为上盖功能配套区，建有公安分局、培训中心及学员宿舍、食堂及公寓、综合楼（车辆段、运营公司）、综合维修中心 5 栋建筑。

考虑到培训中心及学员宿舍、食堂及公寓都有居住者，对舒适度的要求相对较高，同时考虑到起重机运行引起的振动和结构噪声影响，选取起重机运行区域正上方的 JGA7 进行数值模拟和舒适度评价，JGA7 上方共建有 7 层（参见图 14-2）。

2）起重机荷载模拟

起重机荷载的模拟集中力的幅值取最大轮压 124kN，计算的阻尼比取 0.01。

另外，国外学者研究表明，移动荷载随车速的改变，车对梁的加载频率（v/d）会发生变化，当荷载的加载频率（v/d）是梁某阶自振频率的 k 倍时，将发生共振反应，此时梁的振动响应较大。对于起重机而言，起重机的运行属低速（相对列车），起重机在制动和起动时速度在不断地变化，因而极有可能当速度达到某一值时恰好是梁某阶自振频率的 k 倍，引起梁较大振动。基于此，根据实际情况，对起重机运行可能产生的最不利情况进行分析，计算上盖结构的振动响应，从而进一步地进行舒适度评价。

JGA7 区域对应正下方采用的是 QD16/3.2t×16m，A5 级起重机，大车最大行驶速度不超过 50m/min。计算时，阻尼比仍取 0.01。在相关规范中，起重机纵向水平荷载取作用在一边轨道上所有制动轮最大轮压之和的 10%，太原重机学院曾对 1 台 300t 中级工作制的桥式起重机进行了纵向水平荷载的测试，得出大车制动力系数为 0.084～0.091，与规范规定值比较接近，故为取的大车制动力系数为 0.1。

据此，综合分析，计算考虑起重机运行两种可能工况：

工况一：考虑起重机匀速行驶，行驶速度为满速 50m/min。

工况二：考虑起重机在整段梁上先加速再匀速最后再减速。加速时，初始速度为零加速至最大速度；减速时，初始速度为最大速度减速至停车。

14.4.4 评价结果

1）振动舒适度评价

根据选定的评价规范，用 ISO 10137 进行振动舒适度评价。ISO 10137 具体评价过程、评价指标及限值见第 14.1 节,此处不再重复叙述。

(1)工况一振动舒适度评价

计算工况一各楼层的最大计权均方根加速度,与 ISO 10137 中标准限值比较,结果见表 14-18。

工况一计权均方根加速度评价结果(m/s^2)　　　　　　　　　　表 14-18

楼　层		每层计算的最大计权均方根加速度	标　准　值	超　标　量
一	X	0.0027	0.0072	—
	Y	0.0026	0.0072	—
	Z	0.0170	0.01	0.0070
二	X	0.0017	0.0072	—
	Y	0.0022	0.0072	—
	Z	0.0156	0.01	0.0056
三	X	0.0014	0.0072	—
	Y	0.0023	0.0072	—
	Z	0.0183	0.01	0.0083
四	X	0.0011	0.0072	—
	Y	0.0020	0.0072	—
	Z	0.0146	0.01	0.0046
五	X	0.0012	0.0072	—
	Y	0.0018	0.0072	—
	Z	0.0147	0.01	0.0047
六	X	0.0012	0.0072	—
	Y	0.0025	0.0072	—
	Z	0.0187	0.01	0.0087
七	X	0.0017	0.0072	—
	Y	0.0017	0.0072	—
	Z	0.0141	0.01	0.0041

计算各楼层的最大波峰因数,结果见表 14-19。

波峰因数计算结果　　　　　　　　　　表 14-19

楼层	一	二	三	四	五	六	七
X	3.61	3.83	3.84	3.79	3.54	3.73	3.59
Y	3.42	4.29	4.04	4.23	3.68	3.41	3.55
Z	4.12	4.07	4.15	3.44	3.29	3.44	3.51

由表 14-2 可以看出,所有方向的波峰因数均小于 6,不需做附加评价。

(2)工况二振动舒适度评价

计算工况二各楼层的最大计权均方根加速度,与 ISO 10137 中标准限值比较,结果见表 14-20 所示。

工况二计权均方根加速度评价结果（m/s²）　　表 14-20

楼层	每层计算的最大计权均方根加速度		标准值	超标量
一	X	0.0023	0.0072	—
	Y	0.0022	0.0072	—
	Z	0.0142	0.01	0.0042
二	X	0.0015	0.0072	—
	Y	0.0020	0.0072	—
	Z	0.0151	0.01	0.0051
三	X	0.0013	0.0072	—
	Y	0.0021	0.0072	—
	Z	0.0157	0.01	0.0057
四	X	0.0012	0.0072	—
	Y	0.0018	0.0072	—
	Z	0.0137	0.01	0.0037
五	X	0.0011	0.0072	—
	Y	0.0017	0.0072	—
	Z	0.0131	0.01	0.0031
六	X	0.0011	0.0072	—
	Y	0.0036	0.0072	—
	Z	0.0179	0.01	0.0079
七	X	0.0015	0.0072	—
	Y	0.0016	0.0072	—
	Z	0.0126	0.01	0.0026

计算各楼层的最大波峰因数，结果见下表。

由表 14-21 可以看出，所有方向的波峰因数均小于 6，不需做附加评价。

波峰因数计算结果　　表 14-21

楼层	一	二	三	四	五	六	七
X	4.67	4.41	4.19	4.44	4.26	3.94	3.90
Y	3.83	4.41	4.52	4.44	4.35	4.67	3.85
Z	4.49	4.42	4.29	4.35	3.72	4.12	3.97

（3）振动结果分析

从表 14-18 和表 14-20 可以看出，随着楼层的上升，所有方向的最大计权均方根加速度并不是简单的变大或是变小，而是呈现蜿蜒曲折的变化。且在起重机荷载运行时，工况一和工况二条件下的铅垂向振动均超标。X 向虽没有超标，但是有增大的趋势，可以假设，若楼层高度增加，X 向仍有超标的可能性。所以在设计时，应加以避免，如将与起重机梁连接的柱子单独设置或者在起重机使用时避免出现可能产生振动的最不利情况。

2）结构噪声预测

（1）工况一结构噪声预测

首层房间内铅垂向三分之一倍频程振动加速度级，见表 14-22。

工况一首层房间内三分之一倍频程中心频率对应的振动加速度级(dB)　　　表14-22

房间号	16	20	25	31.5	40	50	63	80
1	39.48	56.26	91.32	40.69	81.69	58.76	67.29	36.76
2	33.99	56.22	87.01	40.32	90.30	64.78	74.34	43.39
3	44.67	53.39	81.57	46.15	92.62	68.92	77.50	47.12
4	42.64	51.40	76.66	44.88	96.30	70.06	83.45	51.46
5	43.03	56.18	88.81	45.31	95.36	62.14	73.85	43.36
6	43.99	58.88	91.20	44.27	93.08	68.19	64.48	41.17
7	46.43	58.76	92.65	49.50	98.84	68.73	71.35	37.72

对工况一房间内结构噪声进行预测,结果见表14-23。

工况一结构噪声预测值(dB)　　　表14-23

房间号	预测值	限值	超标量
1	57.25	38	19.25
2	61.19	38	23.19
3	63.13	38	25.13
4	66.75	38	28.75
5	65.97	38	27.97
6	64.11	38	26.11
7	69.46	38	31.46

（2）工况二结构噪声预测

首层房间内铅垂向三分之一倍频程振动加速度级,见表14-24。

工况二首层房间内三分之倍频程中心频率对应的振动加速度级(dB)　　　表14-24

房间号	16	20	25	31.5	40	50	63	80
1	34.26	63.60	90.77	31.51	81.01	63.05	66.36	31.72
2	34.08	67.68	85.70	32.88	89.09	67.43	73.76	38.74
3	31.44	60.57	80.28	33.37	91.19	71.57	74.98	43.53
4	32.43	59.53	75.80	34.44	95.56	72.66	82.42	46.66
5	35.98	61.17	88.09	34.86	92.61	64.56	72.29	40.41
6	35.76	65.47	90.05	36.61	89.92	70.60	63.07	31.09
7	34.02	62.52	92.02	34.71	98.11	72.23	69.93	33.33

对工况二房间内结构噪声进行预测,结果见表14-25。

工况二结构噪声预测值(dB)　　　表14-25

房间号	预测值	限值	超标量
1	56.69	38	18.69
2	60.00	38	22.00
3	61.75	38	23.75
4	66.03	38	28.03
5	63.36	38	25.36
6	61.35	38	23.35
7	68.75	38	30.75

（3）结构噪声结果分析

根据表 14-23 和表 14-25 可以看到工况一和工况二条件下,起重机运行引起的上盖房间内的结构噪声均超标。且由表可以看出,工况一条件下结构噪声的预测值略大于工况二条件下的预测值,说明起重机满载满速运行时引起的结构噪声要大于起重机制动起动引起的结构噪声。

综合振动和结构噪声的预测结果可以看出,起重机运行时引起的振动和结构噪声均超过标准限值。所以,在设计时应该引起足够的重视,应采取相应的减振降噪措施,而结构噪声是振动直接影响的结果,究其根本首先应采取减振措施。如将承受起重机梁的柱子与大平台的立柱分开设置,这样振动就不会直接传至建筑物上方或者是采用类似于地铁列车减振的措施在起重机梁与柱子牛腿连接的地方设置弹性橡胶垫等。

第15章
上盖物业开发规划及业态研究

15.1 上盖物业开发总体规划
15.2 市场分析
15.3 客群定位
15.4 产品定位
15.5 产品建议

15.1 上盖物业开发总体规划

15.1.1 天童庄车辆段地块规划及土地出让

天童庄车辆段物业开发地块划分为落地物业开发的 A 地块和 B 地块，以及上盖物业 G 地块和 F 地块，如图 15-1 所示。

图 15-1 天童庄车辆段物业开发地块分区示意图

2015 年 12 月宁波市国土资源局将天童庄车辆段的两块白地和一块盖上平台用地挂牌转让，根据《宁波市国土资源局国有建设用地使用权挂牌出让公告》（甬土资告〔2015〕15号），出让地块的基本情况和主要规划指标要求见表 15-1。2016 年 1 月宁波市国土资源局公告地块出让结果见表 15-2。

出让地块主要规划指标表　　　　　　　　　　表 15-1

序号	地块名称	土地用途	出让面积 (m²)	起始价 (元/m²)	保证金 (万元)	规划指标要求			
						容积率	绿地率 (%)	建筑密度 (%)	建筑限高 (m)
1	1号线天童庄车辆段 0m 层-A 地块	城镇住宅	84040.6	楼面地价 3040	10731	2.1	30	32	100
2	1号线天童庄车辆段 0m 层-B 地块	城镇住宅、批发零售、住宿餐饮	48168.9	楼面地价 2880	5827	2.1	住宅 30 商业 20	32	100
3	1号线天童庄车辆段 15m 层-G 地块	城镇住宅	54393	楼面地价 2900	6626	2.1	30	32	45

地块出让结果公告表　　　　　　　　　表 15-2

序号	地块名称	出让面积（m²）	用途	土地级别	容积率	出让年限（年）	供地方式	受让人	成交价格（万元）
1	1号线天童庄车辆段 0m 层 -A 地块	84040.6	城镇住宅	六级	2.1	70	挂牌出让	宁波轨道交通宁兴置业有限公司	79947
2	1号线天童庄车辆段 0m 层 -B 地块	48168.9	城镇住宅、批发零售、住宿餐饮	六级	2.1	70	挂牌出让	宁波轨道交通宁兴置业有限公司	45216
3	1号线天童庄车辆段 15m 层 -G 地块	54393	城镇住宅	六级	2.1	70	挂牌出让	宁波轨道交通宁兴置业有限公司	33353

　　F 地块为天童庄车辆段房地产综合开发项目配套幼儿园，项目位于宁波市轨道交通天童庄车辆基地 15m 高程层上盖，项目总用地面积约为 7350m²，总建筑面积约为 5145m²。

　　2016 年 8 月浙江绿城集团对本项目物业开发的产品定位进行了专题研究。

15.1.2　区域规划及项目区位

1）区位价值

宁波市区东郊邱隘/五乡板块，紧邻东部新城，承接发展红利，见图 15-2。

图 15-2　项目区位示意图

2）区域交通

周边道路体系完善，地铁 1 号线扩大了客群辐射范围，见图 15-3。

（1）本案距离东部新城核心区（宁波新市府）约 3km，驾车行驶约 10min。

（2）本案紧邻东环南路——宁波南北交通主干道（北至镇海，南至东钱湖）。

（3）本案向北 2km 进入通途路，向南 1km 进入环城南路，驾车行驶约 5min。

（4）本案距离绕城高速入口约 4km，驾车约 20min。

（5）地铁 1 号线一期于 2014 年 5 月开通，二期于 2016 年 3 月开通，本案位于邱隘站之上，无缝对接地铁 1 号线，用时 20min 可直达三江口，用时 30min 可直达北仑。

3）区域规划

以生态居住、城市休闲和先进制造业为主，人口导入条件一般，见图 15-4。

图15-3 项目区域交通图

图15-4 项目区域规划图

(1)生态居住

利用紧邻大城市的区位优势及优美的乡村景观特征重点发展吸引大城市外溢人口的低密度开发的生态居住功能。

(2)城市休闲

根据位于生态廊道中的城镇发展要求,依托宽阔的城市生态廊道及后塘河等丰富的水系岛屿、临近镇区的阿育王景区等自然人文景观资源,结合高端居住区的开发,重点打造城市休闲及旅游服务等功能。

(3)先进制造业

抓住南车项目落户五乡的契机,对现有工业进行提升,重点培育先进制造业功能。

4)规划对比

区域能级较弱,毗邻高端产业集聚区,承接城市外溢人口,见图15-5。

(1)五乡板块:打造东郊复合功能区

利用紧邻大城市的区位优势及现状优美的乡村景观特征,重点发展吸引大城市外溢人口的,低密度开发的生态居住功能,重点打造城市休闲及旅游服务等功能,抓住南车项目落

图 15-5 区域规划对比图

户五乡的契机,对现有工业进行提升,重点培育先进制造业功能。

(2)东部新城核心区:打造宁波政治经济文化商业新中心

与以三江口为核心的老城区一起构成"一城二心"的总体空间格局,是宁波城市向东发展最为重要的一个区域,也是宁波未来政治经济文化和商业中心。分为核心区与东片区,核心区面积为 8.45km²,总面积 15.85km²。十年累计投资超千亿元,已初具规模。

(3)明湖居住区:打造中低密度花园型生活社区

明湖居住区是未来东部新城都市生活向自然生活的过渡区域,旨在创造宁静与闲适的居家生活。按照规划,居住区将以明湖为中心,创造 4 个可满足不同市场需求、风格各异的居住社区。

(4)高新区板块:长三角重要的科创基地和高新产业基地

宁波国家高新技术产业开发区是新时期宁波城市建设的重点,其发展与建设的目标应着眼于全省乃至更大的经济区域,担负提升宁波、服务浙江、辐射东南沿海、参与国际竞争的重任。因此,本区的功能定位:长江三角洲地区重要的科技创新基地和高新技术产业基地。

15.1.3 地块分析

1)地块四至现状分析

0m 层 -A、B 地块内部较为平整,南侧为已建成轨道交通办公区,地块南侧边界与地块高差约 5m,南侧出行需地块内部再建车行道路;15m 层 -G 地块平整,本身高差 15m,底部为地铁车辆段及办公用地库通行道路;地块东西北三侧有水系,水质较好,见图 15-6。

图 15-6 地块四至现状图

2)周边配套

配套体:2km 范围内,生活类配套匮乏;商业配套基本依托东部新城,见图 15-7。

图 15-7　地块周边配套示意图

3)规划指标

近 40 万 m² 总建,虽被切分为三块,但可统筹规划,见图 15-8。在产品方向上,有多种产品组合的可能性,如高层、小高层、洋房。规划指标见表 15-3。

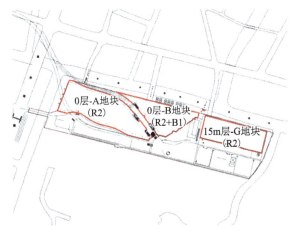

图 15-8　规划地块图

规划指标表　　　　表 15-3

地块名称	出让面积(m²)	计容面积(m²)	容积率	用途
0m 层 -A 地块	84040.6	176485.3	2.1	R2
0m 层 -B 地块	48168.9	101154.7	2.1	R2+B1
15m 层 -G 地块	54393	114225.3	2.1	R2
整体	186602.5	391865.3	2.1	R2+B1

15.1.4 区位分析结论

1）优势条件

（1）区位及交通——东部新城延伸板块，通达性高，轨道交通 1 号线的直接利好。

（2）规划利好——承接东部新城的都市生活宜居片区；工业用地逐步退二进三。

（3）资源条件——地块三面环水，景观资源优厚，且地铁交通资源直接接轨。

（4）本体现状——整体占地面积较大，有充裕的规划空间，2.1 容积率有丰富的产品组合。

2）劣势条件

（1）区域认知——区域能级相对较弱，依附于东部新城的发展与成熟。

（2）区域客户——地缘性为主，吸纳外来客户能力较弱，外溢中低端客群为主力。

（3）配套条件——2km 范围内，生活类配套匮乏；商业配套基本依托东部新城。

（4）本体条件——总建近 40 万 m²，规模大，本土客户基量不充足，需要扩大目标客群范围。

3）核心策略

大盘造城、提升配套、扩容客群。

15.2 市场分析

15.2.1 整体市场

1）宏观政策

维稳调性，去库存为主旋律，政策利好持续推动刚需首改需求。

图 15-9 为 2014 年 9 月至 2016 年 2 月国家对房地产政策的调整走向。

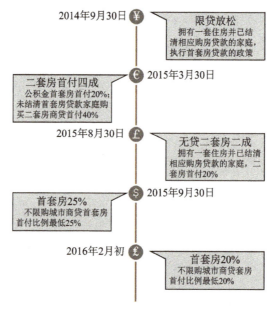

图 15-9 国家房地产政策走向

2015年3月李克强总理在第十二届全国人民代表大会第四次会议上做政府工作报告，经《房地产决策参考》整理发现，报告全文提了3次"房地产"，10次"住房"。

自2016年2月22日起调整房地产交易环节契税、营业税优惠政策，其中契税调整如表15-4所示。

购房契税调整表　　　　　　　　　　　　　　　表15-4

面积	90m² 以下		90～140m²		140m² 以上	
契税	首套	二套	首套	二套	首套	二套
政策前	1%×50%	3%×50%	1.5%×50%	3%×50%	3%×50%	3%×50%
政策后	1%×50%	1%×50%	1.5%×50%	2%×50%	1.5%×50%	2%×50%
补贴后税差	0	1%	0	0.5%	0.75%	0.5%
无补贴税差	0	2%	0	1%	1.5%	1%

政府当时关于房地产行业的政策要点概括为平稳健康、安居工程、化解库存、营改增、棚户区改造。

2）土地市场

2016年土地供销反弹，约352万m²住宅土地储备量（图15-10）。

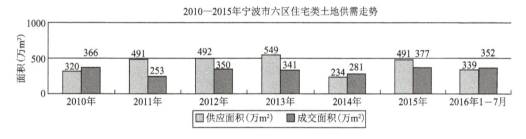

图15-10　宁波土地供需趋势示意图

宁波市2010—2016年土地供应统计见表15-5。

宁波市2010—2016年土地成交量统计表　　　　　表15-5

年度	2010年	2011年	2012年	2013年	2014年	2015年	2016年1—7月
市四区成交住宅类土地最大总建(万m²)	271	122	117	244	205	295	291
市六区成交住宅类土地最大总建(万m²)	366	253	350	341	281	377	352

注：1. 住宅类土地也包含商住类土地。
2. 土地成交量数值为建筑面积的数值，等于占地面积乘以容积率上限。

3）板块格局

根据区域定位，逐渐形成由中心区板块向周边发展的市场格局，见图15-11。

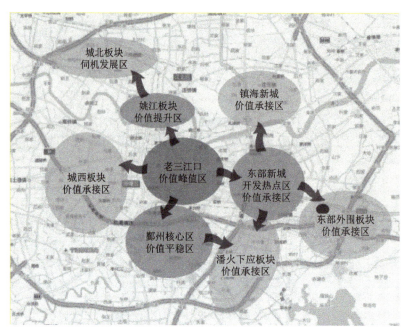

图 15-11 宁波房地产板块格局示意图

表 15-6 为房地产板块评价表。

宁波市房地产板块评价表 表 15-6

板块名称	城市角色	配套设施	景观环境	综合评价
三江口板块	商业核心所在	开发较早配套成熟	较佳	★★★★★
鄞州核心区板块	城市副中心	配套成熟完善	较佳	★★★★★
东部新城板块	市中心空间拓展的主力方向	目前不够完善,但规划利好	极佳	★★★★☆
姚江板块	城市邻近地带	已逐步完善	较佳	★★★★☆
潘火下应板块	城市腹地	配套逐步完善,居住氛围浓	一般	★★★★☆
东部外围板块	城市边缘地带	配套不完善,居住氛围薄弱	一般	★★★☆☆
城西板块	城市近郊地带	配套不完善,但将逐步完善	不佳	★★☆☆☆
城北板块	城市边缘地带	配套不完善,居住氛围薄弱	一般	★★★☆☆

注:发展好:★★★★☆;发展中等:★★★☆☆;中等偏下:★★☆☆☆;不好:★☆☆☆☆。

4)产品格局

受不同的市场形成因素影响,按产品定位可分为中高端、改善及品质刚需、刚需三大类别板块格局。

宁波房地产市场的产品格局按区域分析如图 15-12 所示。

(1)中高端区域:景观、地段、核心商业配套一线占位;均价 15000～22000 元 /m²,以改善型产品为主,面积多在 120m² 以上。代表项目如名门府、金茂府、明洲、印江南等。

(2)改善及品质刚需:资源相对弱,依赖核心区辐射;均价 10000～15000 元 /m²,以首置首改产品为主,主力面积为 90～140m²,有部分经济型低密度产品。代表项目:天逸湾、风花树、格兰晴天、明湖湾等。

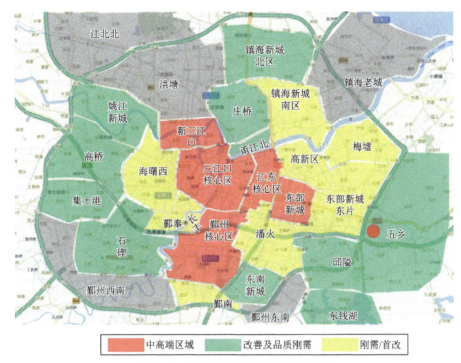

图 15-12　宁波市房地产产品格局分析示意图

（3）刚需/首改：新兴卫星城，位置较偏，价格较低；均价 7000~10000 元 /m²，以首置首改产品为主，主力面积 90～120m²，另有部分经济型低密度产品。代表项目：格兰星辰、恒威国际城、中海国社等。

5）量价走势

2011—2016 年上半年宁波市房地产市场销售情况见图 15-13。

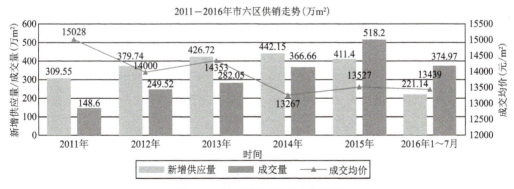

图 15-13　宁波市房地产市场销售统计图

（1）新增供应：连续 4 年上涨后，2015 年回调至 411 万 m²；2016 年上半年新增 221 万 m²，同比 2015 年上半年上涨 64%。

（2）成交量：逐年增加，2015 年达到最高，受政策利持续宽松，2016 年上半年成交 375 万 m²，同比 2015 年上半年上涨 62%。

（3）价格：目前市六区成交价格在 13400 元 /m² 左右。

15.2.2 区域市场

1)竞争板块

根据板块项目档次、价格,判断片区间的竞争强度进行竞争板块分析,见图15-14。

图15-14 竞争板块分析图

(1)核心竞争:五乡邱隘片区。项目所在地,同地域资源共享,形成直接竞争。

(2)重要竞争:鄞东南片区(潘火下应+鄞南)。产品定位相似,价格区间重合,为二级竞争区域。

(3)次级竞争:东部新城片区,定位高端。产品以再改为主,与本案竞争相对弱。

2)东部新城板块竞争分析

(1)市场供需(图15-15)

①发展描述:2013年开始随着板块职能规划的明确,东部新城受关注度逐渐上升,新增供应大幅增加,成交量价齐涨。

②板块容量:年均供应量28万 m^2,年均成交量31万 m^2,供需均衡。去化逐年走高,2015年供应收缩;2016年上半年供应减缓,主要供应集中下半年(表15-7)。

③板块价格:东部新城均价2万~2.5万元/m^2,高新区均价1.5万~2万元/m^2。

图15-15 宁波市东部板块住宅供求走势图

东部板块住宅成交统计表　　　　　表 15-7

时间	2011 年	2012 年	2013 年	2014 年	2015 年	2016 年 1—7 月
成交面积(万 m²)	15.4	18.9	26.1	37	57.2	33.13
新增供应面积(万 m²)	21.8	23.7	27	51.5	30.5	14.69
供销比(供应/成交)	1.41	1.25	1.03	1.39	0.53	0.44
成交价格(元/m²)	17513	17469	19459	16908	19664	19191

（2）成交结构

宁波市东部板块去化量/存量对比见图 15-16。

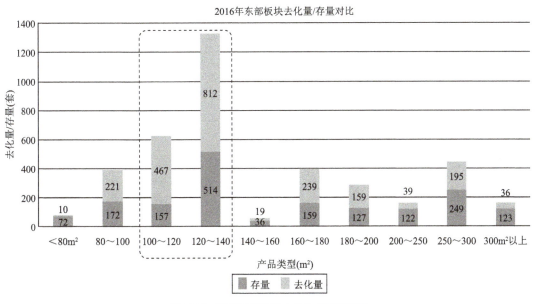

图 15-16　宁波市东部板块去化量/存量对比图

①面积段：120～140m² 成交比例最大，其次为 100～120m²。

②总价段：200 万～250 万元总价成交比例最大，其次为 250 万～300 万元。

（3）存销结构

①去化层面：100～140m² 为主力，其次为 160～200m²。

②存量层面：120～140m²、180m² 以上相对存量较大。

（4）东部新城板块竞争分析结论

①板块描述：高端改善，需求放量，与本案板块竞争关系较弱。

②价格层面：主力单价 1.8 万～3 万/m²，主力总价 200 万～300 万元，多中高端项目。

③供需层面：区域需求迅速放量，年均成交 31 万 m²，2016 年 1—7 月成交 33 万 m²。

④销售层面：适销面积段 100～140m²，压力面积段在 130～140/170m² 以上。

3）五乡—邱隘板块竞争分析

（1）区位

鄞东新兴刚需板块，依赖东部新城及轨道交通 1 号线延伸发展。在售楼盘分布见图 15-17，在售项目统计见表 15-8。

图 15-17 在售楼盘分布图

五乡—邱隘板块在售项目统计表　　　　表 15-8

销售状态	在售项目	面积段(m²)	剩余套数(套)	成交均价(元/m²)
在售	风花树	111～184	331	16300
	锦楠府	93～103	14	11000
	明湖湾	75～138	162	10900
	东大道壹号	87～176	59	11000
	富汇半岛	108～139	136	9000
	林肯公园	80～120	188	10800
	在售合计		890	

(2) 市场容量

① 整体容量小,供需比不稳定,2016 年月均成交不足 2 万 m²。

② 区域两极分化严重,邱隘近东部新城项目开盘价涨至 1.8 万元/m²(风花树),近五乡项目价格 0.9 万～1.3 万元/m²。

③ 2016 年月均成交 2 万元/m²;供销比下降到 0.51;区域价格在 1 万～1.6 万元/m²。

板块市场分析见图 15-18,销售统计见表 15-9。

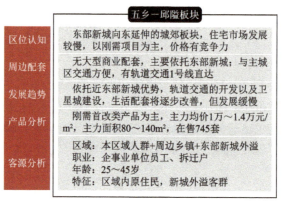

a) 综合分析

图 15-18

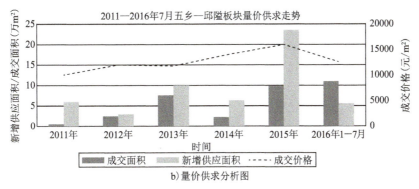

b) 量价供求分析图

图 15-18 五乡—邱隘板块

五乡—邱隘住宅销售统计表　　　　　　　　　表 15-9

时间	2011 年	2012 年	2013 年	2014 年	2015 年	2016 年 1—7 月
成交面积（万 m^2）	0.7	2.6	7.6	2.3	9.7	10.85
新增供应面积（万 m^2）	5.8	3	10.2	6.5	23.5	5.57
供销比	8.7	1.2	1.3	2.8	2.4	0.51
成交价格（元 /m^2）	10222	11875	11792	14030	15854	12758

（3）成交结构

①市场两极分化，多刚需首改，总价多在 150 万元以下和 200 万元～ 250 万元段。

②面积段：100 ～ 120m^2 成交比例最大，其次为 80 ～ 100m^2 和 120 ～ 140m^2。

③总价段：总价 150 万元以下成交比例最大，其次为 200 万元～ 250 万元。

（4）存销结构（图 15-19）

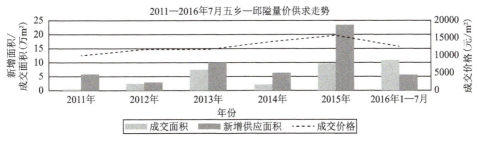

图 15-19　宁波市五乡—邱隘板块去化量 / 存量对比图

①偏重刚需首改，80 ～ 120m^2 供需平衡，120 ～ 140m^2 存量偏大。

②去化层面：100 ～ 120m^2 为主力，其次 80 ～ 100m^2 和 120 ～ 140m^2。

③存量层面：集中在 120 ～ 140m^2，100 ～ 120m^2 次之。

（5）五乡—邱隘板块竞争分析结论

①刚需板块，市场容量小，相比鄞东南配套不足。

②价格层面：东外环东部的价格水平较低，局限于 0.86 万～ 1.3 万 /m^2。

③供需层面：月均去化量不足 2 万 m^2，待售约 12.2 万 m^2，存量周期约 6 个月。

④销售层面：适销面积段 80 ～ 120m^2，压力面积段为 <80m^2 和 130 ～ 140m^2。

15.2.3 地铁物业影响力分析

1)宁波市轨道交通运营现状及与本案的关系

宁波市轨道交通运营线路仅1、2号线,尚处于初级线网状态,还没真正进入轨道生活时代,未来还有更多价值提升的空间,见图15-20。

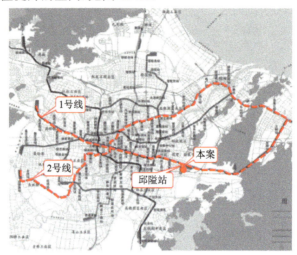

图15-20 轨道交通线路与本案的位置关系示意

三江口中心区辐射的10km半径,囊括了最核心的生活半径,城市格局还未被充分拉开,2015年底,宁波机动车保有量达237万辆,以常住人口783万人计算,平均不到6个人就拥有1辆私家车。城市居民出行对轨道交通的依赖较小。

2)宁波地铁盘案例

(1)恒威·君和院

开通前有市场预期,能够有一定的溢价反馈,而开通后反而作用下滑。前期开盘一直打轨道牌,续销期受市场环境影响降价走量,轨道交通1号线开通对其销量并未有显著作用,见图15-21。

a)效果图

图 15-21

b) 2014 年 5 月 21 日 1 号线开通

图 15-21 恒威·君和院销售分析示意图

（2）恒威·国际城

主打轨道交通出入口刚需，2014 年 7 月在市场低迷期入市，首曝区域底价换取成交量，开盘去化 41%。轨道交通利好对成交价格影响较小，更多受市场影响，见图 15-22。

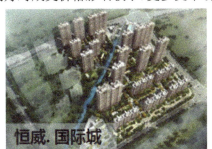

a）效果图

b）

图 15-22 恒威·国际城销售分析示意图

3）区域分析

高桥区住宅在轨道交通1号线开通前后的销售统计分析见图15-23。轨道未开通前，区域价格9000～10000元/m²，开通后价格下跌，但成交量上升明显。

图15-23　高桥区住宅销售分析示意图

4）价值影响

住宅价格影响因素如图15-24所示。城郊项目入市不可避免以价换量，轨道交通提升价值有限，目前轨道交通对本项目价值提升不宜乐观。

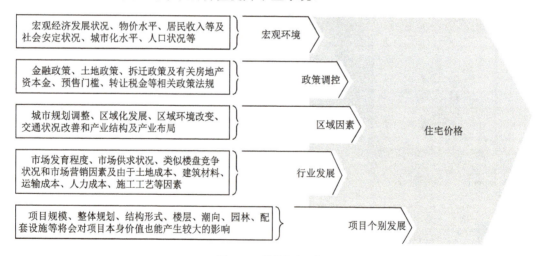

图15-24　价格影响因素

15.3　客群定位

15.3.1　竞品客户分析

绿城集团项目研究时对多个住宅项目进行了客户的调研和分析，本书仅摘录与本项目最接近的明湖湾项目的分析内容。

（1）明湖湾客户来源点位透析见图15-25。

图 15-25 明湖湾客户来源点位透析图

(2) 客户背景特征——客户的年龄及区域来源见图 15-26。

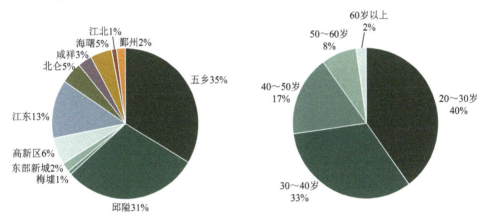

图 15-26 明湖湾客户来源及年龄结构分布图

(3) 客户背景特征——客户的置业目的、关注点见图 15-27。

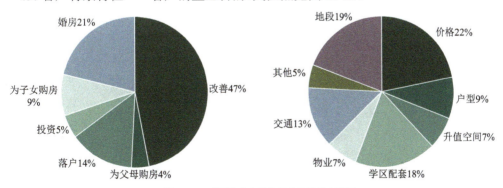

图 15-27 明湖湾客户置业目的及关注点饼图

关注点主要为价格、地段、学区。客户尤其对于目前明湖湾最近的贵玉小学不满意,普遍认为是民工学校;其次对于明湖湾旁边 2016 年要建造高架,客户也比较排斥,特别是靠近西边的房源。

15.3.2 客群访谈

1）专业人士访谈分布

专业人士访谈分布见图 15-28。

图 15-28　客户群访谈分布图

2）操盘手访谈

（1）访谈对象：明湖湾项目（图 15-29）专案。

客户主要来源于项目周边区域：五乡和邱隘，还有一批来自江东老城；最主要为地铁因素。成交 105m² 及以上的成交最快，价格也能有一点跳拍；100m² 以下因为不能落户，成交十分困难；130m² 以上的产品总价只能在 120 万元左右。客户十分关心周边的配套，尤其是学校，菜场等。

（2）访谈对象：格兰晴天项目（图 15-30）专案。

图 15-29　明湖湾项目

图 15-30　格兰晴天项目

格兰晴天客户主要来自己江东老城区，另外由于紧临福庆路，吸引了一批东钱湖、高新区的客户；在成交上 80～90m² 的成交最好，其次是 116m² 产品，以婚房、自住改善为主。客户看中中建的品牌、格兰系列的产品品质；项目的价格优势是快速成交的关键因素（与潘火核心区单元价差 2000 元 / m²）。

(3)访谈对象:东大道一号项目(图15-31)业务员。

东大道一号高层主要是五乡、邱隘的客户,以工厂打工的新宁波人为主,以落户、结婚为目的;(2013年宁波市区无洋房产品+市区售楼处在江东核心区+华茂品牌)由于产品稀缺性,洋房吸引了一批江东老城区及高新区、鄞州的换房客户;洋房与高层的价差,在市场最好阶段达到了20%～30%。

(4)访谈对象:悦澜湾项目(图15-32)业务员。

图15-31　东大道一号项目

图15-32　悦澜湾项目

五乡企业主在买住宅时比较看中配套,环境及产品品质,他们不喜欢在本地购买别墅类高档物业,如果要买也会跑去东钱湖,而且悦澜湾别墅区东边紧临铁路,所以别墅去化压力较大。客户成交最快的是110m² 以下的产品,价格承受能力较弱。

3)销售经理访谈

(1)明湖湾销售经理

①项目卖点。

地铁沿线物业;价格优势。

②客户群。

a. 客户来源:以五乡、邱隘地缘为主,少量地铁线上的江东、高新区、北仑区客户。

b. 成交结构:105m² 产品成交最好,80～90m² 产品成交困难,130m² 以上成交总价压力大。

c. 价格承受:对价格较敏感,超过11500元/m²,销售停滞。

d. 配套需求:对生活配套要求较低,但对学校较关注,希望有公立中小学校。

③对区域的看法。

a. 地块位置比较靠近市中心。

b. 地块与东部新城关系不大,周边配套缺乏,价值认可度低。

c. 地块属东外环以东,隶属五乡区域,认为周边环境较差。

d. 价格方面认为与潘火方面存在2000元/m² 左右的价差。

e. 轨道交通1号线至北仑刚开通,目前短期内利好暂未能体现。

(2)格兰晴天销售经理

①项目卖点。

中建品牌;格兰系列的市场良好认知;户型较好,116m² 紧凑四房,130m² 舒适四房。

②客户群。

a. 客户来源：以江东老城区为主，部分高新区、东钱湖客户。

b. 成交结构：新宁波人占5成以上，成交以116m²以下的中小面积为主，尤其80～90m²成交最好，多为过渡阶段，以婚房为主；116m²的客户以改善住房为主，130m²的客户一步到位的比较多。

c. 价格承受：对价格较敏感，均价10500～11000元/m²是成交主力区间。

③对区域的看法。

a. 由于项目紧临东部新城，福庆路交通状况较好，客户对项目的认可度较高。

b. 地块属于潘火、下应板块，地处工业区，配套不是很完备。

c. 认为与潘火核心区的价差在2000～3000元/m²。

d. 价格方面认为与潘火方面存在2000元/m²左右的价差。

e. 小区周边没有公共绿地，没有锻炼空间；但小区内部中庭景观做得较好。

此外，绿城还对二手房业务员和有购房需求的客群进行了访谈调研。

4）客户置业逻辑

通过对专业人士和潜在客户的访谈调研活动，梳理出客户的置业逻辑如下：

第一居所需求＞外来人员落户＞居住品质提升。

置业关注点：性价比＞质量与品质＞城市距离与生活便利度。

15.3.3 客群定位

1）地缘导入型

根据调研分析，周边具备购买力的客群约2860组，构成如表15-10所示。

地缘导入型客群　　　　　　　表15-10

类　别	总职工人数	具备购买力客群
泛事业单位	1450组	1450组
五乡企业	9020余人	910组
邱隘企业	4600余人	500组
合计	13570余人	2860组

2）城东外溢型

东部外溢客群约4706组，见表15-11。

城东外溢型客群　　　　　　　表15-11

片　区	拆迁规模	拆迁户数	预估需要置换的比例	预估可拓展客群
东部新城	200万m²	约8065户	10%	806组
高新区	242万m²	约12000户	10%	1200组
片区	老社区个数	老社区户数	预估需要置换的比例	预估可拓展客群
泛东部	15个	约27290户	10%	2700组

泛东部片区拆迁户：购买力相对较强，不满足于安置房的生活品质，有一部分会寻求商品房，见表15-12。

交通导入型客群

表 15-12

片区	东部新城写字楼	三江口地铁沿线	高新区写字楼	高教园区
潜在客户群(户)	3000	4000	2000	4000
预估有购房需求的比例	10%	10%	10%	10%
有购房需求的客户量(户)	300	400	200	400

泛东部片区老社区业主：有换房需求，更倾向于在东部置业，有一定的品质要求，但对价格比较敏感。

3）交通导入型

交通导入的客群基数为 13000 组，可拓展客群约 1300 组。本案所在位置不管是城市干道交通还是轨道交通，均较为便利，扩大的客群拓展的范围。

4）客户分类

客户分类见图 15-33、图 15-34。

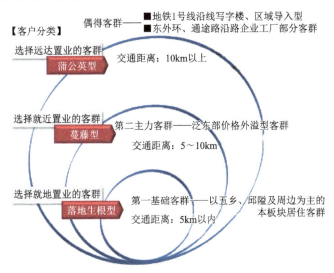

图 15-33　客户分类图一

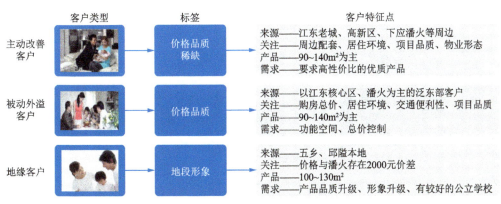

图 15-34　客户分类图二

15.4 产品定位

15.4.1 定位策略

明确核心价值,顺应市场方向,提升生活配套。通过对项目背景、市场分析、案例借鉴和客户分析过程,提出产品的定位策略如图 15-35 所示。

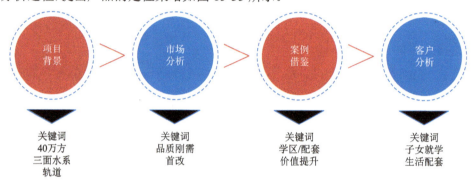

图 15-35　客户定位策略

15.4.2 形象定位

形象定位:绿城 40 万 m^2+ 东城轨道交通 + 水岸精致住品。

(1)绿城 40 万 m^2:树立品牌大盘的形象,形成一种规模和品质区域第一的价值力。

(2)东城轨道交通:强调东部新城的概念,依托大东部的平台;而轨道交通价值依然要重点说明。

(3)水系精致华宅:三面环水的景观性住宅;精致住品,说明品质型的调性,强调性价比。

15.4.3 产品定位

市场定位:品质刚需/首改;产品定位:高层 + 小高层(表 15-13)。

产品定位表　　　表 15-13

面积(m^2)	产品定位	配置比例
80~100	(1)符合板块内刚需客户需求,属于适销面积,易于控制总价; (2)供应量较多,竞争压力较大,不符合新宁波人落户条件	少量配比 15%
100~110	该面积段的优势在于,既能满足舒适三房的功能性改善需求,总价又能得到控制,并且市场供需比情况最优	大量配比 55%
120~140	抓住东部新城面积段空缺,易于吸纳新城外溢客群,三房、四房改善需求均能满足	控制体量 25%
140~160	(1)市场供应少,产品差异化,利用价格优势与东部新城竞争; (2)品牌效应,利于集聚少量改善客群	少量配比 5%
160 以上	(1)地块特征不适宜大户型; (2) 160m^2 以上需求有限,去化速度慢,市场风险高	不建议配比

15.5 产品建议

15.5.1 配套

1）配套的必要性

本案核心策略：大盘造城、提升配套、扩容客群。

项目——景观资源优越,但配套匮乏,需要以大盘造城理念,提升配套与价值。

案例——提升项目价值力,更多在于配置优质配套,而轨道交通只能作为辅助。

客户——城市外溢群体,落户,子女就学,生活配套,是他们置业的首要目的。

结论：提升配套,是重中之重。

2）配套目标

本案客户访谈的结论：幼儿园、小学、菜场、商超。

幼儿园和小学是青年客群最为关心的配套；品牌类学校对于项目成功起到举足轻重的作用。品牌幼儿园/小学：宝韵幼儿园/惠贞书院（五乡分部）。

一定规模的商业街区,里面涵盖了净菜超市,以便利于在此居住生活的居民。规模商业街：华润万家、净菜超市。

15.5.2 环境及建筑景观

270°生态环绕水景,打造一片与众不同的,包含垂钓平台、农家田园等特色的东南亚外围水系景观。

入口：第一形象展示给人生态、大气感觉,对称设计,整齐排布,优雅拼装,层次花坛。

喷泉：起到对景及精神象征作用,华美雕塑,精致线条,营造一种雅致而又蓬勃的气质。

立面建议：采用石材+真石漆外立面+现代简约的建筑风格搭配（大气时尚）。

15.5.3 价格测算

（1）参考项目

明湖湾、风花树、锦楠府、格兰晴天等相似项目见表15-14。

参考项目价格表　　　　　表15-14

项目名称	白坯价格(元/m²)	2015年去化套数(套)	去化率(%)
明湖湾	11000	136	42
风花树	16500	92	40
锦楠府	11000	73	69
格兰晴天	10000	622	87

（2）品质对比

品质对比如表15-15所示。

参考项目品质对比表　　　　　表15-15

综合素质	本案	明湖湾	风花树	锦楠府	格兰晴天
区位	近五乡	近五乡	毗邻东部新城	邱隘中心近五乡	潘火中心
交通	轨道物业,离站点200m	轨道物业,离站点200m	轨道物业,离站点较远	轨道物业,离站点较远	非轨道物业,交通通畅

续上表

综合素质	本 案	明 湖 湾	风 花 树	锦 楠 府	格 兰 晴 天
周边配套	五乡镇配套为主	五乡镇配套为主,五乡中学等	依赖东部新城配套	待开发,配套少	待开发,配套少
社区总建面积(万 m²)	40	5.5	17	1.9 万	16
景观资源	城市河景	城市河景	河景、生态走廊	无	内部欧式园林
自身配套	配套商业	社区底商	社区底商	华润超市进驻	社区服务中心+幼儿园
产品线	纯高层	纯高层	纯高层	纯高层	纯高层
产品面积(m²)	100～140,适销面积	75～140	113～174	97～103	82～127
户型价值	实用性强,附加值高	实用性强	户型方正,赠送率高	户型方正,实用性强	户型优越,附加值高
品牌	绿城	祥盛	宏泰	新大利	中建
高层价格(元/m²)	—	11000	16500	11000	10000

(3)价格测算

产品分析价格测算见表 15-16。

产品价格分析测算表　　　　　　　　表 15-16

参照项目	权 重	本 案	明 湖 湾	风 花 树	锦 楠 府	格 兰 晴 天
区域发展	10%	8	8	9.5	8	9
交通状况	10%	8	8	6	6	7
周边配套	10%	8	8	9	7	7
建筑规模	10%	8	5	6	3	5
外部景观资源	10%	8	8	9	7	7
内部绿化景观	10%	8	7	8	6	7
户型设计	10%	8	7	7	7	8
小区自身配套	10%	8	7	7	7	7
开发商品牌	10%	8	4	6	4	6
营销包装	10%	8	7	9	7	8
合计	100%	80	69	76.5	62	71
比价系数	—	1	0.86	0.96	0.78	0.89
在售价格(白坯)	—		11000	16500	11000	10000
参考系数	—	11625	50%	15%	15%	20%
平均加权后价格(元)	—		5500	2475	1650	2000

对参考项进行系数加权,建议本案白坯价格在 11000～12000 元/m²。

第16章
上盖物业开发交通影响分析

16.1 周边区域现状及规划
16.2 道路承载力测试分析
16.3 内部交通分析
16.4 分层交通流线分析
16.5 项目 G 地块交通分析及结论

图 16-1　项目研究范围示意图

为配合天童庄车辆段物业开发,项目业主委托宁波市规划设计研究院开展了"天童庄车辆段上盖综合开发项目 0m 层 -A、0m 层 -B、15m 层 -G(以下分别简称"A""B""G")地块交通优化设计"等工作。考虑本项目所处区位的特殊性,研究范围主要考虑项目未来年出行所依赖的主要城市干道和次干道路系统,确定项目开发会影响到的关键道路及主要交叉口,并最终确定通途路—绕城高速—甬台温高速—东外环路所围合的封闭区域为该项目交通分析的研究范围。本项目研究范围见图 16-1。

16.1　周边区域现状及规划

16.1.1　项目区位

天童庄车辆段上盖项目位于宁波市五乡镇,与西侧东部新城东片区隔东外环路相望。该项目紧邻东外环路、五乡西路,交通较为便利。项目区位见图 16-2。

图 16-2　项目区位图

16.1.2　既有道路

研究范围内东外环路、通途路、园区路、五乡西路、美迪斯路等道路已建成。内部支路网密度偏低,基本为乡村道路,集散能力有待加强。

现状五乡西路为宁波主城区与北仑区之间联系的重要交通干道,现状高峰交通流量达到 1413pcu/h,负荷度为 0.94,交通压力较大。现状项目地块进出仅能依托文卫路,双向 4 车道。随着项目开发,北部通道应尽快建设,满足地块交通集散要求。周边现状道路网见图 16-3。

16.1.3 规划道路

研究范围内规划道路将形成"四横两纵"的骨架路网格局,外围形成三条快速路,极大提高项目地块出行便利度。根据路网规划,研究区域内支路网密度相应增加,支路宽度为 12～20m。规划路网明细见表 16-1。规划路网见图 16-4。

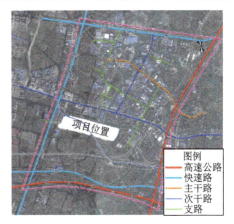

图 16-3 项目现状道路网示意图

规划路网明细表　　　　　　　　　　表 16-1

道路等级	路 名	红线宽度(m)	机动车道数(双向)	断面板块形式
快速路	东外环路	68	高架 6,地面 6	4
	通途路	68	高架 6,地面 8	4
	环城南路	68	高架 6,地面 6	4
主干路	园区路	44	4	3
次干路	五乡西路	42	4	4
	美迪斯路	34	4	1
支路	—	12-24	2	1

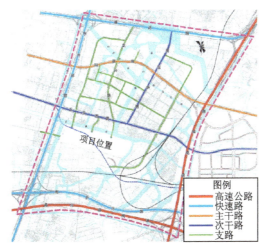

图 16-4 规划路网图

规划路网形成后,项目地块与东外环路通过文卫路相连,与五乡西路通过三条规划支路相连,项目地块北向出行得到改善,但由于五乡西路设有中央分隔带,三条规划支路与五乡西路交叉口距离较近,交通组织需进一步研究。

16.2 道路承载力测试分析

16.2.1 研究范围

依据地块生成交通量的重点影响范围,结合东外环、南外环、通途路和绕城高速的高架分割效应,选取由上述四条路组成的围闭区域作为研究范围,重点研究项目所在地块周边的交通影响情况。

研究范围内共划分 51 个交通小区。依据用地性质、道路等级和自然阻隔等因素共划分内部交通小区 37 个。外围交通小区依据对外连接的道路进行设置,共划分 14 个。其中项目所在交通小区编号为 49～51,如图 16-5 所示。

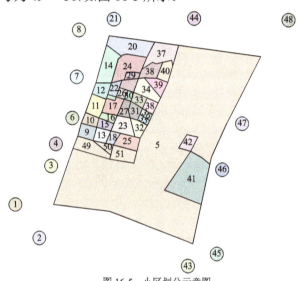

图 16-5　小区划分示意图

16.2.2 预测方法

本项目交通模型采用经典的四阶段预测方法,得到整区域的交通出行数据。经典的四阶段方法:第一阶段为交通生成预测,可以得到各个交通小区的交通产生量和交通吸引量;第二阶段为交通分布预测,采用重力模型法,考虑交通小区之间的出行成本,得到小区间的交通交换量,即小区 OD;第三阶段为交通方式选择预测,采用多元 logit 模型,考虑各种交通方式之间存在的竞争,得到分方式的小区 OD;第四阶段为交通分配阶段,将各种方式的小区 OD 分配到路网中,从而得到研究区域内交通系统的整体运行情况。

16.2.3 交通需求规模预测

根据预测模型,得到的项目地块的机动车出行 OD 分布如图 16-6 所示。

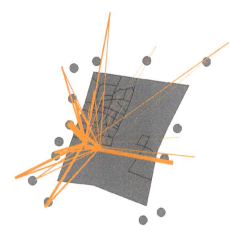

图 16-6　规划年地块机动车出行 OD 分布图

从 OD 分布来看地块交通主要来往西向的城市核心区方向,约占地块生成量的 70%,往东与北仑方向的交换量次之,约占 15%。

16.2.4 道路承载力测试

本研究作了两个方案分析,本节仅纳入方案一的内容。

受拆迁建设时序影响,近期地块北侧建设规划二路和规划三路,规划二路和规划三路出入口均采用信号灯控制。

从模型测试结果(表 16-2)来看,项目开发后五乡西路由东至西流量为 1274pcu/h,负荷度为 0.85;由西至东流量为 1238pcu/h,负荷度为 0.83。东外环辅道流量由南至北为 1133pcu/h,负荷度为 0.47;由北至南流量为 818pcu/h,负荷度为 0.34。五乡西路、东外环辅道尚在交通可承受范围内,见图 16-7。

近期方案一周边道路流量　　　　　　　　　　　表 16-2

道路名称	方　　向	项目开发后流量(pcu/h)	项目开发后负荷度
五乡西路	东至西	1274	0.85
	西至东	1238	0.83
东外环辅道	南往北	1133	0.47
	北往南	818	0.34

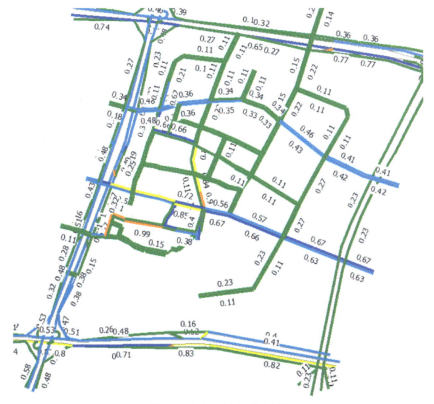

图 16-7　方案一路网负荷示意图

16.2.5 集散道路流量及需求

项目集散道路规划二路早高峰由南向北流量为751pcu/h,对机动车道数量基本需求为双向4车道;规划三路早高峰坡道由南向北流量为462pcu/h,对机动车道数量基本需求为双向4车道;地面辅道由南向北流量为153pcu/h,对机动车道数量基本需求为双向2车道;文卫路早高峰由南向北流量为548pcu/h,对机动车道数量基本需求为双向4车道。详见表16-3、图16-8。

近期方案一项目集散道路流量　　　　　　　　　　　　表16-3

道 路 名 称	早高峰交通流量(pcu/h)	车道数量基本需求	负 荷 度
规划二路	751	双4	0.75
规划三路坡道	462	双4	0.77
规划三路地面辅道	153	双2	0.31
文卫路	548	双4	0.55

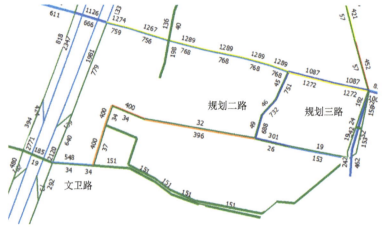

图16-8　近期方案一项目集散流量图

16.3　内部交通分析

16.3.1　停车配建

项目已建成一期按2009年《宁波市建设工程停车配建指标规定》(修订)配建指标,如表16-4所示。

停车配建指标(2009)(车位/100m^2)　　　　　　　表16-4

建筑性质	机动车指标	非机动车指标	上落客货停车指标
集体宿舍	0.2	4.0	0.01
商业	1.0	3.0	0.02
餐饮	1.2	2.0	0.02
办公	1.1	2.0	0.01
行政办公	1.0	2.0	0.01
文体活动中心	0.6	4.0	0.05

项目二期按 2015 年《宁波市建设工程停车配建指标规定》配建指标，如表 16-5 所示。另根据《轨道 1 号线天童庄车辆段地块规划设计要求》，住宅部分机动车停车配建按规定执行，计数时允许包含规划公共停车位（规划公共停车位不少于 100 个），其他机动车停车配建允许适当折减，折减总量不应超过配建要求总量的 30%。

停车配建指标（2015） 表 16-5

建筑性质	机动车指标	非机动车指标
商业（车位/100m²）	1.0	2.0
居住（车位/100m²）	1.05	1.5
办公（车位/100m²）	1.0	1.5
幼儿园（车位/班）	1.5	1.5

项目所需配建停车泊位如表 16-6 所示。

停车配建需求 表 16-6

地块名称		建筑性质	计容面积(m²)	机动车指标(个)	非机动车指标(个)
一期		集体宿舍	36500	77	1460
		办公	25760.99	287	516
		行政办公	7337.38	75	147
		文体活动中心	14000.23	93	561
		食堂	4339.55	54	87
		小计	87938.15	586	2771
二期	A	商业	14700	147	294
		居住	169953.6	1785	2550
		办公	3195.42	32	48
		小计	187849.02	1964	2892
	B	商业	8526	86	171
		居住	106974	1124	1605
		办公	3558.06	36	54
		小计	119058.06	1246	1830
	G	居住	83945.49	882	1260
		办公	460	5	7
		小计	84405.49	887	1270
	C	幼儿园	4300	18	18
	合计		395612.57	4115	6007
	除居住外，其他机动车按 70% 折减		—	4018（含 100 个公共停车位）	6007

16.3.2 停车场出入口分析

项目一期及 G、C 地块停车场：项目 10m 层停车场建设时参照《城市建筑工程停车场（库）设置规则和配建标准》（DB 33/1021—2013），停车泊位数大于 500 辆时应设置不少于 3 个双车道的出入口。项目 10m 层停车场设置 3 个坡道，满足规范要求，同时为进一步提高集散能力，通过规划三路设置双向 4 车道提高坡道的通行能力。

项目 A、B 地块停车场：参照《城市建筑工程停车场（库）设置规则和配建标准》（DB

33/1021—2013），停车泊位数超过 500 辆后，宜按照每增加 400 辆增设一个双车道出入口加以累计；超过 1300 辆后，宜按每增加 500 辆增设一个双车道出入口加以累计。项目 A、B 地块坡道数量需按规范进行设置。

16.4 分层交通流线分析

16.4.1 0m 层交通流线

（1）机动车流线：项目 0m 层通过内部环路实现 4 条对外道路文卫路、规划一路、规划二路及规划三路之间的联系，且内部环路对车流加强了缓冲效应，有利于减轻对外道路的交通压力，见图 16-9。

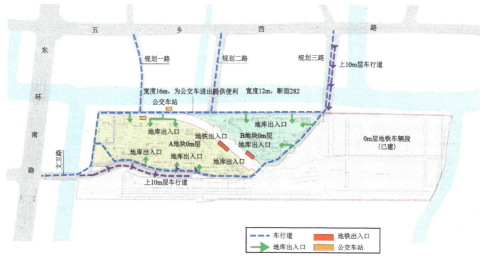

图 16-9　0m 层机动车流线图

（2）非机动车流线：通过内部环路到达 A、B 地块非机动车停车场，见图 16-10。

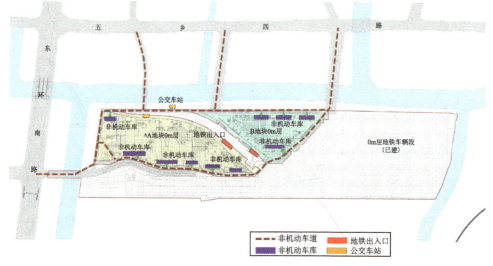

图 16-10　0m 层非机动车流线图

（3）人行流线：通过打造 A、B 地块之间的人行主轴流线与地铁交通形成良好接驳，有效实现人车分离，见图 16-11。

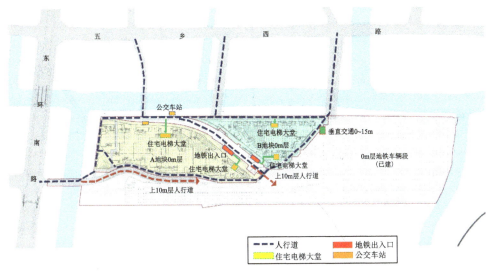

图 16-11　0m 层人行流线图

（4）消防车流线：消防车道利用 0m 层机动车道，形成外部环路，A、B 地块间设消防车回车场，见图 16-12。

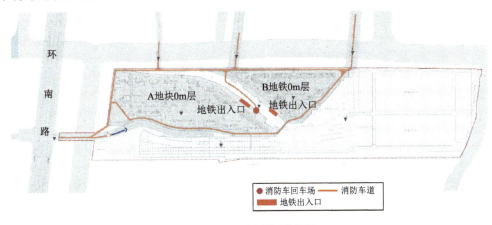

图 16-12　0m 层消防车流线图

16.4.2　10m 层交通流线

（1）机动车流线：项目通过文卫路坡道、规划三路坡道及地铁车辆段坡道实现 0m 层与 10m 层停车场之间的联系，见图 16-13。

（2）非机动车流线：通过文卫路坡道实现 0m 层与 10m 层非机动车停车场之间的联系，见图 16-14。

（3）人行流线：通过垂直电梯、扶梯、台阶方式实现 0m 层与 10m 层的人行联系，见图 16-15。

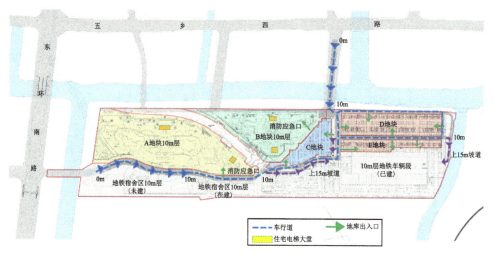

图 16-13　10m 层机动车流线图

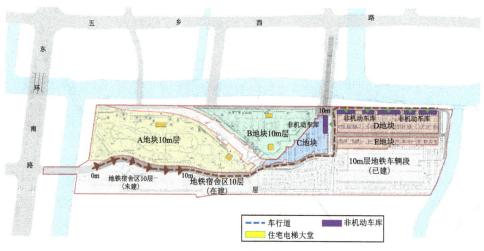

图 16-14　10m 层非机动车流线图

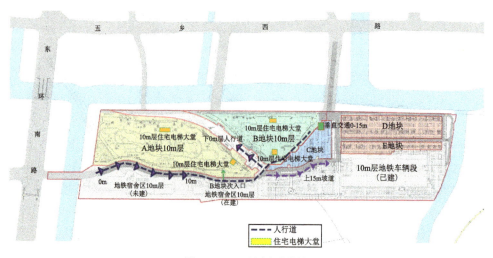

图 16-15　10m 层人行流线图

(4)消防车流线:10m 层消防车道在 B 地块 10m 层形成环路,并与消防登高场地连接,同时连接 0m 层和 15m 层机动车道,见图 16-16。

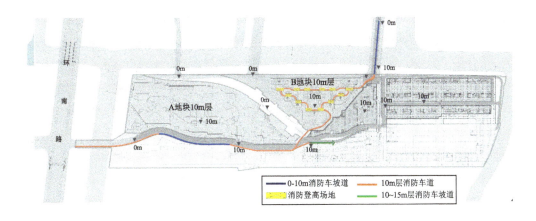

图 16-16 10m 消防车流线图

16.4.3 15m 层交通流线

(1)机动车流线:项目通过 3 个坡道实现 10m 层与 15m 层之间的联系。除轨道交通特许车辆和消防车外,普通机动车不允许驶入 15m 层,见图 16-17。

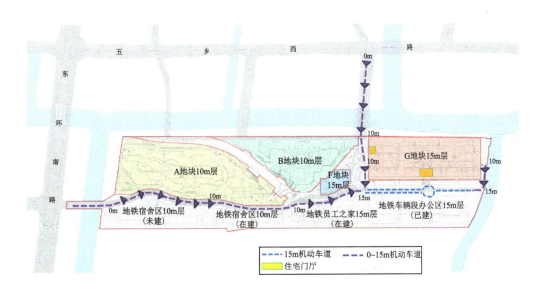

图 16-17 15m 层机动车流线图

(2)人行流线:通过垂直电梯、扶梯、台阶等方式实现 10m 层与 15m 层的人行联系,见图 16-18。

(3)消防车流线:在 15m 层 G 地块形成环形消防车道,与登高场地连接,见图 16-19。

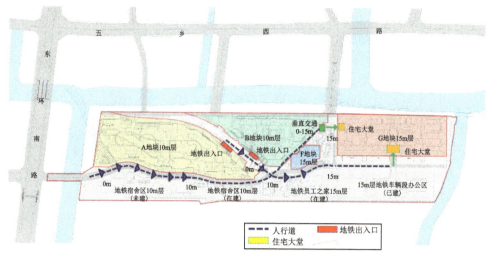

图 16-18　15m 层人行流线图

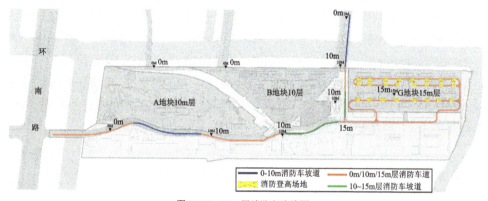

图 16-19　15m 层消防车流线图

16.5　项目 G 地块交通分析及结论

16.5.1　停车配建

根据《轨道 1 号线天童庄车辆段地块规划设计要求》，停车位配建根据甬政发〔2015〕47 号《宁波市建设工程停车配建指标规定》要求配置。住宅部分机动车停车位按照配建规定执行，计数时允许包含规划公共停车位（规划公共停车位不少于 100 个），其他机动车停车配建允许适当折减，折减总量不应超过配建要求总量的 30%，项目停车配建数量见表 16-7。

项目停车配建计算表　　　　　　　　　　表 16-7

地块名称	建筑性质	计容面积（m^2）	机动车指标（个）	非机动车指标（个）
G 地块	居住	83911.24	882	1259
	办公	552.69	6	9
合计		84463.93	888	1268
除居住外，其他机动车按 70% 折减		—	886	1268

根据供需对比,由于项目自身配建 874 个机动车位,存在 12 个车位的缺口,需通过 C 地块停车场补充解决;项目地面车位、装卸车位未进行明确,需进一步考虑访客、装卸货物等需求;非机动车位缺口 232 个;无障碍车位满足规范要求,见表 16-8。

项目停车指标评价表　　　　　　　　　　　表 16-8

地块名称	停车指标类别	预测停车泊位	项目方案配建停车泊位	评价
G 地块	机动车位	886	874	不满足,缺口 12 个,需通过 C 地块停车场补充解决
	无障碍车位	18	18	满足
	装卸车位	5	—	未明确
	非机动车位	1268	1036	不满足,缺 232 个

16.5.2 停车场(库)分析

项目 G 地块建筑方案设置 874 个机动车位,均位于 10m 层停车场内,机动车流通过文卫路坡道、规划三路坡道及地铁车辆段 3 个坡道进行集散。由于项目 10m 层停车场建设较早,包括 G 地块停车位、C 地块停车位及轨道一期停车位,当时参照《城市建筑工程停车场(库)设置规则和配建标准》(DB 33/1021—2013),停车泊位数大于 500 辆时应设置不少于 3 个双车道的出入口,坡道数量满足规范要求。

项目自身配建 874 个机动车位,存在 12 个车位的缺口,需借用 C 地块 12 个停车位,需在 C 地块停车场进行明确。

项目 G、C 地块车库平面布置见图 16-20。

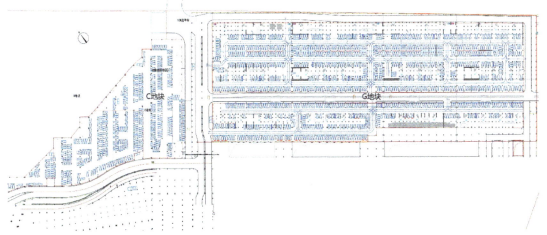

图 16-20　项目 G、C 地块车库平面布置示意图

16.5.3 结论及建议

项目方案经过多轮沟通与调整,完善后方案交通组织基本合理,地库出入口数量及宽度满足相关规范要求。项目停车场配建 874 个机动车位,存在 12 个车位的缺口,需通过 C 地块停车场补充解决并明确;无障碍车位满足规范要求;非机动车位缺口 242 个。项目地面停车位和装卸车位未进行明确,建议进一步考虑访客、装卸货物等需求。

第17章
上盖物业开发环境影响评价及环保措施

17.1 概述

17.2 物业开发振动环境影响预测与评价

17.3 物业开发声环境影响预测评价

17.1 概述

17.1.1 环境影响评价要求

2016年宁波轨道交通集团公司下属子公司宁波轨道交通兴宁置业有限公司委托浙江仁欣环科院有限公司对本项目开展环境影响评价工作。根据《中华人民共和国环境影响评价法》和《建设项目环境影响评价分类管理名录》（环境保护部令第33号2015年6月1日实施）的有关规定，本项目类别属于"U城镇基础设施及房地产类中的156房地产开发、宾馆、酒店、办公用房等"小类，且建筑面积在5万m²以上，按规定须编制环境影响报告表。

考虑到本项目建成后主要为住宅小区，本身就是敏感目标，项目受车辆段及轨道交通1号线二期正线噪声及振动影响，因此还开展了轨道交通噪声、振动环境影响预测专题研究报告，分析轨道交通1号线二期邱隘站正线及天童庄车辆段对本项目的噪声和振动影响。

2016年12月完成了《天童庄车辆段房地产综合开发项目环境影响评价报告表》及专题研究报告的编制和报批工作。

17.1.2 本项目主要环境保护目标

根据区域环境功能区划及建设项目所在地的环境状况，本项目的主要环境保护目标见表17-1。

主要环境保护目标表   表17-1

名　称	方　位	距离*（m）
天童庄基地宿舍楼	南	51.2
莘桥	北	94
天童庄村	北	87
祥盛明湖湾	北	311
本项目	—	0

注：* 为该项目红线与保护对象处的最近距离；本项目各地块实施有先后顺序，周期较长，先行地块施工完成后即成为正在施工地块的敏感点。

1）地表水环境

主要保护目标：地块西、北、东侧河道。

保护级别：《地表水环境质量标准》（GB 3838—2002）Ⅲ类标准。

2）空气环境

主要保护目标：项目所在区域的空气环境。

保护级别：《环境空气质量标准》（GB 3095—2012）二级。

3）声环境

主要保护目标：项目厂界周边声环境质量。

保护级别：《声环境质量标准》（GB 3096—2008）2类标准。

17.1.3 环境影响评价结论

1）项目概况

本工程为住宅小区建设工程，浙江省宁波市鄞州区天童庄车辆段内。东至规划河流（现状约为40m宽）；南至规划铁路邱隘货场；西至万龄江（现状约30m宽），与东环南路隔河相望；北至后塘河（现状约50m宽），河对岸为五乡西路。

本项目总投资约360000万元，总建筑面积572458.98m²，项目用地分A、B、G、F四块地，其中A地块用地面积84041m²，B地块用地面积48169m²，G地块用地面积54393m²，F地块用地面积6152m²。

2）环境质量现状

宁波市环境空气污染物基本项目中，仅SO_2可满足《环境空气质量标准》（GB 3095—2012）二级标准限值要求，NO_2、PM_{10}、$PM_{2.5}$均有不同程度的超标现象。

后塘河史家湾断面氨氮、总磷无法满足《地表水环境质量标准》（GB 3838—2002）Ⅲ类标准。甬江经过三江口断面的水质pH达到Ⅰ类标准；高锰酸钾指数和氨氮达到Ⅲ类标准；DO、BOD5、石油类、CODCr达到Ⅳ类标准；经过张鉴碶断面的水质中pH、BOD5、CODCr达到Ⅰ类标准，氨氮达到Ⅱ类标准，DO、高锰酸钾指数达到Ⅲ类标准，石油类达到Ⅳ类标准，根据上述检测结果甬江水质功能控制目标可以达到《地表水环境质量标准》（GB3838—2002）Ⅳ类标准的要求。

本项目各地块场界昼夜噪声均满足《声环境质量标准》（GB 3096—2008）2类标准。

3）施工期环境影响分析

（1）废气影响

施工期在严格落实本环评提出的各项防治措施后，施工扬尘、施工车辆及机械设备产生的尾气对周边环境影响较小。装潢期废气影响主要为粉尘和油漆废气，使用环保油漆和水性涂料，并尽量使用环保无污染的装修材料，其不会对地块环境造成影响。

（2）废水影响

施工人员废水主要为生活污水，应建设临时隔油沉淀池、化粪池等临时生活设施，经化粪池处理后就近纳入市政污水管网，对纳污水体水环境影响较小。施工场地废水等经截水沟收集、隔油、沉淀处理，然后排入集水池回用于场地及道路洒水以及施工车辆的冲洗，钻孔泥浆废水应委托具有渣土承运资格的专业单位收集外运。预计项目施工废水对接纳水体的水环境影响较小。

（3）噪声影响

施工期噪声对周边小区的影响是必然的，为此施工单位应严格落实本环评提出的各项噪声防治措施，即采取合理布置施工场地、优化行车路线、使用低噪声设备、错开居民休息时间等措施，减轻对其影响。

(4) 固废影响

施工过程产生的废弃土石方、打桩产生的钻孔泥浆、建筑施工产生的建筑垃圾以及装潢过程产生的建筑垃圾应指定地点合理堆放,并委托当地渣土办及时清运处理,生活垃圾应委托环卫部门清运处理,则对周边环境的影响较小。

4) 营运期环境影响分析

(1) 废气影响

A、B 地块车库汽车尾气主要由风机抽送,并经通风竖井在建筑物屋顶高空排放。车库有组织排放的汽车尾气对地面贡献浓度甚微,远低于标准限值的要求,对周边环境影响不大。G、F 地块车库四周半敞开,为无组织排放,经预测,其最大落地浓度占标 6.77%,贡献值不大,对周边敏感点的影响较小。

地面行驶的汽车尾气产生量较小,经自然扩散后对本项目地块以及周边大气环境影响不大。

建设单位在建筑设计时已预留排烟井道供住户使用,做到废气有组织收集排放。垃圾收集桶在落实各项防治措施后,预计垃圾臭气对小区的居住环境影响较小。根据《城镇环境卫生设施设置标准》,独立式的公共厕所外墙与相邻建筑物距离一般不应小于 5.0m。对厕所的便池及时冲洗、喷洒消毒药剂、放置除臭剂并加强公厕管理,保证厕内清洁,做到大便器内无积粪,小便器内不存积尿液,无尿垢、杂物,并定时喷洒消毒药剂,放置除臭剂,其产生的臭气不会对周边环境造成不利影响。

(2) 废水影响

生活污水经化粪池处理,就近排入市政污水管网,最终纳入宁波新周污水处理厂处理达到《城镇污水处理厂污染物排放标准》(GB 18918—2002)一级 B 标准后排入甬江,对受纳污水环境的影响较小。

(3) 噪声影响

公用设施设备运行噪声等噪声应根据本环评提出的要求做好各项隔声降噪措施,则对小区居住环境及周边影响较小。

(4) 固废影响

地块内生活垃圾经地块内的垃圾收集桶或垃圾收集房收集后委托环卫部门及时清运。对环境影响较小。

(5) 周边对本项目影响

①周边工业源废气、噪声影响。

根据现状监测,各测点所测二甲苯、非甲烷总烃的超标率为 0%,一次值污染指数均小于 1。周边企业排放的特征因子对本项目影响较小。根据地块现状声环境监测结果,项目所在地各场界声环境均满足《声环境质量标准》(GB 3096—2008)的 2 类标准要求,可见周边工业对本项目的影响较小。

本项目与动车所最近距离为 137m(项目东侧与检修库距离),《新建铁路金华至宁波铁路环境影响报告书》将天童庄车辆段列为敏感目标,但未对其影响进行分析。动车所主要为车辆存放与检修(轻型维修),车辆进出速度慢,南侧距离本项目最近为 210m,噪声对本项目南侧的影响很小;东侧检修库为临修,只进行简单的检修及清洗,且检修库位于室内,检修及清洗过程产生的噪声经墙体隔声及距离衰减后对本项目的影响小。

建议公交车停靠站选址在考虑方便周边居民乘车的同时，应尽量选择靠近公建设施而远离集中式的居民住宅。

②振动及二次结构噪声影响。

根据振动专题预测结果，本项目各敏感目标室外地面处 VL_{Z10} 和 VL_{zmax} 值，对照《城市区域环境振动标准》（GB 10070—1988）的"混合区、商业中心区"标准，各敏感目标均达标。G 地块和 F 地块，室内 VL_{Z10} 和 VL_{zmax} 值，对照《城市轨道交通引起建筑物振动与二次辐射噪声限值及其测量方法标准》（JGJ/T 170—2009）的"2 类居住、商业混合区、商业中心区"标准，G 地块和 F 地块均达标。

根据二次结构噪声预测结果，本项目 G 地块和 F 地块二次结构噪声，对照《城市轨道交通引起建筑物振动与二次辐射噪声限值及其测量方法标准》（JGJ/T 170—2009）的"2 类居住、商业混合区、商业中心区"标准，G 地块和 F 地块均达标。

③轨道交通噪声影响。

受地铁邱隘站北侧风亭及冷却塔影响，本项目夜间（空调期）存在超标情况。若本项目受影响建筑采用的窗户隔声量≥20dB（A），夜间可以做到《住宅设计规范》（GB 50096—2011）的要求，即卧室、起居室关窗状态下室内声级夜间不超过 37dB（A）。

F 地块与道路顶棚存在一定高差，建议设置挡墙，以减少从高差处传播出的汽车噪声。

④鉴于项目周边环境对本项目有较多不利因素，建设单位在购房合同内应写明这些不利因素，以便购房者了解情况。

5）总量控制指标

根据《关于进一步建立完善建设项目环评审批污染物排放总量削减替代区域限批等制度的通知》（浙环发〔2009〕77 号）的精神，由于项目 COD 系全部由生活污水排放，因此本项目 COD 总量不需进行区域平衡。

6）审批原则符合性分析

（1）产业政策符合性分析

本项目为房地产开发建设项目，属非生产型项目，未列入国家发展和改革委员会（简称"国家发改委"）第 40 号令《产业结构调整指导目录（2011 年本）》（2013 修正）中的限制类和淘汰类，符合产业政策。另外，项目也不属于原国土资源部和国家发改委发布的《限制用地项目目录（2012 年本）》和《禁止用地项目目录（2012 年本）》。项目由宁波市发展和改革委"甬发改备〔2016〕6 号"文件备案，符合国家、省及地方的产业政策。

（2）规划符合性分析

根据《宁波轨道交通在建场站土地综合开发利用规划调整》，本项目位于天童庄车辆段内，本项目地块性质有住宅、商业、幼儿园和净菜市场，符合规划要求。

（3）环境功能符合性分析

根据《宁波市区（主城区）环境功能区划》，本项目所在地属于鄞州五乡——东吴人居环境保障区（0212-IV-0-14）。本项目为房地产项目，项目类别属于"U 城镇基础设施及房地产"类中"156、房地产开发、宾馆、酒店、办公用房等"小类，不属于环境功能区负面清单中禁止的项目，符合环境功能区划要求。

(4)地区环境质量不变

经污染物分析,本项目污染物经治理达标排放后对周围环境的贡献量较小,影响不大,因此当地环境质量仍能维持现状。

7)总结论

本项目如能切实落实本环评提出的各项环保措施,并严格执行"三同时",加强环境管理工作,确保污染物达标排放,做到环境与经济的协调发展,从环境保护的角度而言本项目是可行的。

17.2 物业开发振动环境影响预测与评价

17.2.1 预测敏感目标

本项目预测的敏感目标见表17-2。

本项目预测敏感目标表　　　　　　　　表17-2

敏感目标	线路桩号	线　路	最近水平距离(m)	轨顶面高程(m)	平台高程(m)	建筑类型
B06	左K22+117	正线	54	−12.4	14.3	Ⅰ
B04	左K22+183	正线	38	−12.0	14.3	Ⅰ
B02	左K22+192	正线	41	−12.0	14.3	Ⅰ
B01	左K22+230	正线	39	−12.0	14.3	Ⅰ
A17	右K21+697	正线	37	−23.0	14.3	Ⅰ
A16	右K21+743	正线	32	−21.6	14.3	Ⅰ
A15	右K21+800	正线	33	−20.0	14.3	Ⅰ
A14	右K21+856	正线	46	−18.3	14.3	Ⅰ
A13	右K21+910	正线	42	−16.7	14.3	Ⅰ
A12	右K21+994	正线	33	−14.3	14.3	Ⅰ
A08	右K22+078	正线	42	−12.6	14.3	Ⅰ
A06	右K22+144	正线	40	−12.0	14.3	Ⅰ
A01	右K22+214	正线	42	−11.9	14.3	Ⅰ
A11	C5K0+836	出入段线	24	−6.5	14.3	Ⅰ
A07	C5K0+880	出入段线	27	−4.9	14.3	Ⅰ
A05	C5K0+925	出入段线	34	−3.3	14.3	Ⅰ
A04	C5K1+067	出入段线	58	0.9	14.3	Ⅰ
G地块	—	车辆段线	—	—	20.5	Ⅰ
F地块	—	车辆段线	—	—	20.5	Ⅱ

17.2.2 预测模型

当列车运行时,车辆和轨道系统的耦合振动经钢轨通过扣件和道床传到线路基础,再由周围的地表土壤介质传递到受振点,如敏感建筑物,较大的振动会产生环境振动污染。影响环境振动的因素主要包括车辆类型、线路结构、轮轨条件、地质条件、建筑物类型等。

本项目振动预测采用《环境影响评价技术导则 城市轨道交通》(HJ 453—2008)附录 C 的推荐模式。其基本振动预测计算式如下：

$$VL_Z = \frac{1}{N}\sum_{i=1}^{n} VL_{Z0,i} \pm C \tag{17-1}$$

式中：$VL_{Z0,i}$——列车振动源强，列车通过时段的参考点 Z 计权振动级（dB）；

n——列车通过列数，$n \geq 5$；

C——振动修正项（dB）。

振动修正项 C，计算式如下：

$$C = C_v + C_w + C_L + C_R + C_H + C_D + C_B \tag{17-2}$$

式中：C_v——列车速度修正量，(dB)；

C_w——轴重修正量（dB）；

C_L——轨道结构修正量（dB）；

C_R——轮轨条件修正量（dB）；

C_H——隧道结构修正量（dB）；

C_D——距离修正量（dB）；

C_B——建筑类型修正量（dB）。

17.2.3 预测参数

1）振动源强

本次评价期间，对宁波市轨道交通 1 号线二期振动源强进行监测（B 型车、钢筋混凝土整体道床、DT Ⅲ-2 扣件，列车速度 50km/h，距外轨中心线 0.5m），地下线路振动源强 VL_{Zmax} 为 83.4dB。经速度修正，速度为 60km/h 情况下为 85.0dB。《宁波市轨道交通 1 号线一期工程调整环境影响报告书》中地下线路区段振动源强 VL_{Z10} 为 84.4dB（列车速度 60km/h，距外轨中心线 0.5m），按经验值考虑，VL_{Zmax} 为 87.4dB。本次环评按保守考虑，采用《宁波市轨道交通 1 号线一期工程调整环境影响报告书》的振动源强。

2）速度修正 C_v

$$C_v = 20\lg\frac{v}{v_0} \tag{17-3}$$

式中：v_0——源强测量时基准速度（60km/h）；

v——列车运行速度（km/h）。

根据邱隘站上行及下行列车运行速度曲线，本项目所在正线线路区段速度 0～65 km/h（上行）和 0～50km/h（下行），本次评价按不利情况考虑，上行和下行分别取最高速度 65km/h 和 50km/h。

出入段线因本项目所在出入段线线路岔道较多，列车最高速度为 25km/h，本次评价按其最高速度考虑，出入段线速度取 25km/h。

车辆段内限速最高 25km/h，本次评价按其最高速度考虑，车辆段内线路速度取 25km/h。

3）轴重修正 C_w

$$C_w = 20\lg\left(\frac{w}{w_0}\right) \tag{17-4}$$

式中：w_0——类比车辆 B 型车轴重 14t，A 型车轴重 16t；

w——运营车辆为 B 型车，轴重 14t，故 C_w 为零。

4）轨道结构修正 C_L

轨道结构修正量见表 17-3。

轨道结构修正量表　　　　　　　　　　　　　　　表 17-3

轨道结构	修正量(dB)
普通钢筋混凝土整体道床	0
轨道减振器式整体道床	$-3 \sim 5$
弹性短轨枕式整体道床	$-8 \sim 12$
橡胶浮置板式整体道床	$-15 \sim -25$
钢弹簧浮置板式整体道床	$-20 \sim -30$

本项目所在区段正线、出入段线采用钢筋混凝土整体道床，车辆段内线路为碎石道床，故 C_L 取零。

5）轮轨条件修正 C_R

轮轨条件修正量见表 17-4。

轮轨条件修正量表　　　　　　　　　　　　　　　表 17-4

轮轨条件	修正量(dB)
无缝线路，车轮圆整，钢轨表面平顺	0
短轨线路，车轮不圆整，钢轨表面不平顺	$5 \sim 10$

本项目所在为无缝线路，故 C_R 取零。

6）隧道结构修正 C_H

隧道结构修正量见表 17-5。

隧道结构修正量表　　　　　　　　　　　　　　　表 17-5

隧道结构类型	修正量(dB)
矩形隧道	+1
单洞隧道	0
双洞隧道	-2
车站区段	-4

本项目所在为单洞隧道和地面线路，故 C_H 取零。

7）距离修正 C_D

（1）隧道垂直上方预测点（当 $L \leqslant 5m$ 时）

$$C_D = -a\lg\left(\frac{H}{H_0}\right) \tag{17-5}$$

(2)隧道两侧预测点(当 $L>5m$ 时)

$$C_D = -a\lg R + b \quad (17\text{-}6)$$

式中：R——预测点至隧道底部外轨的直线距离(m)，采用下式计算：

$$R = \sqrt{H^2 + L^2} \quad (17\text{-}7)$$

式中：L——地面测点至外轨中心线的水平距离(m)；

H——地面测点至外轨中心线的垂直距离(m)；

H_0——隧道顶至钢轨顶面的距离(m)，单线隧道取 5m。

本项目距离衰减系数采用广州、上海、北京等轨道交通的回归经验公式，$a=20$，$b=12$。《宁波市轨道交通 1 号线一期工程调整环境影响报告书》也取该数值。

8)建筑物修正 C_B

预测建筑物室内振动时，应根据建筑物类型进行修正。不同类型建筑物修正量见表 17-6。

建筑物类型修正量表　　　表 17-6

建筑物类型	建筑结构及特性	修正量(dB)
I	良好基础、框架结构(高层建筑)	$-13 \sim -6$
II	基础一般的砖混、砖木结构建筑（中层建筑或质量较好的底层建筑）	$-8 \sim -3$
III	基础较差的轻质、老旧房屋（质量较差的底层建筑或简易临时建筑）	$-3 \sim +3$

本项目 A、B、G 建筑物按 I 类建筑物考虑，C_B 取 -6；F 地块按 II 类建筑考虑，C_B 取 -3。

17.2.4　预测结果及评价

预测结果见表 17-7。由预测结果可知，本项目各敏感目标室外地面处 VL_{Z10} 和 VL_{Zmax} 值，对照《城市区域环境振动标准》(GB 10070—1988)的"混合区、商业中心区"标准，各敏感目标均达标。G 地块和 F 地块，室内 VL_{Z10} 和 VL_{Zmax} 值，对照《城市轨道交通引起建筑物振动与二次辐射噪声限值及其测量方法标准》(JGJ/T 170—2009)的"2 类 居住、商业混合区、商业中心区"标准，G 地块和 F 地块均达标。

振动预测结果表　　　表 17-7

敏感目标	与线路位置关系(m)		预测点位置	列车运行速度(km/h)	VL_{Z10} 预测值(dB)	VL_{Zmax} 预测值(dB)	标准值(dB)		VL_{Z10} 超标量(dB)		VL_{Zmax} 超标量(dB)	
	L	H					昼间	夜间	昼间	夜间	昼间	夜间
B06	54	26.7	室外 0.5m	65	61.5	64.5	75	72	—	—	—	—
B04	38	26.3	室外 0.5m	65	63.8	66.8	75	72	—	—	—	—
B02	41	26.3	室外 0.5m	65	63.3	66.3	75	72	—	—	—	—
B01	39	26.3	室外 0.5m	65	63.6	66.6	75	72	—	—	—	—
A17	37	37.3	室外 0.5m	50	60.4	63.4	75	72	—	—	—	—
A16	32	35.9	室外 0.5m	50	61.2	64.2	75	72	—	—	—	—
A15	33	34.3	室外 0.5m	50	61.3	64.3	75	72	—	—	—	—

续上表

敏感目标	与线路位置关系(m)		预测点位置	列车运行速度(km/h)	VL_{Z10} 预测值(dB)	VL_{Zmax} 预测值(dB)	标准值(dB)		VL_{Z10} 超标量(dB)		VL_{Zmax} 超标量(dB)	
	L	H					昼间	夜间	昼间	夜间	昼间	夜间
A14	46	32.6	室外0.5m	50	59.8	62.8	75	72	—	—	—	—
A13	42	31	室外0.5m	50	60.5	63.5	75	72	—	—	—	—
A12	33	28.6	室外0.5m	50	62.0	65.0	75	72	—	—	—	—
A08	42	26.9	室外0.5m	50	60.9	63.9	75	72	—	—	—	—
A06	40	26.3	室外0.5m	50	61.2	64.2	75	72	—	—	—	—
A01	42	26.2	室外0.5m	50	60.9	63.9	75	72	—	—	—	—
A11	24	20.8	室外0.5m	25	58.8	61.8	75	72	—	—	—	—
A07	27	19.2	室外0.5m	25	58.4	61.4	75	72	—	—	—	—
A05	34	17.6	室外0.5m	25	57.1	60.1	75	72	—	—	—	—
A04	58	13.4	室外0.5m	25	53.3	56.3	75	72	—	—	—	—
G 地块	—	20.5	室外0.5m	25	64.5	67.5	75	72	—	—	—	—
			室内	25	58.5	61.5	70	67	—	—	—	—
F 地块	—	20.5	室外0.5m	25	64.5	67.5	75	—	—	—	—	—
			室内	25	61.5	64.5	70	—	—	—	—	—

注：根据实测资料表明，列车经过时的 VL_{Zmax} 值比 VL_{Z10} 值高 2～4dB，因此本评价在预测时将（VL_{Z10}+3）dB 作为 VL_{Zmax} 值考虑。

17.2.5 类比监测

本项目 A、B 地块间有轨道交通 1 号线二期正线（地下线），1 号线二期目前已运营，远期运营时间为 5:00—23:00，车辆频次平均约 5min。

本项目 A 地块南侧为天童庄车辆段出入段线，F 地块、G 地块下方为车辆段线路。天童庄车辆段列车收发时间集中在 22:30—00:30、凌晨 04:30—06:00。

为了解 1 号线二期正线穿越天童庄车辆综合基地时引起的地面和平台振动情况，本次评价期间进行了对照监测，检测结果见表 17-8。

振动检测结果表　　　　表 17-8

监测点	编号	测点位置	测量值	测量时间,单位
G07 拟建位置	V6	15m 平台	昼间 61.7	20min, VL_{Z10}（dB）
			夜间 61.8	
临近 F 地块	V5	临近 F 地块 15m 平台	昼间 60.8	20min, VL_{Z10}（dB）
			夜间 61.9	
A08 对照占位	V4	15m 平台	60.6	列车通过时段(5 次), VL_{Z10}（dB）
			59.2	
			60.2	
			63.0	
			59.0	
A08 建筑拟建位置	V1	地面	72.4	列车通过时段(5 次), VL_{Z10}（dB）
			72.8	
			72.6	
			72.1	
			72.2	

为了解正线列车经过时产生的振动对地面和平台的影响程度,本次评价期间,选取两个点位 V1 和 V4(分别位于 15m 平台和 0m 地面)进行监测。根据速度曲线,两个点位所在位置列车速度基本一致,两个点位与正线距离基本一致,两个点位轨道埋深基本一致,故监测结果基本可做参考。

根据监测结果,平台振动小于地面振动,可以基本推测,对于车辆段这种结构平台的上盖建筑,平台振动将小于地面振动,即单纯考虑列车经过的振动预测值偏高。

17.2.6 二次结构噪声预测评价

当地铁列车运行在地下区段时,因轮轨接触产生的振动通过轨道、隧道、土壤等介质传至地面建筑物内,引起建筑物墙壁、地面结构基础振动,进而引起房屋地面、墙体、梁柱、门窗及室内家具等振动,从而使建筑物内产生二次结构噪声。地铁在投入运营后,列车通过时可能对其地面及地下建筑物产生结构辐射噪声。地铁振动二次结构噪声频率范围一般在 20～200Hz,峰值一般出现在 50～80Hz。本项目二次结构噪声预测采用《环境影响评价技术导则 城市轨道交通》(HJ 453—2018)附录 C 的推荐模式。

本项目二次结构噪声预测时,建筑物内的振动加速度级(16-200Hz)类比地铁宿舍的实测数据。地铁宿舍位于天童庄基地 10m 平台上,与试车线水平距离 10m 以内。试车车型为 B 型车(与车辆段一致),试车线道床为碎石道床(与车辆段一致),试车速度 40km/h(车辆段内最高速度 25km/h,本次评价按不利情况考虑,故采取车速 40km/h),G 地块和 F 地块位于天童庄基地 15m 平台上;故试车线试车时地铁宿舍的振动加速度级具有参考性。

本项目二次结构噪声预测结果见表 17-9。

二次结构噪声预测结果　　　　　　　表 17-9

敏感目标	最近水平距离(m)	列车运行速度(km/h)	二次结构噪声[dB(A)]	标准值 [dB(A)]		超标量 [dB(A)]	
				昼间	夜间	昼间	夜间
G 地块	0	25	27.3	41	38	—	—
F 地块	0	25	27.3	41	—	—	—

由上表预测结果可知,本项目 G 地块和 F 地块二次结构噪声,对照《城市轨道交通引起建筑物振动与二次辐射噪声限值及其测量方法标准》(JGJ/T 170—2009)的"2 类居住区、商业混合区、商业中心区"标准,G 地块和 F 地块均达标。

17.3　物业开发声环境影响预测评价

17.3.1 主要噪声源分析

1)正线段

轨道交通地下区段噪声源主要为风亭噪声和冷却塔噪声。风亭噪声是由轨道交通环控系统的各类风机噪声通过风道和风亭传至地面所产生;冷却塔噪声主要为风机噪声和淋水噪声。

2）车辆段

（1）试车线

天童庄车辆段设有一条试车线，试车速度一般情况下最高为 60km/h。试车时的噪声主要由列车运行产生的轮轨噪声和牵引电机和逆变器噪声等组成。

（2）出入段线和道岔区

天童庄车辆段出入段线为双线，大部分位于地下，受道岔和曲线限值，列车最高运行速度一般为 25km/h。

道岔区道岔、轨道接头较多，线路弯曲，线束较密，列车经过时速度一般为 15～20km/h。

（3）列车鸣笛

当有列车进出车辆段时，会不定时鸣笛，鸣笛声瞬时值可达 90dB（A）以上。

17.3.2 影响分析

1）正线段

（1）源强分析

本次评价期间对项目所在车站（邱隘站）风亭及 B06 建筑进行了监测。车站北侧为高风亭、南侧为低风亭。

因低风亭受周围挡墙影响，故未监测最近建筑（A01）的声环境情况；对于高风亭，周围较为空旷，无阻挡，故监测最近建筑（B06）的声环境情况。监测结果见表 17-10。

风亭监测结果　　　　　　表 17-10

风亭类别	测点位置	A 声级 [dB(A)]	附 注
活塞风亭（南）	网格栅外 1m	51.1	TVF 风机前后端设 2m 和 3m 长消声器
排风亭（南）	网格栅外 1m	54.2	风道内设 3m 长消声器，OTE 风机后端设 2m 长消声器
新风亭（南）	网格栅外 1m	52.3	风道内设 3m 长消声器

以风亭网格栅外 1m 为基础数据，根据《环境影响评价技术导则 城市轨道交通》（HJ 453—2008）和《环境影响评价技术导则 声环境》（HJ 2.4—2009）推算风亭当量距离处噪声源强，按保守估计考虑，其具体如下：

活塞风亭（南）：48.1dB（A）；排风亭（南）：51.2dB（A）；新风亭（南）：49.3dB（A）。

因本次评价期间属于非空调期，且冷却塔水已放空，故无法测其源强，其源强参考《宁波市轨道交通 1 号线一期工程调整环境影响报告书》中的数值："距塔体 2.1m、地面 1.5m 高处为 66.0dB（A），距排风口 1.5m、45°角处 73.0dB（A）"，大、小系统均采用此源强，大系统按运行 2 台冷却塔考虑，小系统按运行 1 台冷却塔考虑。

（2）预测模式

风亭、冷却塔预测模式采用《环境影响评价技术导则 城市轨道交通》（HJ 453—2008）附录 B 的推荐模式。其基本预测计算式如下：

$$L_{Aeq}=10\lg\left[\frac{1}{T}\left(\sum_i t10^{0.1L_{pA}}\right)\right] \quad (17-8)$$

式中：L_{Aeq}——评价时间内预测点的等效计权 A 声级 [dB（A）]；

T——定的评价时间（s）；

t——风亭、冷却塔的运行时间（s）；

$L_{p,A}$——预测点的等效声级 [dB(A)]。

$$L_{p,A} = L_{p0} \pm C \tag{17-9}$$

式中：L_{p0}——在当量距离 D_m 处测得（或设备标定）的风亭、冷却塔辐射的噪声源强，进排风亭当量距离：$D_m = \sqrt{ab} = \sqrt{S_e}$，式中 a、b 为矩形风口的边长，S_e 为异形风口的面积；

C——噪声修正项：

$$C = C_d + C_{f,i} \tag{17-10}$$

式中：C_d——几何发散衰减；

$C_{f,i}$——频率计权修正。

当预测点到风亭、冷却塔的距离大于其2倍当量距离 D_m 或最大限度尺寸时，风亭、冷却塔噪声具有点声源特性，可根据点声源的几何发散衰减计算方法（忽略声源指向性的影响时），确定其噪声辐射的几何发散衰减 C_d 可参照《声学户外声传播的衰减第2部分：一般计算方法》（GB/T 17247.2—1998），按下式计算：

$$C_d = 10\log\left(\frac{d}{D_m}\right) \tag{17-11}$$

当预测点到风亭的距离小于当量直径 D_m 时，风亭噪声接近面源特征，不再考虑其几何发散衰减。

（3）预测结果

由预测结果可知，本项目 B06 受风亭和冷却塔影响，空调期夜间超标，超标量 2.5dB(A)，见表 17-11。

正线噪声影响预测结果表　　　　　　　　　　表 17-11

敏感目标	B06		A01	
与噪声污染源距离(m)	新风亭 43；排风亭 47；活塞风亭 42，49；冷却塔 50		新风亭 18；排风亭 195；活塞风亭 234，29	
现状噪声 [dB(A)]	昼间 50.2	夜间 46.6	昼间 48.4	夜间 45.3
标准值 [dB(A)]	昼间 60	夜间 50	昼间 60	夜间 50
非空调期				
贡献值 [dB(A)]	—	—	昼间 46.3	夜间运营时段 46.3
预测值 [dB(A)]	—	—	昼间 50.5	夜间运营时段 48.8
超标量 [dB(A)]	—	—	—	—
空调期				
贡献值 [dB(A)]	昼间 51.2	夜间运营时段 51.2	昼间 46.3	夜间运营时段 46.3
预测值 [dB(A)]	昼间 53.7	夜间运营时段 52.5	昼间 50.5	夜间运营时段 48.8
超标量 [dB(A)]	—	2.5	—	—

注：B06 通过监测 B06 建筑噪声情况叠加冷却塔（空调期）贡献值进行预测；A01 噪声情况监测时会因受低风亭的挡墙干扰，故 A01 通过风亭贡献值叠加本底（代表点位：N6）进行预测。

2）车辆段

（1）试车线

本次评价期间,对试车线对地铁宿舍噪声影响进行了监测,用于类比分析试车线对本项目的影响。根据监测情况,当试车线进行试车时(最高速度 60km/h),地铁宿舍一层、四层、七层、十层监测值基本无变化,说明试车线噪声对其基本无影响,从而其对本项目基本无影响。本次评价期间,还对试车线噪声进行了预测(不考虑平台上建筑情况),其 3D 预测模型及等声级线图见图 17-1、图 17-2,由预测图可见,试车线因平台阻挡,其噪声对本项目拟建区域基本无影响。

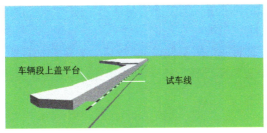

图 17-1 试车线噪声预测 3D 模型图

图 17-2 试车线噪声预测 11.5m 声场图

（2）出入段线、道岔区

因出入段线位于基地南侧,地下段基本位于基地外,地面段在基地内,由于速度较低,其噪声基本小于试车线噪声。根据监测,试车线噪声对本项目基本无影响,故出入段线噪声对本项目也基本无影响。

道岔区位于基地北侧,且没有挡墙,较为空旷,列车经过时此处噪声会直接传播至拟建地块。本次评价期间,在 15m 平台处(拟建 B05 与道岔区之间)进行了监测,监测结果表明,当有列车经过时,列车通过时段等效噪声为 55.1dB(A),此时通过为一列车情况,根据轨道交通资料,道岔区通过列车最多为两列,此时等效噪声估算约 58dB(A)左右。根据建设单位介绍,此处 B 地块 10m 平台与道岔区 10m 平台空隙在设计时已进行衔接,故此处道岔区噪声对本项目影响较小。

（3）列车鸣笛

列车鸣笛存在不定时和无规律特性,鸣笛时基本为短鸣。待本项目建成后,列车夜间回库和出库均不鸣笛,故其对本项目噪声影响较小。

（4）基地出入道路

现阶段基地出入道路作为基地职工人员及外来办事人员进出通道使用。通过对现场情况的踏勘,因现场区域较为空旷,故汽车通过减速带或者不平坦路段时颠簸产生的噪声较为明显。F地块拟建幼儿园(15m平台),其南侧为基地出入道路(10m平台),虽然幼儿园与道路间有5m高差,且为实体墙,但因道路顶棚与F地块(15m平台)存在一定高差且无挡墙,故汽车颠簸声音在F地块感受较为明显。

17.3.3 评价结论

经预测,受轨道交通邱隘站北侧风亭及冷却塔影响,本项目夜间(空调期)存在超标情况。若本项目受影响建筑采用的窗户隔声量≥20dB(A),夜间可以满足《住宅设计规范》(GB 50096—2011)的要求,即卧室、起居室关窗状态下室内声级夜间不超过37dB(A)。本次风亭、冷却塔对本项目噪声影响是在空旷条件下进行预测,未考虑其他建筑物阻挡、反射等情况,建议本项目在施工期进行周期性监测,对超标的建筑加以隔声窗措施,以保证营运期的声环境达标。F地块与道路顶棚存在一定的高差,建议设置挡墙,以减少从高差处传播出的汽车噪声。

第18章
上盖物业开发建筑设计

18.1 物业开发总体规划　　　　18.2 上盖物业建筑设计及方案变化

18.1　物业开发总体规划

18.1.1　规划设计要求

根据 2015 年 11 月由宁波市自然资源和规划局鄞州分局编制，宁波市自然资源和规划局（简称："宁波市规划局"）批复的天童庄车辆段地块规划设计要求，本项目规划设计要求主要内容如下：

1）区域位置及条件

地块位于五乡镇、邱隘镇，东至规划河流，南至规划铁路邱隘货场，西至万龄江（现状约为 30m），北至后塘河（现状约为 50m），现状为轨道交通 1 号线天童庄车辆段，总用地面积为 383463 m^2。

2）用地性质

（1）0m 层 -A 和 15m 层 -G 地块：二类居住用地（R2），适建多、高层住宅建筑及其配套设施。

（2）0m 层 -B 地块：二类居住用地（R2）和商业用地（B1）的混合用地，适建多、高层住宅建筑及其配套设施及商业。

（3）10m 层 -C、10m 层 -D、10m 层 -E 地块：二类居住用地（R2），适建停车场库（现状已建，建筑面积约为 54300m^2，规划保留。面积不计入容积率计算）。

（4）15m 层 -F 地块：12 班幼儿园用地（R22）。

（5）H 地块：公园绿地（G1）。

3）配套设施

（1）15m 层 -F 地块配置 12 班幼儿园；0m 层 -B 地块配置菜场（净菜超市）：建筑规模不小于 750m^2；卫生：建筑规模不小于 200 m^2；社区用房、养老、体育配套设施。其他配套设施由轨道部门与当地政府协调解决。

（2）依据甬鄞党〔2008〕2 号文件及甬鄞党发〔2013〕28 号文件规定，配建社区办公用房、活动服务综合用房、文体休闲广场：按总建筑面积 0.2%，无偿提供社区经营用房（不低于 40m^2）。依据甬政办发〔2010〕100 号文件规定，配置不小于 40 m^2 的再生资源回收站。依据甬政发〔2012〕85 号文件规定，配置养老设施。上述设施与本地块同步规划设计、同步建设、同步交付使用。

（3）建设单位应当依照建设工程规划许可证载明的地上总建筑面积 7‰ 的比例配置物业管理用房，其中 3‰ 为物业管理办公用房，4‰ 为物业管理经营用房，并按《宁波市住宅小区物业管理条例》和有关文件规定移交。

（4）项目建设必须合理解决好交通、消防、环保、景观、物业管理等问题，应设置相应的市政、消防配套设施,无障碍设计应符合《无障碍设计规范》(GB 50763—2012)。

(5)人防工程在征得人防主管部门同意的前提下,允许地块人防设施与轨道人防设施统筹考虑。

(6)规划要求周边配套道路等基础设施同步建设。

(7)按照配套设施同步到位的原则安排好实施的步骤,做好建设的衔接,其他政策处理及配套由轨道部门与属地政府协调解决。

4)城市设计要求

(1)统一考虑建筑景观,着重处理好沿后塘河的建筑立面。

(2)注意建筑景观与环境设计,建筑风格、外观造型、色彩、外饰材料应与周边建筑相协调。建筑外装饰材料总体上要求高标准、高档次。

(3)建筑的夜景灯光设计需另行审批。

(4)根据《公共建筑节能设计标准》(GB 50189—2005)、《夏热冬冷地区居住建筑节能设计标准》(JGJ 134—2010),建筑节能须单独设计。

(5)空调外架和冷凝水落水管等建筑附属设施细部应在建筑设计中统一设置,商业建筑的空调系统应采用集中供应形式或设置隐蔽专用的空调室外机位(包括连接管线)。

(6)公园绿地应对外开放。

(7)地块方案应与轨道交通用地方案统一设计,并处理好和规划交通设施各功能之间的关系。

(8)做好与轨道设备的景观协调,并处理好轨道交通的安全防护要求。

5)交通组织

(1)各类出入口及通道设置均应符合有关规范要求。

(2)停车数量:根据甬政发〔2015〕47号《宁波市建设工程停车配建指标规定》要求配置。住宅部分机动车停车配建按规定执行,计数时允许包含规划公共停车位(规划公共停车位不少于100个),其他机动车停车配建允许适当折减,折减总量不应超过配建要求总量的30%。

6)市政依托

(1)雨水就近排入河道,污水规划接入周边污水管网。地块周边道路污水管网建成前应制定近期排放方案,具体由轨道部门与属地政府协调解决,污水须达标排放。

(2)给水、电力、电信等其他管线规划接入周边市政管网,近期由轨道部门与属地政府协调解决。

(3)0m层室外地坪高程不低于50年一遇洪水位,并应比周边道路的最低路段高程高出0.2m以上。鄞东南内河水系水文资料:常水位1.27m,常年控制高水位1.57m,低水位0.87m;50年一遇洪水位3.27m。

7)竖向规划

做好竖向设计,合理安排土石方,处理好地块高程与外部高程的关系。

8)其他

(1)0m层-B地块的商业建筑规模应不小于25000m²。

(2)0m层-A、0m层-B、15m层-G地块如分期开发,先期开发的地块均不得超过规定容积率,最末期开发地块的容积率可根据整体开发强度核算。

(3)10m 层、15m 层:指以 0m 层 -A、0m 层 -B 地块的室外地坪高程为基准平面至结构防水层的相对高度层。

(4)若地块内有停车库、轨道交通配套设施或设备用房的部分,其室外地坪高程从其上部顶板防水层以上起算。

(5)0m 层 -A 地块西南侧有轨道线穿过,应做好对轨道的保护,具体实施按照《宁波市规划局 2014 年第三期出让地块规划条件前期技术研究会议纪要》载明的要求执行。

(6)地块的规划建设应符合国家、省和市的现行住房政策要求。涉及本项目及周边配套公共服务设施、基础设施的建设及项目建成后的社会事务管理机制等问题由轨道部门与属地政府事前议定。

(7)0m 层 -A、0m 层 -B、15m 层 -G 地块若由同一家开发建设单位取得,允许容积率、建筑密度指标统一核算。

9)说明

(1)规划设计的基本图纸以规划局提供的 1∶500 或 1∶1000 地形图为准。

(2)建筑面积计算按照《房产测量规范》(GB/T 17986—2000)和《浙江省房屋建筑面积测算实施细则(试行)》执行,容积率计算按照宁波市城乡规划主管部门现有的计算规则执行。考虑到轨道车辆段上盖开发的特殊性,根据土地分层出让、分层利用的原则,计算绿地率、建筑密度、建筑高度等指标时,有停车库、轨道交通配套设施或设备用房的部分从其上部顶板防水层以上起算,并应同时满足绿化覆土厚度等要求。建筑高度:指建筑室外地坪至建筑檐口(或其女儿墙顶部)的高度。

(3)地块面积以土地管理部门实测为准。

(4)本规划条件有效期为 6 个月,在此期间未依法取得土地使用权的,此规划条件需重新确认。

(5)本规划条件由规划行政主管部门负责解释。

10)地块规划控制指标

地块规划控制指标见表 18-1,地块规划条件见图 18-1。

地块控制指标表　　　　　　　　　　　　　　　　表 18-1

地块编号	用地性质	用地面积(hm²)	容积率 r(地上)	建筑密度(%)	绿地率(%)	建筑高度(m)
0m 层 -A	R2	8.40	1.00<r≤2.1	≤32	≥30	≤100
0m 层 -B	R2+B1	4.82	1.00<r≤2.1	≤32	居住≥30;商业≥20	≤100
15m-G	R2	5.44	1.00<r≤2.1	≤32	≥30	≤45
10m 层 -C	R2	1.49	—	—	—	—
10m 层 -D	R2	2.70	—	—	—	—
10m 层 -E	R2	1.24	—	—	—	—
15m 层 -F	R22	0.62	0.70	—	≥35	≤24
H	G1	4.13	—	—	—	—

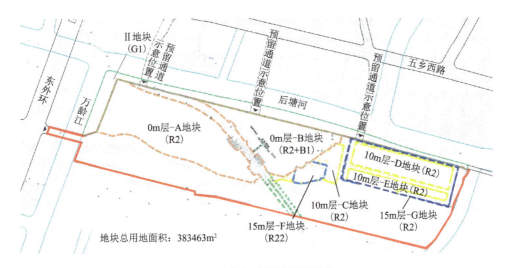

图 18-1 天童庄车辆段地块规划条件

18.1.2 规划分析

1）项目区位及环境

本项目区位图见图 18-2。

图 18-2 天童庄车辆段地块区位图

0m 层 -A、B 地块之间有地铁 1 号线穿越，用地南侧是地铁 1 号线车辆段，通往 15m 层 -F、G 地块下面的维修车间。15m 层 -F、G 地块场地高程是 15m，其中 0～10m 是地铁车辆段使用空间，10～15m 是已建车库层，见图 18-3。

2）控制条件

本项目建筑用地红线、建筑控制线和地铁噪声控制线见图 18-4。

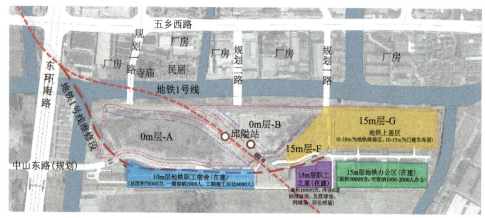

图18-3 天童庄车辆段地块周边环境及规划图

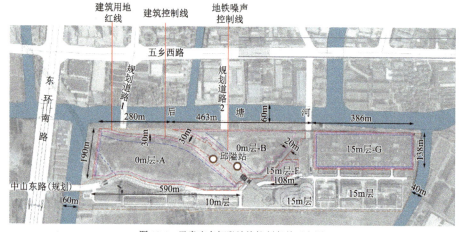

图18-4 天童庄车辆段地块控制条件示意图

3)分期开发方案

本项目计划分两期开发,一期开发包括车辆段上盖平台15m层-G地块和落地区域B地块,以及车库夹层10m层-C、D、E地块,如图18-5所示。

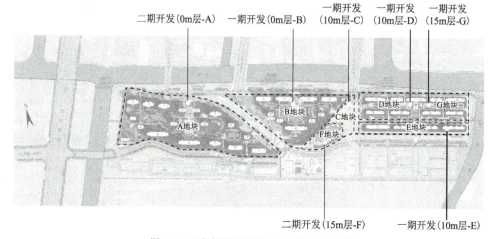

图18-5 天童庄车辆段地块分期开发方案示意图

4)一期开发部分的建筑间距及竖向布置

一期开发部分的建筑布置间距及高程关系如图 18-6 所示。

图 18-6 天童庄车辆段地块一期开发建筑间距及竖向布置图

5)地块开发总体规划指标

地块开发总体规划指标见表 18-2。

A、B、C、D、E、F、G 地块总体规划指标表 表 18-2

项 目				指 标	单位	附 注
总用地面积				186603	m²	不含代征河流绿化用地面积:25487m²
总建筑面积				573464.74	m²	不含 F 地块幼儿园建筑面积:4300m²
其中	地上建筑面积			391987.34	m²	
	其中	住宅总建筑面积		359732.33	m²	
		商业建筑面积		25000	m²	
		配套用房面积		7255.01	m²	
		其中	社区管理用房	1964.80	m²	3000户以上按每百户40m²配置,0m 层-B、15m 层-G 地块管理用房统一放置于 0m 层-B 地块
			社区经营用房	134.66	m²	不少于总建筑面积的0.02%,0m 层-B、15m 层-G 地块经营用房统一放置于 0m 层-B 地块
			物业经营用房	1588.75	m²	不少于总建筑面积的0.4%,0m 层-B、15m 层-G 地块统一放置于 0m 层-B 地块
			物业管理用房	1201.57	m²	
			净菜超市	750	m²	整个项目统一放置于 0m 层-B 地块
			卫生服务用房	200	m²	整个项目统一放置于 0m 层-B 地块
			资源回收站	40	m²	整个项目统一放置于 0m 层-B 地块
			其他配套用房	1375	m²	消控、门卫等
	0~15m 层车库建筑面积			173872.00	m²	不计容
		其中	自行车车库	10863	m²	
			汽车车库	163009.50	m²	
	架空层面积			7605	m²	

续上表

项目			指标	单位	附注
总套数			3204	套	
住宅楼栋数			39	栋	
容积率			2.10		
建筑密度			32%		
绿地率			30%		
人防面积			30400	m²	住宅不少于地上总建筑面积8%配置,其他按地上总建筑面积的5%配置。0m层-A、B及15m层-G地块统筹核算,建在0m层-A、B地块
机动车停车位			4044	个	住宅（1.05辆/100m²）,商业（1.00辆/100m²）,其中非住宅配套车位按配置需求折减30%。应配置公共车位为192个,无障碍停车位83个
其中	地面停车位		120	个	
	车库停车位		2720	个	
	地铁上盖停车位		1204	个	已建10m层-C、D、E地块车库停车,不计容

6）一期开发部分的规划指标

一期开发部分的规划指标见表18-3。

D、E、G地块规划指标表　　　　　　　　　　　　　　　　表18-3

项目				指标	单位	附注
用地面积				54393	m²	
总建筑面积				126602.85	m²	含不计容架空层面积
其中	地上建筑面积			84588.65	m²	
	其中	住宅总建筑面积		84054.65	m²	
		配套用房面积		534	m²	
		其中	社区管理用房		m²	3000户以上按每百户60m²配置,需配置459m²,0m层-B、15m层-G地块管理用房统一放置于0m层-A地块
			社区经营用房		m²	不少于总建筑面积的0.02%,需配置29m²,0m层-B、15m层-G地块统一放置于0m层-B地块
			物业经营用房		m²	不少于总建筑面积的0.4%,需配置339m²,0m层-B、15m层-G地块经营用房统一放置于0m层-B地块
			物业管理用房	258.77	m²	不少于地上总建筑面积的0.3%
			其他配套用房	275.23	m²	消控、门卫等
	10m层D、E地块车库建筑面积			39545	m²	地铁上盖内,已建成,不计容
	其中	自行车车库		1866.5	m²	
		汽车车库		37678.5	m²	
	架空层面积			2459.2	m²	不计容
总套数				764	套	其中无障碍住宅16套,位于G12号楼内
住宅楼栋数				13	栋	
容积率				1.56		
建筑密度				32%		
绿地率				30%		
人防面积				6801.07	m²	住宅不少于地上总建筑面积8%配置,其他按地上总建筑面积的5%配置。0m层-A、B及15m层-G地块人防统筹核算,建在0m层-A、B地块
机动车停车位				874	个	住宅（1.05辆/100m²）,商业（1.00辆/100m²）,其中非住宅配套车位按配置需求折减30%。应配置公共车位为866个,无障碍停车位19个

7）地块开发整体鸟瞰图

地块开发整体鸟瞰图见图18-7。

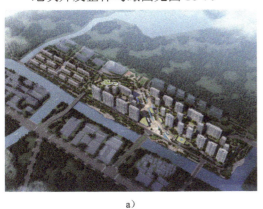

a)

b)

图18-7　天童庄车辆段地块开发整体鸟瞰图

8）住宅区透视图

住宅区透视图见图18-8。

a)

b)　　　　　　　　　　　　　　　　　　c)

图18-8　天童庄车辆段地块开发住宅区透视图

9）地块开发功能分析

地块开发功能见图18-9。

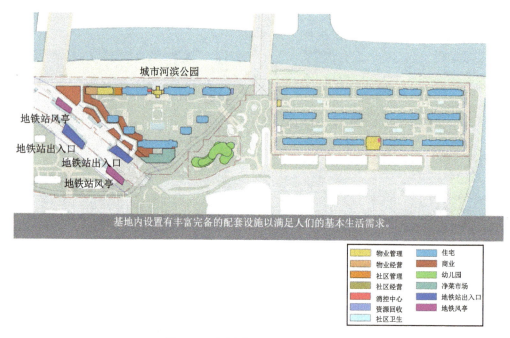

图 18-9　天童庄车辆段地块开发功能分析图

10）地块开发剖面示意图

地块开发剖面示意图见图 18-10、图 18-11。

图 18-10　天童庄车辆段地块开发 1-1 剖面图（建成后）

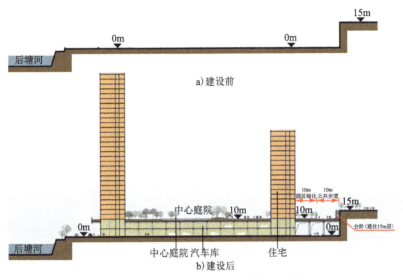

图 18-11　天童庄车辆段地块开发 2-2 剖面图

18.1.3　15m 层 -G 地块开发规划设计

1）15m 层 -G 地块开发户型配比

15m 层 -G 地块（以下简称"G 地块"），户型配比见图 18-12。

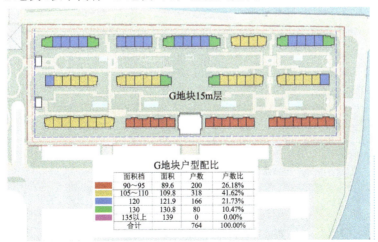

图 18-12　G 地块开发户型配比图

2）G 地块建筑日照分析

（1）日照依据及要求

①日照分析：多点分析。

②地理位置：宁波市区，东经 121°32′，北纬 29°54′。

③测试日期:公元 2001 年大寒日。
④有效时间:8:00～16:00(真太阳时)。
⑤计算高度:室内高程 +0.9m+0.9m。
⑥时间统计方式:对连续日照时间超过 15 min 的时间段进行累加。
⑦时间间隔:5min。
⑧采样间距:0.6m。
(2)日照分析图及结论
日照分析见图 18-13。

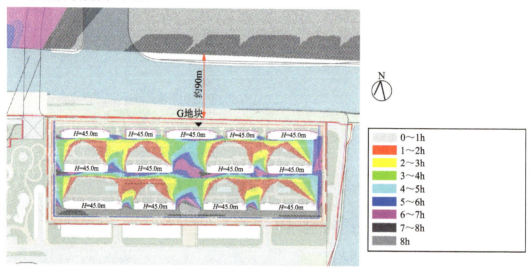

G地块:受影响面高度15.90m

图 18-13　15m 层 -G 地块开发日照分析图

注:高度(H)统一从 0m 层开始计算。

结论:拟建建筑满足大寒日 2h 日照要求参数要求。

3)G 地块绿化分析

绿化分析见图 18-14。

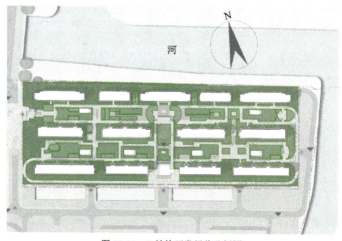

图 18-14　G 地块开发绿化分析图

G 地块用地面积 54393m²，绿化面积 16318m²，绿地率为 30%。

18.2 上盖物业建筑设计及方案变化

18.2.1 建筑设计及方案变化

1）车辆段工程设计时的上盖物业建筑布置方案

天童庄车辆段施工图设计时盖上物业开发（B 区，即 G 地块）建筑平面布置如图 18-15 所示。布置住宅建筑 14 幢，层数为 11 层。

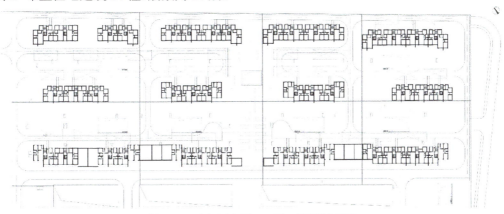

图 18-15　天童庄车辆段 15m 层 B 区平面布置图

2）物业开发 G 地块建筑布置方案

物业开发阶段，上盖 G 地块的建筑布置如图 18-16 所示，布置住宅建筑 13 幢，层数为 10 层，总建筑高度 29.9m。

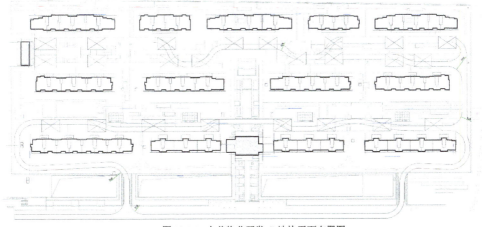

图 18-16　上盖物业开发 G 地块平面布置图

3）方案变化

从图 18-15 和图 18-16 的对比可以看出，在物业开发实施阶段，G 地块的建筑平面布置与车辆段施工图比较，总体格局保持基本不变，局部进行了调整。

18.2.2 结构设计标准

1）设计标准

（1）结构层数：G01～13号楼为10层高层住宅，D01号、D02号楼为一层物业用房，以上塔楼分别布置在一区～八区的已建成两层裙房车库上，8个车库以抗震缝分为8个独立结构。

（2）结构形式：现浇钢筋混凝土框架结构。

（3）基础形式：本工程基础为钻孔灌注桩，已施工完成。

（4）工程等级：

①本工程结构抗震设防烈度7度，地震加速度$0.10g$，设计地震分组为第一组；

②结构抗震设防分类为标准设防；

③场地类别为Ⅳ类，设计特征周期为0.65s；

④框架抗震等级为二级；

⑤结构结构设计基准期为50年，结构设计使用年限为50年；

⑥结构安全等级为二级；

⑦基础设计等级为甲级。

（5）本工程±0.000相当于国家高程如下：

G01、G02、G03、G04为20.830m；G05、G06、G07、G08为20.480m；G09、G10、G11、G12、G13为20.130m。

2）设计依据

（1）本工程设计遵循的标准、规范、规程、图集

①《建筑结构可靠度设计统一标准》（GB 50068—2018）；

②《建筑结构荷载规范》（GB 50009—2012）；

③《混凝土结构设计规范（2015年版）》（GB 50010—2010）；

④《建筑地基基础设计规范》（GB 50007—2011）；

⑤《建筑地基基础设计规范》（DB 33/1001—2003）；

⑥《民用建筑绿色设计规范》（JGJ/T 229—2010）；

⑦《建筑基桩检测技术规范》（JGJ 106—2014）；

⑧《建筑抗震设计规范（2016年版）》（GB 50011—2010）；

⑨《砌体结构设计规范》（GB 50003—2011）；

⑩《混凝土结构施工图平面整体表示方法制图规则和构造详图》（16G101-1、2、3）；

⑪《砌体填充墙结构构造》（12SG614-1）；

⑫《建筑物抗震构造详图》（11G329-1）；

⑬《工业建筑防腐蚀设计规范》（GB 50046—2008）；

⑭其他相关设计施工验收规范等。

（2）本工程地质勘察报告

①《宁波市轨道交通1号线一期工程（勘察标段二）——天童庄车辆段与综合基地岩土工程详细勘察报告（2009年9月）》。

②《宁波市轨道交通 1 号线一期工程天童庄车辆段与综合基地补充详勘岩土工程勘察报告》。

(3)结构整体计算软件

① PKPM 系列多层及高层建筑结构空间有限元分析与设计软件 SATWE(中国建筑科学院)。

② YJK 盈建科建筑结构设计软件 V2016(北京盈建科软件股份有限公司)。

③ MIDAS Gen 2014(V8.3.6)。

④ ABAQUS。

3)设计荷载

(1)基本风压(50 年一遇)为 0.50kN/m²,地面粗糙度类别为 B 类。

(2)基本雪压(50 年一遇)为 0.30kN/m²。

(3)屋面和楼面均布活荷载标准值,见表 18-4。

屋面和楼面均布活荷载标准值(kN/m²)　　　　　表 18-4

项　目	标准值	项　目	标准值
不上人屋面	0.5	上人屋面(覆土另计)	2.0
厨房	2.0	多层楼梯、自行车库及坡道	2.0
其他楼梯	3.5	住宅阳台、普通卫生间	2.5
消防车道	20.0～35.0	浴缸卫生间	4.0

注:1. 楼面上的隔墙荷载、水箱间、设备荷载等按实际情况取值。
　　2. 楼、屋面施工荷载不得超过允许活荷载值,否则须采取加固措施。

18.2.3　隔震与减震设计

1)背景情况

天童庄车辆段及上盖平台结构抗震设计设防烈度为 6 度(0.05g),且工程已于 2014 年建造完成。上盖物业开发设计时,根据新颁布的设计标准,宁波地区的设防烈度提高到 7 度(0.1g),因此需要建设的上部 13 幢住宅结构需要按照 7 度设防进行设计,同时下部 2 层大底盘也需要按照 7 度设防进行复核验算。

因此整个项目设计存在较大难度,主要包括:

(1)由于 1 层地铁用房已经建设完成,所以需要尽量降低结构(特别是上部结构)的地震力,以避免或尽可能减少对已建结构的加固工作量。

(2)上部结构传到基础的力应尽量减小,以减少下部桩基础的荷载,确保基础在原设计的安全范围内。

(3)上部 13 幢住宅结构通过两次转换,把地震力传给基础,其中二层转换梁、转换柱已经建成,而且设计设防烈度为 6 度,低于目前设防烈度,因此避免或尽量减少对已建结构转换构件的加固。

(4)由于上部新建结构的柱、梁截面尺寸设计受到较大限制和制约,因此新建结构的整体计算指标、梁柱构件配筋、框架柱截面抗剪等各项参数均较难满足规范限值。

基于上述原因,以及抗震专项评审的专家意见,需要对上部结构采取一定的减震措施,降低结构的地震作用,增加一定的附加阻尼比。一方面保证小震结构的整体指标满足规范的要求,避免或减少1层地铁用房的加固量和基础的负担;另一方面提高整个结构的抗震性能,保证大震作用下结构的整体性能指标。

2)隔震与减震技术的比较

根据本项目的目标和减隔震技术的发展情况,采用隔震方案时可以采用(铅芯)橡胶支座见图18-17;采用减震技术时可采用位移型金属阻尼器和速度型黏滞阻尼器(图18-18)。

图18-17 (铅芯)橡胶支座结构示意图

图18-18 减震技术分类示意图

3)减震及隔震技术的适应性分析

(1)隔震技术

①优点:明显降低地震作用,对上部和下部的减震效果均比较明显。

②缺点及限制:本项目应用隔震技术受到隔震层高度的限制,不能为隔震层留出维护和检查空间,支座安装上也有一定困难。隔震结构整个工期较长,造价稍高。该项目的场地为Ⅳ类场地,应用上要做专门研究。

(2)屈曲约束支撑技术

①优点:屈曲约束支撑的刚度和屈服力都比较大,应用在框架结构中可以明显降低结构的层间位移角,小震一般按弹性设计,产品在中、大震下进入屈服状态耗能。

②缺点及限制:屈曲约束支撑布置方式为斜向布置,给建筑隔墙的砌筑带来较大困难,本项目为住宅结构,影响更加明显。屈曲约束支撑的屈服力比较大,对与之相连的结构梁柱受力影响较大,通常需要增加截面尺寸,本项目框架柱、框架梁的截面尺寸受建筑功能的制约较大,可行性较低。

(3)黏滞阻尼器技术

①优点:黏滞阻尼器为速度型阻尼器,一般不考虑其对结构的附加刚度影响,对降低结构的地震力有一定的帮助。本项目中可用于相对比较空旷的二层停车库,用于增加整个结构的阻尼比。

②缺点及限制:黏滞阻尼器一般需要定期维护和检查,因此建筑方面比较难处理。对于住宅而言黏滞阻尼器的使用年限也有一定的限制。另外,黏滞阻尼器在大震阶段的出力和耗能与金属阻尼器相比有一定的差距,大震的安全裕量较低。

(4)金属阻尼器方案

①优点:剪切型金属阻尼器的初始刚度较大,可以在小震时进入屈服,耗能效果较好,既可以为上部结构提供一定刚度,又可以给整个结构提供一定的阻尼比。产品的厚度较小,放置在隔墙中可以不影响建筑功能。施工方面可以最后安装,不影响整体施工进度。剪切型金属阻尼器与其他类型的产品相比,其综合成本较低。

②缺点及限制：对建筑的隔墙有一定影响，可能会引起墙体的裂缝，需要采取措施控制产品与墙体之间的缝隙。

通过以上对比分析，从减震及增加阻尼比的效果，对建筑的影响最小的角度出发，最终采用剪切型金属阻尼器技术，同时在二层车库安装黏滞型阻尼器。

4）阻尼器应用于结构消能减震原理

设置阻尼装置减小地震反应的效应是由于阻尼器的附加刚度导致系统周期的缩短和阻尼器的阻尼特性产生的能量吸收而产生的，两方面的作用原理可用图 18-19 的地震加速度反应谱解释。对于位移型阻尼器而言，随着减震结构刚度的增加，其周期从原来的固有周期 T_f 下降为等效周期 T_{eq}，这个过程使反应谱上地震影响系数取值增加（效应①），进而随着等效阻尼比 ζ 的增加，地震影响系数 α 大幅减小（效应②）。当然，随着等效周期和等效阻尼比的变化程度不同，效应①、②所占的比例也各异。

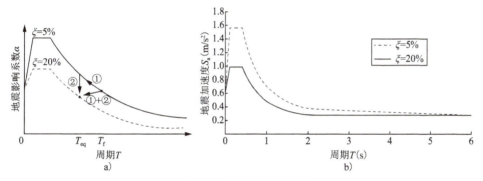

图 18-19 阻尼器减震消能原理

由于阻尼器的附加刚度较小，因此，结构等效周期变化对地震影响系数的取值影响不大。该类结构的减震效应主要体现在图 18-19 中的效应②上。若能准确计算出阻尼器提供的等效阻尼比，则可根据设计反应谱估算结构反应降低效应的大小。

对于设置黏滞型阻尼器的结构而言，减震原理可以直接按图 18-19a）中的效应②或者图 18-19b）增加结构阻尼比，降低地震作用。

5）黏滞型阻尼器选择及安装

在遇到结构层间有害位移角较小时，可以采用肘式阻尼器，布置方式见图 18-20。本项目为了满足耗能需求，结构采用了肘式阻尼器。肘式阻尼器的原理是利用结构的层间变形，使肘式机构产生开合运动从而把黏滞型阻尼器的位移放大。实践证明安装相同数量阻尼器情况时，肘式阻尼器安装方式可以产生比对角和 V 形布置等方式安装的黏滞阻尼器耗能效率提高。

6）区块减震方案及附加阻尼比计算
以 G04 区块为例。

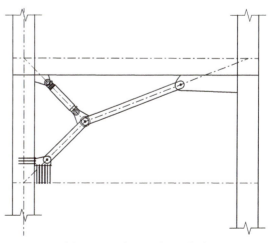

图 18-20 肘式阻尼器布置示意图

(1) 阻尼器布置方案

本项目阻尼器的布置位置主要考虑以下几个方面：

①对建筑空间的使用影响最小。

②阻尼器的耗能作用能够比较充分的发挥。

③阻尼器比较容易进行施工安装的部位。

经过多次计算对比，剪切型金属阻尼器布置楼层为三～十层，其中 X 向每层 8 个，Y 向每层 12 个；X 向布置在电梯间两侧的位置，Y 向布置在分户隔墙及两侧，如图 18-21 所示。黏滞型阻尼器布置在二层，如图 18-22 所示。

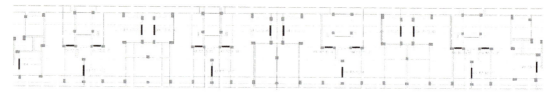

图 18-21　G04 区块剪切型金属阻尼器平面布置图

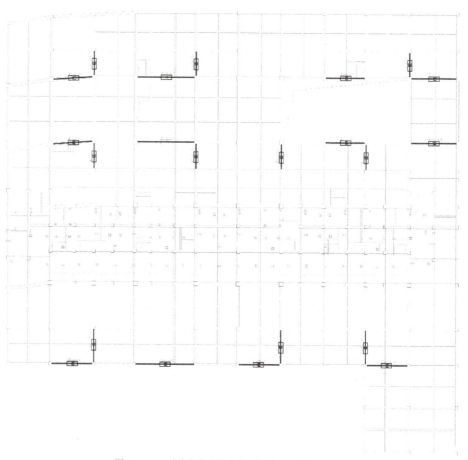

图 18-22　G 地块车库顶黏滞型阻尼器平面布置图

(2) 小震作用下的附加阻尼比

小震作用下的附加阻尼比见表 18-5。

JGB1 小震作用下附加阻尼比　　　　　　表 18-5

结构	方向	耗能器耗能（kN·mm）	黏滞阻尼器耗能（kN·mm）	结构势能（kN·mm）	附加阻尼比（黏滞阻尼器放大）（%）
整体结构	X方向	60500	32648	145305	5.01
	Y方向	70532	27723	153121	5.11

（3）弹性时程分析计算附加阻尼比

常遇地震设计时选取 1 条人工波和 2 条天然波,地震动时程选用 ACC2_X, Chi-Chi, Taiwan_NO_1208-PW 及 RSN958_NORTHR_CMR180。

弹性时程分析模型采用 MIDAS 软件进行分析,分析模型及阻尼器力学模型如图 18-23、图 18-24 所示。

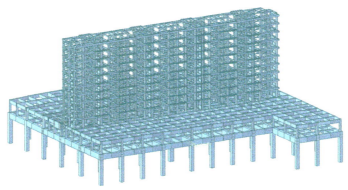

图 18-23　G04 地块弹性时程分析模型

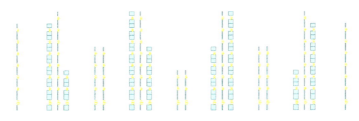

图 18-24　G04 地块减震器布置立面图

对 G04 模型的时程分析表明,采用反应谱分析所得阻尼器参数计算结构的阻尼比与反应谱算法所得阻尼比吻合较好,均在 5% 以上。剪切型金属阻尼器及黏滞型阻尼器的滞回曲线饱满,耗能效果比较理想,可以达到工程预期的要求。

表格计算表明,JGB1 ～ JGB8 区块的附加阻尼比均可以达到 5% 以上,阻尼器的参数各楼层进行了一定的优化布置,取消了部分不耗能的阻尼器,同时又保证阻尼器布置不会让结构在竖向发生刚度突变。

对 JGB1 地块（上部单体最长的一个地块）采用小震时程分析进行了阻尼比的复核,结果表明结构附加阻尼比与表格计算阻尼比基本一致,可以达到工程精度的要求,也说明采用表格计算的准确性和科学性。

7）JGB1（G04）中大震时程分析

本工程设防地震及罕遇地震分析采用 5 组天然波和 2 组人工地震波,多遇地震波选用

1条人工波复核阻尼器的屈服情况。地震波由中国地震局工程力学研究所（哈尔滨）提供。设防地震及罕遇地震波均采用三向输入（1∶0.85∶0.65）。地震波输入时长均满足第一周期 5～10 倍的要求。

（1）基底剪力

罕遇地震弹塑性分析中 7 组地震波作用下，整体结构在 X、Y 两个主方向基底剪力平均值分别为 111319kN 和 98771kN，对应的剪重比分别为 19.6% 和 17.4%，分别是罕遇弹性的 62% 和 56%；上部结构在 X、Y 两个主方向基底剪力平均值分别为 21757kN 和 25473kN，对应的剪重比分别为 17.8% 和 20.8%，分别是罕遇弹性的 55% 和 60%。

（2）层间位移角

每组地震波作用下结构弹塑性层间位移角及其对应的楼层号如表 18-6 所示。

每组地震波对应的结构弹塑性层间位移角最大值　　表 18-6

类　型	地震波组	X 向		Y 向	
		角位移	层号	角位移	层号
天然波	L5806	1/68	4	1/107	6
	L0827	1/70	4	1/97	5
	L3274	1/104	4	1/126	5
	L3277	1/87	4	1/98	4
	L1206	1/77	4	1/83	5
人工波	A1	1/71	4	1/101	5
	A2	1/69	4	1/85	5
平均值		1/76	4	1/98	5

由表 18-6 可以看出，在 X 方向的层间位移角平均值为 1/76，在四层位置；在 Y 方向的层间位移角平均值为 1/98，在五层位置。该结构在 X、Y 两个方向最大层间位移角均满足层间位移角≤1/50 的限值要求。

8）阻尼器

（1）剪切型金属阻尼器

在罕遇地震作用下，剪切型金属阻尼器全部进入屈服，产生良好的耗能效果。典型耗能滞回曲线如图 18-25 所示。

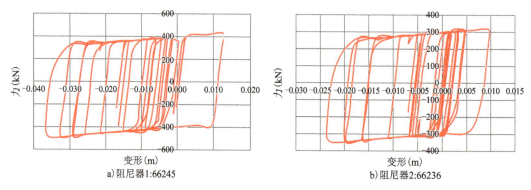

图 18-25　剪切型金属阻尼器耗能滞回曲线

（2）黏滞阻尼器

在罕遇地震作用下，黏滞阻尼器产生良好的耗能效果，典型耗能滞回曲线如图18-26所示。

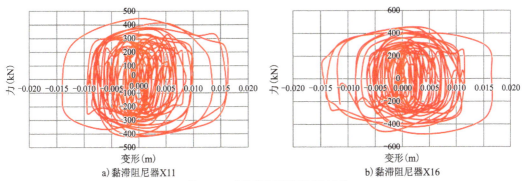

图18-26 黏滞型阻尼器耗能滞回曲线

（3）阻尼器耗能

A2波组 X 主方向输入时的能量耗散情况如图18-27所示。

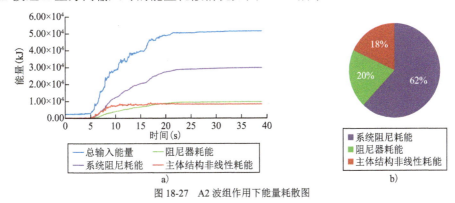

图18-27 A2波组作用下能量耗散图

（4）中震计算

在设防地震作用下，剪切型金属阻尼器也几乎全部进入屈服，开始耗能。罕遇地震和设防地震作用下，剪切型金属阻尼器耗能滞回曲线对比如图18-28所示。

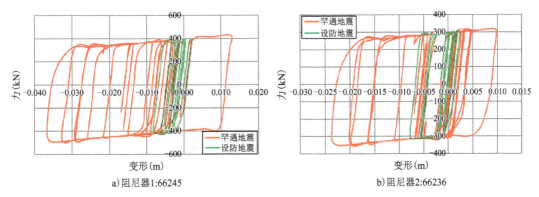

图18-28 剪切型金属阻尼器耗能滞回曲线对比

在设防地震作用下，黏滞阻尼器产生的耗能效果优异。罕遇地震和设防地震作用下，黏滞型阻尼器耗能滞回曲线对比如图18-29所示。

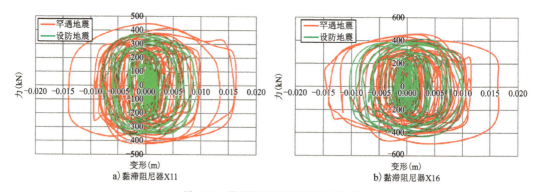

图 18-29　黏滞型阻尼器耗能滞回曲线对比

(5) 分析结论

对 JGB1 的大震分析结果表明，采用阻尼器后结构的最大层间位移角均满足现行规范的要求；阻尼器在中、大震下全部进入屈服状态，发挥了重要作用。阻尼器的变形幅度较大，对阻尼器的性能要求较高，阻尼器的耗能材料应采用软钢制作。

9) 减震设计结论

(1) 小震下阻尼器进入耗能状态，可减小结构的地震力。中震和大震下所有阻尼器均进入耗能状态，大震作用下阻尼器消耗的地震能量占地震输入总能量的 20%～26%。通过阻尼器发生塑性耗能，消耗了地震能量，降低了地震力，并有效保护框架构件，实现了结构减震的目的。

(2) 采用减震技术后，小震、大震作用下，结构的层间位移角均能满足设计要求。G04 号楼大震作用下 X 向的位移角平均值为 1/67，Y 向的位移角平均值为 1/100；G06 号楼（塔 1）大震作用下 X 向的位移角平均值为 1/83，Y 向的位移角平均值为 1/97；G10 号楼（塔 3）大震作用下 X 向的位移角平均值为 1/85，Y 向的位移角平均值为 1/111；G11 右号楼（塔 2）大震作用下 X 向的位移角平均值为 1/83，Y 向的位移角平均值为 1/113。

(3) 采用阻尼器减震方案的情况下：

① G04 号楼一层转换梁处于弹性工作状态；二层转换梁有少数几根发生轻微损伤；一层转换柱少量出现中度损坏，二层转换柱个别出现轻度损坏。与阻尼器相连的框架梁处于弹性工作状态；一层和二层转换梁均未出现受压损伤，梁内钢筋未进入塑性，受力性能良好。

② G11 右、G10、G06 区块一层转换柱出现受压损伤，个别柱混凝土中度损坏，柱内钢筋进入塑性，最大塑性应变小于一倍钢筋屈服应变，钢筋轻微损坏。二层转换柱仅有两根柱子出现受压损伤，最大受压损伤系数小于 0.1，柱内钢筋进入塑性，塑性应变最大值为 1.28×10^{-4}，属于轻度损坏。与阻尼器相连的框架梁处于弹性工作状态；与阻尼器相连的框架柱出现中度损坏。建议对与阻尼器相连的构件进行适当加强。

(4) 由于本项目为框架结构，在大震作用下阻尼器的行程较大，有少数可能达到阻尼器设计屈服位移的 30 倍以上，因此，对阻尼器产品应要求厂家采用软钢制作以达到较好的延性和较高的耗能能力。

(5) 阻尼器的安装可以采用分步后装的方式，安装过程中按照设计图纸的要求，做好阻尼器变形空间的处理，防止变形空间失效；注意阻尼器与隔墙间的缝隙处理，防止墙体开裂影响使用。

第19章
车辆段工程施工及上盖物业开发过程

19.1　天童庄车辆段工程施工

19.2　天童庄车辆段上盖物业开发

19.1 天童庄车辆段工程施工

天童庄车辆段与综合基地工程分为±0.00以下及±0.00以上进行招标施工,具体内容及主要节点如下。

19.1.1 监理

天童庄车辆段与综合基地按照全部工程设为一个监理标,包含了除通信、信号、供电、接触网4个专业外的所有土建、机电等专业。

监理标于2010年10月11日开标,中标单位为华铁工程咨询有限公司。

19.1.2 ±0.00以下工程施工

1)工程范围

天童庄车辆段±0.00以下工程包括:场坪处理、地基加固、土石方工程、场区道路和室外硬化场坪、河道整治、河岸护坡挡墙等子单位工程。

2)主要施工节点

(1)标段于2010年6月29日招标结束,中标单位:中国建筑股份有限公司。

(2)2010年8月初进场开始临建施工。

(3)2010年12月1—3日,钉形水泥土搅拌桩机设备调试并初步试桩施作。

(4)2010年12月8日下午,钉形水泥土搅拌桩工艺试验并取得成功。

(5)2010年12月18日,钉形水泥土搅拌桩试桩开挖检验、试桩总结会议,2010年12月21日召开水泥土搅拌桩掺灰量调整专题会议。

(6)2010年12月22日,预应力高强度混凝土(PHC)管桩试桩施工。

(7)2011年1月1日正式开工。

(8)2011年7月5日±0.00以上工程上盖开发的盖体钻孔灌注桩设计工艺试桩工作全部完成,并达到设计要求。

(9)2011年9月29日,±0.00以下工程子单位验收通过。

19.1.3 ±0.00以上工程施工

根据轨道交通1号线一期通车时间,天童庄车辆段与综合基地作为1号线车辆基地,对通车运营目标起到决定作用,工期异常紧张。为保证通车目标的顺利实现,将天童庄车辆段±0.00以上工程分为两个标段进行招标。

1)一标段工程范围

(1)A区、B区盖体及盖体下检修主厂房、运用库、物资总库、污水处理站、维修车间、镟轮库、门卫2等单体建筑（含设备基础、地面及墙体装饰装修等）。

（2）C区JGC9及JGC12区域的土建工程（含设备基础、地面及墙体装饰装修等）及盖上综合楼、综合维修中心、培训中心、食堂、公安分局的土建、装饰装修。

（3）P2、P3桥、北侧永久道路及对应区域的盖下道路（不含沥青面层）。

（4）盖上综合楼、综合维修中心、培训中心、食堂、公安分局的给排水及消防、照明与配电、通风空调及门禁系统工程。

一标段工程范围见图19-1。

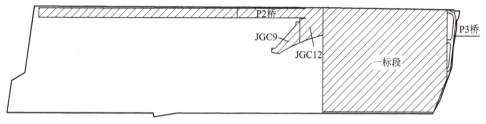

图19-1 一标段工程范围示意图

2）二标段工程范围

（1）C区（不含C区JGC9及JGC12区域）、D区，盖体及盖体下的土建工程，C区、D区盖体下碎石和整体道床、设备基础、地面及墙体装饰装修等。

（2）油漆库、杂品库、门卫房1，盖上C区文体中心的土建、装饰装修。

（3）天童庄车辆段所有的综合管线、机电设备工程（不含一标段A、B区盖上5个单体的给排水及消防、照明与配电、通风空调及门禁系统工程）。

（4）轨道工程。

（5）P1桥、渡架桥江1号和2号桥、本标段对应的道路以及一标段道路的沥青面层。

二标段工程范围见图19-2。

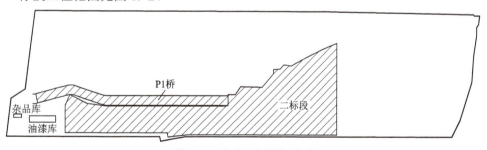

图19-2 二标段工程范围示意图

3）主要施工节点

（1）两个标段于2012年1月招标完毕，2012年2月1日施工进场。中标单位：一标段为中铁四局集团有限公司；二标段为中铁三局集团有限公司。

（2）2012年2月9日，两个标段工艺试桩开钻，2月16日顺利完成试桩。

（3）2012年3月1日，正式开工建设。

（4）2012年7月28日，两个标段共计7756根建筑桩基全部完成。

（5）2012年8月13日，车辆段第一块一层盖体梁板混凝土浇筑完成。

(6) 2012 年 10 月 25 日,车辆段二层盖体梁板开始施工。

(7) 2012 年 10 月 30 日,完成全部承台。

(8) 2012 年 11 月 17 日,完成全部一层盖体框架柱。

(9) 2013 年 3 月 15 日,车辆段一层盖体梁板全部完成。

(10) 2013 年 4 月,盖上综合楼、公安分局单体结构封顶。

(11) 2013 年 5 月 30 日,车辆段盖上培训中心、维修中心、食堂等 3 栋单体结构封顶及二层盖体梁板全部完成。

(12) 2013 年 7 月 15 日,车辆段牵混所送电,400V 开关柜送电。

(13) 2013 年 8 月 12 日,宁波市轨道交通内燃机车、轨道车进入车辆段内调机工程车库。

(14) 2013 年 8 月 12 日,车辆段轨行区限界检查。

(15) 2013 年 8 月 18 日,宁波地铁首列电客车卸车。

(16) 2013 年 8 月 19 日,电客车接车仪式并进入吹扫库。

(17) 2013 年 9 月 6 日,车辆段盖体及盖上 5 栋单体主体结构、试车线轨道及道岔分部工程验收。

(18) 2013 年 9 月 7 日,试车线接触网送电。

(19) 2013 年 9 月 11 日,渡架桥江 1 号中桥、上盖坡道 P1、P2 及 P3 桥地基与基础、下部结构分部工程验收。

(20) 2013 年 11 月 1 日,盖下部分单体工程主体结构、桥梁上部结构等分部工程验收。

(21) 2013 年 12 月 13 日,检修主厂房、调机工程车库、设备用房等 3 个子单位工程质量会议。

(22) 2013 年 12 月 23、24 日,盖上食堂、综合办公楼、综合维修中心等 3 栋单体子单位及 A、B、C、D 区盖体子单位工程通过验收。

(23) 2013 年 12 月 25 日,车辆段接触网全部送电、电客车热滑试验。至此,宁波市轨道交通 1 号线一期车辆段工程基本具备行车条件。

(24) 2013 年 12 月底,车辆段三权移交运营管理。

(25) 2014 年 4 月 11 日,车辆段单位工程(除文体中心、道路子单位)验收。

(26) 2014 年 5 月 19 日,盖上综合办公楼等 5 栋单体建筑节能验收。

(27) 2014 年 5 月 30 日,宁波市轨道交通 1 号线一期工程开通试运营。

车辆段各子单位工程验收时间见表 19-1。

天童庄车辆段各子单位工程验收时间表 表 19-1

工程名称	子单位工程名称	验 收 时 间	备注(分部、分项工程数量)
宁波市轨道交通 1 号线一期天童庄车辆段与综合基地工程	±0.00 以下工程	2011 年 9 月 29 日	4 个分部、13 个分项工程
	检修主厂房	2013 年 12 月 13 日	4 个分部、27 个分项工程
±0.00 以上施工一标段	食堂	2013 年 12 月 23 日	6 个分部、52 给分项工程
	综合办公楼	2013 年 12 月 23 日	7 个分部、72 个分项工程
	综合维修中心	2013 年 12 月 23 日	7 个分部、69 个分项工程

续上表

工程名称		子单位工程名称	验收时间	备注(分部、分项工程数量)
宁波市轨道交通1号线一期天童庄车辆段与综合基地工程	±0.00以上施工一标段	A、B及C9、C12区盖体(含夹层车库)	2013年12月24日	4个分部、26个分项工程
		物资总库(含1号跟随所)	2013年12月30日	3个分部、26个分项工程
		设备用房(含镟轮库、维修车间、污水处理站、门卫2)	2013年12月30日	4分部、26个分项
		培训中心	2014年1月3日	7个分部、35个分项工程
		公安分局	2014年1月3日	6个分部、44个分项工程
		运用库(含运转办公楼)	2014年1月3日	3个分部、28个分项工程
		上盖坡道P2桥	2014年3月10日	5个分部、21个分项工程
		上盖坡道P3桥	2014年3月10日	5个分部、21个分项工程
	±0.00以上施工二标段	调机工程车库(含牵引混合变电所)	2013年12月13日	4个分部、33个分项工程
		设备用房（含材料棚及给水所、模拟教室、洗车机棚及控制室、轮对踏面检测棚）	2013年12月13日	4个分部、30个分项工程
		C、D区盖体(含夹层车库)	2013年12月24日	4个分部、33个分项工程
		盖外单体(含杂品库、门卫房1)	2013年12月30日	4个分部、34个分项工程
		轨道	2013年12月30日	4个分部、19个分项工程
		上盖坡道P1桥	2014年3月10日	5个分部、26个分项工程
		渡架桥江1号中桥	2014年3月10日	5个分部、23个分项工程
		±0.00以上站场	2014年3月10日	5个分部、34个分项工程
		建筑设备安装	2014年3月10日	9个分部、86个分项工程
		单位工程验收	2014年4月11日	

19.1.4 遗留工程

由于油漆库在车辆大修时才需要使用,因此天童庄车辆段工程施工时缓建了油漆库。

上盖物业开发后,对车体油漆产生的环境影响较为敏感,油漆库的建设将面临较大的环境挑战,其建设时机将根据线网功能的优化、油漆工艺及环保措施的技术发展确定。

19.2 天童庄车辆段上盖物业开发

19.2.1 项目概况

宁波市轨道交通首个上盖物业综合体"绿城·杨柳郡",为1号线天童庄车辆段上盖(含落地区)物业,总建筑面积约52.2万 m^2,住宅总建筑面积约35.7万 m^2。小区配套中央商业街、滨河景观运动公园、青年公园、生活体验馆、活力广场、幼教服务等公共设施,打造成集教育、交通、居住、餐饮、购物、娱乐为一体的"地铁社区",真正实现一站式生活。

19.2.2 项目实施经过

宁波杨柳郡分三次开工,三期四次销售。

(1)2012年3月6日,宁波市轨道交通1号线一期天童庄车辆段与综合基地工程开工。

（2）2015 年 11 月轨道交通 1 号线天童庄车辆段地块规划条件正式出具，容积率 2.1，用地面积落地区 13.2 万 m^2、盖上 5.4 万 m^2。

（3）2016 年 1 月 14 日，宁波轨道交通宁兴置业摘得轨道交通 1 号线天童庄车辆段三块地：0m 层-A 地块楼面起价 3040 元，成交楼面价 4530 元，溢价率 49%；0m 层-B 地块楼面起价 2880 元，成交楼面价 4470 元，溢价率 55%；15m 层-G 地块楼面起价 2900 元，成交楼面价 2920 元，溢价率 0.7%；

（4）2016 年 8 月 12 日宁波轨道交通宁兴置业有限公司通过 51% 股权增资扩股引入绿城房地产集团有限公司。

（5）2016 年 12 月 22 日，天童庄车辆段房地产综合开发项目 15m 层-G 地块通过建设工程规划许可，2016 年 12 月 24 日杨柳郡 15m 层-G 地块开工。该项目总用地为 54393m^2，分为 15m 盖上层及 10m 车库层开发建设，总建筑面积为 124031.14m^2。项目建筑形式简洁明朗、色彩清新、布局紧凑；紧邻轨道交通站点，交通便捷，形式新颖。

（6）2017 年 6 月 1 日，天童庄车辆段房地产综合开发项目 0m 层-B 地块通过建设工程规划许可，2017 年 7 月 7 日一期 0m 层-B 地块开工。该项目与天童庄车辆段房地产综合开发项目一期 15m 层-G 地块项目整体为天童庄车辆段房地产综合开发项目一期项目，项目总用地面积 48165.26 m^2，总建筑面积 164924.3 m^2，西侧紧邻轨道交通站点步行广场，沿线布局商业街，住宅位于 10m 上盖，最高达 30 层。项目建筑整体延续一期 15m 层-G 地块简洁明朗、色彩清新的设计风格，户型设计紧凑合理，形式新颖。

（7）2017 年 12 月 4 日，天童庄车辆段房地产综合开发项目 0m 层-A 地块通过建设工程规划许可。2017 年 12 月 4 日二期 0m 层-A 地块开工。该地块为居住用地，总用地面积约 84039 m^2，总建筑面积约 274355 m^2，其中盖上 10m 层建筑面积约 165380m^2。项目东侧紧邻轨道交通站点步行广场，沿线布局商业街，与一期 0m 层-B 地块商业互相呼应，依靠轨道交通站点人流集散密集特点，营造别具一格的商业格局形态，烘托天童庄车辆段房地产综合开发项目整体人气和宜居氛围。

（8）2017 年 5 月 21 日，宁波杨柳郡生活体验馆暨样板示范区开放活动，样板示范区秉承了杨柳郡系列产品一贯讲求的轻奢质感，更创造了独属于宁波杨柳郡的风格与特色，各界人士慕名而来，只为见证宁波轨道美好生活的开启，见图 19-3、图 19-4。

（9）2017 年 6 月 22 日杨柳郡一期（15m 层-G 地块）开盘，均价约 15000 元/m^2，截至晚上 10 点，764 套房源全部售罄。

（10）2017 年 9 月 26 日杨柳郡二期（0m 层-B 地块）开盘，均价约 19000 元/m^2，开盘当日 979 套房源基本售罄。

（11）2018 年 1 月 11 日杨柳郡三期第一批（0m 层-A 地块）开盘，均价约 21000 元/m^2，开盘当日 576 套房源（总套数 1380 套）全部售罄。

（12）2018 年 5 月 25 日杨柳郡三期第二批（0m 层-A 地块）开盘，均价约 24000 元/m^2，开盘热销，现已全部售罄。

（13）杨柳郡一期、二期于 2019 年底交付，三期于 2020 年底交付。

图 19-3 杨柳郡鸟瞰图

a）

b）

图 19-4 G 区施工现场

参 考 文 献

[1] 建设部,国家发展改革委员会. 城市轨道交通工程项目建设标准:建标 104—2008[S]. 北京:中国计划出版社,2008.

[2] 钱霖霖,夏海山. 城市可持续视角下的轨道交通车辆段开发模式比较研究[R]. 转型与重构——2011 中国城市规划年会论文集,2011.

[3] 马忠政,朱蓓玲,李尧,等. 上海轨交吴中路停车场综合开发[J]. 地下工程与隧道,2013.

[4] 周瑞,张欣蕊. 超大面积屋顶绿化在北京地铁 10 号线万柳车辆段的应用[J]. 铁道标准设计,2008,12.

[5] 夏梦丽. 轨道交通车辆车辆基地综合开发立体空间模式研究[D]. 北京:北京建筑工程学院,2012.

[6] 喻祥,宋聚生. 地铁车辆段上盖综合体设计探索[J]. 新建筑,2013.

[7] 周小炜,张雄. 深圳地铁 3 号线横岗双层车辆段的经济分析[J]. 铁道工程学报,2012.

[8] 刘松玉,宫能和,冯锦林,等. 钉形水泥土搅拌桩操作方法:中国专利,ZL2004 10065863.3[P]. 2007-09-12.

[9] 肖超,金福喜,罗大生,等. 深厚软土中钉形搅拌桩承载力特性试验研究[J]. 广东建材,2011,(4):127-129.

[10] 曹德洪,李雪平,刘松玉,等. 大直径钉形双向搅拌桩加固高速公路深厚软基的试验分析[J]. 公路,2010,(9):60-64.

[11] 向玮,刘松玉,经绯,等. 深长变径搅拌桩荷载传递规律的试验研究[J]. 岩土力学,2010,31(9):2766-2770.

[12] 蔡志. 钉形搅拌桩单桩承载力的数值模拟分析[J]. 城市道桥与防洪,2010(8):147-149.

[13] 易耀林,刘松玉,朱志铎,等. 钉形搅拌桩复合地基承载力特性[J]. 建筑结构学报,2010,(9):119-126.

[14] 黄松. 钉形水泥土双向搅拌桩在宁波地区的应用与评价[J]. 科技通报,2012,28(7):107-112.

[15] 杨敏,赵锡宏. 分层土中的单桩分析法[J]. 同济大学学报,1992,20(4):422-427.

[16] 魏永幸,薛新华. 无砟轨道桩—网结构路基设计方法研究[J]. 高速铁路技术,2010,1:22-26.

[17] 余闯,刘松玉,杜广印. 预应力薄壁管桩在公路软基处理中应用的试验研究 [J]. 工程勘察,2008,(12):1-4.
[18] 龚晓南. 地基处理手册 [M]. 4 版. 北京:中国建筑工业出版社,2008.
[19] 高虹. 地铁车辆段预留上盖开发消防设计研究 [J]. 铁道工程学报,2009,06.
[20] 崔艳萍. 公共交通接驳换乘系统评价指标体系的构建 [J]. 快轨论坛,2008.
[21] 李光英,邵翔. 大型工程建设期管理链理论的概念模型研究 [J]. 安徽工业大学学报:社会科学版,2012,29.